社会建构论译丛

上海文化发展基金会图书出版专项基金资助项目
焦点科技股份有限公司"优势教育"项目

杨莉萍　[美]肯尼思·J.格根　主编

Relational Being:

Beyond Self and

Community

关系性存在：
超越自我与共同体

[美] 肯尼思·J.格根 著

杨莉萍 译

上海教育出版社

Editors' Preface 译丛总序 I

能够同中国的研究者、学生和实践者分享有关这套丛书的想法,我深感荣幸和快乐。感谢上海教育出版社提供这个机会。在过去三十多年的时间里,我一直致力于有关知识的性质、真理、客观现实和理性的深远对话。这些对话质疑所有为长期受推崇的传统理念辩护或提供基础的那样一类尝试。对话产生于不同族群长期争斗而充满血腥味的人类历史,人们纷纷主张自己对知识、真理、客观现实和理性的话语权。因为,承认某一种现实、理性和道德,意味着不赞成这种观点的那些人被踢出局;声称某些人在这些方面具有优越性,意味着其他声音被定义为低劣。一部血雨腥风的人类史几乎就是由对真实、理性和道德的不同信念与分歧写就的。对话的重要成果之一便是这样一种意识的扩展,即我们的信念是由处于不同历史时期、不同文化背景下的组织内部发展出来的。换句话说,我们关于真理、客观现实和理性的信念是在社会中被建构出来的。除此之外,再无别的基础。正是这种认识促使人们开始尝试从过去各种对真理的诉求中解放出来。事实上,一切被我们视为真理、事实和正确的东西都具有可选择性,都可以是另外一种样子。更重要的是,这种建构的意识促使人们广泛探索,共同开发创造未来的潜能。"共同"这个词非常重要,我们在此所说的并不是个体的而是在社会中被创造出来的现实。

这样的对话在世界范围内蔓延。这不再是"西方价值向世界其他区域的传播",而是到处都面临着同样紧迫的难题,即怎样才能在这样一个充满分歧的世界中顺利前行。当代科学技术让世界大大缩小,我们发觉自己越来越多地需要面对那些信守与我们不一样的现实、理性和价值的人。这些分歧不仅导致个体对"异己者"产生冷漠,而且是滋生仇恨和掳掠的温床。在这样一个任何个体都有能力创造出毁灭性武器的星球上,我们有可能要面对"所有人反对所有人"的未来。那么,至少我们应该了解建构了我们的信念的文化和历史根源,以及它们的优势和局限性。更进一步,我们必须找到弥合分歧的途径和办法。如果加上足够的创造性,我们甚至可以开展新的建设性的合作。

这场对话的全球性参与，部分是基于这样一个事实，即许多文化本身就包含或推崇某些与建构论相一致的传统。一个显著的例子便来自中国文化。我们发现，儒家、道家和佛家传统都可能丰富当代建构论的对话，它们都意识到关系和谐的重要性。当然，这并不意味着有关社会建构论的对话与这些传统完全相同，你甚至可以从中发现许多冲突，这一点都不奇怪。从建构论的立场看，重要的不是分辨谁真谁假，或评价谁对谁错，而是分享和成长。我们可以基于彼此的相似性，越来越多地领会我们之间的不同。基于任何一种分歧，我们都有可能发展出拓展行动潜能的可能性。在这种意义上，建构论的对话不服从任何个人，而是归属于所有的人。对话的目的不是要把建构论奉为新的真理，而是接受各种思想的涌现，但不再把它们视为自然规律，只是视它们为被建构出来的可能性。建构论并不是某种依据传统标准判断事物真假对错的信念系统，而是通过不断对话或以对话为工具，创造各种能够给我们带来惊喜的美好事物。

这样的结果如今发生在世界各地：从挪威对问题青少年的教育系统到巴西的平安社区建设，从加拿大小镇的管理到南非的调停努力，从澳大利亚新的治疗实践到阿拉伯联合酋长国妇女的职业化，等等。因此，对于我来说，能够参与有关建构论的中国对话，了解与当地文化和历史密切相关的建构论实践，是一件特别值得高兴的事。我在中国遇见许多研究者、学生和专业人士，他们为建构论的对话注入了新的活力，同时也发出了质疑的声音。他们有着自己特殊的关切、希望和价值，他们将来自中国文化传统的敏锐鉴赏力融入对话。通过与他们讨论，我看到激动人心的新的实践已经出现。所有这些都是加入全球共享的重要开端。就个人而言，我愿意充当这些富有启发性的发展的推进者。

与此同时，感谢上海教育出版社的朋友，是他们促成了这一重要的交流，将这套书由英文翻译成中文出版。我和莉萍教授一起工作，并得到她的和我的同事们的帮助。到目前为止，我们共选择了10部重要著作组成"社会建构论译丛"这一丛书，未来有可能再增添新的著作。对这些书的选择是出于几个方面的考虑，希望这些来自不同领域的著作能够向中国读者传达社会建构论的思想和理论观点，介绍某些符合建构论特点的重要研究形式，展现建构论思想的一系列实践成果。其中一些著作还反映出建构论思想如何引导新的写作方式。策划这套丛书的目的并不是为中国未来的工作提供模板或一系列行动指南,而是希望这套丛书能在中国引发更多的讨论、研究和实践。因为一旦建构论的思想和意象植根于这片肥沃的文化土壤,全人类都将受益于即将发生的观念创新。我热切地期盼着收获季节的到来。

肯尼思·J.格根
美国斯沃斯莫尔学院资深教授
陶斯研究院院长

Editors' Preface 译丛总序 Ⅱ

当前中国社会普遍存在的心理问题，一是心态不够积极，二是追求功利主义。一方面，各行各业的人，无论从事什么工作，大多缺乏由衷的热情，萎靡不振，因此缺少创新。在学校里，学生学习不是出于兴趣，教师教学也不是因为喜欢这个职业，大部分行政管理和后勤人员满足于维持现状。在组织中，同样很少有人把工作当成实现自我价值的手段。多数时候，人们缺乏幸福感，体验不到生活的乐趣和生命的意义。另一方面，对于很多人而言，生活中最重要的目标是追求个人名利，尤其是经济利益。当每个人都在为一己私利去拼、去抢、去战斗的时候，整个社会表现出来的便是人与人之间界限分明，缺少温情、善意、信任与友爱。家庭不稳定，医患关系紧张，经济和商业领域充斥着大量欺诈，老百姓热衷于将落马官员当成茶余饭后的谈资与消遣，等等。所有这些社会心理现象，都与欧洲文艺复兴和启蒙运动以来占主导地位的个体理性主义哲学，以及以此为典型特征的现代主义文化，存在深层次的因果关系。

作为一个有着悠久历史和古老文明的民族，我们的老祖宗倡导"人法地，地法天，天法道，道法自然"，这当中蕴含着丰富的"天人合一"的系统论和生态学思想。然而，这些如今在西方被视为最先进的理念，在国内，其价值并未受到应有的重视。相反，自清朝末年开始的西学东渐，使得西方个体主义哲学不断移入，冲击了我们的传统文化，几乎成为社会主要的意识形态，这实在是令人遗憾的事。

1949年以后，中国以马克思主义为哲学宗旨，以建设社会主义强国为发展目标。集体主义作为社会主流价值，与西方个体主义的价值观形成对立。与个体主义相比，集体主义确实具有很多优势。时至今日，中国社会依靠集体力量创造了许许多多的壮举，为全世界所瞩目。但是，集体主义就其本质而言，不过是放大了的个体主义，仍旧存在很多弊端。各种小集团的利益、地方保护主义以及形形色色的群体和组织之间的竞争，破坏了组织内部和个体之间的团结，进而使得整个社会失去和谐与稳定，并最终失去活力。

社会建构论虽不能说是解决这些社会和心理问题唯一的理论纲领和实践模式，但至少为这些问题的解决提供了一套切实可行的理论框架和实践策略。作为一种看待世界和我们自己的全新方式，社会建构论既是一种理念，也是一种行动；既是一种思维方式，也是一种生活和行为方式。以1985年格根(Kenneth J. Gergen)先生发表《现代心理学中的社会建构论运动》一文作为社会建构论正式创立的时间，经过30年的发展，社会建构论已经由最初着力于批判或解构，发展到后来的进一步建构；由对理论、方法的研究发展到具体的实践，对于人的健康自我的重建、人际纠纷的解决、学校教育与各类组织的管理、各项社会政策的制定乃至国际政治关系的处理等，形成了一整套较为成熟的思想、理论、方法和实践体系。这套体系对于解决我国当前普遍存在的各类社会和心理问题，具有重要的应用或工具价值。

"社会建构论译丛"缘起于2011年夏天我对格根夫妇的访问。那段时间，我正在美国田纳西州范德堡大学做访问学者。由于长期研究社会建构论，与格根先生有过一些书信往来，他因此邀请我去斯沃斯莫尔他的家里做客，并最终于当年的8月17日至21日成行。访问期间，我向格根先生请教了有关社会建构论的诸多问题，也向他介绍了社会建构论在中国的发展情况。那次访谈的部分内容以英文发表在《心理学研究》(*Psychological Studies*)2012年第57卷，中文发表于《教育研究与实验》2012年第4期。正是在那次访问期间，我和格根先生达成共识，鉴于中国当前社会变革与发展过程中存在的诸多问题，有必要将社会建构论在中国的推广作为一项长期的事业。格根先生代表国际社会建构论研究中心陶斯研究院表示，对于我们在中国的事业给予无条件的支持和帮助，包括成立中国社会建构论研究中心，筹备社会建构论的中文网站，与有着同样志趣的学校、组织和机构开展合作，等等。与上海教育出版社合作的这套译丛，便是社会建构论在中国推广项目的一部分。

从格根先生最早于1973年发表《作为历史的社会心理学》，即社会建构论思想萌芽开始到现在，经过40多年的努力，社会建构论已经发展成为包括系统化的原理、多样化的方法和多领域的实践在内的不断丰富和完善的理论和应用体系。这套译丛意图全面反映社会建构论在理论、方法和实践三个层面的发展。入选书目都是社会建构论领域最新、最有价值、最具代表性的经典著作。其中，《社会建构：进入对话》《社会建构的邀请(第三版)》《关系性存在：超越自我与共同体》《赞美他者：人性的对话理论》和《性别与疾病的社会建构》主要介绍社会建构论的理论基础，《叙事分析：个体在社会中的发展研究》和《话语心理学》属于方法系列，《欣赏型探究：一种建设合作能力的积极方式》《映射对话：社会变革的重要工具》和《社会建构与社会工作实践：解释与创新》则反映了社会建构论在人际交往、组织管理、社会工作等实践领域的应用。

"社会建构论译丛"的所有入选书目均由格根先生亲自挑选并最终确定，他还在丛书翻译的过程中亲自担任学术和专业顾问。我负责这套丛书的策划、申请、组织和项目实施。参与丛书翻译的译者都是我多年的好友，也是对社会建构论有着长期研究和浓厚兴趣的学者和教授。他们既是社会建构论领域的研究者，也是积极的实践者和热情的推广者。在当下名利观念甚嚣尘上，而学术评价制度十分不利于译著出版的背景下，完成一部学术著作的翻译需要作出很大的牺牲。作为译丛主编，我对他们深表敬意，感谢他们为这套译丛作出的贡献。我还要向上海教育出版社袁彬副总编、心理学编辑室全体编辑以及其他工作人员表达谢意，他们为这套译丛的出版付出了很多心思和不懈的努力。

社会变革是包括制度与文化、教育与管理、人的思想观念与行为习惯在内的系统变革。社会心态由萎靡不振到积极向上，整个社会由危机四伏到稳定团结，需要经过长期不懈的积极建构，而我们都是这一过程的见证人和参与者。与其被动地"反映现实"或顺应"客观规律"，为所谓的"事实"或"规律"所蒙蔽和奴役，不如主动参与建构某种我们想要的"事实"，创造真正能够为人类和社会带来福祉的"规律"。人类社会的未来不仅取决于我们对于未来的某种理想，更取决于我们每个人以什么样的方式参与对这种理想的建构。社会建构论不仅积极倡导相互理解、对话与共同创造的价值和理念，更为如何相互理解、如何参与对话、如何共同创造提供了系统的方法和行为指导。我和格根先生同样相信并期待，这套译丛的出版能对中国当前社会的变革和发展起到切实的推进作用。

杨莉萍

2016年1月于南京随园

Foreword 中文版前言

　　能向中国读者介绍《关系性存在：超越自我与共同体》这本书，我感到非常荣幸。在过去的几年中，我的中国同事给予我的热情、关爱和支持让我觉得，在这个国家，有我的第二个家。在中国的许多大学和学院讲学同样让我感到温暖，充满了积极的正能量。现在，《关系性存在：超越自我与共同体》的中文版出版，让我觉得这是一个很好的回报。这本书中的观点，对于我个人而言非常重要。我愿将它作为一份礼物，表达我内心真诚的谢意。感谢我的中国同事为这本书和为我所做的一切！希望读者将这本书中的观点和实践看作是我对充溢内心的所有感激的一种表达。

　　基于我两次来中国的经历，我发现这本书中的许多观点和实践都与这个国家悠久而珍贵的文化传统相呼应。这部译著的出现并非偶然，它是过往历史与当代相关著作的自然衔接。读者会发现，老庄哲学强调的万物皆变、顺应自然，为政以德、反对教条的人生哲学和管理原则，以及儒家学说倡导的无私忘我、实践智慧、以义为上、厚德载物、自强不息的君子之风，都在这本书中有所体现。当然，这并不意味着，这本书只限于对某种文化传统的演绎。这当中，既有家族的相似性，也有着非常重要的不同。对于大多数读者而言，本书最具挑战性的概念来自"关系"的观点。在以往的传统中，我们认为，关系是在两个独立的个体之间存在着的某种联系。而在《关系性存在：超越自我与共同体》一书中，我开启了另外一种理解，即把关系理解为一种不断协调的过程，独立的——或关系的——人的观念自这一过程产生。关系的过程发生在我们关于人的观念之前，并可以解释这种观念的构成。而最终，我们需要着力维护和支持的也正是这样一种关系的过程。

　　对于我来说，同样重要的是，与读者分享本书特殊的写作方式。你可能会发现它有一点异乎寻常。这是一本讨论关系的书，重点在于我们的现实、理性和道德如何在这些关系中产生。然而，我同样重视关系的多重性，以及由此造成的我们建构世界和自我的方式的多样性。或者，简而言之，不同的人以不同的方式说话或者做事。这些差异一方面造成冲突、怀疑和误解,另一方面也可以带来适应、欣赏和创造。对于这些问题的深入思考让我得出一些结论,其中之一便是,我不希望只为某个单一的读者群写作,如学术研究者、专业实践工作者或者学生,等等,相反,我希望将不同的人群聚拢在一起,鼓励和邀请不同领域的人就真和善展开跨界对话。对于我而言,这首先意味着从不同的传统中获取多样化的表达方式,其中既有学术界的声音,也有来自个体的声音、诗的声音和某些"视觉图像的"声音,等等。同样,借助引用,我能够导入许多持不同意见的"他者"的声音。(应该指出的是,本书英文版的序言主要是为学术界的读者写的,建议有些读者可以略过这一部分,直接从第一章开始读。)我希望这样做能有助于你们更加轻松愉快地阅读。从某种意义上说,《关系性存在:超越自我与共同体》这本书读起来似乎容易,但要真正读懂却很难。

我还要向中国读者传达将这本书中的观点运用于实践的强烈愿望。我不接受一个人可以由某种抽象的理论推导出行动这样一种观点。相反,正如维特根斯坦所说,理论从它在人类事物的运用中获得意义。因此,一种理论若想获得任何意义,仅仅为图书馆增添一些论文和藏书是不够的,它必须对话性地植根于社会实践。对于我而言,这意味着本书的最终目的不仅仅是"心理的改变",更应该是"行动的变革"。因此,尽管本书前六章的内容是理论探讨,接下来的四章则开启了实践的大门——分别涉及研究、教育、治疗和组织变革的实践。这些章节的目的不是教导某种最佳的实践方式,而是对更多可能性的邀请。我最大的希望在于,读者能够在我的观点与他们自己的日常生活和专业实践之间实现对话,从而创造出新的可能性。

这本书写完了吗?事实上,我从不认为我写过的任何东西是已经完成了的。我更喜欢将写作视为对话的开始而不是结束。所有这些都不是固化的观念,而是对读者参与对话的邀请。从这种对话中,我们应该学到某些新的东西,共同创造新的生活方式。我还想特别指出一个领域,在其中需要更多的对话。我在这本书中讨论关系的时候,重点聚焦于人类——我们共同创造意义、目标和理性的方式,而对人类与环境的关系则所谈甚少。然而,有一点很清楚:除非环境被视为人类关系的一部分,否则那些关系终将会是短命的。本书的写作留下了一个开放的空间,在其中,人类与周围环境需要被联系起来,在历史的进程中和平共处,维持生命的活力——或者相反,导致这一切都不能实现。更具理解性的理论和更加有效的实践还有待进一步发展。我们必须超越人类自身最重要、最有价值的狭隘观念,开始思考和真正承担关系的责任。

肯尼思·J. 格根
2015 年 9 月
于中国南京

Contents　　　　　　　　目录

序　言	**走向新的启蒙**	1
	溯本清源	4
	本书的写作	12
	语言的挑战	13
	展开的叙事	15

第一部分　从有界存在到关系性存在

第一章	**有界存在**	19
	滥用的自我	21
	自我和他者	29
	有界存在的文化	36
	变革传统	43
第二章	**一切由关系开始**	45
	联合行动与创造	47
	万物的联合创造	51
	从因果到汇流	63
第三章	**关系的自我**	75
	无界状态	76
	自知之明的理念	78
	求教于专家	80
	从心理到关系	84
	心理作为关系的行动	89
第四章	**身体作为关系：情感、愉悦和疼痛**	109
	历史与文化的情感	111
	情感的舞蹈	115

关系脚本	119
阻断危险的舞蹈	124
情感不是生物性的吗？	127
身体愉悦：联合行动的礼物	133
疼痛：最后的挑战	138

第二部分　日常生活中的关系性存在

第五章	多重存在与日常生活实践	145
	多重存在	145
	协调：飞翔的挑战	162
	日常历险：关系中的关系	170
	协调的艺术	175
第六章	盟约、路障与超越	183
	缔约的趋力	184
	缔结盟约	185
	盟约与边界	195
	从侵蚀到灭绝	201
	超越路障	202
	热冲突与变革性对话	202

第三部分　专业实践中的关系性存在

第七章	共同创造的知识	213
	知识作为共同体的建构	214
	学科划分生忧患	217
	超越学科划分的趋势	224
	在关系中写作	231
	为关系服务的写作	234
	研究作为关系	243
	人类研究中的关系视角	245

第八章　关系型教育　　　250
教育目的之审思　　　251
关系圈　　　254
关系教学法的实践　　　256
关系圈之一：师生关系　　　256
关系圈之二：同学关系　　　263
关系圈之三：课堂与社区　　　270
关系圈之四：课堂与世界　　　275
永无止境的关系圈　　　277

第九章　治疗与关系的修复　　　278
关系语境中的治疗　　　279
治疗：协调行动的力量　　　290
治疗组成部分的扩展　　　311

第十章　组织：高难度的平衡　　　319
组织活力来自肯定　　　321
谨防组织　　　325
决策作为关系的协调　　　328
从传统型领导到关系型领导　　　339
从问题诊断到价值评估　　　347
全球化运动中的组织　　　351

第四部分　由道德到宗教

第十一章　道德：从相对主义到关系的责任　　　359
对道德行为的挑战　　　362
不道德并不是问题　　　364
问题出在道德　　　365
走向二阶道德　　　367
对关系责任的实践　　　372
从并存到共同体　　　373
超越问题的起点　　　377

第十二章　走向神圣　　　　　　　　　　　　　　379
　　　关系的隐喻　　　　　　　　　　　　　　　380
　　　关系性存在的神性潜能　　　　　　　　　394
　　　走向神圣的实践　　　　　　　　　　　　398

后记　关系意识的来临　　　　　　　　　　　402
　　　关系意识的加速扩展　　　　　　　　　　403
　　　关系启蒙的全球化　　　　　　　　　　　406

索　引　　　　　　　　　　　　　　　　　　410
译者后记　　　　　　　　　　　　　　　　　420

序言

走向新的启蒙

我该如何向你描述此刻的我呢？如果我说，我正端坐于书桌前，沉湎于思考，你该不会觉得惊讶吧。我在斟酌某种观点，思忖其不足，与另一种观点作比较，考虑它发展的可能性。渐渐地，我投入写作，尝试着将头脑中稍纵即逝的思绪转化并整理成文字，期待着它们能让作为读者的你理解我的思虑。这一切听起来合情合理吧。

再想一下，这一小段寻常文字是怎么将我定义成一名作家的？其中又传达出哪些我们有关人的观念？很重要的一点是，我们发现，我在这里被描述成个体的思想者，寓居于自我内在的意识世界。言下之意，这不是暗示我们在自己的精神世界里彼此孤独吗？我们没有相互进入对方思维的路径，把思维转译成文字又非常困难。在这个世界里，你永远无法揣测出我内心的深度，你不可能完全理解我。同样，你的私有世界对我而言也永远是一个秘密。事实上，在上述这段为我们所司空见惯的描述中，我们被定义为相互疏离的存在（alienated beings）。

"那又怎样？"你可能会说："我们是相互分离而独立的个体（separate individuals），各自生活在私有的意识之中，这是简单而不争的事实，这就是生活。"是这样吗？如果我们接受这种观点，把自己视为有界的存在（bounded being），本质的"我"躲藏在眼球背后，那我们就得一直面对分离的问题（issues of separation）。我必须时刻提防，唯恐别人窥见我的思维缺陷、情绪垃圾以及行动背后那些不光彩的动机。我们生活在这样一个世界，在其中，我总在担心与他人相比我怎么样，我是否会得差评（inferior）。这种观念遍及我们的学校和组织。从第一天迈进教室起，对个体的评估便开始像幽灵一样纠缠我们，直到退休终了。我们相互竞争、牙尖爪利，以期超越他人。自尊悬在空中，不停地左右摇摆，失败和沮丧时刻蜷伏在门边。在这种情况下，周围人的价值体现在哪里呢？他人不就是我们愉悦自己或自我增益(self-gain)的工具吗？如果他人对于我们的幸福毫无帮助，我们不可以回避或弃之如敝屣吗？假如他们妨碍我们的幸福，我们难道没有理由惩罚他们，把他们关进监狱，直至彻底铲除吗？这种视"你—我"为对手的意识潜藏于我们的视界、自然和文化中。而问题永远在于——谁的幸福更重要？

你依然坚持反对："是的，我能看出问题来，而且我们也在努力克服这些问题。可是，与此同时，竞争也有它的价值。获胜是人生最大的乐趣之一。另外，我们在这里谈论的是人之本性。所以，别再抱怨了，振作起来吧。"然而，这难道真是人的本性吗？历史学家认为，这种视人为单独分离的个体、置思考和感觉的能力于个体生命的核心、珍视自主行动的观念产生于近代。这种有关人性的观念始成于 4 个世纪之前，我们称之为启蒙运动的时代。正是在那个时期，灵魂(soul)或精神(spirit)作为人的核心，在最大程度上被个体理性取代。个体理性坚持，每个人都拥有理性的力量，我们有权挑战任何权威(宗教或者其他力量)来宣告何为真实、合理或是何者有益于全体。启蒙运动的观点自此开始被用来为现代民主制度、公共教育和司法程序的合法性进行辩护。生活在这样的制度中，我们渐渐接受了将个体理性作为人的自然状态这一观念。

大多数人类学家赞成这一结论。正如人类学的前辈之一格尔茨(Clifford Geertz)曾经写道：

> 西方观念将人视为有界的、独一无二的、在一定程度上整合了动机与认知的有机体，是集觉察、情感、判断和行动于一独特整体的动力中心，与他人不同，与社会和自然背景相对。这种有关人的观念，不论对我们而言是多么的天经地义，但置于世界文化的语境中，未尝不是一种极其怪诞的观念。①

事实上，这种对于有界存在的社会通识及其在个人主义生活方式中的实现，是我们集体建构的结果。如果这种建构对我们造成限制、压迫和破坏，我

---

① Geertz, C. (1979). From the native's point of view: On the nature of anthropological understanding. In P. Rabinow & W. M. Sullivan (Eds.), *Interpretive social science* (p. 59). Berkeley, CA: University of California Press.

们可以创造新的替代品。①

眼前这本书寻求对启蒙运动传统的超越。我在努力创造一种对人类行为的新描述,以关系的视点取代有界自我的假设。这不是指相互独立的自我之间的那种关系,而是先在于人的自我概念的一种协调过程。我希望说明,事实上,所有可理解的行动都是在持续不断的关系过程中产生、维持和/或消亡的。从这一立场出发,没有孤立的自我或完全私有的经验。相反,我们生活在一个相互构成(co-constitution)的世界。我们已然由关系中产生,不可能摆脱关系。即便在最私有的时刻,我们也并非独自一人。进而言之,正如我将要说明的,地球未来的福祉取决于我们能够在多大程度上滋养和保护关系的生成过程,而不是滋养和保护个体甚至群体。

尽管撰写这本书的核心任务是将关系的现实(reality of relationship)导入清晰的视界,但我不想把这本书的写作当成纯粹的理论探索。我对创作一部仅适合学术消费的著作没有兴趣。相反,我试图将这种关系的视点与我们的日常生活联系起来。关系性存在的理念最终将从我们如何相处的行为方式中获得意义。通过把概念与行为方式相结合,我同样希望能够引导制度的变革——在我们的教室、组织、实验室、治疗室、教堂以及政府办公室。我们共同生活的未来正处于危机之中——这种危机不仅仅是地方性的,也是全球性的。

有必要提醒读者,这种以关系中心的观点取代自我的传统观点难免令人不安。对自我的批判性挑战会产生大量的衍生物。例如,我们通常假设,人与人之间相互影响。正如我们所说,父母塑造了孩子的个性,学校影响了学生的心智,媒体对大众的态度和价值具有重要影响。然而,这种普遍的因果关系假设与有界存在的传统是一致的,也就是说,它依赖于从根本上相互分离的实体观念,这些独立实体之间的联系就像台球之间发生的相互碰撞一样。在本书中,我建议超越因果来理解关系。我并不是想通过悬置因果假设来颂扬自由意志论对于决定论的翻盘。那种自由选择的能动者(a freely choosing agent)假设同样支持有界存在的传统。而关系性存在的立场将引导我们搁置自由论与决定论的对立,视这个世界为"关系汇流"。

---

① 有关启蒙运动以来西方理解自我的历史转变的最好概述,见:Taylor, C. (1992). *Sources of the self, the making of modern identity*. Cambridge, MA: Harvard University Press. Seigel, J. (2005). *The idea of the self*. Cambridge: Cambridge University Press.

这并不意味着我想要消灭有关自我、因果关系与能动性的传统观点。我并不想说这些传统观念是虚假的，或者我们的传统根本就是错误的。这些假设非真非假，仅仅是人类的建构，而我们围绕着这些建构组织自己的生活。比如，我们从不问有关正义的观念（the concept of justice）是不是真的，可是某些人的生死却取决于我们相信法律是正义的还是非正义的。我们生活在对独立自我、自由论和决定论的信念中，这些观念因此值得我们认真反思。倘若人与人之间的联系也能变成和传统意义上的独立个体一样真实，我们便可以因此丰富生命的潜能。传统的确有价值，值得我们坚持。但是，这种传统理应被视为一种选择，而不是为我们这个世界设限。眼前这本书的目的正在于发展一整套新的可选择的观念。

话说至此，读者或许愿意随我一起反省与有界存在的传统并存的另一种假设及其实践的功效。在接下来的篇幅里，我将对精神病的现实、人脑对于行动的决定作用、真理的假设以及个体心智教育的重要性提出质疑。质疑将同样关涉共同体、民主和个体责任的终极价值。我重申，我的意图不是去判断这些传统是真是假，而是考虑它们对于我们当代生活的意义。试想，推定某人患有"精神病"，我们抹杀了更多可能给他或她带来希望的解释；假设大脑决定行为，我们忘记了大脑仅仅是我们探索有意义生活的服务器；拥抱大写的真理，我们剥夺了那些以其他方式看待世界的人的发言权；强调个体心智教育，我们遮蔽了知识对于关系的依赖性。进而言之，在珍视共同体的同时，我们造成了共同体之间关系的断裂；视个体为民主制度的基础，我们压制了对话之于促进批判性思维的意义；坚持个人应对自己的行为负责，我们掩盖了自己对于那些社会丑恶现象负有的责任。我们原本可以做得更好。

溯本清源

显然，我并不是作为一个孤独的思想者踏上这段通往关系性存在的旅程。这也不是以关系中心取代传统的有界存在的首次尝试。事实上，本书从一大批旨趣相合的同盟者的文本中引用了许多。无数支持、挑战和启迪的声音萦绕耳旁，一直陪伴着我。应该感谢这些文本的贡献。通过对这些文本的梳理，本书的历史定位会更加清晰。同样重要的是，这一梗概将有助于显示本书背离旧的传统的主要路径。而最重要的贡献来自社会科学和哲学领域。

社会科学的遗产

在我的文友(textual friends)中,最重要的是一群富有创新精神的社会理论家,他们著述的时间先后跨越了一个世纪。在我读研究生的时代,在想象中与詹姆斯(William James)①、库利(Charles Horton Cooley)②和米德(George Herbert Mead)③的经典著作对话显得特别重要。他们每个人都描绘了一幅有关自我的图画。在其中,人对自我的认知(self-understanding)依赖于别人的看法。"社会我""镜中我"的观念和符号互动理论向占优势地位的视心灵为自足实体(self-contained entity)的传统提出严峻挑战。在这些理论家看来,一个人的自我感觉是对自身社会存在的反映,而不是个人的自有物。在研究生阶段的后半期,我有幸与社会心理学家蒂鲍特(John Thibaut)一起工作。在蒂鲍特看来,精神世界以更加曲折的方式被塑造,其中个人利益的最大化被视为主要目标。然而,正如蒂鲍特和凯利(Harold Kelley)所言,个人利益的最大化不能脱离个体所处其中的关系。④ 个体收益与谈判、协商的过程具有错综复杂的联系。心理世界与社会世界不可避免地相互关联。

研究生毕业后,我在哈佛大学社会关系学系任教。正是在那里,我发现了苏联心理发展论者维果茨基(Lev Vygotsky)的革命性著作,他的著作同样挑战了被隔绝心灵(isolated minds)的主流观点。⑤ 正如他所指出的,至少对于高级心理过程而言,心理的一切首先发生于社会的世界。在这种意义上,个体心理的机能是文化的衍生物。同样的观点蕴含于其他许多理论家的著作,本书从这些著作中汲取了丰富的养分。肖特(John Shotter)多年来一直是我的对话伙伴,本书中的绝大部分观点或多或少地受到这种珍贵友情的影响。⑥ 同

---

① James, W. (1890). *Principles of psychology*. New York: Henry Holt.
② Cooley, C. H. (1902). *Human nature and the social order*. New York: Charles Scribner.
③ Mead, G. H. (1934). *Mind, self and society*. Chicago: University of Chicago Press. 有关社会心灵的思想的早期发展,可进一步参阅:Valsiner, J. & van der Veer, R. (2000). *The social mind: Construction of the idea*. Cambridge: Cambridge University Press. Burkitt, I. (2008). *Social selves* (2nd ed.). London: Sage.
④ Thibaut, J. & Kelley, H. (1959). *The social psychology of groups*. New York: Wiley.
⑤ Vygotsky, L. (1978). *Mind and society: Development of higher psychological processes*. Cambridge, MA: Harvard University Press.
⑥ Shotter, J. (1993). *Cultural politics of everyday life: Social constructionism, rhetoric and knowing of the third kind*. Toronto: University of Toronto Press. Shotter, J. (2008). *Conversational realities revisited: Life, language, body and world*. Chagrin Falls, OH: Taos Institute Publications.

样，布鲁纳（Jerome Bruner）①、哈雷（Rom Harré）②、史威德（Richard Shweder）③、瓦尔西纳（Jaan Valsiner）④和科尔（Michael Cole）⑤在他们令人鼓舞的文化心理学著作之外，也提供了积极的对话。在所有这些著作中，文化情境对于心理功能的影响作用得到彰显。

社会关系学系还为我提供了与社会学家戈登（Chad Gordon）一起工作的机会。受他的影响，我开始对加芬克尔（Harold Garfinkel）和其他人种学方法论者的著作感兴趣。⑥这些著作是那样激动人心，其视点由内在的心理世界转向了对心理属性负有责任的外部互动过程。戈夫曼（Erving Goffman）在哈佛大学和宾夕法尼亚大学的任职促进了这两所大学之间的合作研究，这种合作研究关系一直持续到1982年他去世。他的著作同样将视点由个体行动者转移到了关系的层面。在戈夫曼看来，人类行为在很大程度上具有社会表演的性质，自我因而是特定时刻剧情发展的副产品。⑦ 这些早期著作大部分被收入戈登主编的《社会互动中的自我》一书。⑧

对关系性存在的思考的另一个重要转折点出自女性主义理论。在此我将自己的见识主要归功于我的妻子，女性主义者玛丽·格根（Mary Gergen）。⑨ 我们

---

① 例如，可参阅：Bruner, J. S. (1990). *Acts of meaning: Four lectures on mind and culture*. Cambridge, MA：Harvard University Press. Bruner, J. S. (1996). *The culture of education*. Cambridge, MA：Harvard University Press.

② Harré, R. (1979). *Social being*. Oxford：Basil Blackwell. 也可参阅由同一出版社1993年出版的第二版。

③ Shweder, R. (1991). *Thinking through cultures: Expeditions in cultural psychology*. Cambridge, MA：Harvard University Press.

④ 例如，可参阅：Valsiner, J. & van der Veer, R. (2000). *The social mind: Construction of the idea*. Cambridge：Cambridge University Press.

⑤ Cole, M. (1996). *Cultural psychology: A once and future discipline*. Cambridge, MA：Harvard University Press.

⑥ Garfinkel, H. (1967). *Studies in ethnomethodology*. Englewood Cliffs, NJ：Prentice-Hall. 也可参阅：Coulter, J. (1979). *The social construction of mind: Studies in ethnomethodology and linguistic philosophy*. Totowa, NJ：Rowman and Littlefield.

⑦ 尤需参阅：Goffman, E. (1959). *The presentation of self in everyday life*. Garden City, NY：Doubleday. Goffman, E. (1961). *Asylums: Essays on the social situation of mental patients and other inmates*. Bolton, MA：Anchor.

⑧ Gordon, C. & Gergen, K. J. (Eds.)(1968). *The self in social interaction*, vol. 1: classic and contemporary perspectives. New York：Wiley.

⑨ Gergen, M. (1988). *Feminist thought and the structure of knowledge*. New York：New York University Press. Gergen, M. (2001). *Feminist reconstructions in psychology: Narrative, gender and performance*. Thousand Oaks, CA：Sage.

与吉利根(Carol Gilligan)①的友谊同样重要,她对科尔伯格(Laurence Kohlberg)道德认知理论的挑战成为许多颇具吸引力的对话的主题,在此你能清楚地感受到从个体主义到关系的人的观念转变所具有的政治意涵。米勒(Jean Baker Miller)②和乔丹(Judith Jordan)③及其在韦尔斯利学院斯通中心(Wellesley College's Stone Center)的同事极大地拓展了关系的视角。在他们看来,人怀有对于关系的自然渴望。为了满足这种渴望,必须经历成长—养育(growth-fostering)的关系,这种关系的核心是相互移情和赋权。

我同样从传统的治疗学著作中获得启发。对于我来说,社会学取向的精神病学家的著作,如弗罗姆(Erich Fromm)④和霍妮(Karen Horney)⑤,比弗洛伊德(Sigmund Freud)深奥的心理过程概念更贴近我的生活。弗罗姆和霍妮都认为,文化与心理从根本上是相互依赖的,心理状态是对社会制度的反映,反之,社会制度又是个体需要和欲望的副产品。这些观点在沙利文(Harry Stack Sullivan)的心理治疗人际关系理论以及罗杰斯(Carl Rogers)的人本主义理论与实践中得到共鸣。⑥ 与韦尔斯利学院斯通中心的女性主义者相似,沙利文和罗杰斯都将个体幸福的发展看作是完全依赖于关系的。斯通中心的成员同样从精神病学的客体关系学派汲取了大量养分。⑦ 他们搁置了弗洛伊德对寻求享乐的强调,代之以重视个体对于重要他人的依恋。早期依恋(和拒绝)模型为个体一生的发展铺就了道路。借助米切尔(Stephen Mitchell)及其同事的著述,该研究已扩展到可以为治疗过程提供一种关系的解释。基于这一观点,来访者与治疗师见面意味着两段复杂动态关系的历史遭遇和相互交

---

① 请参阅:Gilligan, C. (1993). *In a different voice: Psychological theory and women's development*. Cambridge, MA: Harvard University Press.
② Miller, J. B. (1976). *Toward a new psychology of women*. Boston, MA: Beacon Press.
③ Jordan, J., Kaplan, A., Miller, J. B., Stiver, I., & Surrey, J. L. (1991). *Women's growth in connection*. New York: Guilford. Jordan, J. (1997). *Women's growth in diversity: More writings from the Stone Center*. New York: Guilford.
④ Fromm, E. (1941). *Escape from freedom*. New York: Rinehart.
⑤ Horney, K. (1950). *Neurosis and human growth*. New York: Norton.
⑥ Sullivan, H. S. (1953). *The interpersonal theory of psychiatry*. William Alanson White Psychiatric Foundation. Reissued by Norton, 1997. 也可参阅:Rogers, C. (1961). *On becoming a person: A therapist's view of psychotherapy*. New York: Houghton Mifflin.
⑦ 有关于此的综述可参阅:Mitchell, S. (1988). *Relational conceptions in psychoanalysis: An integration*. Cambridge, MA: Harvard University Press. 也可参阅:Curtis, R. C. (Ed.) (1991). *The relational self: Theoretical convergences in psychoanalysis and social psychology*. New York: Guilford.

织(inter-twining)。①

既然丰富的社会科学著作史已经向个人主义传统提出重大挑战,是否还有必要增加新的论述? 本书能够提供哪些之前还没有的东西呢? 对于我而言,主要的不安或动力源自这些理论多数未能成功将它们自己与个人主义的传统彻底分离。在几乎所有这类理论中都可以发现,以下三种传统的残余物以某种方式存在着:第一,它们中的许多理论长期聚焦于心理世界本身,视心理世界为个体行动的根源。这是一个由符号、经验、认知、情绪、动机和/或动态过程构成的各自不同的世界。在任何情况下,注意总是被导向一个虽然承认社会环境的强烈影响却仍然独享其重要性的内部区域。将心理视为个体行动的中心这一观念仍旧被顽固地保守着。在本书中,我试图移除这种内在心理的实在性。这不意味着重新回到行为主义"可观察的外部现实",而是要消除内在与外在之间的绝对区分,代之以关系内置于行动的观点。

第二,许多这类著作中都有一种强烈的倾向,即运用相互独立的单元,如自我与他人、人与文化、个体与社会等概念,来构建理论。关系在这些理论中被作为不同实体之间相互作用的结果,从根本上说,它是那些相互独立的单个实体的衍生物。而我的目的是要颠倒先后顺序,把个体单元作为关系过程的结果来看待。

第三,与此密切相关的还有一点,即许多这类著作都以因果模型来解释人类的行为,将文化、社会、家庭或其他重要他人说成是对于个体"有影响的""起作用的"或"决定个体行为的"因素。同样,这种分析的立场支持了独立存在(independent beings)的假设,而将关系定义为独立存在的衍生物。

尽管如此,上面介绍的这些理论中仍有许多段落、许多隐喻和观点将会出现在这本著作中。我并不想完全放弃这些丰富而重要的成果,而是要充分拓展它们的意义,以促进更加彻底的范式转变。借用斯莱夫(Brent Slife)的话来说,现有的很多理论都在尝试表现一种弱关系性(weak relationality)或社会的相互影响(social interaction),本书的目的则是生成一种强关系性(strong

---

① 例如,可参阅:Mitchell, S. A. (1993). *Hope and dread in psychoanalysis*. New York: Basic Books. Pizer, S. A. (1998). *Building bridges: The negotiation of paradox in psychoanalysis*. New York: Analytic Press.

relationality),没有任何独立状态得以存在于其中。① 在这方面,另有一些社会科学家和实践者,他们的著述更直接地与本书的观点相契合。他们的著作,以及我们之间的交流,在将要展开的主题中发挥了不可或缺的作用,容后致谢。

哲学的继承

从笛卡儿(René Descartes)、洛克和康德(Immanuel Kant)的早期著作到当代对于心理和脑神经的讨论,哲学家为有界存在的实体提供了有力的支持。从许多方面看,西方哲学的标志在于它的二元论假设:心灵与世界,主体与客体,自我与他者。然而,哲学领域同样也存在很多争论。尽管人类机能的个人主义观点占优势,但仍有不少"叛逆者"。在关系立场的发展过程中,这些"叛逆者"提供了大量的文本支持。举例来说,早期对于存在主义的痴迷引导我拜读了梅洛-庞蒂(Maurice Merleau-Ponty)的著作。虽然个体意识依旧是梅洛-庞蒂著述的中心,但他相信,他者(the other)总是栖居于个体的意识深处。梅洛-庞蒂指出,在对他者的知觉中包含着正在被对方知觉的意识。② 例如,在交谈过程中,一个人在观察对方的同时也会意识到自己正在被观察。意识的这两种形式是不可分割的。又如,触碰一个人的感觉同样包含着被对方触碰的感觉。当我们拥抱一个人时,同样能觉察到自己也在被对方拥抱的事实。

与此密切相关的是海德格尔(Martin Heidegger)的著作。与梅洛-庞蒂一样,海德格尔的分析大部分着眼于意识的现象世界。同时,海德格尔试图推翻传统的主客二分中意识主体相对于外在的客体世界"存在于那儿"的观点。③ 在海德格尔看来,意识总是对某种东西的意识。除去所有的意识对象,就没有了意识;而离开意识,也就无所谓对象。因此,主体与客体具有共生性,在根本上是相互依存的(co-existent)。他在最重要的概念"在世之在"(being-in-the-world)中插入连字符,很直观地表达了对于传统二元论的破除。杜威(John Dewey)和本特利(Arthur Bentley)的著作虽然产生于美国实用主义文化的土

---

① Slife, B. (2004). Taking practices seriously: Toward a relational ontology. *Journal of Theoretical and Philosophical Psychology*, 24, 179-195.
② 参见:Merleau-Ponty, M. (1968). *The visible and the invisible*. Evanston, IL: Northwestern University Press.
③ Heidegger, M. (1962). *Being and time*. New York: Harper & Row.

壤,却对于海德格尔破除二元论的创见给予了积极响应。正如他们所见,在人与对象(心理与世界)之间存在相互构成的关系。① 因此,他们坚持用"交互作用"(transaction)的概念取代传统的"相互作用"(interaction),后者关涉与人的经验有着因果关系的独立客体。

这些尝试颇具魅力,但并没有带我走出多远。它们同样始于对意识的私有空间假设,通过各种各样的分析策略试图回避矛盾。我的期望恰好相反,是以对关系过程的说明为起点,从中发展出个体意识的概念。还有,要理解这些哲学家的工作,不得不匍匐行进于一个高度复杂而令人费解的语词的世界。多数概念的意义取决于它们在哲学文本中被使用的方式,没有通向社会实践的出口,而后者正是我努力的核心。

我同样从许多道德哲学家的著作中汲取灵感,这些著作模糊了自我与他者之间的界线。麦克默里(John MacMurray)的著作《关系中的人》便是其中之一。② 它聚焦于关系或共同体相对于个体幸福的卓越价值。麦克默里在书中强调个体要为公共利益作出牺牲。在更多人所熟知的莱维纳斯(Emmanuel Levinas)的现象学著作中,对这一观点也有所回应。③ 在莱维纳斯看来,个人的主体性不可能独立于他者,相反,个体意识由他者的存在(借用一个隐喻,如"他人的面子")构成。在这种意义上,每个人都从根本上对他者负有责任,道德与意识相互终结(co-terminal)。对本书贡献最大的莫过于布伯(Martin Buber)的著作《我与你》。④ 他基于个体与他者的关系区分了意识(现象学状态)的两种模式。最普遍的是"我—它"(I-It)模型,他人在其中只是一个客体,从根本上与自我分离。而且,在布伯看来,"我—你"关系值得尊崇。在其中,"我"和"你"相遇,二者没有边界。在这种意义上,存在着的是一个互相吸引的统一体,人与人之间明确划分的观念消失了。

这些著作的确富有启发性,但是,它们依旧保留着在我看来是个人主义传统的遗迹。虽然共同体最终为麦克默里所珍视,但那只能借助个体行动者的

---

① Dewey, J. & Bentley, A. F. (1949). *Knowing and the known*. Boston: Beacon.
② MacMurray, J. (1961). *Persons in relation*. Atlantic Highlands, NJ: Humanities Press.
③ Levinas, E. (1985). *Ethics and infinity* (R. A. Cohen, Trans.). Pittsburgh: Duquesne University Press.
④ Buber, M. (1971). *I and thou*. New York: Free Press. 英文版初版于1937年。

志愿行动实现。无论是在莱维纳斯还是布伯的著作中，所有对于关系的考虑仍然与现象学或以主体为中心的（subjectivity-centered）传统结盟。道德行为最终依赖于行为者的自决意愿。换言之，在此情况下什么样的行为可能发生其实并不确定。以莱维纳斯为例，他高度强调自我牺牲，然而，关系行动的愿景却从未被明朗化。对布伯而言，"我—你"之间的相遇相对于最具普遍性的"我—它"分离状态只是一个例外。如果在布伯的鼓动下，采用"我—你"的高姿态（sacred posture）来处理关系，不知道接下去会发生什么。确切地说，遭遇一个作为"你"的他者意味着什么呢？与这些理论家相比，我更希望把对关系性存在的洞见与特殊形式的社会实践联系起来。

同样重要的学术脉络也发轫于社会学与政治理论，其中对自由个人主义的批判尤为重要，包括个人主义对文化生活的影响及其对于民权社会（civil society）与政治（politics）的定向两方面。在个人主义对于日常生活的损害方面，贝拉（Robert Bellah）与其同事合著的《心之习：美国生活中的个人主义与承诺》具有重要意义。[①] 该书以感人的细节揭示了个人主义意识形态对于人类关系的破坏性影响。该书也是对以埃齐奥尼（Amitai Etzioni）及其同事为先锋的早期共产主义运动的共鸣。[②] 这里特别强调的是个人对于集体的义务而不是对个体权力的诉求。政治理论家桑德尔（Michael Sandel）[③]和哲学家麦金太尔（Alasdair MacIntyre）[④]的著作为这场运动增添了重要的概念维度。他们启发读者注意个体深植于关系，并指出零负担的自由行动者观念具有严重缺陷。这些著作对我而言都是宝贵的启发性资源。我不满意的是将共同体作为弥补个人主义缺陷的替代物这一权宜之计。这不仅是因为判断一个共同体的边界在哪里本身就是个问题，更由于这些边界会招致许多复杂性后果。共同体也是有界实体，会造成与独立个体观念同样性质的冲突。在共同体的承诺之下，

---

① Bellah, R. N., Madsen, R., Sullivan, W. M., Swidler, A., & Tipton, S. M. (1985). *Habits of the heart: Individuals and commitment in American life.* Berkeley: University of California Press.

② 例如，可参阅：Etzioni, A. (1993). *The spirit of community: Rights, responsibilities and the communitarian agenda.* New York: Crown.

③ 例如，可参阅：Sandel, M. J. (1996). *Democracy's discontent: America in search of a public philosophy.* Cambridge, MA: Harvard University Press.

④ 尤需参阅：MacIntyre, A. (1981). *After virtue.* Notre Dame: University of Notre Dame Press.

包括宗教的与政治的，其后果很可能是灾难性的。

在随后各章，我将对这些重要著作作出回应。然而，还有另外一些哲学著作更加契合本书的思路。其中最重要的是维特根斯坦(Ludwig Wittgenstein)的后期著作。他作为文友的陪伴(textual companionship)具有重要意义，如果没有他的《哲学研究》，很可能我当前的事业还不能起步。[①] 文学理论家巴赫金(Mikhail Bakhtin)的声音同样响彻本书。尽管他从未将心理与行为相分离，但他多彩的对话概念起到了充分的刺激作用。

与此同时，本书与上述所有理论家的著作(维特根斯坦除外)有一个很重要的不同。这些形形色色的哲学家在确立基础的传统中工作，即致力于对理性、真理、人性、道德价值等的基础描述(grounding accounts)。这类描述有时被称为"第一哲学"。本书不具有这样的志向。虽然写作形式看上去有点矛盾，我的目的并不是说明人性的本质是什么，或必须是什么，也不是传统术语所言的真实与准确。我希望为世界提供一种引人入胜的建构，一个诱人的愿景，或一个理解的透镜——所有这一切都蕴含在相关行动中，需要借助行动实现。理论(account)并不是逐客令(marching orders)，而是参与共舞的邀请函。

本书的写作

挑战传统总是有风险的。即便传统有缺陷，那至少也是我们已经习惯了的缺陷。变革难免引发对于后果的担心和畏惧。这也是我写作本书的经历。随着关系性存在的视角逐渐展开，我也开始批判性地反思自己在这个世界上的生存方式。我透视的焦点之一是一种舒适的惯习(comfortable convention)，即我的专业写作实践。依我之见，传统的学术写作同样带有个人主义传统的强烈印记。这种写作方式将博学的作者与无知的读者分开，视作者本人为其观点的所有者，将作者描述成一个内心统一、自信和没有冲突的人。在本书第七章，我将表达对这一传统的更多看法。一个人的写作方式本身也是传递信息的媒介。就这本书而言，传统的写作方式破坏了关系的主题，而后者正是我想要着力发展的。

在接下来的章节里，我希望探索一种能充分体现关系主题的新的写作方

[①] Wittgenstein, L. (1978). *Philosophical investigations*. Oxford: Blackwell.

式。那么,这该是一种什么样的方式呢?正如你将发现的,本书的内容将以一系列"分层"(punctuated layers)的形式呈现,以不同的层面体现不同的交流传统。有的时候,我会以学术的声音为主;其他时候,我会尝试以更适合实践工作者的方式写作,即我会加入某些与当下主题相关的个人经历。除了这些层面,我还注入了美学的声音——艺术、诗歌、摄影,甚至一点点幽默作点缀。有时我还会穿插某些朋友的观点,可能是他们曾以文字表达的,也可能是我们之间的言语沟通。

我希望这种写作方式能从几方面服务于内容的传达。首先,使用多种不同声音,使读者更难识别作为作者的"我"是谁。放弃某种单一的、内在统一的声音,要想定义我的存在边界会比较困难。其次,随着主题的展开,我会把人描述成为根植于多重关系。我们是谁?我们是什么?在不同的关系中会有完全不同的答案。因此,我们都携带着很多不同的声音。它们各自产生于不同的关系历史。通过在文本中使用多重"声音",我期望读者能够理解这些关系,正是在这些关系中,"我作为作者"的身份突显出来。再次,通过使用不同的声音写作,我期望与更广泛的读者建立联系。为某个单一的读者群而写作,例如研究者、实践工作者或学生,强化了不同社团之间的壁垒。借助多重写作的方式,有可能跨越现存的边界,引导出更具包容性的对话。最后,与传统的写作方式相比,本书不再对语词应当如何被理解作出限制。通过多种理解方式的混合并用,我希望避免对不同声音、不同意义的封禁。一个新的空间即将被打开,读者可以从中创造出新的联想与意向。

语言的挑战

除了写作方式之外,对语言的使用问题提前作一点说明同样有益。首先,我在写作本书的过程中有一股强烈的冲动,想要使用**关系的自我**而不是**关系性存在**这一短语。那样有助于在有关自我的历史悠久、卷帙浩繁的传统著述中更清楚地找到本书的位置。然而,"自我"(self)这个词本身带有很强的个人主义传统的印记。它暗示存在着这样一个有界单元,与其他有界单元之间发生**相互作用**(interacts)。而且,"自我"是一个名词,指涉一个静止不变而又永恒存在的实体(static and enduring entity)。而"存在"(being)这个词则可以兼作分词、名词和动名词,从而颠覆了对有界单元的印象。在存在中,我们是动态的,承载着过去,经历着现在,走向未来。

语言使用的第二个问题更加复杂。本书的核心是一种关系的视角,这种关系并不是两个或更多人聚在一起的那种意思,而是正如我将要说明的,单个的人是关系过程的副产品。但是,不借用这种将世界划分为无数个有界实体的语言,我又怎么能描述这个过程呢? 具体一点说,按照通常的写作惯例,我不可避免地要用到名词和代词,二者均指涉有界或可识别的单元。"我信赖你……"这个短语已经先期明确了**我**和**你**的分离。同样,及物动词典型地暗示着一种因果关系,其中一个单元(unit)以动作施加作用于另一个单元。"他邀请她",或者"她对他很好",再次建构了一个分割的世界。我将尽我所能创造一种先在于实体建构的过程感,而这样做必然遭遇语言习惯的阻碍,因为后者坚持独立实体先于关系而存在这一假设。

采用新的语言形式以便消除麻烦的边界问题,这种尝试很有魅力。海德格尔和德里达(Jacques Derrida)都曾这样做过,前者选择在单词与单词之间加入连字符,后者则借助对语词的拆分或重组。但是,放弃习惯性的交流方式也会带来某种风险,例如使重要的议题陷于晦涩费解。因此,我选择保留惯常用法,寄希望于读者能够理解这种两难处境。如此,我仍将以传统的方式来描述关系——这个人与那个人的关系,她与他的关系,这个组织与另一个组织的关系。然而,读者也可以从某种探索(a heuristic)中受益,我发现这对于写作有用,我称之为**占位逻辑**(logic of placeholders)。当我写到某一个体时——某个人(the person)、我自己(myself)、主格我(I)、宾格我(me)、你(you),等等,我还是会以大家习惯的方式使用这些词语,但是,我在内心把他们视作关系的产物。例如,我会写到"罗纳德和玛丽亚的关系",就好像他们是彼此独立的存在。沿用这种书写习惯有助于我与读者的沟通。然而,我在写作的时候会始终保持一份清醒,以便意识到这两个名字是在命名之前的关系过程中被建构出来的。甚至就连我们对一个人的身体与其他人之间的划分也是出于关系的建构。将皮肤作为人体与外部世界的分界这一信念是我们共同发展出来的一种有用的虚构(useful fiction)。然而,一旦我试图解释诸如"在一起"(together)之类词语的含义,语言就会扼住我的咽喉,我所说的就好像是在物理空间中分离的两个实体的相遇。我只能寄希望于作为读者,您能和我一样在心中提醒自己,以便真正理解"物质实体"(physical entities)是关系过程的副产品这一新的理念。

展开的叙事

　　选择分层写作的方式(layered writing),读者有时可能会迷失统摄全书的逻辑。为此,提供一个阅读全书的指南应该很有用。在第一章,我想说明为什么对关系性存在的研究如此重要,为什么我不愿局限于理论探索,而是邀请读者一同探索新的、更有希望的生活方式。在这一章,我将汇聚许多不满于个人主义传统的学者的声音,构成一阕"批判的合唱"。由合唱开场,我们开始对关系性存在的探索。

　　接下来的三章我将介绍关系性存在的理念。第二章聚焦于联合行动这一重要概念,或一切意义产生于其中的协作行动过程。概括地说,我们通过联合行动发展出了有意义的现实、理性和道德。也正是在这样的过程中,一个有界实体的世界被创造出来。借助同样的过程,其他可供选择的建构方式也可以被创造。第二章的讨论为第三章和第四章的写作铺平了道路。在第三、第四两章,我将检视精神生活的大量语汇,它们是个体主义传统的核心。如果所有的意义都产生于关系,那么也必须包括有关精神生活的概念。与笛卡儿所言不同,个体理性不是人类行为的根源,而是关系的产物。在这两章,我将以关系性术语重铸心理世界的语汇。我将发展这一论题,即诸如"思维"(thinking)、"记忆"(remembering)、"体验"(experiencing)、"感觉"(feeling)等概念,并不是个体头脑内部发生的事件,而是产生于关系中的协作行动。

　　随后的两章(第二部分),我开始把焦点由理论转向实践,特别是日常生活中生死攸关的那些问题。这部分将开启新的概念领域,并用更敏锐的眼光审视它们之于行动的意义。在第五章,多重存在这一重要概念将得到发展。我想指出,作为沉浸于多重关系的结果,我们在关系方面表现出丰富的潜能。然而,这种潜能也可能在任何既定的关系中被彻底抹杀。对该问题的讨论最后将让位于对协调行动艺术(the art of coordinating action)的关切。在第六章,社会盟约(social bonding)问题成为焦点。尽管社会盟约有许多益处,但在这一章,我重点关注的是它的破坏性后果。这种处理方式有助于邀请相互敌对的双方为修复关系而展开对话实践。

　　接下来的四章(第三部分)指向更具体的社会实践。如果有界存在的观念得到我们现有实践的强化,那么理解关系的力量需要怎样的改变呢?在我看来,一场巨大的变革正在许多学科内部同时发生。其中,单一个体作为焦点正在被发展有效的关系取代。第三部分的几章将汇聚这些领域的众多成果。第七章聚焦于作为一种关系成就的知识。不同于对个体发现者的英雄式描述,我认为知识产生于联合行动的过程。随后我将讨论三种互相联系的实践——学科的创造、写作行为以及社会科学研究。其中每一种实践都需要以生成性的协作取代分裂与冲突。这些讨论将为第八章对教育的进一步探讨铺平道路。如果知识是在关系中形成的,那么,教育者就应该把他们的注意力由个别学生转移到产生教育的关系上去。在这部分的讨论中,我会特别多地关注教学实践,因为它们是由教师与学生、学生与学生、教室与社区,以及课堂与全球共同体之间的关系培育出来的。

治疗实践占据了第九章的中心舞台。在此我悬置了传统的以个体为中心的治疗,并以关系修复的治疗取而代之。如果人类的痛苦产生于协作行动过程,那么协作过程就理应成为治疗的核心关切。这并不意味着彻底放弃传统治疗,而是要重新考虑这些实践是否有助(或无助)于关系的福祉。对关系修复的讨论为接下来(第十章)对组织生活的处理做好了准备。传统的组织被看作是单一个体的集合,这些人基于个体的知识、技能与动机被组织雇用、发展或解雇。在这一章,我以关系过程作为有效组织的决定性要素,取代了上述传统观点。在这一语境中,我将讨论决策、领导、人事评估以及组织与环境的关系等多个方面的具体实践。

在最后两章(第四部分),我退而思考关系性存在的更广泛的意义。在第十一章,我思考了这一立场的道德后果。"一切道德价值都产生自关系的历史",这种观点似乎散发出强烈的相对主义味道。但相对主义一定是我们的结局吗?在这里我强调关系的责任,亦即共享的责任支撑着关系的进程,道德价值由此产生。在最后一章,我讨论了灵性问题。我想问:在对关系性存在的世俗描述与宗教传统(traditions of spirituality)之间能够搭建一座桥吗?在最终把握关系本质的不可能性之中,我们找到了这两个传统之间对话的可能性。许多试图说明神的本质的神学研究同样被证明无能为力。这样就有了一个空间,去理解合作实践的神性潜能(sacred potential)。日常生活由此获得超越世俗的意义(spiritual significance)。

第一部分
从有界存在到关系性存在

第一章

有界存在

如果我想听你小时候的故事,你会说点什么呢?你很有可能会谈到你的妈妈、爸爸,一两个兄弟或姐妹;你可能会告诉我你家的房子、你家的狗,等等。似乎也没什么很特别的。但是,请想一想:你描述的世界充满了相互分离的或有界的存在——从你自己开始,然后是母亲,再然后是父亲、兄弟、姐妹……在这些逗号或顿号之间,是什么让我们把这些理解为个体的存在?比如说,是什么将你和母亲区隔开?你可能脱口而出——是皮肤和空间……

*

小时候,当你试着用彩色蜡笔来描绘世界时,你很可能会从有界的存在开始:这个简笔画人物是"我妈妈",那一块画的是"我家的房子",等等。或许是借助蜡笔的魔力……每一样东西都分得一清二楚。在幼儿画中,个体人物往往直接浮现在一个什么都没有的空间里,而在年龄稍微大一点的孩子的作品中,我们可能会看到一个背景——一大片绿、蓝或黄的色块,但重要的仍然是那些有界的存在,其他的无关紧要。

*

日常生活不就是这样被理解的吗?我在这儿,你在那儿,我们之间隔着一定的空间。

对我们而言,这是一个从根本上相互分离的世界。

*

如果我请你谈谈自己——生活中是什么驱使你行动?是什么在激励着你?——你会怎样回答?你可能会告诉我你关于生命……或许还有死亡的看法。你会描述自己的愿望,你想从生活中得到什么,你希望实现怎样的目标。假如跟我聊得投机,你也许还会告诉我你的感受,你的爱,你的激情,还有你厌恶什么。你的内心世界如此丰富,有些会通过你的言谈举止流露出来,有些则秘而不宣……你或许会想,那些隐藏至深的部分甚至连你自己也不知道。这些描述暗示着一种深刻的分离。我们相信,对我们来说,最重要的东西深藏于思维、感觉、愿望、希冀等之中。你活在你的躯壳里,我活在我的躯壳里。若有朝一日能彼此分享内心世界,那该是怎样地令人庆幸。

*

本章要揭示这种边界带来的影响。西方历史发展到现在,我们已视其为理所当然。这种从根本上相互独立的自我意识编织着我们的日常生活,潜入我们的私人时刻,弥漫于我们的日常关系,被印刻进我们的目标,并隐藏于我们的体制之中。我们很自然地谈及"我的想法""我的决定""我的爱情""我的经验""我的需要"……我们试图了解其他人的"打算""真实感觉"和"个人价值"。事实上,我们漫不经心地生活在自己用画笔勾勒的线条内。但是,我们非得这样吗?

在以下的讨论中,我希望直面这种思维的局限性。当我们视这些边界为理所当然——即视其为事物本身存在的方式——的时候,我们共同的生活将面临怎样的后果?在我们的生活中,什么受欢迎?哪些遭排斥?在我看来,这样做需要付出昂贵的代价。而我们甚至已经将这些代价也视为理所当然。我们已经负担不起这样的自满。正如我将要说到的,将人视为有界单元的假设已经在很多方面显示出对于人类福祉的严重威胁。这种关切反映在一系列抨击个人主义传统的重要著作中,[1]其中有许多将在本章找到共鸣和回应。

然而,我并不打算止步于批判,批判不是结束,而只是开始。它构成了本书主要任务的基础,并勾勒出作为有界存在传统的替代物的轮廓。新的观点,即关

---

[1] 例如,可参见:Gelpi, D. L. (1989). *Beyond individualism, toward a retrieval of moral discourse in America*. Notre Dame, IN: University of Notre Dame Press. Hewitt, J. P. (1989). *Dilemmas of the American self*. Philadelphia: Temple University Press. Bellah, R. N., Madsen, R., Sullivan, W. M., Swidler, A., & Tipton, S. M. (1985). *Habits of the heart: Individuals and commitment in American life*. Berkeley: University of California Press. Heller, T. C., Sosna, M., & Wellbery, D. E. (Eds.) (1986). *Reconstructing individualism, autonomy, individuality, and the self in Western thought*. Stanford: Stanford University Press. Capps, D. & Fenn, R. K. (1998). *Individualism reconsidered, Readings bearing on the endangered self in modern society*. New York: Continuum. Lasch, C. (1978). *The culture of narcissism*. New York: Basic Books. Leary, M. R. (2004). *The curse of the self, self-awareness, egotism, and the quality of human life*. New York: Oxford University Press.

系性存在,寻求通过人与人之间的关系而不是单个人的内心来认识世界,最终消除传统边界的区隔。没有什么东西强迫我们必须以独立单元来领会我们的世界,我们可以创造新的、更有前途的理解方式。一旦掌握关系性存在的理念,便可引导出新的行为,而新的生活方式将变得易于理解,我们这个世界更加光明的未来便清晰可见,但这并不意味着抛弃过去。不,没有必要消除有界个体的传统观念。只是,一旦我们将这种传统视作我们自己的建构——只是多项选择题中的一种选项——我们便会理解,包围着自我的边界不啻一座监狱。

*

本章的批判性探究包含三个部分。首先,我将讨论日常生活中与自我描述相关的问题,以及有界自我的话语带给我们的负累。之后,我会离开自我意识,转向有界存在对于我们日常关系的腐蚀性侵害。最后,我将在更大范围内讨论社会文化生活的特点。一旦我们接受独立个体的传统,生活的一般模式会是怎样的?毫无疑问,我的描述将有所侧重,主要聚焦于长期传统的消极方面。我的批评并非囊括所有,仍有更多的批评尚未纳入其中,那些批评同样理由充分、无可辩驳。自治、个体理性、人的道德、自由、公平竞争,还有自知之明,这些被视为理想而神圣化的东西——它们伴随着有界存在的观念,如影随形——对其中某一方面的质疑往往孤立无援,很快被湮没。只有发生整体的变革,不同的声音才得以表达。

滥用的自我

人的概念是文化历史的产物。16世纪以前,西方社会对于圣灵是自我的核心成分这一点深信不疑。这种观念使得人们从上帝的世俗代理人那里寻求赦免罪恶之类的行为得以被理解。自我概念与宗教制度比肩同存。随着灵魂的概念被其世俗的对应物"自觉理性"(conscious reason)取代,教会的影响力逐渐被削弱。然而,人是行动的自决主体(self-determining agent)这一启蒙思想的后果又是什么呢?首先进入视野的是个体生活维度。我的讨论将聚焦于孤独、评价和自尊问题。

绝对孤独

我们彼此凝视对方的眼睛,那是心灵之窗,是行动之源。我知道在你体内的某个地方隐藏着你的思想、希望、梦想、感觉和欲求,它们居于你生命的中心。你的言行体现出内心的波涛起伏，但体现得并不彻底。假如最重要的东西驻留在你内心的某处，那么，你对于我而言将永远保持未知。本质的"你"并不在我眼前，而是在一个我看不见的地方——蜷伏在你的眼睛后面。我永远不能穿透面纱的遮蔽去了解那里面究竟藏着什么，你到底在想什么，感受到什么，或者想要什么。即便在我们亲热的片刻，我也无法知道在你的甜言蜜语背后是什么，无法把握它们的真正意义。从根本上说，我们是相互疏远的。对于你而言，我也一样。我的私有世界对你而言同样是不可知的。对我来说最重要的东西"在这儿"，这里是你或者其他任何人都无法进入的一个私有空间。我存在于一个善与恶交织的花园，这里没有游客到访。因此，对于我们每个人来说，你活在你的世界里，我活在我的世界里。我孤独地来到世上，也必将在孤独中死去，这似乎是人生的宿命。

*

> 暮色苍茫中两条孤独的船，
> 擦肩而过时互相道安，
> 船笛长鸣，
> 依稀看见对方模糊的船形，
> 片刻间便只闻袅袅余音。
> 人生亦如这辽阔的海洋，
> 你我的小船儿偶然相遇，
> 彼此烙下浅浅的音容，
> 复又遁入黑暗与宁静。
>
> ——朗费罗（Henry Wadsworth Longfellow）

*

假如我们相信生命在本质上是相互隔绝的，那么，心灵的孤独便是自然常态。目前生活在美国的成年人，几乎有半数是独居。与此密切相关的是另一个事实：2004年，平均每个美国人只有2位可以相托要事的亲密朋友，比起1985年人均3位知己明显减少；回答"没有一个人可以信赖"的人数则从1985年的10%上升到2004年的25%。[①] 如此，孤独作为社会流行病已经没有什么值得惊

[①] McPherson, M., Smith-Lovin, L., & Brashears, M. (2006). Social isolation in America: Changes in core discussion networks over two decades. *American Sociological Review*, 71(3), 353-375.

讶的了。当前有超过 200 万个网页致力于帮助人们应对生活中孤独的挑战。孤独的问题不仅在于这种体验本身,而且与高血压①、沮丧和自杀等问题密切相关。②

*

我们生在这个社会,由于孤独而吃了太多的苦。我们做了那么多都是为了逃避孤独:"我们彼此交谈,一同做事,以便不再孤独。"然而在这样的社会,我们到底还是孤独。我们可以假装,也可以彼此娱乐,但顶多如此。至于现实的生活体验,我们则彻底孤独。期待别人能带走我们的孤独都无异于奢望。

——苏美多(Ajahn Sumedho)

*

同样无须惊讶的是,有那么多的治疗师、学者和神学家描述过生命意义的明显丧失感。③ 想要确定某些东西确实有意义——值得一生去追求,作为行动的指南,或作为继续活下去的理由——终归是失败。我们赞美自治,赞美凭借个人奋斗而成功的英雄(self-made man),赞美那些蔑视社会传统而我行我素的人。是不是这种赞美招致了意义的丧失呢?当许多人被问及对他们来说"什么最有意义"时,他们给出的答案往往是"爱情""家庭"和"上帝"。可是,我们甘愿为了爱情、家庭或上帝付出的原因又是什么呢?那些独居的隐士是否也会给出同样的答案呢?假如我们能够理解一切所谓的思维、幻想或欲望都产生自关系,又会怎样?即便肉体被相互隔离,我们仍然可以发现关系的残余(the remnants of relationship)。我们将在与他者的关联中(with others)更新对自我的理解。

---

① Hawkley, L. C., Masi, C. M., Berry, J. D., & Cacioppo, J. T. (2006). Loneliness is a unique predictor of age-related differences in systolic blood pressure. *Psychology and Aging*, 21, 152 - 164.

② 例如,可参见:Stravynski, A. & Boyer, R. (2001). Loneliness in relation to suicide ideation and parasuicide: A population-wide study. *Suicide and Life-Threatening Behavior*, 31, 32 - 40. Hafen, B. Q. & Frandsen, K. J. (1986). *Youth suicide: Depression and loneliness*. Evergreen, CO: Cordillera Press.

③ 例如,可参见:Frankl, V. (1985). *The unheard cry for meaning: Psychotherapy and humanism*. New York: Washington Square Press. Krasko, G. (2004). *The unbearable boredom of being: A crisis of meaning in America*. New York: Universe.

*

我一度迷失于这类遗世独立的英雄辞令。那时候,我为萨特(Jean-Paul Sartre)和加缪(Albert Camus)的著作而激动,间或也读一点凯鲁亚克(Jack Kerouac)和金斯伯格(Alan Ginsberg)。在这个世界上,我是自己命运的主人。每一时刻都是一个选择点,去实践自己的诺言。我是无意义世界里的西西弗斯(Sisyphus),在每日义无反顾地将大石头推向山顶的决绝中,我成了个人英雄。我不需要任何人,我嘲笑他们的因循守旧……直到有一天我意识到,英雄并非生而孤独。那种与世隔绝的英雄形象来自一种文化传统,而我的英雄主义情结不过是希望像英雄般被赞美。

*

对于大多数美国人来说,个体生命的意义就在于做自己的主人,只恨不能给予自己生命。这个过程的大部分……是消极的,内含着个体与家庭、共同体和承袭观念(inherited ideas)之间的决裂。

——贝拉(Robert Bellah)

*

无情的评价

如果自我在根本上是孤独的,是自己行动的起点,那所谓的失败是什么呢?尽管有些事情不在我的掌控之内,但总体而言,失败是我自己造成的。在这种意义上,任何不适当的表现、不得体的举止或公之于众的失败,都让本质的"我"陷入问题的沼泽。所有行为表现的不足都是内部缺陷的外显表达。试图为自己所作的辩解:"那不是我的错","父母不管我",或者"我事先不知道这件事的后果",等等,都是为了逃避或抵御可怕的指责——你真逊色![①]

个体最早的自卑体验很可能发生在孩提时代的竞赛游戏中。接受"我的失败"不是一件轻松的事。进入小学以后,"怀疑自己"逐渐被制度化。从那一天开始,个体就处于不断被评价的过程中:"我足够好吗?""我会失败吗?""我的老师、父母和同学会怎么看我?""我有罪过吗?"一旦进入职业领域,标杆则会升得更高。有学业能力测试(SATs)、智商分数(IQ scores)、美国研究生入学考试

[①] 正如霍妮(Karen Horney)所言,在美国,对自我缺陷(self-insufficiency)的恐惧已然成为一种国民性的神经症。参见:Horney, K. (1937). *The neurotic personality of our time*. New York: Norton.

(GREs)、医学院入学考试(MCATs)、法学院入学考试(LSATs)……好不容易大学毕业开始职业生涯,又面临一年一度的绩效考核、晋级测评……生活中处处暗藏着对自我价值的威胁。①

*

刚到耶鲁的那段经历令我很伤心。那时学校里占优势地位的是新英格兰文化。作为一个靠奖学金资助而入学的南方学生,我已然丧失了社会地位,所到之处都是对我那点虚弱的价值感的威胁。富家子弟提示着我卑微的出身;冷傲酷哥让我觉得自己不够老练精明;环球旅行者显得我是那么孤陋寡闻;运动达人(the super-jocks)让我的运动技能露怯;俊男靓女讽喻我的相貌平平;学霸学神映衬着我的疏漏粗浅。我曾一度怀疑自己是否还能做点什么,甚至怀疑自己是怎么侥幸被录取进来的?多亏了那些舍友和我们的深夜闲侃。他们中一个是来自佛罗里达的犹太人,一个是从纽约来的天主教徒,还有一个康涅狄格来的"花花公子"。我们相互嘲弄,唇枪舌剑之余又不乏友好地争辩。慢慢地我们发现,大家其实感受着同样的不安。尽管相互有分歧,但总有那么一些时候,我们彼此让对方相信,我们应该还行。

*

现代人面临的各种失败的风险剧增。当代技术使我们的关系圈不断扩张,自我评价的标准也因此呈几何级数增加。每一个相识的人都可能以某种方式提示我们自己在某些方面的不足:一个来自加利福尼亚的朋友让你意识到自己不会轻松愉快地享受生活;而一个来自俄亥俄的成功同僚则认为,假如你没有每天至少工作11个小时,你就是在浪费自己的天赋;波士顿来的朋友挖苦你不了解最新出版的精彩的文学作品;而来自华盛顿的同事则暗示你对世界政治的见解十分贫乏;一个来自巴黎的游客让你觉得自己的衣着没品;而一个科罗拉多来的脸色红润的朋友则暗示你的健康正每况愈下。与此同时,新闻媒体传递给我们一连串宣告个人失败的其他标准:你敢于冒险吗?爱干净吗?富有旅行经验吗?胆固醇高吗?善于投资吗?你苗条吗?擅长烹饪吗?身体有异味吗?擅长防盗吗?你爱家庭吗?每一次社交聚会都是对个人

---

① 有研究指出,评价焦虑事实上会降低人的表现,害怕失败往往正是走向失败的开端。例如,可参见:Steele, C. & Aronson, J. (1995). Stereotype threat and the intellectual test performance of African Americans. *Journal of Personality and Social Psychology*, 69, 797–811.

名望的考验,每一次被评议都带着失败的迹象,每一句言辞、每一件服饰、每一个举手投足都冒着被嘲笑的风险。如果只有"第一"才有价值,那么社会强加给青少年的会是怎样的伤害?

无情的评价并不是社会生活内在固有的尺度,而是来自有界存在这种假设的特殊产物。假如我们不是以分离的个体来理解这个世界,不再偏执于个体总是依照个人能力和内心状态来行动,失败和谴责便不会归于任何"个人"(ONE)。对于佛教徒来说,生活的挑战并不是尽一切努力取得成功,或想方设法避免失败,奋斗的意义超越了成功与失败。正是这种见识引导我们开始了对关系性存在的探索。

寻求自尊

假如我从根本上是孤独的,又不断面临被评价的威胁,那么我活着的目的是什么呢?不就是为了自己的生存吗?我不相信有人能真正关心我,他们根本不懂我,而我又总是生活在被评价的威胁中。关心自己由此成为至高无上的选择。尽管我有缺点,但我必须学会珍爱自己,接受自己和奖赏自己。

这种逻辑如此盛行,以致许多社会学家相信它就是人类的本质或天性。在著名的心理治疗师罗杰斯(Carl Rogers)看来,人类的大多数痛苦都是由于缺乏自尊所致。① 他认为,自尊是人的天性,与生俱来。然而问题在于,在我们生活的这个世界里,他人的尊重总是有条件的:"只有当你……我才爱你。"(I love you only if you...)他指出,一旦价值判断被加上条件限制,我们便开始有条件地评价自己。其结果便是不断地自我怀疑,不能开诚布公和关爱他人,以及各种心理防御机制的唤醒。治疗师的首要任务便是给予来访者无条件的尊重,通过奖赏(哪怕是失败的)来访者,帮助他或她恢复满足和自信。

长期以来,在心理学家对自尊的研究中,这一观点得到了证明。目前对于自尊的研究成果数以千计。② 这些研究主要关注生活中与低自尊相关的各种问题,

---

① Rogers, C. R. (1961). *On becoming a person: A therapist's view of psychotherapy.* Boston: Houghton Mifflin (1967 — London: Constable).

② 例如,可参见: Wylie, R. (1976). *The self-concept: Theory and research on selected topics.* Lincoln, NB: University of Nebraska Press. Hewitt, J. P. (1998). *The myth of self-esteem.* New York: St. Martins. Branden, N. (2001). *The psychology of self-esteem.* San Francisco: Jossey-Bass. Mruk, C. (2006). *Self-esteem research, theory, and practice: Toward a positive psychology of self-esteem.* New York: Springer.

以及探索提升个体自尊的方法。其影响已经延伸至社会的方方面面。学校提升学生自尊的项目、成年人的支持项目以及各类有效的自助式练习都已衍生为重要的文化产品。全美自尊协会致力于"将自尊整合进美国社会"——提供海报、游戏、书籍、玩具、衣物和录音带,帮助孩子们提高自我价值感。当前有超过 100 万的网页为网友提供有关提升自尊的资料。

*

莫斯科维茨(Eva Moskowitz)写道:

> 我们生活在一个被心智崇拜消费的时代。在这个社会,我们一方面被种族、阶级和性别分离,另一方面又被心理幸福的共有信念捆绑。无论富贵或贫穷,黑人或白人,男性或女性,传统性取向或同性恋,都分享着同样的信念:感觉(feelings)是神圣的;拯救在于自尊;幸福是终极目标,也是心理治疗的手段……美国生活中的所有机构——学校、医院、监狱、法院——皆因国家对感觉的大量投资而形塑……无论从文化还是从历史的角度看,对心智的强烈关注都是前所未有的,世界上也从未有第二个国家对人的情感幸福和自助技术寄予如此多的期望。①

*

这种尊重自我的喧嚣另有其黑暗的一面。因为我们知道,自爱离自恋、自负、虚荣、自我中心、自私和傲慢等不良品质不过咫尺之遥。界线在哪里呢?我们清楚地意识到在我们与他者关系中的这种负面态度。除非是特别好的朋友或具备某些特殊条件,否则很少有人在我们面前谈及他或她自己的成就、优秀的人品或杰出的决策而不至于被冷淡。当我们的孩子因为工作做得好而自豪,我们自己也会觉得脸上有光,称赞他们的自信,鼓励他们做"人上人"……直到有一天他们突然转过身来说:"别告诉我我应该做什么……"②

*

许多学者认为,这种对自尊的强调会导致社会麻木不仁(social callousness)。

---

① Moskowitz, E. S. (2001). *In therapy we trust, America's obsession with self fulfillment* (pp. 1; 279). Baltimore: Johns Hopkins University Press.
② 正如有研究指出,高自尊的人并不一定因此获得他人的尊重。参见: Baumeister, R. et al. (2003). Does high self-esteem cause better performance, interpersonal success, happiness, or healthier lifestyles? *Psychological Science in the Public Interest*, 4, 1-44.

早在19世纪初,托克维尔(Alexis de Tocqueville)便已经意识到美国个人主义的严重问题:

> 个人主义是一种深思熟虑而平静的感受,它使得共同体的每个成员将自己与大多数同伴分开,与家人和朋友拉开距离。如此,一旦他建立起一个属于自己的小圈子,便欣然将整个社会抛在脑后……个人主义,起初只是削弱公共生活的善行,但从长远看,它攻击并毁灭所有的他人,直至陷入彻底的自私自利。①

差不多200年之后,同样的批判性主题在拉希(Christopher Lasch)所著的《自恋文化》中复现。② 正如他所说,"我第一"的态度支配了当代生活,使得情感关系与性爱的亲密都被衰减成为日常琐事或花边新闻,成为"让我们感觉良好"的工具。本质上,"我爱你,是因为你使我快乐"。出于同样原因,学术研究也由其内在固有的价值变成"对我的职业生涯有益"。研究成果的发表或退稿与其说是创造新知识的需要,毋宁说是为了竞争终身教授的职位。政治活动与其说是考虑公众的利益,不如说是为了"我所在的党派获胜"。当"我第一"成为毋庸置疑的自然反应,政治僵局便不足为奇。更加令人不安的是相信某个人比其他人优越的后果。比如,有研究发现,这种优越感与暴力相关。暴徒大多觉得自己优越,指责受害人"活该如此"。街头的打砸抢分子和校园混混都倾向于认为自己比别人优越。最极端的种族屠杀,便是标榜自己为优等民族的悲惨结局。③

我并不想怂恿或建议大家忍受贫瘠的自我价值感带来的痛苦,回避日常生活的挑战,或者干脆通过自杀来逃避。我关心的是选择另一种可替代性的未来的可能性。为什么我们非得不假思索地保留或支持这样一种以个体自我为主要评价对象的传统?为什么对个体心灵的奖赏必须成为美好生活的核心成分?当我们停止以有界存在的方式进行思考,我们便远离了自负的棘轮效应,朝着自由前进了一大步。

---

① de Tocqueville, A. (1945). *Democracy in America* (p.104). New York: Vintage.
② Lasch, C. (1979). *The culture of narcissism*. New York: Norton.
③ Baumeister, R. F. (2001). Violent pride. *Scientific American*, 284, 96-101. Baumeister, R. F., Smart, L., & Boden, J. (1996). Relation of threatened egotism to violence and aggression: The dark side of self-esteem. *Psychological Review*, 105, 5-33. 也可参见: Crocker, J. & Park, L. W. (2004). The costly pursuit of self-esteem. *Psychological Bulletin*, 130, 392-414. Leary, M. R. (2004). *The curse of the self, self-awareness, egotism, and the quality of human life*. New York: Oxford University Press.

"你一定要明白,他们(其他小孩)都不如你。"

载《纽约客》2007年合订本,作者黑费林(William Haefeli)。来源:cartoonbank.com.

自我和他者

爱德华·E. 桑普森(Edward E. Sampson)在其经典著作《赞美他者:人性的对话理论》中指出,我们通过"自我赞美的独白"——有关我们多么好、多么成功、多么公正的叙事——来维持自尊。① 然而,要把这场独角戏演下去,我们需要"不如我们好的"他者。我们由此建构了一个世界,他者在其中是非理性的、没有脑子的,甚至是罪孽深重的,等等。这样,在"我们是'自足的'"(self-contained)这一假设与我们同他者的关系质量之间就形成了某种密切的关系。接下来以不信任、贬损和给人影响的谋略为焦点,详述这种关系。

---

① Sampson, E. E. (2008). *Celebrating the other: A dialogic account of human nature*. Chagrin Falls, OH: Taos Institute Publications.

不信任与贬损

我们希望被别人接纳,以证明我们作为个体存在的价值。这是我们的文化逻辑。可是,我们能在多大程度上信任他人给予我们的支持或者对爱的表达呢?他们是否仅仅出于礼貌,想让我们开心,或者想要某些东西作为回报呢?我们被操纵了吗?每当我们试图回答这一类问题,总会面临深刻的挑战,即如何理解他者的**内部世界**(inner world)。因为传统告诉我们,人的行为产生于内部世界,要领会他者的行为,必须掌握对方潜在的理性、动机或欲望。可是,我们又如何能不受蒙蔽,明察秋毫?尽管有关该主题的探索已有几百年的历史,仍然没有学者能够对于这种理解何以实现提供充分的解释。我们所能把握的只有内心世界的外部表现,而从未抵达这个世界本身。在后面几章,我还会再讨论这个问题。但无论如何,至此已足以强调他者行为的不可理解性和模糊性。我们不可能揭开头盖骨显示灵魂的秘密。那么,对于他人,我们真正了解什么呢?一旦我们预设了存在的边界,便陷入一种根本的不信任状态。我们当然愿意相信他者是诚意感谢,也想说服自己爱情是靠得住的,然而,骨子里我们其实很清楚,这些根本无法确定。有界心灵永远是难以捉摸、晦暗不明的。

*

人与人之间的不信任由于"人以自我满足为其根本目的"这一流行假设而进一步加剧,而这也是被科学共同体反复证明了的一个假设。弗洛伊德一语中的:个体行为的根本驱力是与生俱来的生物性快乐。他接着说,这种力量如此强大,以致人不得不建立同样强大的神经症式防御机制以阻止其表达。近几年,社会生物学家以基因螺旋对弗洛伊德的快乐原则作出解释。如他们所言,驱动人类行为的根本动力是人类希望保留自己的基因。弗洛伊德对性欲望的强调在此被繁殖的欲望代替。社会生物学家由此提出,为了完成他们维系基因的天职,男人**天生**(naturally)是要求一夫多妻的。[①] 我们应该接受这些科学的推断并视其为真理吗?除非我们愿意承认,像弗洛伊德和这些社会生物学家之类的科学家可以在某种程度上洞悉人的心灵,他们可以内省并识

---

① 社会科学中更多有关自我满足的研究,可参阅:Wallach, M. & Wallach, L. (1993). *Psychology's sanction for selfishness*. San Francisco: W. H. Freeman. Schwartz, B. (1986). *The battle for human nature*. New York: Norton.

别我们行为的"真正根源"。比如,性行为的内驱力到底是出于寻求快乐、繁殖基因、安全需要、成就需要、追逐权力、情感交融,还是……

*

认为人类行为的根本动机是让自己满意,这是一种文化的建构,我们并不一定非得按照这种信念生活。我们为什么要这么做?假如我相信你以自我满足为目的,你的行为立刻变得可疑。所有你对于喜爱、关心、承诺和担忧的表达都不再是由衷的——发自内心。相反,它们带来一个疑问:你从我这里**想得到什么?**我的存在难道是为了服务于你的快乐、满足你的需要、实现你的欲望吗?假如你想方设法让我相信你是诚恳的,这会不会又是另一重诡计呢?我们能渴望另一个人的爱吗?这种怀疑是一剂毒药,极具危害性。

*

关于有界存在的假设不仅导致对他人的怀疑,还鼓励个体积极寻找和发现别人的失败。因为我们习惯性地考虑自我的价值,总想知道"我在多大程度上好或是不好"。回答这个问题需要与他人作比较。与对方相比,我是"更加"还是"更不"聪明、能干、幽默、积极?等等。社会心理学家长期研究社会比较的过程。[①] 虽然研究比较简单,但有两个主题是长期不变的。其一,人通常选择作下行比较。亦即,他们总是环顾四周去寻找那些不如自己有价值的人,通过发现他人的劣势来快速提升自尊。假如他者的不足不是那么清楚或明显,人总能从中找到隐藏着的缺点。例如:"他确实慷慨,可惜是个懦夫。""她长得漂亮,就是爱搬弄是非。"

社会比较研究的第二个重要结论是,上行比较常常是痛苦的。假如我环顾四周,发现人人都比我强,我肯定会痛苦。正如研究所揭示的那样,我可以有两种选择:首先,我可以有选择地比较。我可以直接回避掉他人的优势或长处,毕竟这些信息会令我感觉低人一等。或者,我可以想办法给他们的优势打个折扣,仍旧是通过找缺点。例如:"他看上去挺聪明,但他不得不比别人更

[①] 例如,可参阅:Festinger, L. (1954). A theory of social comparison process. *Human Relations*, 7, 117-140. Kruglanski, A. W. & Mayseless, O. (1990). Classic and current social comparison research. *Psychological Bulletin*, 108, 195-208. Suls, J., Martin, R., & Wheeler, L. (2002). Social comparison: Why, with whom and with what effect? *Current Directions in Psychological Science*, 11, 159-163.

加努力才能得到他现在的成绩。""她当面很友好,背地里毒如蛇蝎。"

*

无须惊讶,几乎所有的赞美词都可以找到另一种替换性的说法,从而变赞美为嘲弄。我们拥有丰富的词汇资源,足以诋毁任何"强过我"的人的特点。

有个性的	死板的
勇敢的	鲁莽的
甜美的	甜得腻味的
节俭的	吝啬的
知识渊博的	似乎无所不知的
善于言辞的	喜欢胡说八道的
有说服力的	巧舌如簧的
动机强的	狂热的
忠诚的	因循守旧的
崇高的	古怪的
深思熟虑的	优柔寡断的
易于说服的	轻信的
乐观主义的	不切实际的

总的来说,社会比较研究描绘了一幅令人沮丧的图景。它暗示着我们每天戴着灰色的眼镜进入这个世界。我们不愿意面对他人的优点,通过指认别人的失败而获得安慰。我们看待世界的方式令我们希望确信自己比任何人都强。

*

作为一名作家,我深切感受到社会比较的压力。比如,走进一家书店或图书馆便是一种令人却步的体验。我想把自己视为一个高水平的作家,可是在我面前站立着数以千计的竞争者。面对一排排望不到头的书架,自己的书有什么价值呢?不就是在浩瀚的书海里新添了一个封面吗?在一家书店里,我审视着畅销书的书架,看到其中一个作者,他的著作获得了广泛的关注,我的心不禁往下沉。"我怎么可能和他们竞争呢,为什么还要继续写下去呢?"但随后我便开始找毛病:"是啊,他的书确实流行,那是因为他只挑大家喜欢听的说。""那部书影响确实很大,但不幸的是,里头的观点统统都是错的。""这本书被炒作得厉害,其实内容价值不大。"于是我决定继续完成我未竟的手稿。我讨厌在我生活中存在的社会比较。假如我不曾吸收有界存在的文化课业,就不会走进这带来巨大危害性后果的社会比较的死胡同。社会比较并非人性的事实,而是西方文化中一个不幸的传统。而我们的目的正是要废除存在的边界。

关系的谋略

如果构成社会的基本单元是有界自我,我们又是如何理解关系的呢?假如自我是"天然"存在的单元,那么关系就是"人造"的。它们不是人与生俱来的禀性,而是当两个作为个体的自我相遇时创造出来的,或者寄生的。正如我们说:

我们必须妥善处理这种关系。

他们发展了某种关系。

这种关系正在分崩离析。

他需要打造良好的关系。

……

*

如果自我是首要的,那么对于我们而言,关系的重要性便只能屈居第二,是次要的。我们必须时刻谨慎于建立联系。关系不可避免地会强加给个体各种需求:满足某些期待,承担某些义务,遵守某些关乎对或错的规范。假如我们不能谨慎为之,就很可能失去自由。如同沃勒克(Michael Wallach)和沃勒克(Lisa Wallach)所言,在当代文化中,"绝对忠诚倾向于被视作不可接受的对个体自由的限制"。[①]

(英国人)不大喜欢花时间去经营关系,直到有一天他们意识到这样做的代价有多大。

——布拉德伯里(Malcolm Bradbury)

假如我们把关系看作是次要的、人造的,那么,只有当我们必须用到它们,

[①] Wallach, M. & Wallach, L. (1993). *Psychology's sanction for selfishness*. San Francisco: W. H. Freeman.

18

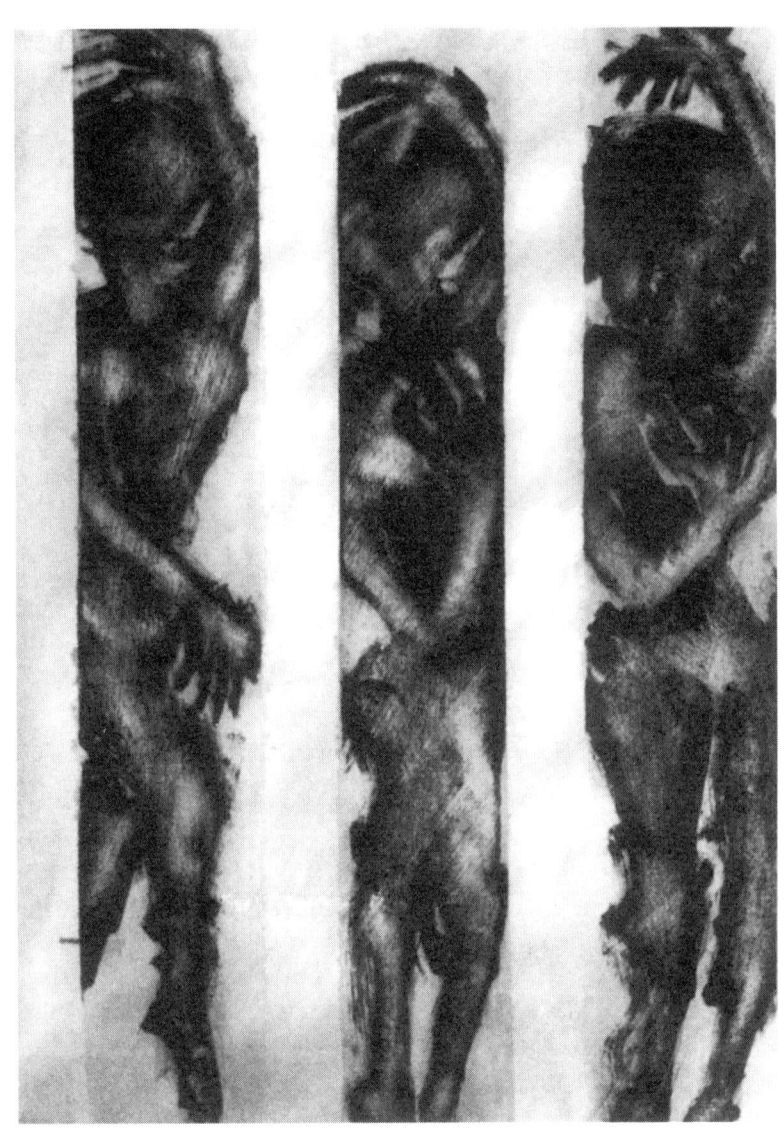

沃尔特(Regine Walter),《艺术家》

或者它们能够满足某种需要的时候,我们才会去寻求它们。在这种意义上讲,对关系的承诺其实是某种不足的敏感标志。它暗示我们缺少某些东西。我们如此脆弱,以致被迫牺牲自治。有人因此认为,单身汉聚会既是一种娱乐,也是一种仪式性的嘲讽。出于同样原因,承诺的关系不断面临威胁——只有在能满足人的需要前提下才能得到维持。"假如你不再能满足我的需要,我便立马走人。"这对关系的承诺来说是危险的,围绕和包裹着所有关系的,是"可利用价值"的威胁。①

*

社会科学研究再次加剧了对"他者"的普遍怀疑。自 19 世纪初开始,科学家不断指出,艺术家个体在某些方面会受到他者的不良影响。法国大革命的历史萦绕心头,勒邦(Gustav LeBon)论述了在群体中一个人的理性思考能力会遭到破坏。② 接下来的第二次世界大战,德国民众对希特勒法西斯主义的顺从也令社会学家们为之骇然。正是在这一背景下,阿希(Solomon Asch)的从众行为研究受到关注。正如他的实验所演示的那样,面对全体一致的但显然是错误的判断,很少有个体能够抗拒从众。③ 受恐怖大屠杀的影响,米尔格拉姆(Stanley Milgram)对那些服从权威的人进行谴责。④ 正如他试图说明的,一个有着百分之百理性的个体在压力之下,可能对另一个人施以强烈电击,这种电击甚至可能导致对方死亡。贾尼思(Irving Janis)在他的研究中同样指出,当人们共同决策时,会面临"群体思维"(groupthink)的风险。⑤ 他们会压制某些信息,在缺乏自我反思的情况下,盲目让步于他人的意见。在所有上述著述中,群体无一例外都被认为是危险的,而个体的自主性受到称赞。

我不想否认这些研究,但它们显然具有两个方面的选择性:一是选择什么进行观察;二是如何作出解释。研究人员选择特殊的条件,把群体置于消极的聚光灯下。其实,还有许多不同情境可以被选择,后者完全可能描绘出相反的图景:揭示群体如何矫正个体判断的偏误,创造出更多的选择性,或者激起高昂的斗志。此外,用于解释观察的术语同样具有选择性。一个人同意群体的意见,这是**遵从**(conformity)还是**团结的表现**(expression of solidarity)?假如一个被试听从实验者的指令去电击另一个被试,那么这是**顺从**(obedience)还是**为科学作贡**

---

① 也可参见:Bellah, R. N., Madsen, R., Sullivan, W. M., Swidler, A., & Tipton, S. M. (1985). *Habits of the heart: Individuals and commitment in American life.* Berkeley: University of California Press.
② LeBon, G. (2002). *The crowd.* Mineola, NY: Dover Publications.
③ Asch, S. (1956). Studies of independence and conformity: A minority of one against a unanimous majority. *Psychological Monographs*, 70 (总第 416 卷).
④ Milgram, S. (2004). *Obedience to authority.* New York, NY: HarperCollins.
⑤ Janis, I. (1983). *Groupthink: Psychological studies of policy decisions and fiascoes.* Boston, MA: Houghton Mifflin.

献(doing one's best for science)？实际上,这类研究提供的信息带有明显的政治色彩,提醒人们：小心群体！

*

他人即地狱。

——萨特(Jean-Paul Sartre)

*

我需要在社会心理学建立100周年纪念大会上做一个报告。为了完成对相关背景的研究,我打算在牛津大学博德利图书馆(Bodleian Library)待两周。毫无疑问,这意味着远离家人、朋友和同事。不过同时,我也可以享受彻底的自由和属于自己的时光。没有应酬,没有期待,无条件的……自由。头几天还不错,图书馆成了我精力充沛的好伙计。然而不久,我开始焦躁不安。我需要有人一起聊天、娱乐、陪伴。我在大学里找老熟人,去伦敦旅行拜访朋友,甚至开始和陌生人交谈。如此,一周之内我便被攫住了。晚上是一连串的邀约,白天是一大堆的期许。自由消失得无影无踪。由此我学到一课：自由以空虚为伴,唯有关系才能填补。

有界存在的文化

有界存在的传统带给我们的远不止对自我及他者的日常经验,在我们的生活方式和体制结构中——学校、商业以及民主制度本身——同样得以体现。事实上,我们通常认为这些团体或组织是由独立的个体组成的。如法国理论家福柯(Michel Foucault)所言,这种有关社会生活的观念助长了社会控制。[①] 只有当个体能够被当局单独甄别,并施以监禁,甚至被彻底铲除的时候,社会性的抵制才能在无形中被化解。正如福柯指出的,要求作者进行身份登记正是发生在当局希望监控并抑制政治批评之时。在本书的后面几章,我对于教育、治疗和组织等体制中的关系实践有许多话要说。而在这里,我先讨论渗透于当代文化生活中的两种取向。我关心的重点在于有界存在的意识形态如何导致自我的市场化,并造成道德意识的坍塌。

---

① Foucault, M. (1979). What is an author? In J. V. Harari (Ed.), *Textual strategies*. Ithaca: Cornell University Press.

算计的代价

正如前文所言,由于自我占据了首要地位,关系的意义被贬低了。于是,问题接踵而至:我们为什么要在乎同伴?对于有界自我而言,答案再清楚不过:因为他们能带给我快乐。关系自身没有价值,个人的幸福才最重要。他者的价值取决于他们是增加还是减损某个人的快乐。"你对我而言意味着什么?"取决于"你可以为我提供多少好处?以及代价是什么?"因此,我们会听到:

- 你应该设法结交他,那样会对你的职业生涯有帮助。
- 他根本无法满足我的需要。
- 你到底为我做过什么?
- 我不再需要你了。
- 和他一起你才能成功。
- 你是在妨碍我。

……

*

一些批评家将这种社会生活中的算计取向称为**工具主义**(instrumentalist)。其结果,他者被定义为实现自我目标的工具。他们自身不是目的,他们的幸福并不重要,不过是我实现幸福目标的工具而已。无可否认,也会有人愿意帮助别人成就他人的幸福,但为他人牺牲只有在最终将获得回报的情况下才会发生。我们由此感叹:"私心普照!"

我们又一次发现,散播真理的社会科学促进了这一取向的自然化。经济理论是最明显的例子。"当代经济理论之父"亚当·斯密(Adam Smith)所描述的人类行为在本质上便是基于个人利益的,谋求收益最大化、损失最小化被视为人类的本性。① 正如那些主流的社会经济学家所认为的,人类的行为,从买一瓶啤酒到选择人生伴侣,其核心都是以满足自我为目的的算计。② 从那时起,许多心理学家都在附和这一"经济学的真理"。斯金纳的行为理论是其中最著名者之一。在斯金纳看来,有机体——不论是一只鸽子还是一个政客——都由强化物控制,换句话说,受环境提供的痛苦或快乐支配。在斯金纳

---

① Smith, A. (1991). *The wealth of nations*. Amherst, NY: Prometheus Books.
② 例如,可参阅:Becker, G. S. & Murphy, K. M. (2000). *Social economics: Market behavior in a social environment*. Cambridge: Harvard University Press.

的理论中,我们生而追求报酬最大化和惩罚最小化。① 心理学家由此推论,社会关系的实质就在于以最小的代价从他人那里获取最多的回报。照此观点,浪漫的爱情不过是一个利益问题。我们爱一个人是因为他(她)能以最小的代价带给我们最多的快乐。② 如果大家都接受这一观点,那么一切关系都成了有待选购的商品。

*

在一个经济计算盛行的社会,对他人言行的预见性和掌控能力具有重要价值。依照这一思路,心理学家开始证明相信我们能够掌控事态进展的好处。有一种人格量表被用来测量个体自认为在多大程度上具有这样的掌控力,其反面则认为,自己完全受环境的操纵或摆布。③ 差不多一成不变的是,研究总是能够证明那些信奉内部控制的人境况更好——更乐观,行为更有效,更有可能成为领导者,更倾向于行动导向,等等。④ 这类研究同那些将狗和人作为被试置于失控条件下的试验异曲同工。由于被试对结果的控制感到无能为力,他们逐渐变得懈怠和沮丧。正如研究习得性无助的专家塞利格曼(Martin Seligman)所言,人类沮丧的原因主要来自因失去对世界的控制而产生的无助感。⑤

让我们暂且假定,当人感觉到一切尽在掌控之中时,他们确实会在情绪上得益。那么,问题的关键在于,这种感觉究竟是体现了人类的本性还是来自文化的建构?这一类研究描绘出一幅文化的图景,在其中,我们每一个人都力争能够控制自己周围的环境,或者说,实际上我们都希望控制他人。我们希望对方能够被预测,并因此可以被掌控。一系列的研究强化着人们对这一取向的信念。假如我们不再将有界存在视为社会万物的核心又会怎样?控制的喧嚣

---

① Skinner, B. F. (1991). *The behavior of organisms*. Acton, MA: Copley Publishing Group Incorporated.
② 例如,可参阅:Homans, G. C. (1961). *Social behavior, its elementary forms*. New York: Harcourt Brace. Blau, P. (1986). *Exchange and power in social life*. New York: Transaction. Thibaut, J. W. & Kelly, H. H. (1986). *The social psychology of groups*. New York: Wiley.
③ Phares, J. E. (1976). *Locus of control in personality*. Morristown, NJ: General Learning Press.
④ Lefcourt, H. M. (1982). *Locus of control: Current trends in theory and research*. Hillsdale, NJ: Erlbaum.
⑤ Seligman, M. (1975). *Helplessness: On depression, development and death*. San Francisco: Freeman.

第一章
有界存在

是否因此而减弱？是否有可能，社会秩序不再基于"我控制你"或"你控制我"，而是从合作的联结中产生？或许还会有更多的好处来自关系的摇篮，包括我们同他人以及同周围环境的关系。

*

当我们以工具性价值定义他人时，经济学的隐喻便悄然潜入日常生活。依照社会经济学家的观点，所有的价值都可以被还原成为精确的市场价值。一切都可以用金钱的增益或损耗来评价。一只胳膊或一条腿值多少钱？这取决于你愿意拿什么来交换。夕阳的价格是多少？这取决于人们愿意支付多少钱去看日落。于是，人类及其行为全都成了商品，原则上与一套衣服或一辆汽车没有区别。不仅人本身失去了其内在固有的价值，而且所有价值统统被抛弃，唯一幸存的是市场价值。

*

由于我们将个体理解为理性的算计者，人与人之间关系的性质便发生了改变。所有的"心灵宣言"——关于友谊、关心、爱慕、献身或者承诺，统统成了怀疑的对象。它们被贬值为花言巧语，甚至在最坏情况下被当作花招或遁词。当"我爱你"被理解成"你是我的饭票"时，它便失去了原有的盟约意义。因为某个人的钱财而爱他，那根本就不是爱。

*

在我青春年少之时，热情和永恒的爱情宣言随处可见，浪漫精神盛行。逗留嘴角的微笑和徜徉于"最后一曲"的舞步是那样曼妙，令人心醉神迷；例行公事的拥抱让位于深深的亲吻，狂喜的冲动成为一种不寻常的可能。然而，倘若偶然间发现一个人在他的钱夹里藏了一个"套套"——天哪，是为了以防万一——浪漫之门便砰然关闭。显而易见，性行为的发生是有情郎事先预谋好的。他不仅事先计划了这件事，很有可能他所有诚挚的表白和温柔的抚摸都只是为了这一目的。仅仅由于避孕套的存在，关系便从共享转变成了色欲。

*

时光荏苒……是吗？你因她而狂喜——欢快的交谈，灵魂的袒露，她的一举手一投足——哦，还有明眸、朱唇、秀发、体香、柔软的肌肤——无不吸引着你深深地陷入极乐世界。美妙的时刻正在来临……正当……哦，你得先回答

几个问题:
- 我有权力随时说"不"吗?
- 你采取保护措施了吗?
- 你得过疱疹吗?
- 你做过艾滋病检查吗?

如果你能得体地回答完这些问题,好事或许还能继续……不过,激情早已从窗口飞走了。

*

正如施瓦茨(Barry Schwartz)所指出的,经济学"是对不顾一切地追求经济利己主义最好的辩护"。① 对关系的利益计算如此盛行,以致我们可以预见这样一个世界,在其中,人际关系对于美好生活而言变得多余。在这种条件下,比如说,一个男人可能会考虑:"为了满足我对性的需求,娶一个妻子的代价会高过交一连串的女朋友吗? 或者,偶尔狎妓是不是会更便宜?"更有甚者,"既然看一部色情录影带只需要花 20 美元,我干吗非得花 100 美元带这个女人出去吃饭呢?"正是这种态度铸造了这样一个事实:色情文学成了世界上最赚钱的电子商务。在网络世界里,人完全可以在自我控制下获得视觉快感——其花费与拥有一个真实伴侣相比近乎微不足道。②

公共道德的劫难

19 世纪,穆勒(John Stuart Mill)在他的随笔《论自由》中表达了一种在现今日常生活中已经根深蒂固的信念:"人应该自由奉行自己的意见——在生活中贯彻这些意见。"③我们因此断言自己的意见、理想、价值和生活方式与他人具有同等的权利。通俗地说,任何人都没有权力告诉我们应该做什么或不应该做什么。我们会说:"你以为你是谁啊,可以把你的道德价值强加给我? 你如果不喜欢我所做的,那是你的问题。这是一个自由的国度。"

---

① Schwartz, B. (1986). *The battle for human nature* (pp. 247 - 248). New York: Norton.
② 读者若想体验欲望的魅惑,可以访问: www. realdoll. com. 那里出售各种仿真度极高的橡胶人偶。这些产品是为了满足人的性快感而专门设计的,在她们身上体现了对于美的文化追求。将人偶放进注满温水的浴缸里,让她慢慢浸透,她可以变得像人体一样温暖。稍微使用一点技巧还可以把她塞进行李箱,作为旅行佳偶。
③ Mill, J. S. (2003). *On liberty*. New Haven: Yale University Press(p. 84). 最初版本于 1859 年出版。

*

这些是关于有界存在的基本态度。这种态度又激起二阶关切,那就是,如果每个人都有权自我定向(self-direction),我们如何实现集体生活?很显然,要是我们每个人都凭个体冲动行事,便会形成霍布斯(Thomas Hobbes)所说的"所有人反对所有人"的世界。在这种情况下,生活将无可避免地变得"肮脏、粗野与匮乏"。① 出于同样的关切,卢梭(Jean-Jacques Rousseau)提出了"社会契约",认为每一个体都自愿选择在共同的社会规范下生活。② 社会契约的理念很富有吸引力,直到有人声称,公共利益并不是他自己的利益,任何人都不可以被强迫签名。

公共利益的难题一直延续至今。在学者们看来,这个问题体现在哈丁(Garrett Hardin)著名的隐喻"公权悲剧"(the tragedy of the commons)中,即当个体将私人福利最大化时,集体利益必然消亡。③ 如果我们的公共空间资源有限,而每个人又只考虑自己的欲望,那么资源将很快被消耗殆尽。一旦没有人关心整体,便意味着个体福利终将化为泡影。"公权悲剧"的隐喻似一束火花,引燃了罗尔斯(John Rawls)受到高度评价的《正义论》(*The theory of justice*)——书中阐述了一个更为详尽的社会契约模型。④ 这一隐喻同样存在于我们城市中垃圾横飞的街道和严重污染的空气里,存在于少数民族聚居区、失业者庇护所、街头帮派和瘾君子中。"那不关我的事,"我们会说,"人可以自主选择,可以不过那样的生活。我的祖父就很穷,可是他选择了拼命工作,努力进取。"如果个体利益是第一位的,公共利益便沦为次要兴趣。

*

人不是独居的动物。只要社会生活继续,自我实现就不应该作为最高的道德原则。

——罗素(Bertrand Russell)

*

---

① Hobbes, T. (1950). *Leviathan, or the matter, form, and power of a commonweal, ecclesiastical and civil*. New York: Dutton. 最初版本于 1651 年伦敦(A Crooke)出版。
② Rousseau, J. J. (1968). *The social contract*. New York: Penguin. 最初版本于 1762 年出版。
③ Hardin, G. (1968). The tragedy of the commons. *Science*, 162, 1243 – 1248.
④ Rawls, J. (1971). *A theory of justice*. Cambridge: Harvard University Press.

除了个人权力与集体利益的竞争，还有更多的问题。将自我放在首位，我们同样塑造了对道德与法律准则的共同态度。如同贝拉（Robert Bellah）和他的同事所描述的逻辑：

> 坚持……每个人的唯一性，（一个人）可以得出结论：不存在道德的共同点。因此，在最低限度的程序法和不伤害他人的义务之外，道德与公众无关。①

正如我们发现，有界存在的传统妨碍了人们的道德意识，使我们与管理机构脱节。从有界存在的立场出发，任何凌驾于一切之上的道德教条都充满危险。由于个人的自由受到威胁，这些道德教条会成为压迫的垫脚石。其后果便是对一切道德诉求的普遍厌恶。即便在学术界，道德哲学也只占据着很小的一个角落，较少受到关注。公共法律同样不被信任，它们不是我们作为个体的一部分。就个人而言，我们并未选择或创造它们。我们从未签署过社会契约。实际上，它们不是"我的规范"，而是强制性的负担。我没有服从它们的固有义务，我默认是因为如果不服从我可能会倒霉。这样做是对自我的保护，如果不服从，我会受罚。否则的话，这些规则对于我们而言就只剩下纯粹的讨厌了。

*

> 在当代社会，共同体的观念以及共有的社会目标饱受攻击，因为它们对个体自由造成不公正的限制，对于个体自由的主张造成妨碍。
>
> ——古德温（Robert Goodwin）

*

对于我们成长于 60 年代后期的大部分人来说，"法律是一个令人讨厌的东西"这句口号内含的逻辑曾经是战斗的号角。如果政府不公正——参与一场否认他者自由的战争——那么我们为什么要服从它？他们有什么权力把不公正的法律与不道德的标准强加给我们？我们用各种不同的方式呐喊，付出血的代价，一个总统黯然下台，战争以疮痍告终。我们始终走不出这一逻辑：个体是构成社会的原子，国家势必是邪恶（或"善事"——如果你碰巧站在另一种立场）。这是个体与国家之间的较

---

① Bellah, R. N., Madsen, R., Sullivan, W. M., Swidler, A., & Tipton, S. M. (1985). *Habits of the heart: Individuals and commitment in American life.* Berkeley: University of California Press.

量——而今依旧如此。

*

相同的逻辑激起了民兵运动，鼓舞了三K党①的士气，对黑手党活动给予微妙的支持。凡此种种，无不体现着行动中的自我决定权。国际关系领域同样如此，每个政府代表着一个有界存在。每个有界存在都要求主宰自己命运的权力，其他任何国家都没有权力把自己的价值强加于他人。其结果不仅是联合国力量的削弱，而且国与国之间的关系普遍充满了疏远、竞争和不信任的气氛。② 然而，如果有界存在的概念只是一种选择，那么，有界国家的概念应该同样如此。如果二者都具有可选择性，我们能否找出另一种方式来理解道德与法律呢？我们能否进入这样一个理解空间，在其中享受利益支配权的既非个体也非国家？在本书第十一章，我们将再次探索这种可能性。

变革传统

个体自我作为长期存在而又倍受珍视的传统，让我们付出了巨大的代价。我在本章着重分析了这种传统如何造成人与人之间的彻底分离与孤独感，如何以牺牲关系为代价鼓励个体自恋，如何对他人造成无休止的威胁，以及如何将自我转变为市场化的商品。关系显得既虚伪又险恶，道德要求践踏着我们的自治。最后，我们审视了作为有界单元的国家概念，其后果是全球化的疏远和不信任。

尽管这里的论题是选择性的，但它确实代表了在学术共同体与实践者队伍中正在发育着的一种意识。与此同时，我并不认为这些批评意图置有界存在的传统于死地。本书的目的也并不是消灭这一传统，而是通过对它的批判性审视，将其去本质化。③ 也就是说，它不再像我们当初理解的那样，是对人类本质的反映，而是这样一种传统——由于我们对它司空见惯，以至于忘记了它

---

① 三K党（Ku Klux Klan, KKK），是指美国一个奉行白人至上和基督教恐怖主义的民间仇恨团体，也是美国种族主义的代表性组织。——译者注

② 对这一逻辑的最佳说明可参阅：Steyne, M.（2006）. *America alone: The end of the world as we know it*. New York: Regnery. 作者在该书中预设了两个有界单元（两个不同国家）之间的根本对立，由此催生了侵略的立场。

③ 关于有界存在的传统为道德提供资源的方式可参阅：Taylor, C.（1989）. *Sources of the self, the making of the modern identity*. Cambridge: Harvard University Press.

是人类自身的创造物。如果承认其作为人类创造物的性质，我们就有可能创造出另外一种替代品。在随后的章节里，我试图建立一种新的世界观，其中，关系优先于有界的单元。事实上，如果我们能够理解关系的实在（the reality of relationship），就有可能变革传统，不再将民主制度、公共教育、法院审判和个人权利视为对有界存在的赞美。一旦我们认识到关系生活的益处，便会发展出新的行为方式。与此同时，放弃独立和疏离的有界传统，依旧可以维持个体的快乐、浪漫爱情、英雄主义、领导力和创造性行为。意识到这些传统植根于关系，可以彻底改变我们的生活方式。我们并不谋求摈弃启蒙运动的成果，但这并不意味着我们必须维护像冻肉一般冰冷的文化。接下来各章的任务便是为关系性存在铺平道路。

第二章

一切由关系开始

当你阅读这段文字的时候,有一点是清楚的:**你**是读者,**这本书**在你面前,而**我**是作者。于是,我们就有了三个实体——你、我和这本书——各自不同,又相互分离。可是,思考一下:我在写作的时候,使用的语词并非为我个人所有,我是从庞大的语料库中借用语词来写作。那么,这些语词——虽然它们的确也是我写的——是我作为一个独立存在所专有的独一无二的表达,还是其他什么人的?甚至在某种程度上,它们也是你的?**我**作为作者,开始和结束写作的那个时间点模糊不清。与此同时,这一页上的文字也并非为本书所专有。这本书确实有着它鲜明的个性特点——特有的书名、章节标题、封面设计——无不昭示着本书作为独立存在的身份。但是,**书**里所说的那些——重要内容——是从其他地方转借来的。倘若知道我的写作从哪里开始,将到哪里结束,说不定就有读者会说,这些观点"是从我这里贩过去的"。但是,请少安毋躁,在这种情况下,准确地说,**你**又是谁?尽管这些语词充斥着你的意识,然而此刻,它们并未定义你是谁,同样也不是你的语汇。或者,它们早已就是你的了?在你阅读的此刻,这些语词既不属于你,也不属于我或这本书。你、我和书之间不可能绝对分开。不仅我们之间相互联合,我们还与先在而无穷的语言世界联合在一起。当你放下这本书去和他人交谈时,我们也会被你携带着,一同进入未来。

*

我上小学五年级的时候,地理老师布置我写一篇有关美索不达米亚的论文。我对美索不达米亚一无所知,只好全力以赴开始文献研究。呵,原来百科全书里有这么多有用的信息啊!它们连贯有序,拼写无误,还配有很多彩色照片和一张地图。我手里拿着铅笔,慢慢地展开思索。我想要了解和报告的有关美索不达米亚的所有信息一股脑地呈现在我面前。但是,我得用**自己的语言**写一篇论文。而事实上,我能写的一切都将出自眼前这本书。那么，我写出来的东西怎么才能算是**我自己的**呢？若我把百科全书中这完美而逻辑统一的信息转换成我那贫乏的词汇、简单的语法和差强人意的拼写，我岂不是在损毁它们吗？老师很快就会给我一个丢脸的分数。

*

想一想我们是怎么教孩子认识世界的。母亲指着自己说"妈妈"，又指着另一个人说"爸爸"。我们可能握着孩子的手去指"那有一只猫"或"看这只狗"。每一次都指向我们所认为的一个**东西**（thing），一个单独而有限的实体。在这一过程中，一个由东西构成的世界——我们用名词来表示——呈现了出来。这本**书**，那个**读者**，**作者**在那边。我们难道不是受了名词世界的蛊惑而认为世界是割裂的吗？[1]

*

假如消灭名词会怎样呢？我们的世界还会由各自不同且又分离的事物组成吗？假若我们用来描述世界的唯一语言是舞蹈，又会是怎样的景象？身体的动作是连续性的，很难把动作流切割成互不相干的、像名词一样孤立的实体。如同大海的波涛，很难确定其中一波在什么地方开始，另一波又在什么地方结束。如果我们借用舞蹈来教孩子们认识世界，世界对我们而言很可能就不是分离的实体。孩子们便会发现一个无休止运动着的世界。不是孤立的"形式"（forms），而是不断的"形成"（forming）。他们可能不会想到要问："是否有可能把舞者和舞蹈分开？"

*

如果没有代词，**你**和**我**是否会不再作为独立的实体而存在？如果没有办法指定一个单独的存在，那还会有一个**我**吗？我们借助单词"你"和"我"创造了一个分割的世界。专有名词（proper names）也一样。设想一下，在没有专有名词的文化中，我们还能拥有一个独立的身份吗？[2] 当军队决心去毁灭敌人——村庄、

---

[1] 亦可参阅：Gregory Bateson's argument for "stamping out nouns". In Gregory Bateson (1972), *Steps to an ecology of mind: Collected essays in anthropology, psychiatry, evolution, and epistemology*. New York: Ballantine Books.

[2] 亦可参见：Mulhauser, P. & Harré, R. (1990). *Pronouns and people: The linguistic construction of social and personal identity*. Oxford: Blackwell.

城市和里面所有的人——他们不会编一本由专有名词组成的花名册。只有在被社会性地使用的时候，**你**和**我**才成为个体的自我。效用先于本质。

*

在一些重要的方面，个体自我并不是某种自然状态，而是一种语言划分。

*

在这几段话中，我尝试着模糊了被普遍接受的自我与他人之间的边界，强调有界存在被建构的性质，以便为探索这一历史传统的替代物扫除障碍。本章开始于对无以拆分的联通性（insoluble connectivity）的探究。关系的过程亮相于舞台，独立实体的概念正是在这一过程中产生的。在介绍了联合行动这一焦点过程之后，我会探讨它的局限性和潜能，最后导出本章的结语，即我们有理由搁置用于解释人类关系的传统因果假设。现在，让我们在关系汇流（relational confluence）的框架中考察人类的行动。

联合行动与创造

问你一个简单却很重要的问题：如果被你帮助的人嫌你多事，那么，你是真的"帮了他或她"吗？如果对方不承认或不愿证实你的行为的确是"帮助"而不是"妨碍"，那么，你是在"帮助"他或她吗？这个问题隐含着对一种新的探索的邀请。接受这一邀请，意味着将视点从单一实体转向联合（conjunctions）。借助隐喻来表述就是：我们从舞者的个别动作转向整个舞蹈；从画家一点一线的描画转向完整的创作过程；从单个的运动员转向比赛。更具体地说，让我们探讨联合行动过程的潜能，在其中，"帮助"被置于行动的联合。正如我后面将要说的，我们作为人类的一切意义都来自这一过程。所有我们认为真实、准确、有价值或者善的行为，都能在协作行动中找到根源。

我们先要把联合行动的过程解释清楚，再回头思考个体自我的概念。在随后的各章中我们会发现，以往被归于个体心理的全部属性都是关系的结果。例如，我会说明，理性和情绪都不是个体心理的所有物，而是关系的结果。形象地说，它们不是某一种颜料的特性，而是由多种颜料绘制的整幅画的特征。当我们意识到事实上所有的"心理现象"都以关系为基础时，眼界将得到迅速提升。记忆、动机、意向以及愉快和痛苦的感觉将被纳入关系的过程。我们于是从个体的存在转变成为关系性存在。

＊

让我们从一个简单的例子入手。你拿起一本小说，目光落在第一行中的某个词上——"刀"。呵，有危险……是怎么回事呢？什么样的危险？这是在说什么呢？事实上，"刀"这个词本身给不出任何答案。什么样的刀？握在谁的手里？结果怎么样？为了确定"刀"的意义，你需要进一步阅读。你的目光移到这句话的开头："他把刀插入……"你的好奇心加剧，你正在见证一起邪恶的谋杀案吗？但是，还需要进一步弄清，动刀本身几乎毫无意义。于是你继续往下读。现在你发现，这把刀被插在"一团柔软的黄油"里面。根本没有神秘的谋杀……哦，好吧，这可能是在写一个有趣的家庭故事。不过，为了确定是否真是这样，你还得继续读下去。

正如我们所发现的，"刀"这个词本身没有意义。突然间对过路的行人说出这个词，在深夜里尖声喊叫这个词，或在布告板上画一把刀，所有这些都没有多大的意义。单独的一个词是休眠的，只有将它置于由更多的词联合构成的语境，它才能获得生命力。添加某一个词，"刀"这个词似乎成了一把凶器；而添加另一个词，进入我们想象的就是日常生活中的早餐情境。每一个添加的短语都会改变我们对这个词的理解。一个词的意义并不是由它本身决定的，而是来源于语词协调成句的过程。没有这种协调，小说里单个的词意义甚微。如果我们把一部小说里的所有词按照字母表的顺序排列出来，以此来理解它，无异于身陷迷宫（in limbo）。乐趣始于融合（The fun begins in the fusion）。[①]

＊

让我们把目光从书本转向日常生活。与书里面的第一行字类似，我对你说这么几个字："天气真好，是吧？"你走了过去，甚至没有稍稍耸一耸肩。那

[①] "联合行动"（co-action）这一概念源自布鲁默的《符号互动论：视角和方法》（*Symbolic interactionism: Perspective and method*）(1969, New York: Prentice Hall) 和肖特的著作，特别是"行动、共同行动和意向"（*Action, joint action and intentionality*）一文，该论文收录在：Brenner, M. (Ed.)(1980). *The structure of action*. Oxford University Press. Shotter, J. (1993). *Conversational realities*. London: Sage. 两人在文中都用了"共同行动"（joint action）这一概念。布鲁默认为，这一术语指出了人们通过互相解释而共同行动的方法，以此拓展了米德的符号互动理论。对于肖特来说，该术语被用来强调共享意向、结构化对话关系以及对话的非预期后果。"联合行动"这一概念也与韦斯特曼（Michael A. Westerman）的"协调"（coordination）概念和福格尔对"共同调节"（co-regulation）的讨论有关。参见：Westerman, M. A. (2005). What is interpersonal behavior? A post-Cartesian approach to problematic interpersonal patterns and psychotherapy process. *Review of General Psychology*, 9, 16-34. Fogel, A. (1993). *Developing through relationships: Origins of communication, self, and culture*. Chicago: University of Chicago Press.

么,我的行为意味着什么呢?如果你根本就没听见我在说什么,我的行为就没有任何意义,等于我什么也没说,或只是妄自喃喃私语。只有当你以某种行动回应我的时候,我说出的话才开启了它们的意义之旅。当你回答"是啊!真希望我没课"的时候,仿佛有一根神奇的魔棒轻轻点了一下我所说的话,它因此而成为愉悦的问候。

在更普遍的意义上,没有一种行为,其自身具有意义。换句话说,没有一种行为可以被孤立地识别。不存在独立的爱情、利他、偏见或者侵犯等行为。要想成为任何事物,它们都需要一个补充(supplement),即一个至少由另一个人采取的行为,以确认它们作为特定事物的存在。当然,你也可以自己提供补充。你可以对自己说:"我的确是在和她打招呼啊!"但这种补充同样是过往关系的产物。在这种关系中,有人曾认可你这样的行为是一种问候。现在,在"理解你在做什么"这一过程中,你成了其他人的替身。

*

与此同时,你对我问候行为的确认同样也不是一个独立的行为。是因为有了我先前的行为,你这种补充才有意义。你走到大街上,朝任何一个过路的人叨咕,"是啊!真希望我没课",人们准会以为你是疯子。你说的话为我的话赋予意义,但是,如果没有我说的话,你的话同样毫无意义。这里存在着重要的互惠。单独的行为或补充都处于休眠状态(lie fallow),只有在协作行动中,它们才获得意义和生命力(spring to life)。

*

身为作家,在读者面前我怀有深深的谦卑感。虽然我把这些句子写出来了,但它们本身并没有意义。在这些篇幅里我等于什么都没说,直到你赋予它们意义。若一味批评,你便把我的话变成了痴人说梦。如果仁慈一些,就会把我当成作家带入你的生活。如果你满腔热情,便会赐予我飞翔的翅膀。然而,如果我——或与我类似的某个人——没有思想要传递给你,从未向你表达什么,也从没有要求你回应,那你能说什么呢?只会毫无行动。事实上,没有某种形式的邀约,你怎么会去说或去做什么呢?只有当别人问你"如何看待这件事?"你才像被突然唤醒,充满了想法、意见、品位和价值。我们因此都需要谦恭,因为失去对方,我们彼此都没有意义,都不完整。我们凭借关系进入生活,呈现共生共荣的(interanimation)生存状态。

*

联合行动不仅限于语词的范围。说话和写作都属于身体动作,在某种意义上,它们等同于我们交谈时发生的其他机体动作——微笑、大笑、凝视对方的眼睛,脚在地上蹭来蹭去,等等。联合行动包含所有机体动作之间的协调。

我向你伸出手:
……如果你握住了它,
我是在和你打招呼;
……如果你推开我的手来拥抱我,
我低估了咱们的友谊;
……如果你跪下并亲吻我的手,
我显示了我的威仪;
……如果你转过身去,
我受到羞辱;
……如果你给我修指甲,
我是你的顾客。

*

言语交流和非言语交流的划分是人为的。我们应当关注统一的协调行动,其中言语、动作、面部表情结合成为一个有机的整体,如同一块完整的织锦。移除其中任何一条织线,整块织锦便有了缺失……或者变成了另外一块不同的织锦。

*

无论使用何种语言,所说的从来都不是被说的。

——海德格尔(Martin Heidegger)

*

那是在一月份,我应邀去瑞士的圣加伦大学举办系列讲座。由于学校所在的镇子很小,正好在我去的那几周附近的旅店都已客满,所以,学校就在一位83岁孀居老夫人的公寓为我租了一间卧室。我对这个住处很不满意。不但我的个人隐私受到威胁,而且不得不从早到晚在外人面前扮演"完美公民"也令我生畏。佛兰太太只会说德语,而我的德语仅仅是初学水平,这使得情况更加糟糕。我们根本没有办法进行言语交流。

入住的第一晚,我决定实行"不结盟"策略。我穿过餐厅,打算出去吃晚餐。佛兰太太站在餐桌旁,两个座位已经摆好,她正在点蜡烛。我别无选择,只好勉为其难地在餐桌旁坐下。佛兰太太喋喋不休地念叨着,而我则什么也听不懂,好在食物和人情的温暖终是尤物。第二天一早,我发现佛兰太太已经为我准备好了早餐。虽然我试着尽我所能让她明白这样做没有必要,但是规劝无效。到了晚上,我又发现自己的床和被子已经铺好,于是我去感谢她。她给我倒了一杯葡萄酒,我们坐下,她于是又开始高兴地喋喋不休,而我则开始试着去理解她的幽默。

几周过去了,圣加伦大学每天很早关校门,在这里几乎没有什么娱乐——除了和佛兰太太一起坐在壁炉旁。我发现我的德语能力在慢慢提高。我还发现自己越来越喜欢这位女士。我邀请她去听了一场当地的音乐会,她笑逐颜开。几天后,她开始在我早上动身去大学之前站在门口送我,以确认我的衣服符合教授的身份。为了保证我有良好的仪表,她偷偷把我的鞋子拿去擦干净。我开始带些食物和葡萄酒回公寓。在一个周末,我开车带她去了乡下,那里是她出生和童年居住过的社区。

我离开之前的那一周,有一天我离开公寓大楼的时候,抬头看到她正站在窗户边上注视着我。我挥手打了个招呼,她也挥手还礼。一项日常礼仪就此诞生。佛兰太太不让我付房租,我便带回几瓶她喜欢的葡萄酒作为答谢。我离开的那一天,我们站在门口道别,相互说着"Auf Viedersehen"(再见),虽然我们都清楚可能再也见不到。相视无语,我们竟都泪流满面。

万物的联合创造

让我们进一步拓展联合行动的过程。一位父亲带着小儿子去动物园。他们在一片围场前停下。父亲拉住男孩的手,指着一个动物说:"看那只斑马(zebra),斑马……斑马……那是一匹斑马。"男孩看上去有一点迷惑……他凝视着动物,喃喃自语,"马"(horse)。"不对,"父亲纠正说,"不是马,那是斑马。"男孩稚气地咿呀学语:"蚱蚂(Zeeba)。""不完全对,"父亲答道,"斑马"。

"斑马,"男孩终于回应道。这时父亲高兴地说:"哈,你学会了,斑马……看,它身上有斑纹。"这种小型联合行动的探索非常重要。事实上,对于一个孩子来说,它创造了一个崭新的世界:一个有斑马居住的世界。在联合行动达成协调之前(父亲传授知识,孩子模仿学习,父亲纠正错误,孩子作出回应,等等),孩子的世界里只有马,没有斑马。现在,通过联合行动,"斑马"诞生了。

*

设想有一个精力充沛的一年级小学生,跑着跳着,无尽地好奇。可这让他的老师烦心,因为他的行为扰乱了课堂。于是老师去找咨询师商量。在咨询师那里,她听到一个新词——"注意缺陷障碍"。"好吧,"老师说,"他不能集中注意力,这显然是一个问题……但是,我并不想说这是一种障碍。""这就是一种障碍,"咨询师很肯定,"这种障碍众所周知,市场上有很好的药可以治疗他的病症。""哦,"老师于是低声说,"我觉得你可能有些……好吧,我会跟他父母谈谈治疗的事情。"在这次短暂的意见交换之后,注意缺陷障碍成了老师眼中的现实。很快它将变成这个一年级小学生的生活方式,而且可能会持续很长时间。

*

在我的孩子们成长的年代,还没有出现注意缺陷障碍这个词。有些小孩子确实比其他孩子更调皮,需要特别关注。而如今有500多部有关这一题材的专著,超过90万家相关网站,而利他林(Ritalin,一种中枢兴奋剂)这种药品已经被做成了数十亿美元的大单生意。[①]

*

想象一场棒球比赛,我们看到击球手和守场员;我们看到高飞球、界外球和本垒打,我们还看到一个跑垒员被留在一垒的位置,踏上本垒板得分让我们欣喜万分。所有这些都为我们而存在。但在联合行动之前,并不存在棒球的世界。只有当我们一致确认,"这是棒球""那是跑垒得分""得分多的队伍获胜"的时候,棒球世界才戏剧性地获得生命。现在想一想那些创造了化学世界、物理世界以及数学、生物学、经济学、心理学等知识世界的共同体。所有这

---

① 参见:Wallwork, A. (2007). Attention deficit discourse: Social and individual constructions. *Journal of Critical Psychology, Counseling and Psychotherapy*, 16, 69 - 84.

些世界同样都是联合行动的结果。

*

批评者或许要问:"你是想说,在某种关系存在之前一切都不存在,没有物理的世界,没有山川、树木、太阳、等等,是吗? 这似乎很荒谬。"我的答复是:这不是我们所说的意思。我们不会下结论说,在联合行动发生之前,"一切都不存在"。任何东西,存在便是存在。但是,正是在联合行动的过程中,各种存在才成为对于我们来说它所是的那种东西,成为我们生活中的"山川""树木"和"太阳"。存在着的事物本身并未要求区分。例如,欧洲和亚洲,男人和女人,健康和疾病,等等。正是在联合行动的过程中,这些事物才得以被识别,而我们的生活正是围绕着这种识别被组织起来。在联合行动之前,我们并不明确到底存在什么,因为一旦我们设法列举这些事物,便已经开始享受联合行动的成果。

*

分析了联合行动的过程,现在让我们再回到有界存在的传统。**你**和**我**的世界与棒球和击打、质子和中子或者树木和山川的世界并没有什么不同。谈到你和我,便进入一种共同体的传统(communal tradition),一如棒球或物理学。这些词语在特定的共同体传统中发展出意义。而在这种传统之外,它们可能毫无意义。正如在原子物理的世界里不存在个体自我。即便我们谈到人类,也并不总是清晰地意识到个体自我的存在。在人们制定有关拥堵治理、非法劳工、右翼政党、学生团体、路德教会……或附带损害的管理政策的时候,很少会考虑个体自我的因素。

*

不是独立的个体相聚而形成某种关系,而是关系赋予独立个体存在的可能性。

*

让我们说得再具体一点,想一下:

- 如果警察说:"你站住,不许动。"……你成了嫌犯。
- 如果售货员说:"我能帮你吗?"……你成了顾客。
- 如果你的妻子说:"能搭把手吗,亲爱的?"……你成了一位丈夫。
- 如果你的孩子说:"妈妈,快来。"……你成了一位母亲。

他人用言语把我们召唤成嫌犯、顾客、丈夫或母亲,等等。如果没有这些言语,我们会是其中的任何一种角色吗?①

*

再来考察一个人的人格,看看他是哪一种人。汤姆在大厅里与他的商业伙伴詹娜擦肩而过,他说:"哇哦,詹娜,你今天可真漂亮。"汤姆是哪一种人?想一想詹娜可能作出的不同回应:

谢谢!汤姆……你的话真让我开心。

你是在和我调情吗?

你以为开开玩笑过去的事就算完了吗?

你眼神不好吧……我一整夜都在发烧哎。

哦,我还以为你看不到呢。

你知道什么叫性骚扰吗?

在联合行动中,汤姆被赋予了不同的特点,他分别成为"一位鼓舞士气的同僚"、一个"无伤大雅的调情郎"、一个"不近人情的男人"、一个"傻乎乎的笨蛋"、一个"有魅力的男人"或"一个大男子主义者(chauvinist pig)"。那么,在詹娜说话之前,汤姆是谁?

*

批评者警醒道:"你似乎在暗示关系之外我不存在。但是,我每天有好几个小时独处。洗澡、刷牙、吃饭、散步……一个人做这些事。如何能说我参与到了关系之中?做所有这一切时都只有我一个人……根本没有联合行动。只有我一个人在做自己的事情。"的确,我们的许多行动都是独自一人完成的,没有其他人在场或参与。但是,能说这些行动是未受关系污染的"我们自己的所有物"吗?举个明显的例子,虽然我现在独自一人坐在这里写作,但实际上我的行动已经卷入了一场对话。它产生于之前与其他人的对话,并进一步延伸为与读者的交流。尽管你并不存在于我面前的物理空间,我也不曾大声把话

---

① 对此,社会科学家使用许多概念加以表达,其中最常见的有"插补"(interpolation)、"改变—铸造"(alter-casting)、"定位"(positioning)。参见:Harré, R. & van Langenhove, L. (Eds.) (1999). *Positioning theory: Moral contexts of intentional action*. Oxford: Blackwell Publishers. 这里重要的观点在于,当别人同我们交谈或者以某种方式对我们采取行动的时候,他们同时也在对我们下定义。他们将我们设定为这样或者那样的人,选派我们扮演特定角色,或将我们推到一个自定义的位置上。

说出来，但那只是形式而已，这里讨论的是逻辑问题（problem of logistics）。当我独自看报或者看电视的时候，我参与了另一种对话。这一次是作为语音和影像的接收者，不时地对接收到的信息作出回应。

再举几个也许不那么明显的例子。如果我为自己做饭，我不是在扮演另一个人的角色吗？……例如，代替我母亲或我妻子完成厨师的工作。如果我洗自己的衬衫，那我不是在为会见别人做准备吗？至于洗澡、梳头或者剃须，同样如此。我可能确实是独自一人，但我的行为却深深地植根于关系。或者比方说，我外出野营一星期，骑一个小时的自行车，欣赏日落——每种情况下都只有我一个人。可是，我选择去野营是因为觉得这样做有意义，骑自行车或者看日落同样如此。它们都是值得去做的"有价值的事情"。被我们冠名为"野营""骑自行车"以及"看日落"的行为事实——连同它们被赋予的普适性价值一起——证明了它们的关系根源。至于"独自旅行""吹口哨""冲马桶"，等等，无不如此。在任何情况下，可理解的行动都离不开关系的参与。

*

想一想其中的道理：你会去做那些无论如何都是不明智的"我们文化中的人做不出来的"事情吗？头朝下倒立，以胸腹着水的姿势跳水，或者说一些不着调的废话……这些行为在某些特定的情境中都还是可以理解的。或许你能想出一个更加荒谬离谱的行为。但是这个行为难道不是因为你和我的关系而被创造或选择的吗？——在这种关系中，我用问题挑战了你。实际上，一切有意义的行为都是联合行动。

*

> 生活就意味着参与对话：提问、注意、回应、赞成，凡此种种。在这样的对话中，个体全然投入，并持续一生：用他的眼睛、嘴唇、双手、心灵、精神、整个身体以及所有作为。
>
> ——巴赫金（Mikhail Bakhtin）

*

让我们进一步深入考察联合行动的过程。其中，下面三个问题特别重要。

联合行动与制约

联合行动首先是一种相互制约的过程，有一种秩序（ordering）存在于协调的过程之中。随着时间的推移，参与者的行为往往变得越来越模式化、更可预期和令人信赖。口头语言是一个很好的例子。语言发展起来是为了在一群人当中使用,因此必须遵循一系列规则,包括正式的规则和非正式的规则。① 语言的使用必须符合规则才有意义。你可以说"猫捉老鼠"(the cat chases the mouse),但如果你说"捉猫老鼠"(the chases cat mouse the)便违背了协调的传统。在这种意义上,儿童早期的社会化过程便是学习参与某种文化或亚文化的传统模式的过程。没有这种协调能力,我们的行为将变得难以被人理解。"做人"并不是在一种完全自由的状态下生活,而是处于一种受限的状态。人或许"生而自由",但母亲的第一次爱抚便是一种诱导,诱导她的孩子自愿接受制约。

*

让我们继续。在我和你交谈的时候,我说的话成为意义的候选对象(candidates for meaning)。可是,这些候选对象并不是我个人的私有财产,而是关系历史的副产品。离开这一具有制约性的历史,我恐怕无话可说。与此同时,假如我们分享同一种对话传统,我的话语和行为便具有某种预设的潜能。也就是说,它们框定了你接下来可以说什么或做什么的范围。简单地说,如果我问你一个**问题**,你当然应该给我一个**回答**。如果我问:"你知道上高速公路往哪个方向走吗?"按照传统,你总得给出一个答案——"是的,你走右边那条岔路……"或者,"不知道,很抱歉我不住在附近"。这两种答案都算恰当。你当然也可以回答"秋天来了",或者"我很饿",但我肯定会对你的回答感到迷惑。如果我不事先提问,你就没有机会显示自己的"博识多闻"。对于你来说,突然靠近一个陌生人,然后悄悄对他说,"是的,你走右边那条岔路……"绝对会惊着对方。② 提问之前不可能有回答……只有在别人先跟你说了什么的前提下,你的行为才会获得特别的意义。事实上,我的问题预设了你行动的可能性。

*

然而,制约过程是双向发生的。你对我的回应又构成**后设**。如果得不到某种形式的承认或补充,我的言语便不再是意义的候选对象,它们就变得毫无

---

① 我们并不是按照法则(rules)即"头脑内部固有的"规则行事。相反,我们生成协调模式,并在其中提取某些东西作为规则。

② 参见:Craig, R. T. & Tracy, K. (Eds.) (1983). *Conversational coherence: Form, structure and strategy.* Sage Series in Interpersonal Communication. Beverly Hills, CA: Sage Publications.

意义。补充(supplement)后设了我言语中所包含的某种意义——不是"这一种"而是"那一种"意义。前文中詹娜回答汤姆的例子从多方面说明了这一点。在詹娜的回答中,汤姆的人格被创造出来。汤姆不再是天马行空的汤姆,他"人格的事实"受制于詹娜。从广义上讲,我们所有人的行动都受限制,因为我们只能以被其他人认为有意义的方式行动。

*

想象一下新闻评论家如何分析总统制定政策时的心理策略:

总统的倡议:	新闻评论家的解读:
为军队提供更多资金;	获取退伍军人选票的策略;
市内学校项目;	吸引黑人选民选票的策略;
一项新的社会保障计划。	赢得老年选民选票的策略。

总统希望自己是真诚的,但是在分析家眼里根本就没有真诚……只有工具性策略。当分析家解读"这些话语背后的真实缘故"时,真诚便成了虚伪。

*

除非别人愿意无条件地相信我们,否则我们能是可信的吗?一旦他人怀疑我们的动机,我们的可信度便遭损毁——甚至可能伤及我们自己。不错,我们可以抗议,表明我们的动机是多么纯洁。但是,如果对方根本不理会我们的抗议,这份纯洁又能维持多久?毕竟,人不可能兀自"真实可信"。

*

至此,我们仅处理了简单的行动/补充关系。一个人说,另一人回应,意义便在互动中产生。但是,生活在不断向前,顷刻的简单很快会变成复杂。上述案例中的补充也并不像表面上那样简单。补充具有两方面意义:一方面定义了对方的行为,另一方面自身作为一个新的行为又有待后续的进一步补充。例如,在前述案例中,新闻评论员并不是总统行为意义最后的仲裁者。指出总统的倡议只是捞取选票的一种谋略,这既是一种补充,同时又向更进一步的补充开放。如果总统指责这位评论家是保守媒体的代言人,评论家的解读可能立刻会被理解为"纯粹的宣传工具"。

进而言之,每一轮谈话都可被视作对此前言语或行动的补充,意义以这种方式被不断改变。例如,评论家可以对总统的辩解采取置之不理的态度(从而否认这种辩解的意义或充分性),并继续对总统的倡议展开批评,以证明它的荒谬。或者,一个人也可以回顾自己的前期行动,以修改意义的方式来补充它们。就本案来说,总统可能重复他的倡议,以阐明其无懈可击的逻辑。因此,在交流过程的任何一个节点上,参与双方先前的行为都可能被抛弃、修改或重新定义。① 随着参与者的行动越来越深入地相互交织(inter-knit),意义在不断地发生改变。

多样性与延展性

倘若逾传统之矩意味着不可理喻,我们就得永远受制于眼前的传统吗?永远不可能摆脱现有的甚至在我们出生之前就已经建立起来的关系规则吗?这一结论未免过于悲观。事实上,我们就是在抛弃传统:生活方式在不断演变。这个世界永远纠结于坚持传统还是追求创新的冲突过程。如果一切逾矩都不可理解,又如何解释对传统的变革呢?答案隐藏在从一种关系情境到另一种关系情境的变换之中。当我们离开家去办公室,去拜访朋友,或去运动场,随身携带着不同的说话和行动模式。那些惯常实践现在被植入新的情境,并以新的方式被补充。言语和行动因此获得不一样的功能,变得更加富有意义和更加完善。

*

游戏的隐喻在这里很有用。让我们将每一种协调的传统都视为一种特殊的游戏。我们拥有各式各样的游戏。正式游戏如象棋、西洋跳棋、桥牌、足球、"大富翁"等;非正式游戏如"父亲和我如何争吵","我们怎样陪孩子玩耍",等等。不同游戏之间的边界具有渗透性。某种游戏中的行为经常会被借用和植入另一种游戏。因此,在美式足球、英式橄榄球和澳大利亚足球中都有越过球门线这一行为。在日常生活中,不同游戏之间的边界更是模糊不清,借用和植入的可能性极大。比如,我们从母亲哄孩子入睡的情境行为中获得借鉴,明白拥抱是喜爱的标志,并将它植入我们与(例如)亲密伴侣的关系情境。在新的情境中,这个行为既保留了部分原初的意义(或前设力),同时又获得了附加的潜能。它不再表示"到睡觉时间了",而是开始暗示,"到我们一起上床的时间

---

① 加芬克尔(Harold Garfinkel)把交谈描述为一种"特别的"(ad hocing)过程,在这一过程中,没有人能确定话语的意义,直到另一个人说话。参见:Garfinkel, H. (1984). *Studies in ethnomethodology*. Malden, MA: Polity Press/Blackwell Publishing (1967年首次出版)。

了"。由于被大量借用和植入,"游戏规则"变得愈加模糊不清。以"爱"(love)这个词穿越不同情境的方式为例,"爱"可以用于和父母、配偶以及孩子的关系,也可能被用在你和艺术家、冰激凌、你的鞋子以及上帝的关系中。因此,当我们使用"爱"这一类语词的时候,很可能并不完全明白正在进行着的是哪一种游戏——是肤浅的还是意义深远的?从这种意义上说,大多数的交谈都是在玩一种多维游戏,参与者在该游戏中的任何一个动作都同时可以被视作其他游戏中的行为。①

*

每一场对话都是一个潜在的开放性场域。清晨,一个朋友和你打招呼:"你看起来很累。"在诸多可能的解释中,你可以把这句话定义为同情的表达,或者是批评你疲沓,缺乏精气神。倘若你回答"你不知道我经历了什么",你的朋友又会怎么理解你这句话呢?是把它当成对他进一步询问的邀请,还是觉得你可能是在批评他不够敏感?如果他回答,"那么,你告诉我,发生了什么?"你一定又想知道,这是真诚的关心,还是煞有介事的敷衍?实际上,传统一直在不断地相互渗透。人的行为确实受传统的制约,但由于这些制约模糊不清,所以它们并不是硬性的。可理解的补充范围可能非常广泛,在任一联合行动序列中都存在着无数种排列组合的方式。每一种新的排列组合都蕴含着改变传统的萌芽。或者你也可以说,在制约的增殖中同样隐藏着无限变革的可能性。

*

让我们回到对自我的建构。在联合行动的过程中,我们被建构成个别的实体,但这个过程永远不会完结。任何时候都存在多种选择,自我身份(self-identity)也在不断演变。让我们来观察一位来访者同治疗师之间的互动:

来访者:"一整天我都气得要命。我坐在办公桌前,任凭一个讨厌的家伙随意指使。他愚蠢至极,交代给我办的事情有一多半会出错。他还朝我咆哮……像个海军陆战兵。然后,我发现他居然还用眼睛瞪我……不,用睨视这个词更合适……"

治疗师:"是的,权力是很难对付的。我想知道,你遇到这种问题多

---

① 正如语言学家所言,大多数词都是一词多义的,携带着大量所使用语境中的语义痕迹。

久了？我们来谈一谈你和父亲的关系。"

来访者以"受害者"自居,而治疗师认为她遇到的是"权力应对问题"。不过,现在来访者拥有发言权。她可以认同治疗师的分析,也可以作另一种选择。比如,她可以说:

> **来访者**:"不,我想告诉你更多有关那个家伙的事……他是这样一个衰人……"

来访者显然忽略了治疗师的话,治疗师的权威受到挑战。来访者也可能说:

> **来访者**:"我不喜欢听你说这是'我的'问题。那是父权文化……保护男人处于顶端的权力结构。看,这个家伙有多么可鄙。如果你不能和我一起讨论这个,我们可以结束。"

治疗师在此被定义成"问题的一部分"。如果他找不到相应的办法重塑自己或来访者的言语,这段关系便将宣告结束。他或许可以说:

> **治疗师**:"哦,请别误会……我确信这个家伙有你说的那么坏。我只是想探索令你生气的某些其他原因。"

治疗师在等待……因为确切地说,他对自己的定义受到来访者反馈的制约。

*

人在对话中被构造。

——泰勒(Charles Taylor)

*

我们所说的和所做的并不属于我们自己。联合行动的过程在不断吸收我们的言行,同时也在改变我们自身:

> 一个来电让我陷入困惑。我受邀在德国的一所小型大学安排了几周讲座。没想到在那里竟然能接到电话。更重要的是对方的声音,那是一位有着外国口音的女士。她在电话中约我见面,但只是告诉我,我会发现这个约会很有意思。至于她的身份,她简单地说:"你不认识我,但我非常了解你。"到了她约定来访的那天,我有些焦灼不安。那天上午晚些时候,一阵高跟鞋敲击大理石过道的"嗒嗒"声通报了她的到来。她的相貌与声音很配,一件黑色毛衣搭配黑色长裙,暗藏着真相被揭穿前的某种神秘。很快,真相大白:原来,她认为我改变了她的生活!可是,这怎么可能呢?
>
> 她叫乌尔丽克(Ulrike),嫁给了一个比她年长很多的教授,过着慢条

斯理的生活，日常充斥着各种书籍、观点和无休止的讨论。作为继续教育的一部分，两年前她来听我在附近一所大学举办的讲座。拥挤的房间令人窒息，讲座中我脱掉了夹克。她描述这件事的时候，我立刻回忆起当时的情形：我的衬衫下摆太短，所以每当我抬手在黑板上写字的时候，衬衫的前襟就会从裤子里冒出来。我只好一只手写板书，用另一只手拽着衣襟。当我忙于这样做的时候，乌尔丽克说，我的肚脐吸引了她的注意。每当我的衬衫被扯开的那一瞬，她总是匆匆一瞥。这令她陶醉，我的报告不再有趣，唯一重要的是她能否再次瞥见我的肚脐。她事后反思自己的沉迷，开始意识到她的婚姻失败的原因，进而认识到当务之急是恢复她对婚姻的热情，重新选择充实的生活！乌尔丽克的婚姻被改变了，她因此希望向我表达深深的谢意，为了"我为她所做的一切"！

*

关系裹挟着参与者的身份前行，没有人能够控制它的无限延展。就像大海的浪花，"我"可能在某个凝固的瞬间跳脱出来，但当这个瞬间过去，浪花便消失在汹涌的波涛中，从此与波涛一体，无从分离。

关系的流动：颓废与兴盛

至此，我们考察了联合行动的过程如何受到制约，以及它无限延展的可能性。任何切实可行的关系中都包含着上述两个过程：前者对于一切意义的产生都是不可或缺的，而后者则维持对不断变化着的情境的敏感性。那么，让我们想象一下**关系流动**（relational flow）的过程。这其中，一方面要不断接受传统的制约，另一方面又要保留对意义演变的开放性。① 在这种关系流动的过程中，我们共同在地方性传统内部生成持久性的意义，与此同时，又以对自己参与其中的关系多样性保持敏感的方式不断创新。在理想情况下，如果没有出现对关系流的阻碍，将会发生充分且富有创造性的意义共享，从直接的面对面关系到当地社区，再到周围社会，最后扩展到整个世界。在每一个关系的时刻，我们都需要与周围环境发生共振，吸收它的潜能，创造新的生成物，并将它们纳入更大规模的关系流，我们正是在这样的关系流中被构成。

---

① 巴赫金对语言中的向心力和离心力的区分与此有关。前者朝向统一，后者导致解体。Bakhtin, M. M. (1982). *The dialogic imagination: Four essays*. Austin: University of Texas Press.

> *
> 芦苇给风让路,然后将它甩掉。
>
> ——安蒙斯(Archie Randolph Ammons)
> *

让我们进一步向前推进这一愿景。日常生活中充满了紧张和疏离的关系,几乎到处都有令人无法忍受的、厌恶的、声名狼藉的、令人鄙视的、卑劣的人。在世界其他地方,同样糟糕的状况甚至更为普遍和极端。和谐即便存在,通常也只是在紧闭的房门内,在大门里边,或在受到某种防线保护的区域。对疏离关系的讨论将是本书后面几章的核心。然而,作为一种准备,强调不同形式的关系流之间的差别是有益的。我尤其希望区分两种不同性质的关系流,即退行性关系过程与生成性关系过程。其中,前一种关系过程具有侵害性,可能导致联合行动的终结;后一种关系过程则具有催化作用(catalytic),可以为关系注入新的活力。

为了拓展这一观点,让我们想象一下你会如何回应以下常见的谈话方式:

我觉得你犯了一个错误。

你大错特错!

你怎么这样想问题?

我觉得你没有好好待他。

我认为你不公平。

依据我们共有的传统,上述每一种说话方式都可理解为对你行为的攻击。基于补充的传统,你将有机会为你的行为辩护。你可以质疑对方是否拥有如此评论的权利,你也可以批评他们的判断力,你甚至可以还之以颜色——尖锐地反击。采取上述任何一种补充方式,都会将你们的关系导向疏离。以通常的标准判断,这些反应都很正常,但它们对关系的影响却是毁灭性的。作为相互敌视的体现,争论通常都是以这种形式发生。生死决斗则是一种更极端的退行性交换。进攻和反击的后果高度一致,其发展的轨迹指向同归于尽。

作为对比,进一步考察生成性关系过程是有益的。在生成性关系过程中,新的、更加丰富的潜能借助关系的流动得以释放。例如,一位成功的教师可以通过这种方式引导学生,即暂时悬置被学生视为理所当然的那些假设,在新的有希望的世界点燃他们的热情。在科学领域，生成性的挑战可以是介绍一种新的理论以反驳或搁置学科内部司空见惯的假设，借以刺激新的研究形式。①在日常关系中，生成性的挑战彰显了厌烦和兴奋的差别。只有当日常生活充满幽默、讽刺、深刻的反思、引人入胜的幻想等诸如此类的内容，我们才能避免流于毫无价值的陈词滥调。

生成性关系过程刺激了意义的扩张和流动，它们可能成为最终决定我们未来福祉的关键。而许多在日常生活中被我们视作坚定信念的那些意义，其后果却是极其危险的。正如我们发现，寻求报复和幸灾乐祸似乎是"自然的"事情：得知对我们有威胁的人物遭到监禁我们会感到开心、许多人主张折磨恐怖分子……针锋相对的打击和报复已经持续了好多个世纪。基于此，我们可以理解生成性关系过程的重要意义。这种挑战或可开启我们对某些毁灭性习惯的反思和对新的可替代性方案的讨论。每一刻我们都站在重要的联结点上，收集我们的过去，推动它们向前，在联合中创造未来。正如此刻我们一同商议，我们也能一同塑造未来。我们可以保留传统，但同样享受创新和改变的自由。随后几章我们将致力于探索这种变革的实践向度。

从因果到汇流

变革传统的挑战所引发的最后一个问题贯穿随后各章，那就是因果问题。我们继承了强大的传统以理解人的行为，特别是有关人们"为何"如此行动的两种不同解释。一种是**因果解释**，为大多数社会科学家所赞同，认为人会因为作用于他们的外力而发生改变。正如通常所说，人会因为"被影响""被教育""被奖励""被威胁"或者"被强迫"而改变自己的行动。另一种是基于**自决行动**的解释。该解释在日常生活中和法庭上都颇受青睐。例如，我们说人可以在对与错之间自由选择，决定要在生活中做什么。然而，对于人的行为的关系理论而言，上述两种解释都不如人意。二者同样保留了有界存在的传统，都没有意识到联合行动在人类事务中的重要性。实际上，另一种新的对人类行为的解释正在出场，这种解释将**联合行动的汇流**（co-active confluence）置于关切的

---

① 进一步的讨论参见：Gergen, K. J. (1994). *Toward transformation in social knowledge* (2nd ed.). London: Sage.

48

你的恐惧像病毒会传染；
你的愤怒像种子会发芽；
你的欢乐像喜讯到处流传，
与我交谈，你创造了世界。

——沃尔特(Regine Walter),《艺术家》

第二章
一切由关系开始

中心。接下来,我将先讨论因果解释的不足,之后是自决解释,而这些分析最后将让位于对汇流解释的讨论。

*

因果关系的现实似乎相当明显,一开始很难否认。我们观察到,熊熊的炉火将水煮沸;一踩油门车便提速;让朋友"把盐递过来",她便把小盐罐放在我们面前。难道沸腾的水、加速的车、盐罐的传递不都是前项的直接后果吗?如果没有那些前因,事件就不会发生。这种因果关系的观点——如果 X,则 Y;如果没有 X,则没有 Y——有着古老的根源。亚里士多德称其为**动力因**(efficient causation)。① 很多世纪之后,受牛顿(Isaac Newton)的影响,人们开始把宇宙想象成"一台庞大的机器",它的每个组件之间存在着因果联系。每件事情都有前因,构想一个"无因之因"(uncaused cause)显然背离了科学范畴。这种看待人类行为的机械论立场至今依旧盛行。

例如,社会科学家观察那些侵犯、利他或违法等我们所关心的行为。为了完善社会,如何才能增加某一类行为,而减少另一类行为呢?关注于是让位于思考如下问题:"是什么引发了这些行为?""是什么力量、什么影响、什么因素或者怎样的生活情境导致这些行为的发生?"围绕这些问题启动了庞大的研究计划。研究结论告诉人们:侵犯榜样诱发儿童的侵犯行为;奖励的承诺能增加利他行为;朋辈团体的压力导致青少年犯罪。正如人们通常认为的,社会科学研究应该努力提升预测人类行为的准确性,从而增强对于未来的控制。如果我们能够控制偏见、憎恨、犯罪等行为的前因,社会便可迎来更加美好的未来。

*

许多世纪以来,针对因果解释的观念哲学家们一直争论不休。最近几十年,由于量子物理学家放弃了因果解释,转而支持场论,争论的声音才渐渐减弱。但是,因果关系的性质始终悬而未决。其中最突出的问题是,一件事如何能够"让另一件事发生"(make happen),或者"产生"(produce)改变?我们看见炉膛里的熊熊火焰,然后是沸腾的水。但火焰是如何"使"水沸腾的?递盐

---

① 亚里士多德区分了四种因果关系,动力因这一流行的观点只是其中之一。亚里士多德把与其相对的因果关系称作目的因。目的因(final cause)是行为要达成的目的或结果。因此,我们可以说,这个人买礼物是**因为**他想让父母高兴。不过,我们现在一般将目的因归于对自由选择行为的讨论,而把自由选择行为看作是无前因的。

罐这一行为的产生是因为你叫我把盐递过来,可要是还有其他什么东西同样促使我发生递盐罐这一行为,又该作何解释?我们对此并不清楚。因此有人提议,我们应该放弃因果效力的观念,转而把研究限制在只进行预测的范围内。我们可以相当可靠地预测把一壶水放在火上将会发生什么,或者在晚宴上要求别人递一下食盐会出现什么反应。因果决定的概念在这里被认为是既不合理又没有必要的附加物。

*

我们倾向于将自然想象成可以被分解的一系列离散事件。其中,每个事件都有一个"父亲"(原因)和一个或几个"儿子"(结果)。这种看待世界的方式造成许多老生常谈的问题。

——汉森(Norwood Russell Hanson)

*

悬置因果观念还有许多其他理由。这种观念对于有界存在的意识形态和相关制度具有强有力的支持作用。一旦我们寻求对某个人行为的原因解释,便开始将世界分解为独立的实体。一边是前因,另一边是后果。如此,我们把侵犯、利他和偏见视为结果,试图寻找造成这些结果的一系列独立条件。事实上,我们是把人定义为从根本上独立于周围世界的、饱经沧桑的个体。就社会交互作用而言,因果关系的假设对于社会生活更具破坏性。正如上一章所说,有界存在的意识形态重视自我,强调自我的发展,与此同时,我们高度怀疑他人以及他人对我们的生活造成的束缚。这种意识形态引导我们把自己看作是"无因之因"。站在这一立场,我们更愿意把自己视作他人行为的动因而不是工具。[①] 每一段关系上空都盘旋着"我是掌控者,还是被他人掌控"的愁云。我们怨恨那些希望掌控我们的人,但对于被我们掌控的人又毫无尊重可言。正如我曾经听到一位哲学家说:"每当我遇到另一位哲学家,最重要的问题是——我打败他,还是被他打败。"一旦控制成为问题,威胁便近在咫尺。

*

在一个由因果关系构成的世界里,每个人都迫切希望成为别人的动因。

[①] 参见:DeCharms, R. (1976). *Enhancing motivation: Change in the classroom.* New York: Irvington.

许多批评者同我一样反对以因果模型解释人类的行为。① 正是在这一点上，我们开始反思作为因果哲学对立面的意志论（voluntarism）遭遇到的问题。特别是人文主义学者，他们强烈抵制任何否认自决行动（voluntary agency）的有关人类行为的解释。在他们看来，人每时每刻都可以决定自己的行为，这是一个明显的事实。② 你要求我递盐罐给你，我可以选择递，也可以选择不递。更重要的是，如果我们允许因果决定论（causal determinism）的假设盛行，"自由选择行动"的观念被颠覆，便削弱了道德责任的基础。如果所有行为都是某些超出我们掌控能力的原因所导致的结果，我们就不会为自己的所作所为承担责任。抢劫、强奸、虐待都可能超出了个人控制的范围。然而，争论还在继续。对于持决定论立场的科学家来说，意志论的抱怨毫无益处。说一个人抢银行是因为他选择这样做，无异于循环论证，等于说一个人抢劫是因为"他想抢劫"。我们没有从中发现或者得到任何可能帮助我们在未来阻止这种行为的信息，所能做的唯有因为选择了抢劫而惩罚他。如果想要争取更有希望的未来，就必须找到影响人们从事这类行为的先在条件。③ 总而言之，在社会科学中承认自决行动等于变相认可那些不合法的行为，有人可能因此选择不断违法。假若科学原理预测我具有攻击性，我还可以有其他选择。而自决行动则很可能让预测和控制成为社会科学研究可望而不可即的目标。④

*

决定论（determinism）与意志论（voluntarism）之间的争论喋喋不休。不过我提议，暂且搁置争论，把它放到历史的橱架上。为什么呢？对一个人来说，如果抛弃因果关系的概念，作为它的对立面，意志论同样会被抛弃。

---

① 参见：Taylor, C. (1964). *The explanation of behavior*. New York: Humanities Press. Harré, R. & Secord, P. (1967). *The explanation of social behavior*. Oxford: Blackwell. Merleau-Ponty, M. (1967). *The structure of behavior*. Boston: Beacon Press. Rychlak, J. F. (1977). *The psychology of rigorous humanism*. New York: Wiley-Interscience.
② 自证的立场（self-evidential grounds）的确足以构成存在主义哲学发展的基础。
③ 例如参见：Skinner, B. F. (2002). *Beyond freedom and dignity*. Indianapolis, IN: Hackett Publishing Company.
④ 有关这一争论以及关系立场的进一步讨论参见：Gergen, K. J. (2007). From voluntary to relational action: Responsibility in question. In S. Maasen & B. Sutter (Eds.), *On willing selves*. London: Palgrave.

在很大程度上,决定论和意志论相互从对方那里获得意义。如果没有另一种立场与决定论相对立,人们也就不会捍卫决定论。如果我提出整个宇宙都是由花岗岩组成的,而假若根本没有"非花岗岩"的概念,也就不可能有任何反对意见。因此,排除矛盾双方的任何一方也就等于同时摒弃了另一方。

*

> 如果没有不公平,那么所谓公平又意味着什么呢?
>
> ——赫拉克利特(Heraclitus)

*

从我们当前的立场来看,最重要的问题在于,自决行动(voluntary agency)的观念和因果关系同样都支持有界存在的意识形态。对于意志论而言,我们是自己行为的唯一动因。我们行使着微型上帝的职权,是自己未来的创造者。正是这些招致本书前章所论及的全部不幸。

*

又会有批评家争辩说:"是的,自由行动(free agency)的观点可能会遇到一些难题,但是不要忘了,我们还有道德责任的问题需要解决。毕竟,我们希望个体对自己的行为负责。如果没有人对任何事负责任,这个世界便什么都可能发生。"这个批评非常中肯,值得深切关注。但在这里我只想说,让个体承担责任的传统也不是没有问题。例如在美国,对道德和法律责任的个体主义观点占据至高无上的统治地位,我们惩罚那些越轨的人。因此,无须惊讶这个只拥有世界5%人口的国家竟容纳了全世界25%的囚犯。超过700万的美国人因他们自由选择的犯罪行为而被监禁、服缓刑或者被准予假释。在其他国家,无论大国小国,都不曾羁押过这么多的犯人。我们需要其他可供选择的解释。我将在下一章介绍这种有关人的行为的关系立场,并在第十一章从新的立场出发探讨道德的责任问题。

*

怎样才能取代传统的因果关系或自决行动的解释?是否存在某种解释模型,能够更加全面地反映这个世界的关系立场?为了勾勒出这种可能性的轮廓,让我们再回到联合行动的概念。正如我已经指出一切意义产生于联合行动,因此因果关系和自决行动的观点都是关系的产物。它们有着历史的和文化的特异性。它们之间的斗争在本质上是两种意义传统之争。那么,联合行动的概念能否带领我们走得更远呢?

让我们重新回到对行为的因果解释。以这种观点来看,人与人之间的关系就像撞球,相互撞击产生影响力。其中,每个球都是独立的,直到被另一个球击中。可是,我们如何识别原因,并将其与结果相分离呢?如果没有被我们称为"结果"的东西,也就不会有所谓的"原因",反之亦然。原因和结果互为定义。①让我们用一个例子说明:你走过一个公园,看见一个人抛了一只球在他前面的空地上,你揣测这可能是一种漫无目的的行为,在夏日里极其平常,不值得特别注意。但是试想,同样的行为,但球是投给一个带着棒球手套的人,几乎立刻,这个人的行为便会被识别为掷球。实际上,没有接球,就没有掷球。反之,没有掷球,也就没有接球。我们向远处看,看到一个男人拿着棒球棍,又看到菱形的垒包,一群戴着棒球手套的人站在球场上,等等。此时,我们可以毫无疑义地得出结论:这里正在举行一场棒球比赛。我们传统上认为是独立的成分——拿着球棒的男人、垒包和球场上的其他人——并不是真正独立的,他们彼此相互定义。一个戴着棒球手套的男人独自站在球场上不会是在打棒球,垒包也不可能构成一场比赛。他们单独存在时并没有意义。只有当我们把所有这些成分带入一种相互定义的关系之中,我们才可以称其为打棒球。那么,让我们把棒球比赛说成是一簇**汇流**(a confluence),在这种情况下,它是由一系列相互定义的"实体"(entities)构成的一种生活方式。②

为了解释和预测人的行为,让我们用烘焙食物或者化学实验的隐喻代替撞球隐喻和棒球场上的那一幅静态图景(unmoved movers)。关注的焦点现在从分离的实体转向多种成分的汇合。把面粉、黄油、鸡蛋、牛奶和煎锅结合在

---

① 我们习惯说原因先于结果。然而,从关系的立场看,在某种意义上它们的顺序是颠倒的。通常,我们先确定某种试图理解的行为,然后寻找它的原因。我们只能把传统意义上可以被视作原因的东西视为原因。如果我们看到侵犯行为,我们问为什么会发生?这个原因必须能够支持我们对该行为所下的定义,也就是说那是侵犯行为。所以,我们不可以说是好运气造成的,因为说好运气引发侵犯没有意义。我们需要找的是能够证明侵犯行为的发生并具有合理性的原因,例如,坏运气或者沮丧。从这个意义上讲,一旦我们确定了结果,也就决定了原因。因此,结果先于原因。

② 给"实体"打上引号是为了表明它并没有独立的身份,而只有关系中的身份。正如我在序言中所说,我们所谓的任何"独立实体"都只是一个占位符(placeholder)。在随后的拓展分析中,"实体"本身将被视为一种汇流。

整体等于关系之和

19世纪末20世纪初,一场名为点彩画法(pointillism)的艺术运动出现了。点彩画派的画家使用极小的颜料斑点完成他们的艺术创作,并不直接描绘作品的主题。事实上,也可以说根本就不存在主题本身,因为主题是从平铺的颜料斑点中突显出来的。希涅克(Paul Signac)的作品《马赛港》清楚地说明了这一点。

一起,我们可以做成一张薄煎饼;通过氢和氧的化合,我们得到水。站在这种立场上看,一只点着了的火柴并不会导致汽油燃烧,是火苗和汽油的特殊结合导致燃烧。同样,学者们所谓的理性抨击(intellectual attack)也不会引发辩论,只有当对方出于防御而反击时才会发生争吵。

*

每一件事情,包括每一个人,都首先并永远是关系的联结。

——斯莱夫(Brent Slife)

*

玛丽和我曾经为这样一件事而困扰:每逢圣诞节我们都会费力地装

照片中的任何单一元素都无法呈现这片刻的欢娱。欢乐只能出现在汇流之中。[致谢：赖斯曼(Anne Marie Rijsman)]

饰房子。这项工作既耗时又费钱，还没有明显的收益。我们明明知道，不做这些也不会有什么可怕的事情发生。那么，我不禁要问：我们为什么要做这些？我们现在把这理解为一个误导问题(misleading question)。我们装饰房子既不是因为某种内在的原因，也不是因为外部压力。我们这样做仅仅是因为我们生活在汇流(confluence)之中，即一系列相互定义的人与他人、人与环境的关系之中。每当节日来临，这些行为便成为一种显在的生活方式：它们与汇流相适宜。我们在酒宴上吃饭，在音乐会上鼓掌。我们做这些既不是因为个人原因，也不是什么人"命令我们做"，而是因为我们参与了关系的汇流。在汇流中,这些都是可理解的行为。①

*

批评家们回应道:"在我看来,这个观点等于是说,你作为一个肉体的人,没有自己的意志。你怎么做无关紧要,真正起作用的是汇流。这个观点是否扼杀了我们求变的动机?它是否支持个体维护现状,暗示个人努力是徒劳的?"事实并不是这样。你在任何情境中选择作出一系列行为,与其说它们代表了个人的"意志力",毋宁说它们是一系列关系的轨迹。当这些行为被注入某种汇流之中的时候,它们可能非常重要。试想一下,在某种特定的语境中,甚至一个单词或短语都会拥有巨大的力量,例如,"你被解雇了","我宣布退出",或"我们失败了";一个简单的动作,例如,举起的拳头、嘲弄的笑声或拥抱同样如此。甚至一个人的体态仪表都可能改变汇流。根据具体情形,仅仅是不同的身份,如作为观察者、示范者或者哀悼者站在那里都有可能彻底改变情境定义。我们还必须考虑同时存在的那些客体——一瓶花、一盏烛台、一条狗、挂在墙上的武器……所有这些都是改变情境势能的微妙途径。毫无疑问,区分汇流的构成成分很重要。其中,有些可能是核心成分,有些则可能是次要成分。但与此同时,随着各种不同的人、物和行为依时间而改变,人们对既有情境的定义会是非常灵活和富有创造性的。

*

批评家们依旧怀疑:"老实讲,我不清楚这种汇流的观点将把我们带向何方,它的科学预测性如何?与旧的机械模型相比有优势吗?"对此的回答是,汇流取向从不排斥预测。正如前面已经指出,联合行动的过程倾向于逼近可靠或重复的关系形式。以高尔夫比赛为例,我们可以相当完美地预测大多数选手在把球打进沙坑之后或者在发现球离洞只有几英寸的情况下会做些什么。你也可以提前并清楚地知道,下一个圣诞节玛丽和我会做些什么,在晚宴或者

---

① 这里的汇流(confluence)概念与布迪厄(Pierre Bourdieu)对习性(habitus)的描述具有家族相似性(family resemblance)。不过对布迪厄而言,习性是一套个人性情系统,产生于特定的家庭结构、教育和身体条件等。从这个意义上讲,布迪厄的描述带有明显的心灵—世界二元论(mind-world dualism)和因果解释的踪迹。具体参见:Bourdieu, P. (1977). *Outline for a theory of practice*. Cambridge: Cambridge University Press. 有关语境论(contextualism)的哲学著作也与该主题相关。他们主张所有语词的含义都依赖于语境。如果把这一观点扩展开来,可能暗示着一种东西是什么取决于它在环境中发挥作用的方式。

音乐会上我们又会做什么。不过,汇流取向(confluence orientation)的优势就在于它不是以某些独立的因素或变量来作预测。例如,对儿童学业成绩的预测,关注的重点将从家庭收入、学校教育和父爱缺失转向儿童参与其中的关系生活条件。民族志的研究优先于实验控制,我们从"影响"转向"汇流"(from influence to confluence)。

汇流取向开启了长期预测的新视野。社会科学的弱点众所周知,以根据儿童早期事件预测其成年以后的行为为例,父母教养方式对儿童成年后的幸福感只有很小的预测价值,而启智计划(Head Start)之类的项目同样无法有效地预测低收入家庭儿童是否可能拥有积极的未来。然而,从汇流的立场出发,我们会关注跨时间的一致性问题。我们会把与父母在一起的家庭生活或者参与启智计划看作是一簇汇流,生活于这种情境系列与汇流之外的生活则完全不同。如果一个人致力于创造积极的未来,注意力应该指向**关系的路径**(relational pathways),即如何联合各种汇流,以便使从一簇汇流到另一簇汇流之间的路径通达,最终走向积极。对于那些低收入家庭的孩子,能否将家庭生活与学校生活更紧密地联系起来?学校生活经年的连续性可以被建构起来吗?中学生活能够更全面地与高等教育及良好的就业前景联系起来吗?

*

最后,我还想问一句:社会科学为何要如此看重传统的预测实践?如果我们真的关心人类幸福,为什么要用现有的模式去预想未来?正如前文所述,联合行动的模式在不断发生改变。今天的研究是关于今天的,明天世界的状况可能完全不同。如果我们想要看到更有希望的未来,当前最重要的任务应该是合作创造新的汇流环境。我们如何从关系的历史中获取资源,以便新的更有希望的汇流能够从中产生?

*

预测未来最好的方式便是创造未来。

——凯(Alan Kay)

*

对于汇流的理解永无止境。与科学以其标榜的确定性误导人们不同,我们必须保持谦虚谨慎。之所以如此,部分是因为把什么当成一簇汇流取决于我们对它的定义。或者也可以说,汇流本质上是有待我们补充的"一种行动"

(an action)。每一种识别汇流的尝试都出自特定的关系传统,我们可以在一般意义上识别一场棒球赛,并探索是什么建构了它的存在,但在物理学或生理学的传统内并不存在棒球赛。因此,我们关于汇流所说的一切永远取决于我们探索在其中的某种传统。

保持谦逊还有另外一个原因,即汇流是没有边界的。我们可以将一场棒球比赛视为一簇汇流,但是当我们这样做的时候,已经武断地把棒球比赛与其他相联系的事物割裂开来。如果没有食物、水和空气,哪里会有投球手呢?如果没有围栏,怎么会有本垒打呢?事实上,将任何一种事物定义为汇流,都会暂时让我们对后者所处的更广阔的背景视而不见。有人可能会想象,产生一切存在的那个"终极汇流"(ultimate confluence)会是什么样?终极汇流难以摹写,我们对此选择缄默,甚至充满敬畏。本书最后一章将再回到这一话题。

第三章

关系的自我

以下是日常生活对话的几个片语：

我**希望**……

我很**生气**……

你怎么**考虑**这件事……

我**想不起**他的名字……

我没**打算**……

我很**想**去……

她的**态度**好消极……

这些表达在生活中平淡无奇，却蕴含着深远的意义。无论何时，只要人们交谈，便参与了一种关系的过程，真实感与好恶感便在其中产生。基于这种理念，让我们看看上述那些片语如何建构了人。至少有一点很清楚，那就是它们都预设了某种心理实体(reality of the mind)的存在。希望、生气、思考、记忆、打算、意愿、态度等动词昭示着某种精神事件的"真实"存在。借助词典，我们能收集到2 000多个这一类的术语……需要、恐惧、怀疑、幸福、态度、想象、创造、矛盾心理，等等。如果翻阅心理学百科全书，还能再增加1 000多个……抑郁、分裂意向、闪光灯记忆、图式、压抑……人类视线所不能及的这个内部世界竟如此丰富多彩！

*

我们在这里要讨论的并不是简单的语词问题，而是想要说明心灵话语(the discourse of the mind)是我们日常生活的核心，社会生活围绕这一核心展开。人们把自己大部分的生命贡献给所谓的**信念**、**爱情**、**思想**、**宗教信仰**以及他们的**职业抱负**等问题。而说到生命，与死亡形影相伴的是：

- 自尊受到伤害可能导致谋杀。

- 无助感可能让人自杀。
- 在法庭上,对动机的评价可以决定审判的结果是无罪释放还是有罪入狱。
- 民族优越感可能引发种族灭绝事件。

至少在西方文化背景下,可以肯定地说,人的生活基于心理存在的现实。

*

人需要知道他是谁:他必须能够意识到,自我既是行动的主体,又是行动的对象。作为一个人,其需要的真正满足在于个性的充分发展。这种发展被认为是人之存在的核心。

——鲁腾贝克(H. M. Ruitenbeek)

无界状态

心灵实体同样被视为一种有界存在,各种心理状态是个体**内在心理**(interior)的构成要素。个体的思考、感觉和选择能力是他们作为一个完整的人的标志。如果一个孩子体验不到快乐和悲伤、幸福和愤怒,那肯定不正常;人的正常发展包含了对抽象思维、良心和远期规划能力的拓展;一个没有任何价值、态度和意见的人不可能充分发挥其社会功能。所有这些假设都在支持和尊崇着有界自我的传统。

*

正如我在第一章中说过,对于内在或心灵世界的假设引发了疏离、孤独、猜忌、等级化、竞争和自我怀疑。人在这样的假设中被商品化,关系遭贬值。然而,正如第二章提到,"有界存在"的概念并非出自内在的个体心理,而是植根于联合行动(co-action)。"内在世界"的观念是在关系的过程中被创造出来的。至于我们的思想、情感、意向等,也并非对客观现实的反映。不使用这些语词来表达,并不意味着我们无力把握现实。确切地说,有关内部世界的语言产生于某种特定的关系传统。同样,我们也可以创造一种新的言语和行为方式。人不应该永远受制于历史。

*

怎样才能改变被我们作为日常生活工具使用的语言?如何才能确立关系在人类行为中的首要地位呢?这是本章和下一章的核心问题。我希望以新的

第三章
关系的自我

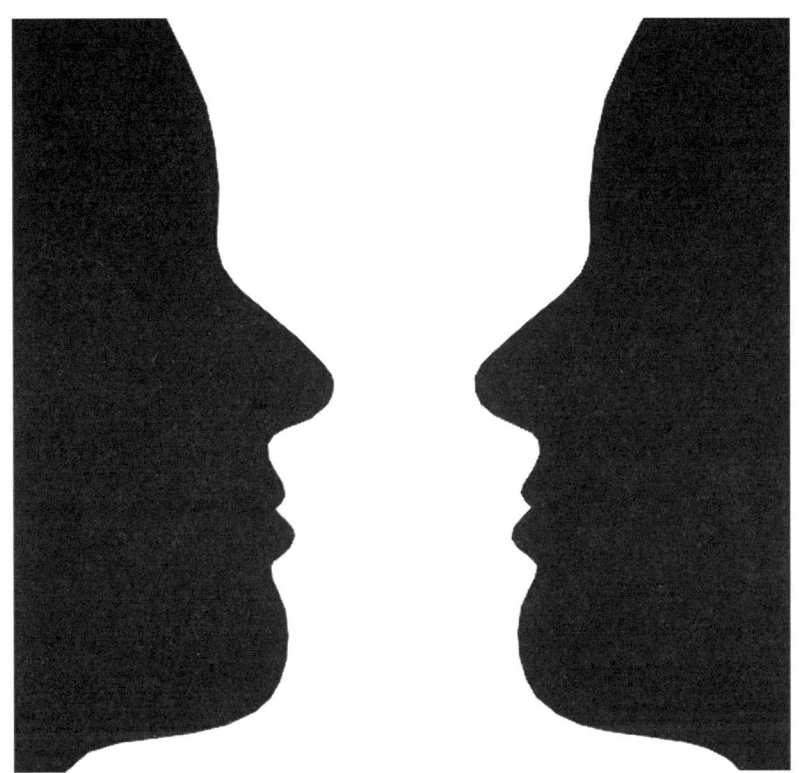

上图黑色部分呈现了两个分离的存在（侧脸），两者在空间和心理上相互独立。我们想要做的是，变换所理解的对象与背景，不再执着于两个分离的存在，转而注意两者"之间"存在的白色瓮型区域。

方式重构心灵话语，以人与人之间的相互联系取代相互分离作为最根本的现实。我们对心灵世界的理解将会以这样一种方式被重构，即消除内在心灵与外部世界之间的屏障，心灵不再是关系之外的独立存在。借助这种重构，本书的第二和第三部分将由理论转向实践。关系性存在的理念若要产生任何改变，必须通过我们的生活实践。

在本章，我将首先移除"在肉眼看不到的地方存在一个真实的心理世界"这一假设，以便为后文奠基。在我看来，任何人（包括我自己在内）都无法通晓这样一个世界。我们用于表达精神生活的语词并不是某种内部空间的图示或镜射。不过，这些语词造成了严重的社会后果。我们的未来在很大程度上将取决于如何以及在何种条件下使用这些语词。因此我想指出，所谓的思考、体验、记忆和创造等理性过程都是关系中的行为。即便独自在做白日梦，我们也是身处关系之中。下一章将讨论躯体和情感问题。

自知之明的理念

在儿童读物中,我们常常可以看到这样一类连字游戏:其中一栏列出一些词语,在相邻的另一栏则是同等数量的实物图案,要求儿童将词语与其相对应的物体进行匹配。例如,"树"这个词应该匹配树的图形,"鹰"这个词应该匹配鹰的图形,等等。每一个语词都指向某一特定的物体。现在,请你作为一个成年人,试着完成这样一个任务:在左边一栏中列出一组描述心理状态的语词,如"爱""希望""态度""意向"等;在右边相对应的一栏画出这些心理状态的图画。在收集好了所需要的语词之后,你可能会说:"等一下……你是想要关于心理状态的'图画'?你到底是什么意思?"是啊,我能是什么意思呢?

爱是什么颜色?希望是什么形状?态度有多大尺寸?意向有怎样的轮廓?这样的问题似乎毫无意义,令人无言以对。但是,它们为什么荒谬?原因之一在于,不论我们所说的"内在世界"是指什么,它都不可能像"外部世界"一样。"内在世界"的任何东西都无法用图画来描绘,也不可能像我们描述外部世界那样:"那是一个苹果,它是红色的。"如果你闭上眼睛,集中注意观察内部世界,你能确切地看到什么呢?而且,如果眼睛闭着,你又是用什么东西在观察呢?

*

意识通常被理解为对外部世界的镜射。然而,倘若意识果真像镜子一样具有映射的功能,它又怎么能够映射自身?对于这一类问题,两千多年的哲学研究都未能给出令人信服的答案。长期以来,实验心理学家一直试图揭示心理世界的真实面目。然而,在 19 世纪 30 年代,许多研究者放弃了认为心理的知识来自内部观察的"内省理论"。反对的理由是,每当一个人试图观察自己的内部体验,他的体验便已经因这种观察行为而改变。

笛卡儿在其著名的《方法论》(*Discourse on Method*)一书中确立了一个始基(a foundational reality),作为他进一步解释存在本质的坚实基础。[①] 笛卡儿

[①] Descartes, R. (2001). *Discourse on the method of rightly conducting the reason, and seeking truth in the sciences*. New York: Bartleby. 初版于 1637 年出版。

找到许多理由来质疑权威的观点、同行的主张甚至由感官获得的证据,但是,他唯独不能怀疑自己正在思考这一事实。然而,我们要问,笛卡儿怎么知道自己是在**思考**(thinking)呢?或者,严格意义上,什么是笛卡儿确信的"思考"?作为思考的结果,思想(a thought)又是什么颜色?何种形状?多大尺寸?多长直径?多少重量?如果我们认为,笛卡儿其实是在默默私语,不可以吗?他是否有可能把引用公众言论误认为是自己在思考呢?在笛卡儿习得有关怀疑的公共话语(the public discourse of doubt)之前他能否知道自己"正在怀疑"(doubting)呢?

*

没有任何一个概念像自我概念那样,既重要,又棘手。

——西格尔(Jerrold Seigel)

*

弗洛伊德认为,最重要的心理内容——最深层次的欲望、最强烈的恐惧和最令人不安的记忆——都隐藏在意识之下。这一理论影响深远,它不仅开创了精神病学专业,也为诸多治疗实践提供了理论基础。最重要的是,弗洛伊德告诉西方世界,我们根本无从知晓自己的内心,我们最想知道的东西都被压抑和隐藏在意识水平之下:

理性思考的表象可能掩盖着某种潜意识的欲望;

爱的承诺之下可能隐藏着憎恶;

改善世界的希冀中可能潜伏着毁灭世界的冲动。

弗洛伊德是对的吗?可是,有什么理由否定他呢?此外,弗洛伊德是怎么知道这些的呢?他如何探索自身并识别存在于意识之外的那些东西?如何区分压抑、欲望或希望?弗洛伊德是根据这些心理状态的哪些特征将它们分拣出来的?更让人好奇的是,弗洛伊德本人如何冲破压抑的壁垒而揭示他自身欲望的真实本质?

*

许多人认为自己正在思考,其实他们不过是在重组已有的成见。

——詹姆斯(William James)

*

让我们假设,当你……

与我分享你的**思想**；

对我说出你的**爱意**；

向我展露你的**希望**；

告诉我什么令你**兴奋**；

透露你对未来的**担忧**；

声明这是你的**意见**；

暗示你已然**理解**；

报告你残留的**记忆**；

你并非在揭示自己私有的心理状态，我们使用的语词并不能确切地命名任何特定事物。你很快将会看到，语词并不具备这种功能。

*

我思考这些问题已经好多年，仍然有很多疑问。在我们婚姻的早期，妻子玛丽提出，晚上入睡前，我们应该相互向对方说一些表达爱意的话。"我爱你"的温暖和安慰能带给人心灵的宁静。就这么一个简单的请求……却令我备受折磨。我怎么能确认自己的心理状态？……我如何能向内窥视，准确地判断自己情感的本质？……情感是存于心灵，还是驻留于躯体，抑或是在其他什么地方？为寻求一个确切的答案，我时常彻夜难眠。终于，在某个夜晚，在被我没完没了的哲学思辨折磨得精疲力竭之后，玛丽终于不耐烦地命令道："直接说那三个字！"这倒是我乐意做的。自那以后，我们总算可以安然入睡了。

求教于专家

既然我们作为个体并不具备自知之明（self-knowledge），如何解释大量有关心理的词汇呢？为何会有如此多的方式来讨论我们的内心世界呢？诤友们会说："是的，观察人的内心世界确实困难重重，但这并不是知晓心理世界的唯一路径啊，我们有学术专家，他们会告诉我们有关这些问题的答案。"诚然，很久之前就有宗教人士告知我们人的精神生活、欲望和恐惧的本质。到了21世纪，这些宗教权威通常已经被心理健康专家取代。我们当代的心理专家大都擅长访谈，并以大量的心理测验武装自己。那么，我们是否能够求助于他们，从而掌控自己的内心生活呢？

第三章
关系的自我

*

设想你现在是精神病医生,听到来访者弗雷德(Fred)对你说:

自打父亲去世后,我一直感觉不好。我没办法做任何事情,似乎就是开不了头。我觉得没有动力,对工作提不起兴致。我不知道自己这是怎么了。

弗雷德的语言表达非常清晰。但是,有关他的内心世界,这些表白告诉了你什么呢?事实上,你的任务十分艰巨,即你需要利用:

语词

外在的

表面

可见之物

去推测有关——

心理

内部的

深层

不可见之物

现在,有趣的事情发生了。很显然,你并没有直接的路径抵达来访者的内心以获取隐藏在那些言语背后的东西。你永远无法查看他眼睛背后的那个世界。那么,你又如何得到有关他内心世界的答案?是什么在驱动他的行为?他到底感觉到了什么?抑或他究竟想要表达什么呢?

*

如果你对回答这些问题颇感踌躇,一点都不奇怪,因为很多人有着和你同样的窘迫。实际上,如何透视他人内心这个问题已经困扰了西方最博学的学问家好多个世纪。[①] 这个问题与试图通过《圣经》中的词句揣摩神的旨意,通过《人权法案》中的条款来推断制定者的目的,破译一首诗的深远含义,理解一部

[①] 在哲学上这个问题常被称作"他心问题"。如可参阅:Avramides, A. (2001). *Other minds*. London: Routledge. 关于假设心理存在于身体内部的问题,更多资料可参见:Ryle, G. (1949). *The concept of mind*. London: Hutchinson. Malcolm, N. (1971). The myth of cognitive processes and structures. In T. Mischel (Ed.), *Cognitive development and espistemology*. New York: Academic Press.

哲学著作的艰深,等等,面临着同样严峻的挑战。许多事物可能由于我们的"标准答案"而被扼杀。(事实上,已经有不少人因为他人对自己言语的解释而被悬于绞架,丢掉性命。)近 300 年来,**解释学**一直致力于寻求某种貌似可信的原理,以证实解释的合法性。遗憾的是,至今没有获得公认的结论。①

*

反对者回答说:"是的……但是,事情也许并不那么绝望。我还有历史知识可资依赖。在我们之前,数以千计的精神病学家留下了宝贵的知识财富可以为我提供指导,他们会教我怎么做。比如,就眼前这个案例,他们会建议我探索来访者的自尊感、愤怒被压抑的可能性,或者认知系统的失调。"的确,这类建议确实出自精神病学共同体。但是,共同体又是怎么知道这些的? 我们拥有"自尊""压抑""认知系统"等概念是因为前辈专家以某种方式克服了解释学的难题吗? 他们又是如何实现这一宏图伟业的呢?

*

在近期《费城调查报》的"科学与健康"栏目中出现了这样一个标题:

有时候,痛苦和过敏(irritability)其实就是抑郁。

这句话是客观性知识? 神的启示? 还是别的什么呢?

*

批评者继续反驳:"但是,我可以检验自己的感知。我可以向来访者询问一些与我的解释相关的问题,他的回答可以反映我的解释正确与否。甚至我可以与来访者分享我的结论,看看他是否赞成。"照此说法,你告诉来访者他可能患上抑郁,他点头同意,啊-哈! 你现在就可以确信自己的想法是对的了?!

但是,在这一过程中究竟发生了什么呢? 来访者有没有通过内视将"抑郁"这一术语与他内在的心理状态相匹配,从而检验你的意见是否正确呢? "啊! 是的,现在我的确感受到抑郁情绪在泛滥……我先前怎么就没有意识到

---

① 在很大程度上,解释学研究始于尝试阐明《圣经》文本的含义。解释学源自希腊语"解释者"一词,并汲取了希腊神话中赫尔墨斯的形象。赫尔墨斯负责将上帝的旨意传达给众人,同时也因善于变戏法而著称。因而,在确定信息的真实含义时,专业技能显得尤为重要。近期解释学研究最著名的著述当属伽达默尔: Hans-Georg Gadamer (1975). *Truth and method* (Eds. C. Barden & J. Cummming). New York: Seabury. (最早的德文版于 1960 年出版。)然而,在一个人参与其中的文化传统之外,伽达默尔无法对解释的可信性给予任何说明。

呢……你说的很对。"简直不可思议！

"好吧……"反对者回应说，"或许来访者的自我觉知确实不太可靠。但我不会只相信他的言辞，我还会观察他的行动。例如，他进食多少？睡眠多久？工作缺席几日？如何打发休闲时间？等等。他的行为会提示我，他是否出现了抑郁或其他问题。而且，即使不能直接观察到这些行为，我还可以借助成熟的'抑郁心理量表'，通过量表测试，来访者会报告他'感觉疲惫''睡眠障碍''缺乏精力'发生的频度。"①

说得不错。我们不是一直在依据人的行为推测他们的内心世界吗？这样做或许可行。但问题在于，我们这样做的理由足够充分吗？人的行为真的是心灵的窗户吗？想一想：根据躯体动作推测他人的内心与根据语言推测他人的内心，在本质上有什么不同吗？在这两种情况下，我们都是在用外部可观察的变量来推测不可见的内部心理。如果我在笑，你怎么知道它是内心幸福的流露，而不是满意、狂喜、惊讶或困惑？甚或笑是否还有可能表示愤怒、爱意或者眩晕呢？弃绝其中任何一种解释，你的依据是什么呢？是我告诉你的吗？那我又是如何知道的呢？如果我在一套量表中报告：我经常感到疲惫，有睡眠和饮食障碍，你又如何判断这些就是抑郁心理的外部症状呢？归根结底，我们是怎么知道"抑郁存于人的内心"的？是通过观察吗？实际上，我们的行为（无论是观察到的，还是通过量表测出来的）并不比语词对于心理状态的反映更确切、明晰。

*

用一只停摆的钟表，试图判断某种感觉所持续的时间。

——维特根斯坦（Ludwig Wittgenstein）

*

由此得出结论：我们无法得知什么存在于一个人的内心，乃至他们是否拥有"内在心灵"。无论某个人怎么告诉你他很抑郁，也不论你考察了多少种相关行为，在联合行动的传统之外，你什么也做不了。你可以基于一大堆解释

---

① 目前，大量网站都提供这一类的专业测试服务，个体因此便能知晓自己是否罹患精神疾病。现在看来，他们除了提供一个特定共同体的人所作出的毫无根据的解释之外，没有提供任何其他东西。假如要求牧师、阿訇或佛教徒对同样的行为作出解释，很可能不会出现"抑郁"这种选项。

得出一个结论,但是最终,你还是走不出我们一起织就的那张网。①

从心理到关系

我们现在处在一个转折点。我们拥有数以千计的描述心理状态的语词可任意使用。许多知名研究机构都以这些心理状态的存在为信念。如果将这些术语从我们的词汇表中删除,我们熟知的生活便会戛然而止。可是,我们又没有办法向内窥视而揭示这些心理状态。即便是专家,同样找不到可以宣称他们知晓人的心理的充分根据。实际上,我们用了大量的语汇来描述那些找不到明显根据的事物。说得极端一点,人的心理状态完全是虚构的。

然而,这一结论并非令人绝望的序曲。有关心理事实存在的假设造就了我们在第一章描述的有界存在的所有问题。倘若我们相信人的行动根源于内部心理,则有界存在的制度会得到强化,个人主义传统也将继续巩固。但是,假如悬置"心理存于脑内"的假设,我们便会进入一片澄明,关系性存在的视野因此得以大幅拓展。我们该何去何从?事实上,首先,我并不主张摒弃那些描述心理状态的词汇。它们在我们的生活中处于如此核心的地位,倘若我们摒弃这样一些表达,例如,"我打算……""我认为……""我希望……""我需要……""我爱……",等等,生活将会变成怎样?然而,我们可以重构对这些大量存在着的语汇的理解,以揭示它们的关系基础。人们由此可以看到,心理术语在本质上是关系的语汇。如果我们能够成功完成这一任务,便会发现,我们原本并不相互隔绝。即便是一个人独处荒山孤岛,也不可能断绝我们之间的深切联系。

*

为给后文铺路,我想先提出四个基本假设(proposals)。如果其中的逻辑能够被清晰证明且令人信服,便为从关系视角理解所有心理语汇的起源和功能开启了大门。在本章的后半部分,我将提供一系列具体案例,其中包括推理、意向、体验、记忆和创造性。

假设一:心理话语产生于人的关系。思考、感觉和愿望之类的词源自何处?正如前章所述,答案是联合行动的过程。一切语词都在协调行动中获得

---

① 更多有关解释的不确定性的研究,请参见:Gergen, K. J., Hepburn, A., & Comer, D. (1986). Hermeneutics of personality description. *Journal of Personality and Social Psychology*, 6, 1261-1270.

其自身的可理解性——交流功能。如果没有联合行动,人们口中发出的声音与噪声无异。只是因为人们要用语音来协调他们的行动,语音才获得意义。从这个意义上讲,所有描述我们心理生活的术语都是在关系中被创造出来的。

*

儿童并非一出生就能识别自己的思考、感觉或意图,然后为这些心理状态各自贴上适当的标签。确切地说,儿童在关系中习得了一个有关心理世界的词汇表,后者事先预设了这些内部状态的存在。当父母说:"哦,我知道你**悲伤**","你一定很**气愤**","你**还记得**那时……",或"你不是**有意**那么做……"的时候,他们并不能够抵达孩子的内心世界,也不知道孩子"脑子里究竟有什么"。恰恰是在他们的关系中,悲伤、愤怒等对于孩子来说变成了现实。

*

批评者可能反驳:"当我们在世界各地旅游时,很少会对其他文化中人的行为感到震惊。他们似乎足够理性。和他们交流时,有一点似乎很清楚,即不同地方的人都能理性地思考,都拥有态度、动机、欲望、情绪等。不同地方的人似乎都喜欢同样的东西。这难道还不能说明心理的普遍性吗?"是的,表面上看这合乎逻辑。但是,我们真的这么确信存在这样的普遍性吗?举例而言,如果:

一个印度人问:"你的**阿特曼**(Atman)状态怎样?"

一个日本人问:"你常常感到**阿魅**(amae)吗?"

一个彻王人(Chewaong)问:"你真的**昌**(chan)吗?"

一个伊伐鲁克人(Ifalukian)问:"你觉得**里吉特**(liget)吗?"

你打算怎么回答呢?别忘了,他们同样相信全世界的人都具有他们所说的这些心理状态!在不同文化中,人们所指的"内部世界"存在巨大的差异。而在某些文化中,甚至从来都不提心理生活。[①]

*

反对者仍坚持:"好吧,就算不同文化中的人们使用不同的语词,但所指的

[①] 关于心理建构的文化多样性,更多资料请参阅:Lutz, C. A. (1988). *Unnatural emotions*. Chicago: University of Chicago Press. Rosaldo, M. (1980). *Knowledge and passion: Illongot notions of self and social life*. Cambridge: Cambridge University Press. Russell, J. A., Fernandez-Dols, J. M., Manstead, A., & Wellenkamp, J. (1995). *Everyday conceptions of emotion: An introduction to the psychology, anthropology and linguistics of emotion*. Dordrecht: Kluwer.

却可能是同样的心理状态啊。"这种可能性十分诱人,但什么是"同样的心理状态"呢？我们又怎么知道它们是不是"同样的"？在这里,我们再次遇到了怎样识别心理状态的难题。对于"**阿魅**"(amae)和"**甩**"(chan)之类的语词,翻译者可能永远无从知晓它们所指的是一种怎样的心理状态。①

假设二：心理话语的功能在于为关系服务。如果心理语言不是对内部状态的反映,我们为什么使用它们呢？基于前面对起源问题的讨论我们可以得出结论：如果心理语言产生于社会关系,那么同样,我们也可以在关系中发现它的功能。让我们不再执着于它所指称的头脑中的什么东西,而是看它如何在关系中发挥作用。且看如下情形：

当我们说"欢迎来做客！""看那夕阳！""那是9路公交车吗？"的时候,它们会产生某些社会后果(social consequences)。具体而言,说这些话的后果是,对方(听到这话的人)真的有可能乘飞机来访、将目光投向远方或给予我们相关信息。简言之,语言具有实用功能。心理语言不正是以这种方式发挥作用吗？当某个人说"你真让我生气"或"你让我如此高兴"的时候,你被期待作出某种适当的回应。对方生气的典型意义在于想纠正你的行为或将你带入正轨,而高兴的表达是希望你重复之前做过的事。

给出的语句：	**恰当的回应：**
"我很**悲伤**。"	安慰
"我对你很**失望**。"	追问
"这些是我的**信念**。"	尊重
"我**需要**你的关注。"	好奇心
"对发生的事情我感到**抱歉**。"	谅解
"这可真是令人**沮丧**"	怜悯

*

某些事在被说出来的那一刻便已经被说话者做了。

——奥斯汀(John Langshaw Austin)

*

这些看起来似乎很清楚,但也存在另一种潜在的风险。想象一下,有这样

---

① 在下一章我会讨论好的翻译是怎样做出来的。

一对情侣,各自以特殊的语汇表达爱慕,结果竟发现他们相互投缘。但是,请不要认为他们使用那些语词就是**为了**(in order to)获得这种结果。所谓心理语言具有社会后果,并不是说我们总是使用语言计策来达到自己的目的。否则,这样的结论很可能会颠覆关系的立场,让人误认为"社会生活就是人为的操纵"。将人的行为视为角色扮演的观点在社会科学中长期流行,这种观点便暗含着上述倾向。① 依照这一观点,爱的语汇肯定是不可靠的,使用它们不过是为了满足自己的性欲或和对方"上床",但这绝对不是我们要表达的意思。因为只有以能够识别人们的动机——其行为的内在原因——为条件,才能得出这样的结论。如果一个人根本无法识别自己的内在意图,他或她又如何按照意图去行动呢?正是如何了解一个人的内心世界这一难题让我们没有办法解决。比如,一个男人讨好每一个他遇见的女人,他是在补偿内心缺失的安全感,还是耽于声色逢场作戏,嘲讽中产阶级的假正经,或是出于其他什么原因呢?他自己又是怎么知道的呢?他是怎么内省并识别出是哪一种内在冲动真正在起作用呢?正如我们已经看到,没有人能够做到这一点。如果我们无法识别自己的动机,也就不可能有意识地把他人当作工具来实现我们自己的目的。所以,还是放弃这种阴暗的社会生活观吧。

假设三:心理话语是关系中的行动。回顾心理话语在社会生活中的作用,我们同样认识到,心理话语本身就是一种关系中的行动。② 回到那对恋人的例子。他们各自说着情话表达爱意。那些情话并不仅仅是悬浮在一幅漫画作品中的人物对话框,而是某种关系的行动。在这种意义上,它们与身体其他部位的动作,如口唇张合、眼睛转动、手势、姿态等,具有同等的意义。说出来的语句不过是社会表演整体的组成部分。我们的语词是行动交响曲中的单音符。没有言语与行动的协调一致,关系生活将变得怪诞离奇。

*

想象一下,如果我们前面说到的那对情侣一边说着情话,一边:

---

① 戈夫曼(Erving Goffman)的社会生活拟剧理论常常被当作这种观点的代表,请参阅:Goffman, E. (1956). *The presentation of self in everyday life*. New York: Doubleday.
② 这个观点在谢弗(Roy Schafer)1976年出版的《用于精神分析的一种新语言》(*A new language for psychoanalysis*. New Haven, CT: Yale University Press)一书中已有所体现。他指出,心理术语应该从名词转换为动词。这样就不会将记忆(例如)等同于记忆的内容,而是将其视作一种行动(正在记忆)。

用大拇指按住鼻子；

或把小拇指塞进嘴里；

或弯下腰从两条大腿之间的缝隙向外看东西；

或作出投掷标枪的姿态；

或竖起中指将手作出要向前冲刺的样子；

那会产生什么样的后果？那些情话现在变得滑稽、无礼或者毫无意义。

*

我们可以将这种完美的协调称为**关系的表演**（relational performance），即与他人一起或为了他人而行动。上述例子中的表演包含了心理的话语。[①] 称它们为"关系的表演"，是为了强调它们具有的社会性烙印。例如，当你告诉别人"我正在想……"时，你绝对不会惊叫着或满地打滚，相反，你很可能会降低语调，减少动作；当你在说"我很生气"时，你也不可能笑嘻嘻的或连蹦带跳，而更有可能咬牙切齿或挥着拳头。实际上，"思考"和"生气"并不是作为某种内部状态在寻求外在表达，而是整体协调的躯体表演，在其中，"思考"和"生气"这两个词通常是（但并不必然是）合乎情理的。我们表演思考或生气与我们踢球或开车具有同样的意义。"思考""感到生气"与"踢球""开车"都是可理解的行动，只不过前两者包含了来自心理词汇表中的语词。[②]

*

知觉、思维和情感……是实践活动的组成部分。

——韦特斯曼（Michael Westerman）

假设四：话语行动植根于联合行动的传统。 到目前为止，我们还只是关注了表演者，有必要再次聚焦于联合行动的过程。在这种语境中，很显然，表演的意义并不是行动者个人的所有物，而是产生于协调。例如，罗恩（Ron）以一种近乎完美而协调的方式表达了自己对辛迪（Cindy）的爱：语词、姿态、声

[①] 我在此引用了埃夫里尔（James Averill）将情绪视为文化表演的观点。请参阅：Averill, J. R. (1982). *Anger and aggression: An essay on emotion.* New York: Springer Verlag. Averill, J. R. & Sundarajan, L. (2004). Hope as rhetoric: Cultural narratives of wishing and coping. In J. Eliott (Ed.) *Interdisciplinary perspectives on hope.* New York: Nova Science. Edwards, D. & Potter, J. (1992). *Discursive psychology.* London: Sage.

[②] 表演隐喻有利于引导人们关注行为的具身性和社会性特征，但有时也带有伪装和面具以及娱乐之意。后面的意义与当前的讨论无关。

调、眼神……对爱情的炽热表达。是这样吗？站在联合行动的立场看，这些表达具有某一种还是另一种意义需要对方的补充才能确认。因此，尽管罗恩的表现确实很出色，最后的结果却掌握在辛迪的手中。她可能回答说："哦，罗恩，我也同样爱你。"如此，她确认了罗恩的行动的确是对爱的表达。

但是，考虑一下辛迪作出其他回应的可能性：

——哦，罗恩，你就像个没长大的孩子。

——你自己都不知道你在说什么。

——呃……可是这些话上星期你对苏(Sue)也说过。

同样重要的是，此时辛迪对罗恩的回应也并不是完全自由的。尽管上述各种回应在西方社会都是可以理解的，但是，如果辛迪像公鸡一样打鸣，或者问罗恩他有没有爆米花，便会令人不知所云。我们沉浸于协调的惯习之中，完全脱离这些惯习便毫无意义可言。[①] 而最终，我们还必须将这些联合行动的传统置于其所从属的更广泛的情境之中。正如伯克(Keneth Burke)所言，行动从其发生的场景中获得意义，[②]例如，行动发生的自然环境就属于这样的场景。在摇滚音乐会上大声喊叫着向伴侣示爱，通常不如在床上缠绵之后的喃喃私语更有分量。前者可能被理解为"仅仅出于激情"，而在后一种情况下激情已然退去。关系的表演通常发生在能够赋予其合理性的汇流之中。

至此，我们已经有了四个基本假设：第一，心理话语产生于关系；第二，这些话语的功能在本质上具有社会性；第三，心理的对外表达是受文化制约的表演；第四，这些表演植根于联合行动的传统。所谓"心理生活"就是对关系生活的参与。基于这四个基本假设，我们将对心理世界进行彻底的重构。

心理作为关系的行动

将心理视为关系的表演(relational performance)这一观点与它批评的对

[①] 正如斯梅斯隆(Jan Smedslund)指出，语法惯习以同样的方式控制着大部分可理解的言语。因此，惯习实际上决定了我们如何表达心理事件才能被理解。参见：Smedslund, J. (1988). *Psychologic*. New York: Springer-Verlag. Smedslund, J. (2004). *Dialogues about a new psychology*. Chagrin Falls, OH: Taos Institute Publications.

[②] Burke, K. (1952). *A grammar of motives*. New York: Prentice Hall.

"我从没说过'我爱你',我说的是'喜欢你',这是两回事。"

载《纽约客》2002年合订本。作者库勒姆(Leo Cullum),来源:cartoonbank.com.

象同样存在不少疑点。现在要做的首先是把这幅正在显露的图景描绘完整,并在下一步讨论具体问题之前,探索其潜力和可能的不足。那么现在,让我们把注意的焦点转向推理、意向、经验、记忆和创造性的具体过程。在何种意义上,它们是关系的行动?选择从这些过程入手不仅是因为它们在日常生活中极具重要性,还因为它们似乎明显是在"头脑内部"发生的。如何将这些过程重新定位在"人与人之间"?下一章我们再讨论通常被视为生物过程的那些心理状态,尤其是伴随着快乐或痛苦的情绪体验。

理性作为一种关系

如果我问你对当前政治、国债或堕胎权利有何想法,几乎可以肯定你会用话语来回答我。你不可能挥着胳膊,上蹿下跳,显摆肌肉。当有人在问**"想法"**(thoughts)的时候,他们通常都预期对方用**话语**(words)来回答。之所以如此,原因之一在于西方文化中长期存在的假设,即语词是思想的载体。正如我们常说,"这些话不足以充分表达我的意见",或者"你能把你的想法表达得更清楚一些吗?"①这些观点我在前面已经质疑过。那么现在,让我们考虑将理智作为一种社会表演(social performance)。

*

如果正确的推理是某一社会传统内部的表演,那么,我们就可以问"好的表演"需要具备哪些特征?正如我们可以判断某个哈姆雷特的扮演者是否令人信服地诠释了这一角色,以同样方式,我们也可以判断有效的表演性推理的特征。粗略地讲,以下语句都是好的推理的候选者:

研究发现……

最好的办法是……

我已经考虑过这个问题的正反两面……

但是,如果我们以下列方式将句子补充完整,情况又会怎样呢?

研究发现,我们是青蛙的后代。

最好的办法是下地狱。

我已经考虑过这个问题的正反两面,结果彻底糊涂了。

正如我们所发现的,上述句子在一开始时很像是正确的推理,但在添加一些语词之后变得难以理解了。我们无从知晓"内在的推理过程",只知道现在语词的排列发生了变化。我们评价的是语词的排列而不是背后的某种心理。我们似乎不是被正确的推理而是被合理的说辞胁迫或说服。正确的推理与好的修辞结伴同行?②

*

尽管我们一直觉得自己是在独自做着认知工作,其实大部分脑力劳动是我们作为文化网络中相互联系着的成员共同完成的。

——唐纳德(Merlin Donald)

*

但是,我们绝对不应该将"正确"或"错误"的推理完全归咎于语词。我们

---

① 这种语言概念具有悠久的历史,至少可以上溯到亚里士多德。现今学术圈中对于语言与思维的关系存在激烈争论。经常会有人问:"语言能影响我们的思维吗?"这种争论在很大程度上是以心理的二元论为前提,而二元论现正遭受严重质疑。

② 也可参阅:Billig, M. (1996). *Arguing and thinking*. Cambridge: Cambridge University Press. Myerson, G. (1994). *Rhetoric, reason and society*. London: Sage.

必须重新反思表演植根于其中的关系传统。一个人的话语只有在联合行动中,只有被听者认同,才能变成"正确的推理"。下面这些被我们视作**好的推理**(good reasoning)。

——在经济领域,是指收益最大化和损失最小化。
——在浪漫主义作家眼里,是对经济损益逻辑的反叛。
——在唯物主义阵营,推崇那些有益于物质生活的决定。
——在唯心主义联盟,则欣赏对肉体享乐的超越。

*

这就是说,所有言辞都只在某些特定的关系中被认为是合理的。在此,我想到科辛斯基(Jerzy Kosinski)的小说和他的获奖电影《富贵逼人来》(Being There)。剧中的主角昌西(Chauncey)是一个头脑简单的园丁,只会说一些从园艺工作中和电视上学到的短语。但是,就是在这些短语中,有人发现了大智慧,甚至足以令众人相信他是一个有望获胜的总统候选人。当然,这只是一个虚构的人物。但真的是虚构吗?试想,有多少社会运动为自杀、酷刑和种族灭绝提供了足以令人信服的理由?

*

我参加了多少个社团(communities),便会有多少种坚定的信念。

*

批评家依旧不满:"好吧,我被认为是理性的还是非理性的取决于社会惯习(social convention)。即使如此,我在写作或说话时,这些语词是我自己写出来或者说出来的。如果是很重要的事情,我还会独自默默地思考。我会花时间去想:能为一个伤心的朋友写些什么?能对我自认为是同性恋的儿子说些什么?这不是一场公众表演,而是发生在我自己的内心的事。'思考'是对这一过程最恰当的指称。否则,'先想清楚再说'这句劝导还有什么意义呢?"

确实,这种争辩很有说服力,有助于我们进一步充实社会表演的观点。在此需要澄清两个方面的问题。第一,批评家所谓的个人思考(private thinking)不可能脱离社会生活,认识到这一点很重要。例如,独自构想或解决数学难题就是在参与某种社会传统。在心理学中,这个观点最先由维果茨基提出,[1]现阶段则反

---

[1] Vygotsky, L. S. (1978). *Mind in society* (M. Cole, Trans.). Cambridge, MA: Harvard University Press.

映在研究认知的文化基础的大量相关文献之中。① 维果茨基有一个著名的论断："任何心理的东西都首先是社会的。"②因此可以说，所谓的思考是对公共会话的个人演奏。除此之外，它还能是什么呢？如果我要你**思考**当前的政治形势、国债或堕胎权利，而你甚至从来都没有听说过这些词，那么，你的思考又能包含什么呢？③

第二个问题同样重要。我们为什么一定要认为无声的思考发生于个体"内部"呢？这样做将重陷心理存在于语词背后的二元论窠臼。让我们将个人独自完成"某事"视作一种关系的行为。它既不是发生在"内部"，也不是发生在"外部"，而是一种具身表演。只不过这种表演没有直接的观众，也不是整出戏的完整表演。比利格（Michael Billig）对此提出了他的看法：将思考视作"沉默的辩论"。④ 实际上，这是一场微型的社会表演。个体不是大声地对另一个人说出某些语词，而是面对内部观众作无声的表达。演员也会用同样的方式默诵台词或自己哼唱。我们独自所做的事并不是发生在一个"内部世界"——所谓的心理，而是发生在没有观众在场的社会生活中。不言而喻，当我们独自幻想时，总有一个看不见的观众。因此，独自思考是一出"折子戏"（partial performance）。后面我们将再次回到这一主题。

*

> 即便独处一隅，也从未中断与同胞的交流。
>
> ——托多洛夫（Tzvetan Todorov）

能动性：意向即行动

西方文化的可贵之处就在于，将个体视为自由而负责任的行动者。我们推崇自己的选择能力，以及以决策为导向的行动能力。通过要求个体对自己

---

① 例如，可参阅：Cole, M. (1998). *Cultural psychology: A once and future discipline*. Cambridge: Belknap Press. Wertsch, J. J. V. (1991). *Voices of the mind: A sociocultural approach to mediated action*. Cambridge: Harvard University Press. Bruner, J. (1990). *Acts of meaning: Four lectures on mind and culture*. Cambridge: Harvard University Press.

② Vygotsky, L. S. (1978). *Mind in society* (p. 142) (M. Cole, Trans.). Cambridge, MA: Harvard University Press.

③ 正是这一观点——"一个人不参与共同体便不可能有个人的思考"——引导共产主义者反对自由个人主义。例如，可参阅：Sandel, M. J. (1988). *Liberalism and the limits of justice*. Cambridge: Cambridge University Press.

④ Billig, M. (1996). *Arguing and thinking* (p. 5). Cambridge: Cambridge University Press.

的行为承担责任,我们建立了道德社会的基础。关于行为之内在源泉的思想可追溯到亚里士多德。在他看来,身体内部有一股积极的力量使身体兴奋。亚里士多德将这种力量冠名为我们现在所翻译的"灵魂"(soul)。灵魂拥有能够使身体"运动或安静的力量"。① 经过了随后几个世纪的演变,灵魂的概念被整合进基督教传统。在基督教传统内,自决行动(act voluntarily)是一种罪过(sin),会导致灵魂不洁。随着启蒙运动的到来,基督教的教义被世俗化。"灵魂"概念被"自觉意向"(conscious intent)取代。曾经宗教意义上的罪过现在变成了法律意义上的犯罪(crime)。国家取代教会成为犯罪意向的仲裁者。一个人犯罪一定是有意图的,也就是说,犯罪是自主和有意识的能动者的行为。在很大程度上,当代对"自由意志"(free will)的重视可以追溯到基督教传统,以及该传统将灵魂视为存在中心所赋予的重要意义。介绍了能动性这一概念的社会起源之后,我们再来探索作为关系行动的**能动性话语**(the discourse of agency as relational action)。

*

首先,我们知道,尽管心理是看不见的,能动性话语却既重要又无处不在。例如,我们通常会说:

> 我打算去那里。
> 她想要干什么?
> 我选择了另外一种。
> 先生,请问你意向如何?
> 我毫无恶意。
> 我来此地的目的是……
> 我是为了让大家开心。

基于之前的讨论,我们同样明白,我们在说出这些短句时并不是在报告内部的心理状态。例如,一个男人正开着车,前往芝加哥,送岳母回她自己家。他一边欣赏路边的风景,一边与岳母唠家常,以打造他完美丈夫的形象。这个男人同时在做着这些事,他的**意图**(intention)是什么呢? 是这些行动之中的某一个,还

---

① Aristotle (1951). *Psychology* (p. 127) (P. Wheelwright, Trans.). New York: Odyssey Press.

是所有这些行动同时包括,抑或不同时段有不同的意图,或者其他……他自己会怎么回答这个问题?他需要去体察心理的哪一部分呢?[①]

*

行动背后不需要一个行动者。

——巴特勒(Judith Butler)

*

放弃意向存在于脑内的假设,反思**意向性话语**(discourse of intentions)在日常生活中起作用的方式十分有益。每当我们使用这类语句时,总会出现相应的结果:

"我并非有意伤害你"——减少受谴责的可能性。

"我想要说的是……"——预示着想要进一步澄清。

"他的愿望是好的"——说明信任此人。

"他倒是好心"——表示略有嘲讽。

"我说话算数"——告诉我们最好认真对待。

有关意向的表达处于我们文化生活的核心。

实际上,许多社会科学家得出了同样的结论。出于理性的需要,我们经常被要求对自己的行为作出解释。为什么我们要以某些奇怪的方式行事?为何会得出如此不寻常的结论?为什么我们选择这个而放弃那个?我们需要给出社会科学家所谓的"解释"(accounts)作为答复。我们通常在遭遇失败或在某种不好的行为发生之后被要求给予解释:"你怎么会作出这样的决定……"这些解释决定了我们将被怎样对待。基于这些解释,我们或许能得到他人的谅解,受到可能的尊重;相反,我们也可能会被监禁。[②]

*

批评家可能很不耐烦:"你不会是认真的吧。如果我的车子撞了电话亭,我当然知道自己是不是故意的;如果我的热咖啡撒到你腿上,我敢肯定绝对不

---

① 我在此引用了:Anscombe, G. E. M. (1957). *Intention*. Ithaca: Cornell University Press.

② Shotter, J. (1984). *Social accountability and Selfhood*. Oxford: Oxford University Press. 解释同样有助于维持社会交往[Buttny, R. (1993). *Social accountability in communication*. London: Sage.]、调解纠纷[Semin, G. R. & Manstead, A. S. (1984). *The accountability of conduct*. London: Academic Press.]和减少冲突[Sitkin, S. B. & Bies, R. J. (1993). Social accounts in conflict situation: Using explanations to manage conflict. *Human Relations*, 46, 349 – 370.]。

是故意的;法院要区分故意杀人和过失杀人(无意致死),也不会单凭嫌疑人的解释来判断的。"这话确实说到了点子上。我们确实会区分有意行为和意外事件,而且多数时候,我们都清楚在某个给定的情境中自己的意图是什么。问题是,在"我们时常能清楚地识别自己的意图"这一事实与"意向是关系的体现"这一观点之间显然存在冲突,这又该如何调和呢?

为了回答这个问题,想一想:当我们"识别自己的意图"时我们在做什么?正如我们已经看到,我们能够内省自己的心理并对意向给予定位的假设是荒谬的。但是,我们却可以借助联合行动的传统来识别我们的行动。例如,我站在教室的讲台上,正在从事传统上被称为"教学"的行为,学生们和我自己都明白我是在"教学"。那么,我怎么知道在这种情形下我想要(打算、尝试、力图)做什么呢?显然,肯定不是通过内省,而是通过识别这种行为。我可以毫不犹豫地告诉你,我试图教学或打算授课,是因为我正在从事的是通常被识别为"授课"的行为,在这种情形下,我绝对不会告诉你,我想要煮个鸡蛋或种植郁金香。我能够识别自己的意图就像一个演员知道自己正在出演的是哈姆雷特而不是奥赛罗。给我的意向命名等于为我正在从事的行为命名。

*

在这种意义上,让我们再来看看表里不一的欺诈行为。批评家可能会说:"如果像你所争辩的,你无法内省而知晓自己的意图,那你又怎么可能针对意图撒谎呢?例如,你怎么知道自己是不是有意犯罪?"答案在于,我们可以识别自己的行为。假如我知道自己正在猎取野猪,而子弹却击中了另一个狩猎者,则我可以诚实地说"我并非故意"。如果我在从事间谍活动,却告诉女房东我在学习考古学,我当然知道自己撒了谎。我们以某种方式为自己的行动贴上标签,同时抑制对它的另外一种定义。

*

我的行动飞奔向前,后面拉着一火车原因。

*

批评家悲叹道:"好吧,但是,如果你将能动(agency)定义为社会表演,你不就与那些摒弃自由意志的决定论者同流合污了吗?著名的心理学家斯金纳声称,自决行动的观点不仅不真实,而且是有害的。社会心理学家甚至走得更远,他们认为,自主选择造成了'基本归因偏差'。这些观点导致人的非人化,甚至抹杀了人类的核心价值,而正是后者将人与机器区分开来。人类变成了客体,与其他客体一样没有特别的价值。我们无法让任何人为他或她自己的行为承担责任。把一切交给决定论者是文化的巨大损失。"

我非常欣赏这种批判的力量,并同样对社会科学中的决定论持强烈的保留意见。但是,依照联合行动的逻辑,我们必须首先认识到,自由意志论和决定论同样都是人们共同协商的结果。正如我在前一章中指出,有关自由意志论和决定论的争论无关乎谁更正确、谁更真实,而是这两种话语传统与相应的生活方式之间的斗争。关键问题在于,接受某一种理解方式会为我们的生活带来什么?这两种立场都会为我们带来一些价值。但正如我在本书前面已经讨论过的,这两种观念都创造了一个从根本上相互分离的世界。我们在此要以超越意志论与决定论之争的方式重构"能动性",将关系置于关注的焦点。将能动视作关系中的行动,我们正是在朝着这个方向前进。

经验和记忆:不是"我的"而是"我们的"

还有什么比"我们每个人都生活在自己的经验世界"更无可辩驳的事实呢?我生活在我的主观世界,你生活在你的主观世界。在日常经验的基础上,我们逐渐积累和发展起一个记忆的宝库。在一般的传统意义上,记忆在很大程度上是个体经验的累积。那么,在何种意义上,我们可以将经验和记忆理解为关系的现象,不归我们个人私有,而是我们集体共有呢?让我们先探讨经验,然后再过渡到它的产物——记忆。

*

我想从一个外援工作者讲给我听的故事开始。蒂姆(Tim)想要帮助非洲一个贫困地区的农民掌握新的玉米丰产种植技术。为了广泛宣传,他和同事们采用录像短片来演示最佳的种植和收割方法。在为一群贫困的农民播放完录像短片之后,援助者要这些农民观众谈谈他们看到了什么。一个农民脱口而出:"鸡,小鸡……"农民们齐声附和。这回答令援助者感到十分诧异。要知道,这不是一部关于鸡而是关于种植方法的录像短片,而且其中根本就没有小鸡。观众们却坚持说有。于是援助者重播了录像短片。令他们惊讶的是,在录像短片的某一重要片段,的确有一只鸡**在他们看来**是背景的地方正悠闲地走来走去。

>   *

对实验心理学家而言,我们对世界的经验差异可以用注意来解释。援助者与农民关注的是影片的不同方面。因而,人类机能的核心是注意,而注意的研究已成为心理学中最传统和成熟的领域之一。① 有关注意最重要的一个事实是,它以某种方式塑造了我们眼前的世界。汽车驾驶员对此深有体会。一个人在盯着前方路面的时候,不会注意路边滑过的风景。所以,一个开着车的司机将注意转移到手机上是很危险的。最生动和有说服力的是实验室里的双耳分听实验。被试两耳分别通过耳机接收不同的信息。这类研究的结果一致证明,我们对追随耳所获信息的理解受到非追随耳所获信息的干扰。如果一个人成功地理解了追随耳接收的信息,几乎就意识不到对侧耳听到的任何信息。甚至非追随耳使用的语言是被试从未听过的语言,被试都没有察觉。有人可能会说,相信才得看见,而不是看见先于相信。

如果我们的经验在很大程度上由注意支配,那么,我们必须问,为什么注意会选择某一个方向而不是另外一个方向呢?对这个问题而言,最明显的答案来自关系王国。正是通过联合行动,现实世界才变得有意义。有些人关注小鸡,而其他人则关注种植;母亲会协调自己和婴儿的行为,以便引导婴儿关注玩具熊而不是地板;老师要求学生注意她而不是学生自己的手机;情侣之间会彼此凝视对方的眼睛;如果我们在对话时停止关注对方,不久便会被轻视。我们的注意在何时何地投向何人,与公开演讲一样,都受到社会传统的约束。

>   *

>   通过显微镜,生物学家与我们看到的并不是同一个世界。
>
>   ——汉森(Norwood Russell Hanson)

>   *

我长期迷恋社会心理学的一项经典实验。普林斯顿大学与达特茅斯学院之间举行了一场足球赛,研究者对于学生们对这场比赛的认知很感兴趣。比赛进行得异常粗鲁,双方都有队员受伤。在对这场赛事的调查中,85%的普林斯顿大学学生认为是达特茅斯学院队首先挑起事端,而只

---

① 例如,萨利(James Sully)在1892年出版的《心理学纲要》(*Outlines of psychology*. New York: Appleton)一书中,将注意定义为心理要素的一个基本维度,而且用了近20页的篇幅来论述注意的功能。

有36%的达特茅斯学院学生对此表示认同。更不可思议的是,当一周以后重播这次比赛的录像,普林斯顿大学学生观察到的达特茅斯队犯规的次数是达特茅斯学院学生观察到的2倍还多。据此,研究者得出结论:"……没有'比赛'这样的一种'东西'独立存在于'那里'供人们'观察'。比赛为某个人而'存在',而且只有在某个发生的事件对于他的目标具有重要意义的条件下才会被其经验到。"①当然,本案中"个人目标"高度依赖于学生隶属的学校。

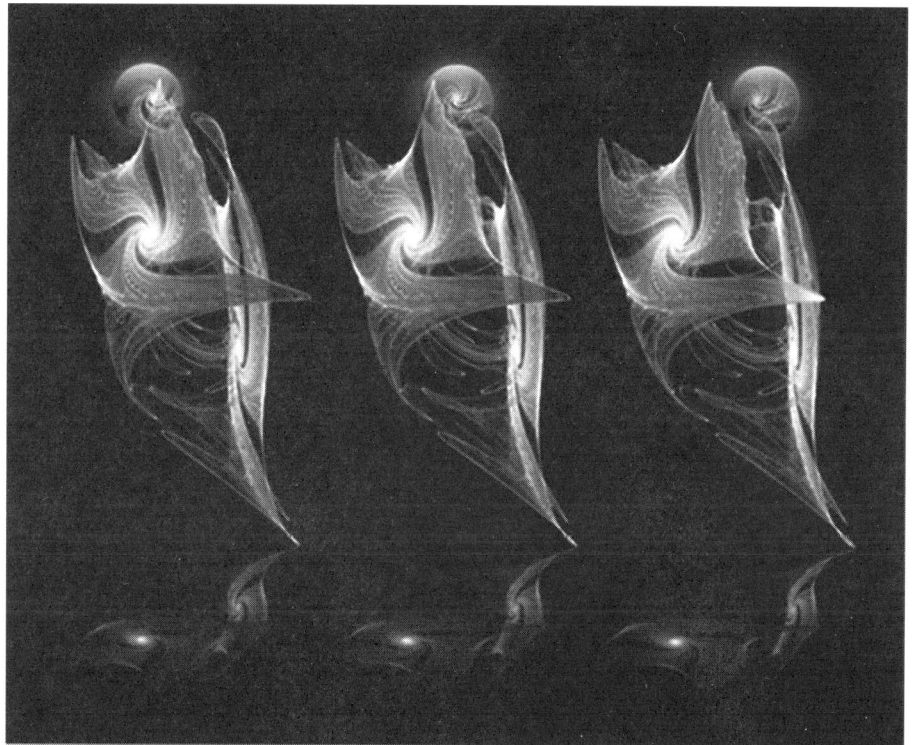

立体图形向我们说明了视觉经验如何依赖我们从属于其中的关系。按照如下教给你的怎样看立体图形的指示——将视觉的焦点由传统的视角目标转变为开放和非定向性的凝视——进入新的视觉世界。读者在此看到的是普里斯特的立体图"走进—舞出"(Walk In-Dance out),以上述的方式,读者可以将图中的三个人形联结起来。[致谢:普里斯特(Gary W. Priester)]

---

① Hastorf, A. H. & Cantrill, H. (1954). They saw a game: A case study. *Journal of Abnormal Psychology*, 1, 129-134.

批评家感到疑惑不解："你是想说,我们只能看见自己想看见的东西吗?如果一辆卡车失控,朝着你冲过来,你肯定不希望被撞到吧,那么,你的意思是说,你不会看到这辆车吗?这简直太荒谬了!"没错,是荒谬! 但这并不是我们要说的意思。正如我在前一章所指出的,并不是说在关系之前不存在任何事物,而是说**对我们而言**不存在任何事物。在我们生活的这个世界,卡车失控是一个非常严重的事件,避免伤害对我们来说最重要。因此,这个事件对我们而言充满意义。让我们看一个更具体的例子。一个4岁的孩子看见一瓶开了盖的可口可乐放在路边,他的眼睛顿时放光,很可能拾起瓶子,一口气喝光瓶里的饮料。孩子的体验是积极的。而大多数像我们这样的成人不仅会将瓶子认作垃圾,而且会作出消极的反应,根本不可能想到要去喝瓶子里的液体。我们共同创造了一个世界,在其中,肉眼不可见的细菌被赋予重要意义,即便那些细菌我们根本看不见,对我们而言也有意义。在任何形式的惯习之外,没有什么能引起我们的注意。

*

看见之前,必先知晓。

——弗莱克(Ludwig Fleck)

*

如果说经验是一种关系的行动,那么,是什么构成我们的记忆呢?传统上,记忆被视作私有事件。我的记忆肯定是"我的",只存在于"我"之内。在此,我想起一件小时候发生过的糗事。

6岁那年,经父母同意,我和好友威尔弗雷德(Wilfred)乘公交车进城。但在横穿马路时,威尔弗雷德被一辆轿车撞倒了。现场很快聚拢了一大群人,我被挤到了一边。不久救护车到达现场,把我的朋友接走了。我被突然发生的车祸吓坏了,脑子进水般头昏脑涨,加上拥挤的人群,在救护车离开之前我根本无法靠近威尔弗雷德。1小时之后我回到家里,痛哭着向父母讲述事情的经过,但我说不出威尔弗雷德当时受伤的情况和之后的下落。最终,父母打听到了他的信息,知道威尔弗雷德被送到了当地一家医院,他只是一条腿骨折。然而,这件事留给我的却是长时间的沮丧和无能的体验。

现在,从表面上看,有关这件事的记忆完全是**我自己的**。没有任何一个人和我拥有同样的故事。但是,让我们进一步分析。在这个事件中,我的注意力完全聚焦在事故和救护车上,随后展开的便是一个混乱的场面。但是,我原本也可以注意其他事物，如拥挤人流的鞋子，不同种族的人相互混杂，人们的面部表情，年龄差异，当时的天气，等等。然而，我和周围的旁观者根本不关心这些，我们的注意像被铆钉铆住了一样。这是因为在我们的文化中，我们的"关心"(attending)趋于一致，这种"关心"与我们共有的价值密切相关，在本案中指向一个男孩受伤并可能面临死亡这件事。实际上，我的经验只在非常狭隘的意义上属于我个人。例如，我的感官处于活动状态，身体处在与他人不同的位置。然而，我的经验却饱含着我与威尔弗雷德之间以及我与更广泛的文化之间的双重关系。

*

讨论了记忆的来源，我们现在来考察记忆的语词表达。在威尔弗雷德的故事中，有许多的旁观者，每个人都站在不同的角度，来自不同的文化背景。但是，如果他们在一起交谈，通常会对"发生了什么"达成一致意见。是威尔弗雷德的过错，还是司机粗心大意？是谁叫的救护车？威尔弗雷德伤得严重吗？通过这样一个联合行动的建构过程，对于"所发生的事件"通常会产生一种令人信服的描述。对那些在场的人而言，这种描述是"真实的"或者说是"事实"。实际上，记忆的社会维度多年以前就已引起学界关注。在早期，英国的巴特利特和法国的哈尔波沃尔斯(Maurice Halbwalchs)开创了将记忆理解为社会过程的先河。[①] 巴特利特认为，记忆与其说是大脑对于感官数据的记录，不如说是"意味深长的杰作"。为了响应这一学说，来自历史学、心理学和社会学领域的学者普遍开始探索各种所谓的"共同的""集体的"和"社会的"记忆过程。[②] 诸多相关文献证明，"事情怎么发生的"是社会协商的结果。通过联合行动的过程，我们建构了"我们如何坠入爱河""我们的假期"以及"最后的家庭团聚"，也建构了"伟人的""国家的"和"人民的"历史。

*

共同记忆不仅有利于世界的稳定，也有助于社会的联合。我时常被某

---

① 参阅：Bartlett, F. C. (1932). *Remembering: A study in experimental social psychology*. Cambridge: Cambridge University Press. Halbwachs, M. (1925). *Les cadres sociaux de la memoire*. Paris: Albin.

② 对于这本著作有一个精彩的讨论出现在：Middleton, D. & Brown, S. D. (2005). *The social psychology of experience*. London: Sage. 可也参阅：Connorton, P. (1987). *How societies remember*. Cambridge: Cambridge University Press. Misztal, B. A. (2003). *Theories of social remembering*. Buckingham: Open University Press. Wertsch, J. V. (2002). *Voices of collective remembering*. Cambridge: Cambridge University Press.

些夫妻之间直接"说出自己的故事"触动。有很多这样的夫妇,每当他们对于"我们经历的事件"意见不一时,常常会被对方激怒进而发生争吵。描述不一致意味着让"在一起"的世界退场。我和母亲之间发生的一件小事就曾伤害到我的内心及与家人的关系。成年之后,我曾给孩子们讲儿时的故事:那是我3岁的时候,家在剑桥,我从家里出去迷路了。父母极度焦虑。很快警察发现了我并把我送回父母的身边。我记得最清楚的是,我弄丢了一只鞋。后来,有一次母亲作为祖母给孩子们讲述同一个故事。我在一旁安静地听着。然而,这次却让我感到迷失方向的沮丧。因为她讲的这个故事根本不是发生在我身上,而是发生在我的哥哥约翰身上。一旦某个成员背弃了家庭成员的共同记忆,他或她便失去了家庭的根基。

*

不仅仅是记忆报告不断地通过联合行动被创造出来,关于什么算是好的记忆表演,以及何时、何地的表演才算恰当,都受到社会惯习的约束。为了理解这一观点,举一个法庭上的例子。在开庭的数月之前你目击了某些事情,现在必须在法庭上作证。律师问你那天晚上看见了什么,你回答:"漆黑……窗户……灯光……撞车……逃跑……树林……"律师会感到不解,督促你说:"你不能这样回答,我要你告诉陪审团到底发生了什么。"你回答:"我就是这么说的啊,那些就是发生的事啊!"律师哑然失声,让你退庭。你甚至可能被判藐视法庭。为什么呢?因为你没有提供一个结构良好的故事或叙事。如果你回答说:"那晚一片漆黑。当我向窗外望时,我看到一辆超速行驶的汽车的灯光。车子侧翻到路边,撞到一辆停着的货车,这时司机快速跑进了树林。"这样的描述才符合传统的叙事结构,有始、有终、有事件(撞车)。所有的故事要素这里都有,而且是按时间顺序编排的。这些讲故事的规则在你出庭之前早就已经存在了。无论发生了什么,只有符合这些规则的记忆才会得到认可。我们正是按照这些规则讲述我们的生活故事,讲述国家的历史以及人类物种的进化史。[1]

---

[1] 自传体文学叙事,请参阅:MacIntyre, A. (1984). *After virtue: A study in moral theory* (2nd ed.). Danvers, MA: University of Notre Dame Press. 历史叙事,请参阅:White, H. (1973). *Metahistory: The historical imagination in nineteenth-century Europe*. Baltimore: Johns Hopkins University Press. 物种进化叙事,请参阅:Landau, M. (1984). Human evolution as narrative. *American Scientist*, 72, 262-268.

第三章
关系的自我

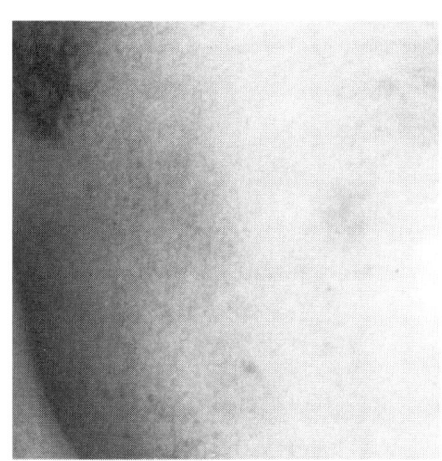 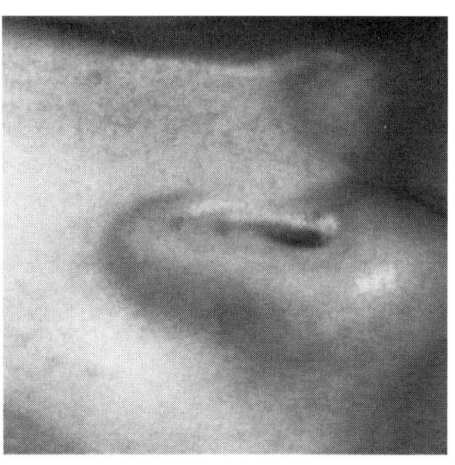

这个世界并不需要我们对它的经验。只要我们身处一定的关系中，便会以某种特殊的方式来看这个世界。事实上，所谓"直接经验"是被社会性地塑造的。观察以上两幅人脸的照片，大多数读者可能觉得二者没有意义或互不相干，这是因为我们没有参与以这种特殊方式观察人脸的传统。[致谢：赖斯曼（Anne Marie Rijsman）]

　　批评家也许会抱怨说："是的，但这些只局限于语言。换成照片会怎么样？如果没有被人为地加以修改，照片不是能记录真实的过去吗？"是的，图片确实可以固化某个时间点上的事件。但是，任何一种表现历史的形式——无论是语词、照片、还是人工制品，都必须符合社会惯习才能会获得公信力。在这种意义上，图片也是一种语言，跟书面语言一样，必须遵循特定的规则，否则会被认为有失准确。例如，给一个人照相可以采取无数种方式，可以从不同的距离、不同的角度，采用不同的摄像头，设置不同的焦距，等等。我们所说的"精确描绘"只落在一个非常狭窄的可能性范围之内。

　　批评家愤愤不平："你是说，根本不存在准确的回忆吗？法庭调查取证，传唤目击证人，重建事实真相，这些难道都没有意义吗？难道史学家是在捏造历史吗？那你怎么看待大屠杀呢？难道你的观点没有充当那些试图否认历史的人的帮凶吗？你怎么会有这样的立场呢？"这些批评的言辞如此激烈，但先弄明白我的观点很重要。正如我强调过，人们通过联合行动的过程创造了稳定的真实、理性、善的世界。在这样的世界里，对于"什么是准确"具有相当严格的判断标准。数学是一个很好的例子，我们在这个领域取得了出类拔萃的公共成就。在这一共同体中，对于精确性有着相当明确的规定。正是在这种意义上说,法庭的确能筛选证据以发现真实,史学家的确能区分事实与虚构,而我们也确实可以确认大屠杀的暴行。

重要的是,认识到这些例子中的"准确"是在某一特定的关系传统中被定义的。只有在某种特定的传统内,那些准确的记录才能被认可。与此同时,我们也要思考,在任何给定的情境中,哪一种传统受到尊崇?哪一种价值得以盛行?哪一种声音遭到禁止?正是在这方面,许多美国少数民族开始质疑标准化的美国历史,因为他们发现自己没有被写进这一历史。大屠杀是另一个很有说服力的例子。大屠杀并不是抽象的真实——以至于其证据在所有可能的解释范围内都准确无误。大屠杀的故事以当前这样的形式存在是因为它们对于未来的文明具有重大意义。它对于那些在自我优越与种族隔离世界中作茧自缚的潜在恐怖分子是一种强烈警示。① 实际上,这段历史的重要性来源于它具有的道德规范力,我们因此断不敢忘。

*

我们讨论经验的方式主要目的不在于表达这种经验的性质本身,而是力图以构成或维持一种或另一种社会秩序的方式来表征它们。

——肖特(John Shotter)

*

创造性作为关系的成就

1883 年,叔本华(Arthur Schopenhauer)这样写道:"有才能的人就像好射手,能击中他人无法击中的目标;而有天赋的人则像神枪手,能击中他人甚至看不见的目标。"②这样的称赞在 19 世纪晚期并不罕见。那是浪漫主义盛行的时期,巨著被认为萌生于作家的心灵深处。一部作品可以被形容为"灵感"之作,或被直接说成是内在心灵的创造物。在巴龙(Frank Barron)看来,这种天赋观隐含着《创世纪》或上帝作为造物主的隐喻。因此,我们对有创造力的天才人物的称赞以及不时体验到的敬畏感都微妙地等价于崇拜行为。"灵感"镌

---

① 关于这个观点更进一步的阅读,请参阅:Gergen, K. J. (2005). Narrative, moral identity, and historical consciousness: A social constructionist account. In J. Straub (Ed.), *Narrative, identity and historical consciousness*. New York: Berghahn.

② Schopenhauer, A. (1886). *The world as will and idea*. Vol. III. (R. Haldane & J. Kemp, Trans.). London: Trubner and Ludgate. 初版于 1883 年出版。

刻着神的印迹。① 这种浪漫主义的观点在 20 世纪现代主义的语境中同样找到了栖居之所。具体而言，现代主义文化强调不断进步，褒赏创造性的革新。这种强调体现在 20 世纪艺术先锋派（avant-garde）的观念中。② 后者认为，天才就是打破传统的人。而在 20 世纪之前，创新艺术的需求基本还不为人所知。

正如我们看到，创造行为这个概念及其被赋予的尊重都是某种关系传统的副产品。③ 即使通过严格意义上的研究，我们也无法揭示"创造行为的本质"。事实上，大多数对于创造力的研究都只能证明它的存在。基于这种考虑，有必要看看汉普登-特纳（Charles Hampden-Turner）的观点："那些被贴上半神性、神秘、孤独、混乱等可笑标签的有关创造性的刻板印象让我们吃尽了苦头。"④我们为什么会"吃苦头"（suffer）？这在很大程度上是因为我们的有界存在的传统。无论浪漫主义还是现代主义都崇尚孤独的个体，它们认为孤独是灵感之作的本质。因此，在现今的等级体制中，有创造力的天才高居顶层，辛勤的劳作者居中，最下层则是乌合之众。至于那些被我们认定为"创造性事物"的关系根（relational roots），我们则懵然不知。

*

让我们进一步讨论这些关系根。首先是对某个行为具有创造性的判断。我们其实无从考察行为者的"内心"，如前文所述，创造过程发生于脑内的观点是联合行动的产物。然而，我们确实在作着这样的判断。显然，这种判断必须在某种关系的历史中找到自己的根源。对我们大多数人而言，一个人把痰吐在自己的鞋上、蹦着跳着过人行横道线，或者将帽子带在肩上——都是原创行为，但我们绝不会把这些认作是创造行为，只会觉得怪异。然而，如果波洛克（Jackson Pollock）把一团颜料扔在画布上；凯奇（John Cage）拼命踩蹦钢琴的琴键，"有创意"这个词就会自发滚上我们的舌尖。这在很大程度上是因为，我们理解的创造行为必须与人类的意义和

---

① Barron, F. (1995). No rootless flower: An ecology of creativity. In R. E. Purser & A. Montuori (Eds.), *Social creativity*. Cresskill, NJ: Hampton Press.
② 例如，可参阅：Burger, P. (1984). *Theory of the avant-garde*. Minneapolis: University of Minnesota Press. Shattuck, R. (1968). *The banquet years: The origins of the avant garde in France*. New York: Vintage.
③ 日本的歌舞伎剧院提供了一个与此完全相反的例子。表演者被要求尽最大可能复制传统，任何对传统的偏离都会遭到拒绝。
④ Hampden-Turner, C. M. (1999). Control, chaos, control: A cybernetic view of creativity. In R. E. Purser & A. Montuori(Eds.), *Social creativity*. Cresskill, NJ: Hampton Press.

实践传统相结合。在现代绘画艺术的传统内,波洛克被认为是先锋派;在现代音乐艺术的传统内,凯奇是个天才。而在这些传统之外,他们只会显得怪异。因此,一个人只有参与某种关系的历史,才谈得上有创造性。

*

为了说明传统对于创造性判断的影响,我和布雷杰(Ilana Breger)完成了一项研究。我们向被试呈现一系列抽象的油画,[1]给他们的任务是评估这些作品的创造性。被试被告知,其中有些画只花了6分钟完成,另一些作品用了将近6小时完成,还有一些作品则用了6个多月才完成。研究结果发现,相比于其他两组,那些需要6个小时完成的作品被判断为最具创造性。很显然,艺术创作不能一蹴而就,但也不需要数月的蹉跎。

*

你用的调式太多了,我亲爱的莫扎特。

——皇帝约瑟夫二世(Emperor Joseph II)

*

既然对创造性的判断发生在某种社会传统内部,我们也可以说,那些我们认为有创造性的活动是在某种传统内部被认可的表演。正如近期有文学理论家指出,诗人并不拥有能垂测复杂的思想和情感深度的自由灵魂,他们大体只是加入了某一诗歌写作的传统,[2]在其中有成熟的创作模式以及评价诗歌好坏优劣的标准。在先锋派的传统内,诗人便常常试图"打破旧的模式"。一首诗是否被认定为具有创造性,在很大程度上取决于协商。那么,诗歌创作的可理解性便仅限于自身所在的对话传统之内。在很重要的意义上,诗人只是在为其他诗人写作。[3]

*

创造性思维来自联合思考、有意义的对话、不懈的坚持以及为了追求

---

[1] Gergen, K. J. & Breger, I. (1965). Two forms of inference and problems in the assessment of creativity. *Proceedings of the American Psychological Association*, 20, 215–216.

[2] 参阅:LeFevre, K. B. (1987). *Invention as a social act*. Carbondale, IL: Southern Illinois University Press. Sawyer, R. K. (2003). *Group creativity, music, theater, collaboration*. Mahwah, NJ: Erlbaum.

[3] 加布利克(Suai Gablik)在她的著作中指出,现代艺术已变得如此自负,以致自食其本,晦涩难懂,无法触及更广阔的文化视野和更深层次的意义问题。请参阅她2004年出版的《现代主义失败了吗》(*Has modernism failed*. 2nd ed. London: Thames and Hudson)一书,以及1992出版的《艺术的复魅》(*The reenchantment of art*. London: Thames and Hudson)。

新的见解而与思维伙伴的共同努力。

——约翰-斯坦纳(Vera John-Steiner)

*

批评者又要说:"创造性只是在某种传统内才被认可,这一点似乎是对的。但是,在任何一种传统内都会有一些人出类拔萃,他们在创造力方面往往超越他们的同辈。想一想乔伊斯(James Joyce)、艾略特(Thomas Stearns Eliot)和毕加索(Pablo Picasso)的创造才能,难道这些人还不足以证明,是某些特殊才能的存在使得他们能够超越前人所构想的一切?"我当然也欣赏这些人的作品,但是,且不说英雄在社会中是市场化的(以那些艺术长廊和博物馆等作为中介),坚持这些作品或成就能够超越关系既无必要也无意义。将创造性视为个人的灵感,与他人隔绝,无助于培育我们褒奖的创造行为。无非是某某人拥有创造灵感或者没有,仅此而已。但如果将创造行为视为关系中的行为,我们就可以进一步讨论什么样的条件有益于这种创造性。

就创造性的培养而言,首先要考虑的是有利于创新或"新思想"产生的条件。正如第二章提到,参与关系常常能促成人们就真实、理性与善恶达成一致性意见。统一意见一经形成(及受到保护),参与其中的人便再难以撤离。一旦畅游于"真实"的池水中,便再难跳出来俯瞰整个泳池,创新也就停滞不前了。创新正是在各种传统的碰撞和冲突中产生的,它允许和容忍不寻常的并置(juxtaposition)、新的隐喻和多样的融合。在已有的传统内,电话机就只是电话机。但是,如果进入高科技领域,电话机就可能变身为手机、相机、时尚元素、电脑、娱乐系统……当参与者进入多重传统,创造行为便生出翅膀。正因为此,创新往往发生在主流之外——可接受的边缘。

*

除了寻求支持创造性活动的有利条件之外,关系理论同样关注创造者置身其中的关系网络。例如,贝克尔(Howard Becker)通过研究艺术家的生活得出结论:"艺术家的工作……处于合作者网络的中心,这些合作者对于最终的作品非常重要。"[①]有很多著作都在探索创造性团队内部成员之间的相互协作

---

① Becker, H. S. (1982). *Art worlds*. Berkeley: University of California Press. 相似的例子也出现在重大科学发现的历史中。

和配合。我们发现,天赋并不是个体心理的产物,而是关系的结果。① 创造性个体往往得益于父母和那些"认可、鼓励、肯定年轻人的兴趣和能力的老师,以及有经验的顾问、赞助者、朋友、咨询师和角色榜样"。② 另外,在艺术领域,个体往往会面临孤独,遭遇贫困,甚至怀疑自己的能力。尤其当一个艺术家试图破除旧习的时候更是如此,而这正是创造的征兆。如果一个人破坏了原有模式却得不到认可,就很可能面临被孤立的危险,能够提供有效支持的他人在此非常重要。正如莫克罗斯(Carol A. Mockros)和奇克森特米哈伊(Mihaly Csikszentmihalyi)指出:"在生命旅程中,社会支持系统和人际相互作用对于创造力的产生极其重要。"③

*

正如我们已经发现的,理性思维、意向、经验、记忆和创造性并不是先于关系生活而存在,而是产生于关系之中。它们不是与外部世界和他人隔绝的"内部心理",而是在关系内部不断更新并受到支持的具体行动。

---

① 例如,可参阅:John-Steiner, V. (2000). *Creative collaboration*. New York: Oxford University Press. Pycior, H. M., Slack, N. G., & Abir-Am, P. G. (Eds.) (1996). *Creative couples in the sciences*. New Brunswick: Rutgers University Press. Chadwick, W. & de Courtivron, I. (Eds.) (1996). *Significant others: Creativity and intimate partnerships*. London: Thames and Hudson. Sarnoff, I. & Sarnoff, S. (2002). *Intimate creativity: Partners in love and art*. Madison: University of Wisconsin Press.

② John-Steiner, V. (2000). *Creative collaboration* (p. 213). New York: Oxford University Press.

③ Mockros, C. A. & Csikszentmihalyi, M. (1999). The social construction of creative lives. In A. Montuori & R. E. Purser (Eds.), *Social creativity* (p. 212). Vol. I. Cresskil, NJ: Hampton Press.

第四章

身体作为关系：情感、愉悦和疼痛

如果有人问你：人的一生什么最重要？"爱"(love)这个词最有可能脱口而出。可以是夫妻之爱，伙伴之爱，对孩子的爱，对父母的爱，或者对人类的爱，也可以是对自己工作的爱，某种业余爱好，或者对上帝的爱。也有人认为**快乐**(pleasure)或幸福(happiness)最重要。不是说我们都会选择那些带给我们快乐的活动而回避那些令我们痛苦的事物吗？我们的生活以情感体验为中心，充满快乐或痛苦。与思考、意向、记忆和创造过程（上一章的主题）不同，伴随着快乐和痛苦的情感体验与有机体密切相关，似乎是人体内在固有的功能。打个比方，我们会用"心事"(matters of the heart)来描述某些情感，将快乐和痛苦的根源定位于人内在的神经系统。我们倾向于认为，人最基本的情感反应是一出生就有的。[①] 而且我们相信，人类遗传了趋利避害的基因倾向，这些有机体的反应倾向是自然秩序的一部分，一个正常和健康的生命需要有对情感的表达。这些你同意吗？

正如前几章所述，所有意义都产生于某一联合行动的过程，乃至情感、快乐、痛苦的概念甚至身体本身，都可以溯及同样的关系模型。也就是说，并不是因为这个世界上存在某些事件要求我们用诸如"爱""愤怒""愉快""疼痛"之类的语词来为之命名，由此构成一个与现实存在相对应的语词库，而是我们在关系中创造了它们并视其为现实。它们对于生活的重要性同样源于关系。

如果这听起来令人疑惑，甚至有点荒谬，让我们想一想"身体"(body)这个词。一般而言，我们将皮肤看作是一个容器或"分界线"(defining line)，用以区分"我的身体"和"身体之外"的东西。这一划界非常有用，可以满足多重目的。

[①] 参阅：Gergen, K. J., Gloger-Tippelt, G., & Glickman, P. (1990). Everyday conceptions of the developing child. In G. Semin & K. J. Gergen (Eds.), *Everyday understanding: Social and scientific implications*. London: Sage.

然而,如果没有穿越这一界线的大量运动存在,人就不能成为人。氧气、水和食物,以及人体代谢产生的废物,等等,都在不断地穿越这条边界。在这种意义上,与其将皮肤视为一种容器,倒不如"滤网"(sieve)的隐喻更贴切,物质可以穿过滤网做双向运动。在这种意义上也可以说,穿越我的身体的那些东西没有什么真正是"我的",所谓"我的身体"归属于外在更广阔的世界,而它自身不过是一个临时聚合物(transient conglomerate)。

历史研究告诉我们:柏拉图相信人的身体是一座坟墓;使徒保罗认为身体是圣灵的神殿;在笛卡儿看来,身体是一部机器;萨特则认为,身体意味着自我。[①] 自然科学中最先进的物理学界定了宇宙的构成成分,然而,在物理学术语中不存在"人体"(human bodies)这个概念。事实上,之所以称其为"我的身体"是由于我们身在其中的某种关系传统。

*

工作的时候,我把自己的身体留在门外。

——毕加索(Pablo Picasso)

*

重点在于,假设自己生活在一个被称作"身体"的独立屋,屋内的居民包括情感、愉悦和疼痛,我们便强化了"有界存在"的意识形态。我们因此而相信,人类行为的根本驱力隐藏于神经系统的某个位置,由进化和基因给予双重保护。鉴于人类本能或神经系统对行为的影响,留给我们自己发挥的空间非常有限。

本章的任务就在这里。我们能否进入一个新的认识领域,在其中情感、快乐和疼痛不再是身体的功能而是关系的表演呢?下面的讨论将由情感开始。延续和扩展第三章的逻辑,我要指出,同推理、意向、记忆等过程一样,情感在本质上也是关系的表演。这种观点很可能激起强烈的反对(counter-reply),因为它背离了针对人类一般行为和特殊情感的生物基础所得出的大量研究结论。因此,本章的第二部分将直面生物决定论的挑战。我们有理由质疑:这种先天论的倾向能为我们带来什么?命运在多大程度上掌握在我们"之间"而

---

① 参阅:Synott, A. (1992). Tomb, temple, machine and self: The social construction of the body. *British Journal of Sociology*, 43, 79 - 110. Blood, S. K. (2005). *Body work: The social construction of women's bodies*. London: Routledge.

第四章
身体作为关系：情感、愉悦和疼痛

不是在每个人的身体内？这些讨论将为本章最后一部分探索快乐和疼痛的关系基础搭建一个平台。

历史与文化的情感

人是有情感的吗？正如笛卡儿从不怀疑自己在思考，我们也很少怀疑自己会愤怒、开心、厌烦，等等。说到情感，我们绝对知道！但真的是这样吗？历史警示我们，要当心情感的"自我证明"(self evidence)。数百年来，研究者一直在试图确定情绪的类别和数量。例如，亚里士多德在《修辞学》(*The rhetoric*)第二卷区分了 15 种情感状态；几百年之后，意大利神学家阿奎那(Thomas Aquinas)在《神学大全》(*Summa theologiae*)中列举出 6 种低级的情感(affective emotions)和 5 种高级的灵感(spirited emotions)；笛卡儿在《灵魂的热情》(*Passions of the soul*)中区分了 6 种主要的灵魂激情(passions of the soul)；18 世纪的道德家哈特利(David Hartley)列举了存在于人类本性中的 10 种一般情感(general passions)；20 世纪的心理学家汤姆金斯(Sylvan Tomkins)和伊扎德(Walter Izard)描述了 10 种不同的情感状态(emotional states)。① 如果情感状态是显而易见的，那么到底有多少种情感状态？为何得不出一致的结论呢？

针对情感的性质，研究者同样没有得出一致的结论。例如，亚里士多德将**温和**、**信心**、**仁慈**、**吝啬**和**热情**视为情感状态。其中没有一种特征出现在当代讨论情感问题的著作中。阿奎那认为，**爱**、**欲望**、**希望**和**勇气**都是最重要的情感，而按照亚里士多德的观点，其中只有爱是情感，其他都不是。在汤姆金斯和伊扎德以科学为导向的大量著作中，上述没有一种可以作为人类的基本情感。英国哲学家霍布斯将**贪婪**、**奢侈**、**好奇心**、**抱负**、**好性情**、**迷信**和**意志**视作情感状态，其中没有一种在当代心理学中被当作情感。汤姆金斯和伊扎德都同意将**惊奇**作为一种情感，这种观点令他们的前辈以及大多数普通公众感到不解。然而，伊扎德认为**悲哀**和**负疚感**是重要的情感，汤姆金斯却又不以为然。

---

① Tomkins, S. (1962). *Affect, imagery, and consciousness*, Vol. 1. New York: Springer; Izard, C. E. (1977). *Human emotions*. New York: Plenum.

如果情感存在于人的内心,能够被我们清楚地感受到,为什么会有如此多的分歧?如果情绪具有可识别性的特征(identifiable features),就像房间里的椅子一样,我们不是应该很容易在其数量和种类上达成一致吗?到底什么是情感?我们根据哪些特征判断一种心理状态"是"或者"不是"某一种情感?这种对情感识别的困惑再一次表明,我们所谓的情感并不是简单地存在于人的大脑或身体中等待被发现,而是在联合行动中被创造出来的。

*

确切说来,这些是文化人类学给我们的启示。正如大量民族志研究所揭示的,我们西方人确认的情感术语和行为,在不同文化中可谓大相径庭。[1] 例如,卢茨(Catherine Lutz)对南太平洋岛国伊菲鲁克人(Ifaluk)的研究中描述过伊菲鲁克人的两种情感"Fago"和"Song",这两个词在西方语汇中根本找不到对等的翻译。[2] 更极端的差异例证包括"野猪综合征"(wild-pig syndrome),其被发现于新几内亚。在那里,一个男人遭遇挫折情境便开始四处疾走、抢劫,用弓箭射杀自己的邻居,然后他可能跑进附近的丛林,村民们抓住他之后,会对他强制实施"重新驯服"(redomestication)仪式。在马来西亚,有一种更加致命的情感表达形式"肆意妄行"(running amok)。在这种情形下,一个男人首先进入一种自闭或冥想(withdrawal or meditation)状态,自言自语地说着一些宗教语汇,身体不自主地前后摇摆。[3] 有时候他会突然跃起,手持一把刀剑,残杀他看到的所有活物。当这一切结束,他便挥刀自裁。"野猪综合征"和"肆意妄行"在上述两种文化中是可以识别的情感表达方式,但在西方却极为

---

[1] 例如,可参阅:Rosaldo, M. Z. (1980). *Knowledge and passion: Ilongot notions of self and social life*. Cambridge: Cambridge University Press. Heider, K. G. (1991). *Landscapes of emotion: Mapping three cultures of emotion in Indonesia*. Cambridge: Cambridge University Press. Wulff, H. (2007). *The emotions: A cultural reader*. New York: Oxford University Press. Lynch, O. M. (1992). *Divine passions: The social construction of emotion in India*. Berkeley: University of California Press. Heelas, C. & Locke, A. (Eds.) (1981). *Indigenous psychologies: The anthropology of the self*. New York: Academic Press. Jain, U. (1994). Socio-cultural construction of emotions. *Psychology and Developing Societies*, 6, 151–168. 至于文化和生物学哪一个对于理解人的情感更重要,相关争论可参阅:the special issue of *Ethnos*, 69, 2004. Loseke, D. R. & Kusenbach, M. (2008). The social construction of emotion. In J. A. Holstein & J. F. Gubrium (Eds.), *Handbook of constructionist research*. Thousand Oaks, CA: Sage.

[2] Lutz, C. A. (1988). *Unnatural emotions*. Chicago: University of Chicago Press.

[3] Averill, J. R. (1982). *Anger and aggression: An essay on emotion*. New York: Springer Verlag.

第四章
身体作为关系：情感、愉悦和疼痛

罕见。

*

历史研究同样支持情感(emotions)是人类的建构这一观点。① 例如，我们常常谈及"我们的感受"，我们也会关心地询问他人的感受，但在这种情形中，我们究竟是在谈什么呢？"我感觉良好"与"对这件事我感觉不错""我能感受到你的痛苦""我感到冷空气正在进来""我有一种直觉"或者"我感觉我们不应该去"，等等，报告的是同一种心理感受吗？无法回答这一问题表明"感觉"(feeling)这个词并不是对人的内心世界的解读。历史学家巴菲尔德(Owen Barfield)指出，从罗马时代早期直到中世纪，较之于内部状态，人们更倾向于重视外在环境的作用。例如，人们一般会说"那个会很无聊"，或者说"他的话令人尴尬"，而不是说"我觉得无聊"或者说"我感到尴尬"。事实上，"感觉"(feeling)一词大约到17世纪才出现。正如巴菲尔德所言，直到17世纪，人们才开始详尽地谈论自己的内心生活。②

*

感觉(feeling)不是在我们血液中发现的物质，而是被许多故事组织起来的社会实践。在这些故事中，我们既扮演角色又负责旁白。

——罗萨多(Michelle Rosaldo)

*

再来看看"忧郁"(melancholy)的历史。这个英文单词现今已很少使用。我们不会打电话给公司，以正在遭受可怕的忧郁折磨为理由请假。然而，在17世纪，忧郁常常被当作这样的借口使用。英国作家伯顿(Robert Burton)的早期著作《忧郁解析》(*The anatomy of melancholy*)长达600多页，详细报告了忧郁症的各种类型、表现和治疗方式。在弗洛伊德之后，许多精神病学家把"忧郁"(melancholy)视为我们现今所谓"抑郁症"(depression)的早期概念。

---

① 例如，可参阅：Stearns, P. N. & Lewis, J. (Eds.) (1998). *An emotional history of the United States*. New York: New York University Press. Harré, R. (Ed.) (1986). *The social construction of emotion*. Oxford: Blackwell. Graumann, K. & Gergen, K. J. (Eds.) (1996). *Psychological discourse in historical perspective*. New York: Cambridge University Press. Stearns, P. N. (1994). *American cool: Constructing a twentieth-century emotion*. New York: New York University Press.

② Barfield, O. (1962). *History in English words*. London: Faber and Faber.

伯顿的描述不仅否定了这一观点,还让我们意识到当代人的情感世界与作者生活的时代有着怎样的不同。他这样写道:

> (患忧郁症的人)极易陷入恋爱,一旦对某人倾心,往往全身心地投入,直到遇见另一个心仪的对象,然后再重新投入。这类人极其幽默,时常笑个不停,非常快乐,而后又会无缘无故地哭泣、呻吟、叹息、忧愁、难过……他们会为自己编造许多荒谬、苍白、空洞的理由,有时还会把自己想象成为一条狗、一只公鸡、一头熊、一匹马、一片玻璃、一团黄油,等等。①

*

批评家请求暂停:"的确,存在很多文化的和历史的变异,但是,似乎也有明显的例外。以浪漫爱情为例,我们发现,不同时代的人都曾有过对于爱的表达。"例如,我们很容易对古罗马诗人卡图卢斯(Catullus)的诗产生共鸣,这些诗写于公元前1世纪:

> 如果允许我亲吻你那甜美的双眸,
>
> 想亲就亲,不管多少次,
>
> 我愿亲吻它们超过三十万次,
>
> 而那还远远不够。

爱的历史表明,两千多年以来,我们对爱情的表达确实发生了很大变化,这是事实。但在我看来,那只不过是对同一旋律的不同演奏方式。② 爱情作为人类的基本情感这一事实从未发生改变。

批评家说得不错,我们大多数人都曾在某一个时间段有过这样的感受,即某种普适性的情感——例如爱情——能够将我们联结在一起。但是,下这样的结论必须非常谨慎。当我们假定世界上所有的人都具有西方式的情感,我们便朝着帝国主义的方向迈出了一大步。为什么伊菲鲁克人不应该相信"fago"的普适性?为什么印度教徒不可以相信"阿特曼"(Atman)的普适性?进而言之,尽管每一个时代都能找到诸如浪漫爱情这样的情感实例,但同样也存在足够多的例外,让我们无法认定,这种爱就是出自人类的天性。

---

① Burton, R. (1624/1982). *The anatomy of melancholy* (p. 393). New York: Vintage Press.
② 例如,可参阅:Hunt, M. (1994). *The natural history of love*. New York: Anchor. Kern, S. (1992). *The culture of love*, *Victorians to moderns*. Cambridge: Harvard University Press. Luhmann, N. (1986). *Love as passion*. Cambridge: Harvard University Press.

历史上,在不同阶段和不同文化中有太多的人,对于他们而言,浪漫的爱情或者与自己毫不相干,或者从未被意识到,以至于无法佐证爱情的普适性。对于生活在监狱、战场、矿井、稻田、赛场或者修道院里的那些人来说,浪漫的爱情有多重要呢?同性恋和异性恋的关系模式有着如此广泛的跨历史和文化的不同,以致当代大多数研究者都不赞成将"爱"列入人类基本情感的范畴。

阅读卡图卢斯情诗之类的句子还有一个特殊的问题。事实上,正是这些诗歌丰富了西方有关情感的语汇。我们能在这些诗中发现自我,是因为它们参与建构了我们现在身处其中的传统。当我们从另类文化的作品中寻找普适性的证据时就会面临更多的问题。正如人类学家所熟知的,一个人不可能在自己所处的文化之外对另一种文化进行解读。居住在遥远土地上的一个族群热衷于相互亲吻表明他们知道爱吗?或者,浪漫爱情仅仅对于拥有这一概念的人而言才是真实的?如果没有这一概念,我们怎么能说亲吻就是这种情感的表达呢?对其他文化中行为的意义作出解释,意味着将它们吸收进自己可理解的那个世界。①

情感的舞蹈

如果情感的语词和行动是在特定的文化传统中被创造出来的,那么,情感便可被视作关系的表演(relational performances)。② 情感作为某种行动方式只能在关系中获得理解,在实践中获得价值。与其说我们是在"体验情感",不如说我们是在"制造情感",③而这种制造只有在特定的关系传统中才能被理解。为了理解这一观点,让我们考虑几个假设,它们也是对前一章逻辑的进一步呼应。

---

① 将"浪漫爱情"的概念及其情绪表达主要归之于女性,其中也存在意识形态的问题。例如,可参阅:Lutz, C. & Abu-Lughod, L. (Eds.) (1990). *Language and the politics of emotion*. New York: Cambridge University Press. Robin, C. (2006). *Fear: The history of a political idea*. New York: Oxford University Press. Ahmed, S. (2004). *The cultural politics of emotion*. London: Routledge.

② 视情感为文化的表现,更多资料见:Averill, J. (1982). *Anger and aggression: An essay on emotion*. New York: Springer-Verlag. Bodor, P. (2004). *On emotions: A developmental social constructionist account*. Budapest: L'Harmattan. Sarbin, T. R. (1989). Emotions as situated actions. In L. Cirillo, B. Kaplan, & S. Wapner (Eds.), *Emotions in human development*. Hillsdale, NJ: Erlbaum.

③ 请参阅:Schafer, R. (1976). *A new language for psychoanalysis*. New Haven, CT: Yale University Press.

情感是一场"精心制作的"表演。一个行动是怎么被识别为某种情感的呢？最重要的方式之一是借助语词的使用。确认自己拥有某种情感，我们会说"今天我特别高兴"，"可把我吓坏了"，或者说"我崇拜你"，等等。尽管没有谁能掌握通往个体内心世界的钥匙，而且也只有在这个私有世界里情感才可能被识别，但是，我们对情感的表达对于接下来的交往却非常重要。通常，言语都会伴随着精心安排的躯体动作。不仅说话的内容，说话时的腔调、手势、目光、姿势都参与其中，有眼泪、有笑声、有做鬼脸、有蹙眉怒视，等等。要想恰当地表达愤怒，需要接受大量的文化教育。若要表达真诚，需要眉头微蹙，收紧下巴部位的肌肉，目光凝视，姿态直立，等等。一个不经意的小动作，比如手腕松懈，或许就会导致你的愤怒不能被对方有效识别。识别某种情感就像判断一名演员正在扮演的是李尔王而不是哈姆雷特。演员可能表演得很好，也可能很糟糕。情感表演得好会让我们感觉舒服，而当情感表演得很糟糕时，我们会怀疑这种情感存在的真实性。儿童在掌握如何表达愤怒的技巧前，他们的行为常常令我们困惑，我们可能觉得他们是在"乱发脾气"。①

*

在我人生的某个阶段，如何表达愤怒一度成为难题。我生长于美国南部，在那里，为人机敏与谦和倍受推崇。人们通常认为："如果勃然大怒，你就失败了。"我曾目睹我父亲如何回应别人对他的挑衅或打击，他只是变得沉默，整天板着脸。在很长一段时间内，他会一直这样。这种行为方式很容易学到，而且时间一长，便习惯成自然。我结婚以后，玛丽表达愤怒的方式是快速释放，然后回归正常。呜呼，我们表达愤怒的方式很不合拍。每次我们之间发生冲突，玛丽总是突然爆发，然后立刻没事，而我往往会郁闷好几个小时。所以，我们坐下来进行讨论。玛丽说服我，当我恼怒的时候要打开心胸，"释放自己"。好吧，我要学会"让自己过得去"，然后我们就能和好如初。我的确是照她说的那样做了，可结果却非常糟糕：盘子摔碎了，家具砸烂了，门也被踢破了。我们实在负担不起这样的情感爆发。于是，我们不得不重新讨论。这一次我们聚焦于从根本上杜

---

① 关于情感教育的讨论，请参阅：Shields, S. E. (2002). *Speaking from the heart: Gender and the social meaning of emotion*. Cambridge：Cambridge University Press.

第四章
身体作为关系：情感、愉悦和疼痛

绝那些愤怒情绪的激惹点。这一策略加上对表演的后果已有充分的意料，帮助我们令婚姻渐入佳境，一直到现在。

*

批评家们会反驳："像你这样描述情感，听上去就好像情感都是预谋或计划好的一样。当我体验到某种情感的时候，它是自然迸发的。我直接受情感支配，根本不经过大脑。比如，有时情绪会失控，过后我也会后悔。但是，如果情感都是事先计划好的，就不再有任何真实性可言。"这话说得在理。但是，让我们想想我们走路、读书或骑自行车的方式，这些行为似乎都是自然发生的而不是经过事先谋划的，但它们无一不是"学来的表演"（learned performances）。不断重复某些行为，直到它们成为自我的一部分。感觉到自然其实正是文化的功劳。[①]

*

"他极度悲伤了一瞬间。"这话听起来怎么那么别扭呢？因为这样的事很少发生吗？我们能否想象一下，如果有个人在数小时之内不断地在瞬间的极度悲伤与瞬间的极度喜悦之间变换、穿越，那会是怎样的情形？

——维特根斯坦（Ludwig Wittgenstein）

*

表演的有效性取决于时间和地点。表演若要被当成一种情感，那么，它必须发生在特定的社会情境中。如果表演者不遵循舞台场地规则，表演的效果便会大打折扣，甚至遭到质疑。[②] 一个人不能站在人头攒动的十字街头大声狂叫"我欣喜若狂"或是"你吓到我了"。当然，这样做的物理或身体可能性没有问题，但别人一定会迅速和你拉开一段安全距离。有一点需要特别强调，如果表达的时间与地点得不到普遍认可，就不会有情感。如果没有让人觉得是值得快乐的事情，就不会有开心这回事。假若我们不断制造让愤怒合理化的情境，愤怒很快就会成为一种流行病。适合表达爱的场景如此之多，以致"我

[①] 有关球迷骚乱似乎是守秩序性格之外自发爆发的解释，可参阅：Marsh, P., Ross, E., & Harré, R. (1978). *The rules of disorder*. London: Routledge.

[②] 关于"情感定名"的讨论以及个体宣称自己具有某种特定情感的社会条件，可参阅：Shields, S. (2002). *Speaking from the heart: Gender and the social meaning of emotion*. New York: Cambridge University Press.

爱……"之类的表达成为鸡毛蒜皮的小事。别忘了,一个人除了爱你之外,还可以爱纽约,爱披萨,爱她的小猫,爱他的狗,爱甜牛奶,爱秋天的落叶,爱粉红色,等等。

*

批评家们质疑:"你这不是在谈论各种情感的表达规则吗?的确,在情感表达方面存在惯习,而且这些惯习随文化的不同而有所差异。然而,它们只是对**某种东西**的表达(expressions of something)而已,不是这种东西(情感)本身。情感是内在的,先有情感,后有表达。文化规则只是为了保证社会生活的正常运行。"不错,这些话貌似合理,也的确是许多研究情感的心理学家持有的立场。① 但是,正如我们在之前的讨论中已经看到,当你试图去识别那些"潜在的"情感到底是什么、有多少种类及哪些种类的时候,你会立刻陷入困境。那么,我们为什么非得假定有这样一种东西潜在地存在?假如我们试着将被当作"内心世界"寄居之所的身体层面移除,这些研究的终点又该在哪里呢?是在皮肤底下,还是颅骨组织的下层……在这种情况下,将躯体动作看成一个完整的系统,就像舞蹈家或潜水员的行动一样,是不是更合理呢?不存在引发行动的"感觉",有的只是具身行动(embodied action)。

*

批评家还是不能接受:"别急。我只知道,即便没有任何表达,我也能感受到自己的情感。比如,我会尽力掩饰我的愤怒,或是不让自己的失望表现出来。这些都是个人感受,是没有公开表达的情感。在我看来,社会生活的正常运行有赖于我们对情感表达的适当控制。有人称其为情商。"重复一遍:我们在上一章已遇到相同的问题。我们发现,一般而言,你不能向内观察并识别一种情感。但是很显然,的确有一些重要的东西没有在公开场合表演。有时候,这可能是被你遏制的一阵冲动,如你不小心踢到自己的脚趾而产生的恼怒;或者是你因为一个所爱的人离去而独自黯然神伤;或者是因为别人对你的伤害而愤怒。但是,我们无须就此下一个结论说,这种东西**就是**(is)情感,而对它的

---

① 关于这种立场的经典描述,可参阅:Ekman, P., Friesen, W. V., & Ellsworth, P. (1972). *Emotion in the human face.* New York: Oxford University Press. 尽管有证据表明,来自世界各地的人们在感受到各种情绪时会使用相似的面部表情,但是,这种将实验材料翻译成不同人群的词汇表的操作方式几乎必然会产生这样的研究结果。

表达则是别的什么东西。联系前几章的讨论,在这些例子中发生的只是一场"折子戏"(a partial performance)。你正致力于"制作情感"(doing the emotion),只是在上述案例中你没有使用那些在公共场合表演经常使用的语言和手势。你"知道你的感觉",如同你不怀疑自己是在唱"星条旗永不落"而不是"你就是条猎狗,其他什么都不是"。你其实是在从事一个由你独自完成的关系行为。在下述最后一个假设中,这种行动的关系基础会更加清晰。

表演的效果通过联合行动达成。正如第二章已经说明,单个的表演(宛如网络系统中的单机)无效,人的行为在联合行动中才获得其意义。我们通常会接受那些表演出色的情感表达,相信它们出自真诚。接受它们意味着我们认可该表演的有效性和表演者的可靠性,因此关系的舞蹈可以顺利地进行下去。然而,在情感的表达与回应之间会有一段时间,意义是悬而未决的。有时舞蹈也会中断:

> 你说你为我感到高兴,但我知道你在吃醋。
> 你说你爱我,但你其实就是想跟我上床。
> 你那不过是鳄鱼的眼泪。
> 你是黄鼠狼给鸡拜年——没安好心。

协商此刻正面临挑战。这些表演是真的还是假的呢?重复一遍,要点在于,情感表演——其全部的真实感——依赖于关系。你可以呐喊,声称自己绝对是真诚的,但除非其他人相信,否则这种声称毫无意义。

关系脚本

对情感的关注为我们领略新的联合行动画卷增添了新的维度。到目前为止,我们分析的重点还在于行动与补充(action and supplement)的简单协调。例如,某人的回答可以赋予之前的提问以意义,反之亦然。同样的方式,如果你很悲伤,而治疗师把它当成抑郁,你是不是真的悲伤?那就不清楚了。现在,让我们进一步拓展这一交互作用的过程。一个朋友向你打招呼:"嗨,你好!"你立刻回应:"哎,你也好啊!"这位朋友接着说:"还不坏,不过我觉得我们可能要淋雨了。"你补充道:"我听天气预报说天黑之前不会有雨。"这是一串虽有拓展却平淡无奇的动态序列。这一过程中的每一个行动(action)都是对其他行动的确认和补充。让我们称这一拓展的序列为"关系的脚本"(relational scenarios)。就像跳华尔兹或者打网球一样,关系的脚本规定了在一段时间内持续不断的协调行动。

在情感的脚本中,情感表演占据核心地位。情感脚本可以很短,例如,有个人说:"终于出太阳了,我好开心!"你马上回应:"谁说不是呢!"①但是,脚本通常会更长、更复杂。让我们想象一场愤怒的表演:一开始,你不能在随便什么时间想生气就生气,你不能走到大街上突然咆哮:"你让我愤怒!"这些在我们的文化中不具有可理解性。你要愤怒总得有个适当的理由。这些理由不是生物学意义上的,而是文化协商的结果。如果有人偷了你的汽车轮胎,那你可以愤怒,但是如果他们只是带走了你车胎上的一点点灰尘,你就不应该生气。愤怒的表达需要由文化认可其正当性。愤怒的脚本由此开始。

现在,让我们来看一个朋友冲你发火的情形。他或她进来说:"你真让人生气!"在脚本中轮到你回应,你不可能回应说"这个周末你打算干什么"或者"我太高兴了"。依据常规脚本,这样的回应没有意义。事实上,除了问"为什么"之外,很难想象你还有其他的回应方式。之所以这样问,是因为有必要了解你的朋友生气的正当理由。以跳舞而论,你至少得知道对方是邀请自己跳伦巴舞还是狐步舞。"舞曲名"提示了用以回应愤怒的可能范围。假如你的朋友说:"我生气是因为你总是比我强,这让我意识到自己的不足。"你的选择肯定会与对方说"我生气是因为你把我的隐私告诉别人了"有很大的区别,前一个脚本是对之前言语的补充和邀请对方关心,而后一个脚本是表达谴责。让我们再考虑一下,在你受到谴责时会作何选择。

受文化习惯所限,你只有三种选择:第一,选择**道歉**(apologize)。你告诉朋友,把他的秘密说出去你感到非常抱歉,这是你的判断失误,以后绝对不会再发生类似的事情。第二,你可以对你朋友愤怒的原因进行**重构**(reconstruct)或重新组织,使其失去合理性。许多人通过直接否认被指责的

---

① "性别脚本"(sexual script)这一概念与此有关,虽然这个概念更多用来指心理图式。有关性别脚本的研究非常有趣,很多长期被认为由生物因素决定的行为,在很大程度上却是由文化习俗塑造的。例如,可参阅: Gagnon, J. H. & Simon, W. (1973). *Sexual conduct: The social sources of human sexuality*. Chicago, IL: Aldine. Thorne, B. & Luria, Z. (1986). Sexuality and gender in children's daily worlds. *Social Problems*, 33, 1276-1290. Frith, H. & Kitzinger, C. (2001). Reformulating sexual script theory: Developing a discursive psychology of sexual negotiation. *Theory and psychology*, 11, 209-232.

行为来实现重构:"我没有那么做。"你也可以承认自己的确是做了那件事,同时表明你那样做是为了帮助朋友。这样,你的行为就是出于友谊,而不再是非礼,对方的愤怒也就不合乎情理。最后,你可以选择**恼怒**(irritation)。毕竟,你有什么义务一定得替他保守秘密?如此,我们就有了以下图示:

有一点需要特别强调,愤怒的表达在关系脚本的发展过程中获得其合法性。实际上,以道歉作为回应承认了对方愤怒的合理性。以重构作为回应同样确认了愤怒的真实性,只是移除了这种愤怒存在的基础。恼怒同样识别出了愤怒的表达,却是以惩罚作为回应。相反,如果一个人以玩笑的方式回应对方:"哦,好了啦……"等于根本就不认可对方的愤怒。愤怒产生于回应,而认为回应只是由愤怒引发的后果的观点属于**前归因谬误**(a pre-hoc fallacy)。

让我们继续讨论愤怒者如何对上述三种不同选择作出进一步回应。在一般脚本中,**道歉**可能被对方接受,也可能被拒绝。如果是前者,则剧情结束,参与者开始讨论其他事情。例如,参与者之一可能问:"这个周末你打算干什么?"如同一曲探戈结束,一个人可能邀请另一个人去跳波尔卡。假如道歉被对方拒绝,那么对话仍会继续。在**重构**的情况下,愤怒者同样有两种选择:接受或拒绝。如果重构被接受——"算啦,我想我太容易冲动了。"——剧情同样可以告一段落,你也可以放心地去做其他的事情。然而,愤怒者也可能对重构进行反击——"那根本就不是借口!"——那么,脚本还得继续。最后,在你**恼怒**的情况下,最常见的反应是愤怒加剧。设想一下,如果你义正词严地训斥某个人的言行,而对方却反过来斥责你,那么他便错上加错,必须给予更加严厉的惩罚。如下图所示:

110

你是我的欢乐,
你的笑声赞美着我的存在。
我的幸福常驻你心,
我的笑容是对你的膜拜。
于琴瑟合鸣中,
快乐永存。

——沃尔特(Regine Walter),《艺术家》

第四章
身体作为关系:情感、愉悦和疼痛

在早期关于情感剧本的研究中,我们发现愤怒的互动是异常危险的。[1] 当愤怒激发了恼怒,而恼怒再加剧了愤怒,冲突的升级几乎不可避免。更糟糕的是,很少能有被双方都接受的了结方式。有人可能扬长而去,发誓永远不再和对方来往,或者干脆大打出手。大多数脚本还是会以较为成功的方式终结,但是不断升级的愤怒如自由落体一般,很少有人可以逃脱它的冲击。我们稍后再回来应对这一挑战。

结束这一部分的分析我们发现,情感表达仅仅在某种关系的序列中才能够被理解。它们只会发生在沟通过程中的某些具体环节,而且如果没有对方认可(ratifying actions),这些表达便不会被视为情感而存在。因而,情感并不为个体所有,也不是由生物因素决定的,而是为关系脚本整体所接受的存在。反过来,这些脚本又是被我们从具有古老起源的传统中继承下来的。

*

批评家坐不住了:"我承认我们的情感生活是如此的照本宣科,但是,这种解释没有为情感的自发性预留任何空间。正如我以前提到过我的那些情感经历——爱是最好的例子——包含了很多的新意和创造。我们时常以冲动的方式行动,而那些冲动往往是最感人和难忘的。"这些疑问不难解答,但意义重大。正如前一章所言,我们在多重传统的接合点上获得创造力。举例而言,如果我们只知道唯一一种"制造浪漫爱情"(doing romantic love)的脚本,我们便只会有这一种处置方式,不存在所谓的自发行为。然而,在我们目睹了成百上千的爱情故事之后——由大众娱乐媒体提供——我们便会自由穿梭于各种样式或风格(genres or idioms)的行为反应之中,并在需要的时候以新的方式将它们组合起来。我们不能想做什么就能做什么,想怎么做就能怎么做,即便在激情迸发的时刻,我们也不可能跪下去舔石头,或者用手指去戳情人的耳朵,没有任何一种风格和样式的爱情能够接受或理解这些行为。但是,我们可以做一个侧空翻,送给对方一个小贝壳,画一幅涂鸦以示虔诚,或口衔玫瑰送情人,等等。自发行为和新颖性其实有发挥的空间,只不过它们产生于多种传统的接合面上。

---

[1] Gergen, K. J., Harris, L., & Lannamann, J. (1986). Aggression rituals. *Communications Monographs*, 53, 252-265.

有趣的是,西方文化不断制造压力去创造新的情感表现方式。一个恋爱中的人第一次在某个夏日的黄昏为心上人买上一枝玫瑰可能令人陶醉,若第三次还是如此,就未免太陈旧老套了。这在很大程度上是因为我们相信情感是超越理性的算计和自我控制的,是从内心深处迸发出来的。如果一种情感是对自我的"真实"表达,它就不应该完全拷贝惯常的习俗。如果情感表现看上去明显是事先规划好的,是拷贝或模仿别人的,人们便难以相信这是个体对内心炽热情感的表达。① 因此,表达爱情的方式总在不断变化,要维持深厚的情感关系就得在表达方面不断尝试和创新。

阻断危险的舞蹈

许多情感脚本带给人巨大的欢乐,爱的舞蹈是其中最突出的。另有一些脚本给悲伤者带来安慰,使冲突得以和解,或让失败者得以成功。但与此同时,也有许多脚本会产生不良的后果:让愤怒升级,强化嫉妒,增强仇恨,最终导致创伤和杀戮。糟糕的是,我们总是欲罢不能。一旦冲锋号吹响,我们便被驱使着向前。传播学者皮尔斯(Barnett Pearce)和克罗伦(Vernon Cronen)称这种危险的舞蹈为**不堪重复模式**(undesired repetitive patterns)。② 没有人真的想"一决雌雄",但是,一旦战争打起来,就很难原谅某个人"落荒而逃"(cut and run)。从关系的立场来看,这些有害的模式并非不可避免。它们并没有根植于我们的基因。我们是未来共同的创造者。问题在于,我们能否迈出新的坚实一步,抢在灾祸降临之前离开舞池。那么,怎样才能阻断这种危险的舞蹈呢?在此,我将焦点放在不断升级的愤怒这一常见案例上。

*

小时候,我哥哥约翰和我之间经常爆发激烈的打斗。无论是在卧室玩玩具,还是在沙箱里盖房子,我们总会以拳脚相加、胳膊腿并用而告终。典型的模式是一方先有小冒犯,紧接着另一方报复,反过来又导致第一方

---

① 这是贺年卡制作商遭遇的困窘,既要传递看上去独特的信息,又要能吸引大批顾客。幽默卡片很吸引人,因为它们常常突破人们习以为常的表达方式。

② Cronen, V. E., Pearce, W. B., & Snavely, L. M. (1980). A theory of role-structure and types of episodes and study of perceived enmeshment in undesired repetitive patterns ("URPSs"). *Communication Yearbook*, 3, 225–240.

第四章
身体作为关系：情感、愉悦和疼痛

更加强烈的攻击,等等,直到最后我们相互掐住对方的脖子。幸亏那时有父母的干预。在我现在看来,我们当时的斗殴并不是社会化的失败。事实上,它说明我们正在学习和掌握愤怒的常见脚本,我们需要学习做"真正的男人"。一个男孩在被兄弟姐妹欺负的时候如果只会卑躬屈膝或者逃跑,父母会担心他的基因成分。① 难道我们不希望自己的孩子去反抗恶霸吗？难道我们不希望自己的国家去"震慑和警告"任何一个有侵略企图的国家或组织吗？"像个爷们一样战斗！"这是荣誉在召唤。

*

在我看来,对于那些逐步升级的敌意脚本,很少能有令人满意的解决办法。有多少妻子因为言语冲突愈演愈烈以至于最终拳脚相向而挨打？从全球视角来看,当国家的尊严被另一国家非难指责时,它还能有多少种选择呢？敌意的不断升级似乎是不可避免的。这类脚本如此常见,以致人们习惯成自然。也就是说,我们相信对敌意的反击再正常不过,这是一种由应激本能的进化造成的生物倾向。然而,如果我们摆脱生物故事模式的束缚,认识到这些脚本的关系性质,我们便有可能得到解放。如果这些脚本是我们共同创造的,我们也可以放弃它们,并发展出新的替代品。正如埃夫里尔(Jim Averill)和南利(Elma Nunley)所言,我们应该开放自己,活在"有创意的情感生活"之中。②

*

事实上许多人正是这样生活的,他们的确找到了避免敌意升级的办法。那么,怎样与他人分享这些办法呢？ 在这一背景下,玛丽和我开始为治疗师、来访者和沟通专家创设和发展小型沟通不断升级的脚本。例如,我们假扮一对正在争吵的夫妻：妻子批评丈夫把钱都花在绅士俱乐部,丈夫被激怒了,回应说妻子把所有的钱都用来买衣服和化妆品了。他们争吵的声音越来越高,直到丈夫开始对妻子动手。我们适时中断了暴力行为的表演,让观众帮忙重写故事脚本,给丈夫或妻子在语言和行为方面提出建议,以便中断这种危险的舞蹈。然后,我们排演新的脚本,以探索其潜能。这类练习的重要性在于它可以治愈"心与口病"(heart and mouth disease)。也就是说,它能让人看到,所谓

---

① 好莱坞影片为此提供了丰富的脚本库,其中,一位快乐的青少年被一个仗势欺人的恶霸威胁,他要么以惊人的力量制服恶霸,直到后者认输,要么找到更聪明的办法,最终战胜恶霸。
② Averill, J. R. & Nunley, E. P. (1992). *Voyages of the heart*. New York: Free Press.

的自然反应(acting naturally)并不是因为诚实或者为了情感健康而爆发的生物冲动，从而进一步意识到还有其他行为可供选择，其中每一种选择对于事态的发展都具有不同的意涵。这些选择中应该会有某种行为可以改善关系，而这种行为同样可以逐渐变成自然。在此，我愿意分享以往练习中发现的四种最有效的创新。

1. 重构现实："不是这样的。" 从联合行动的逻辑出发，我们知道，不经过合作验证(collaborative confirmation)，没有什么东西会被确认是真实的。除非其他人认可这是愤怒的表演，否则你无法真的愤怒。这意味着我们不一定非得认可现在常用的表达愤怒的方式。我们完全可以创造不让愤怒升级的其他回应方式。例如，用下面的方式改变脚本："你瞧，我想我们都太紧张了，否则我们不会以这种方式对待彼此。""愤怒"在此被重新定义为"紧张"。或者，"我想，生气说明你害怕。"或者，"你生气是想让我知道我对你很重要。"再或者，"我想我们都昏头了，等我们稍微清醒一点再谈这件事吧。"所有这些补充都会引导关系发展出不同的轨迹。

2. 元改变："我们这是在干什么呢？" 要走出这种相互伤害的脚本，最具创新性和有效的方法来自治疗专家。我们称之为**元改变**(meta-move)，意指谈话的主题指向对谈话自身的反思。在这种情形下，战火正酣时会有一位参与者走出来探寻"战斗"自身的性质。例如，"看看我们在对彼此做什么，我们真的想继续这样吗？""我们为什么吵架？我们彼此相爱，这样对我们俩都不好。""等一下，我们回头看看我们为什么争吵，这件事真的那么重要吗？"或者，"你看，我们可以用另一种方式来看这个问题，把这看成是对我们相互包容的挑战。"这些谈话最终都放弃了敌意的脚本，朝着新的更有希望的方向前行。

3. 转换情感登记："我很受伤。" 虽然以愤怒来回应攻击看上去很自然，但也还有其他的情感表达方式。比如，甘地领导的非暴力不合作运动在全球范围内都有影响。在当前的案例中，一个重要的替代性方案是对痛苦或伤害的表达。例如，"你这样说真的伤害到我。"或者，"我们像这样彼此伤害让我很伤心。"甚至存在积极回应的可能性："我真觉得我们能像这样一吐为快是件好事。"或者，"天哪，你生起气来真的很帅啊。"这种对传统模式的背离会邀请对方选择新的脚本。

4. 戏剧性改变："让我们重新来过。" 我们通常认为，他人的情感表达在此刻是真实有效的。然而,我们同时也意识到这样的表达具有惯习的性质。电视和电影提供了无数榜样。通过对因循守旧的反思,破坏性的脚本完全可以被颠覆。你或许可以意识到正在发生的事和某一出戏或游戏片段有类似的地方。比如,"嗨,我们真的把事情搞砸了,为什么不重新开始,看看是不是可以更好地对话?"或者,"我们真的很擅长吵架。我们确实做得很好,但也许我们需要休息一下。"意识到"生活就像一出戏",你可以很轻松地放弃原来的脚本。

*

这些改变在其他危险脚本中同样合理可行。我怀疑它们还只是我们能够做到的其中很小一部分。随着各种新旧传统的不断融合,在冲突管理方面也会有不断的创新,最终找到在实践中可以广泛共享的方法。写到这里,我想起最近听到一个鳏夫夸赞他的亡妻是"家庭中最伟大的和平制造者"。他解释说,每当他们夫妻俩要争吵时,妻子便会说:"理查德,来,过来,坐在我身边。"他会很不情愿、没精打采地坐下来,和妻子保持一定的距离。妻子会接着说:"不,理查德,靠近一点,坐到我旁边来。"在他顺从地坐过来之后,妻子往往会把脸凑近他的脸说:"理查德,你能亲亲我吗?"他会慢腾腾地这么做。妻子再次用手指着脸说:"哦,理查德,别像鸡啄米似的,认真地亲这儿一下,亲这儿。"理查德会更加迅速地回应。这时她便朝他撅起嘴说:"诺,亲亲这儿行不行?"在这个姿势中,愤怒早已从窗户里飞走了。两个人相互道歉,通常会大笑着相互拥抱。

情感不是生物性的吗?

到目前为止,有一团疑云始终潜伏在我们的讨论中,它的名字叫生物学。一个多世纪以来,心理学家和生物学家联手探寻情感的生物学根源。[①] 关于大脑如何影响人的情感[②]以及不同类型情感是否存在特异性的神经中枢等问

[①] 这一历史至少可以追溯到达尔文 1872 年的著作《人类与动物的情感表达》(*The expression of emotions in man and animals*)。近期可参阅:Panskepp, J. (2004). *Affective neuroscience: The foundations of human and animal emotions*. New York: Oxford University Press. Lane, R. D. & Nadel, L. (2000). *Cognitive neuroscience of emotion*. New York: Oxford University Press.

[②] 例如,科学家一度认为是有机体的变化引起情感体验(如詹姆斯-兰格理论),但也有人认为情感的躯体反应发生在心理评估之后(如坎农-巴德理论)。

题①长期存在争议。然而最近几十年,伴随着神经检测技术和进化生物学的新发展,越来越多的人开始相信,情感植根于大脑,而脑的结构是长期进化的产物。其结果,情感被内置于神经系统,除了顺从之外我们再难有所作为。

如你所见,情感发展的生物学视角与关系理论形成鲜明对立。从关系的视角看,有关情感的理论及情感表达均内嵌于关系之中。我已经说过,我们情感生活的未来不是由生物性结构决定的,而是在协调行动中不断地被建构和重构。然而,在这一历史的交汇点上,支持生物学的组合证据拥有如此高的效力,因此需要特别关注。我们究竟有多大的自由去创造或者放弃某种情感的表演?

为解决这个问题,让我们先回到那个熟悉的疑问:我们如何能够识别心理状态或者知道它们存在?在当前情况下,问题针对的是情感状态,而识别的指标却是生物学的。如此我们要问:人们可以通过生理指标来识别自己的情感状态吗?借助脑部扫描技术,科学家能否识别研究对象的情感状态?就第一个问题而言,如果情感本身是生物性的,我应该可以依据自己的生物状态来认识和区分情感。假如我不能以这种方式识别自己的情感,那么先进的脑神经技术能够帮助科学家做到这一点吗?如果无论是普通人在日常生活中还是生物学专家都不能成功地以这种方式识别情感,生物学解释的基础便处于危险之中。我们也就能更充分地理解,情感不是生物学意义上的副产品,而是关系现实的产物。

先看第一个问题:我可以谈论我的爱、我的焦虑、我的内疚,等等,但是,我怎么知道我感受到了这些情感?我有没有可能搞错呢?在上一章我们遇到向内窥视自己内心的棘手问题,我们现在仍然要问,借助生物探测仪器的帮助,我们能知道自己感受到的是"愤怒"而不是"爱"或者"悲伤"吗?我们的确拥有了先进的技术,可以测到心跳加速、口干、血脉偾张。这些不都正是心理状态的指征吗?这一观点历史悠久,可以追溯到詹姆斯早期的心理学。詹姆斯指出,我们知道自己害怕眼前这只熊,是因为我们体验到自己的身体反应。我们看见熊,开始逃跑,正是这种身体在逃跑的体验带给了我们害怕的感觉。②

---

① Schachter, S. & Singer, J. (1962). Cognitive, social, and physiological determinants of emotional state. *Psychological Review*, 69, 379–399.

② James, W. (1884). What is an emotion? *Mind*, 9, 188–205.

第四章
身体作为关系：情感、愉悦和疼痛

将这种观点进一步拓展，我们可以假设，每一种心理状态都伴随着一种独立存在的神经模型。这样，通过检查我们自己的身体，便可以知道我们的"真实情感"（true feelings）。

*

出汗、心跳加速、口干、胃部难受，这些都很容易辨别。问题在于，它们能告诉我们什么相关的情感？例如，如果我的心跳很快，关于我的**情感**状态（emotional condition）我知道了什么呢？我非常肯定自己的心跳在加速，但我可以确切地得出这意味着**什么心理**的结论吗？答案是否定的。参加田径比赛，和孩子们一起嬉戏，看一场激动人心的电影，爬几层楼梯，跳舞，游泳……我的心脏同样可能跳得很快，是不是在所有这些情况下我的心理状态都一样？还是仅仅在某些情况下一样，抑或是其他什么状况？心跳加速到底代表了哪一种特别的心理状态？我怎么能回答这样的问题呢？关于心理状态，生物学无法告诉我们任何东西。如果能，那也只是与生物活动有关的东西。

*

我11岁的时候被送进农村的一所公立学校。我最亲密的伙伴来自虔诚的基督教家庭。他们热心地邀请我一起去教堂。而我的父母笃信不可知论，我经常上教堂让他们感到不安，特别是当他们得知我迷上了基要主义（fundamentalism）时。动听的音乐、快乐的表情、正直生活的愿景、天马行空的承诺……更不用说还有漂亮的姑娘，叫我怎能不着迷呢？然而，有一个问题阻碍了我在皈依的路上进一步前行。主日礼拜时牧师宣称，**只有那些笃信上帝之子耶稣的人才可以参加圣餐日活动**。你必须"**真的相信**"我们在礼拜中所吃的面包、所喝的酒就是救世主的肉和血。我的确被信仰吸引，但是难道我内心就没有些许的疑惑吗？我确实**真的**相信这一切。但即便我**真的**接受这些基本要义，我自己又是怎样知道的呢？我还没有来得及想清楚答案，一个放着装满"基督宝血"的玻璃杯的托盘已经快速地沿着过道传递到我面前。我该怎么做呢？如果我不是真的相信可怎么办？如果我是在假装呢？神会不会惩罚我？我的手紧握着玻璃杯，汗水沿着手指沾染了杯口。惊慌失措成就了我的创意：如果看不到那层薄膜样的积淀物（filmy deposit），就说明我还没有被感化，那我还不是一个信徒。而如果将出汗作为充足的证据，我便可以吃圣餐。科学和宗教并肩前行。

考虑这种可能性：我们制作一张表格，把所有可识别的生理状态放在一列，而把情感名称放在另一列。现在我们要问：怎样将这两列内容进行匹配呢？我们怎么知道哪些情感伴随着心跳加剧、流泪或阴茎勃起呢？当然，完成这项任务之前，我们首先得知道哪些心理状态确实存在，而哪些是假的。"神圣的感觉"是一种真实的心理状态，还是虚构的故事？"生气"或"萎靡不振"呢？它们是真实的情感状态吗？我们根据什么确认"害怕"或"愤怒"是情感状态，或判断它们是否真的存在？其次，艰巨的匹配过程又该如何开始呢？即便身体确实能发出情感的声音，我们又如何理解其中传递的信息呢？

*

我宣称自己害怕，是根据自己在过去半个小时中的感觉，还是有意识地让牙医的形象掠过脑海，试图看它怎样影响我？我真能确定这是对牙医的害怕而不是其他身体不适的感觉吗？

——维特根斯坦（Ludwig Wittgenstein）

*

如果生物信号不能告知我们"真实的感受"，那专家可以吗？有关神经扫描技术（如 MRI、PET、EEG、MEG）的发展大大鼓舞了当代研究者。在研究对象从事各种不同的活动时——问题解决、回忆、讨价还价、看电影、冥想等，可以对大脑不同区域的神经兴奋/化学活动进行检测，其中最典型的是确定某种心理状态或行为的大脑机能定位。[1]这种研究很是激动人心，似乎揭示了心理状态的神经生理基础。举例来说，如果某个人在阅读有趣的故事，那么比之阅读悲伤的故事、愤怒的故事，人的脑部神经活动的兴奋灶会有所不同。至于对情感的识别，则再没有必要询问别人的情感，脑部扫描可以直接揭示一切，我们能知道他们是在相爱、淫欲还是在说谎。大脑扫描技术真是通往人心灵的一扇窗户啊，是这样的吗？[2]

---

[1] 例如，可参阅：Lane, R. D. & Nadel, L. (2000). *Cognitive neuroscience of emotion*. New York: Oxford University Press. Panksepp, J. (1998). *Affective neuroscience: The foundations of human and animal emotions*. New York: Oxford University Press.

[2] 也可参阅：Uttal, W. R. (2003). *The new phrenology*. Cambridge: MIT Press.

第四章
身体作为关系：情感、愉悦和疼痛

*

回到我们上一章遇到的问题：我们怎么知道在另一个人的内心有什么呢？我们只听到他们的言辞，并将这些言辞作为其潜在心理的指征。除了借助对方的表达，我们无法通达他人的内心。无论一个人怎样谈他或她的感受，我们都无法洞察言语背后隐藏着什么。他人的行为同样如此。例如，你告诉我你很沮丧，我也注意到你的行为，发现你不想吃饭、嗜睡，很少参加体育锻炼。但是，有关你的"内在状态"，这些又能告诉我什么呢？也许你担心、悲伤、害怕或警惕，但除非参考其他的生理指标，否则对此我无从知晓。而话又说回来，生理指标也不能揭示特定的心理状态。

在这一语境中，可以理解科学家对于脑部扫描技术的热情。在这里，历史上第一次，我们似乎可以通过对神经活动的揭示直接观察人的心理状态。认识他人心理的难题好像终于解决了。但是请等一下，让我们再回顾一下识别抑郁之类的心理状态遇到的困难：作为一名研究人员，你观察到一些人大脑中的某个区域很活跃，这些人向你报告他们没有饥饿感，睡眠质量差，又总是昏昏欲睡。我们于是知道了抑郁症。是这样吗？我们怎么就能断定观察到的神经状态其实是"抑郁症"的信号表征呢？为什么它不直接就是失眠、食欲不振或嗜睡的神经联结呢？或者就此而论，我们凭什么断言这种神经模式不是"萎靡不振""愤怒""压力条件下的退缩"或"认知整合与重组"的神经生理基础呢？

事实上，脑部扫描数据并没有解决心理状态的识别问题，而只是将问题从一种模棱两可的状态转化为另一种似是而非的状态。脑部扫描本身不会说话，将它们解读为抑郁、愤怒、快乐、悲伤、移情等，其实是参与了某一特定的文化传统。再周密的脑功能试验也不可能产生哪怕一个情感词汇。一个人再怎么努力尝试，也观察不到快乐、希望、恐惧或惊奇的神经状态。若要从脑部的神经状态推断出有关情感的结论，需事先将词汇准备就绪。而这些词汇是关系的成果。

文化为我们提供了大量词汇，用于表达"吸引"状态，例如：

我喜欢你。

我和你之间友情深厚。

我欣赏你。

我被你吸引。

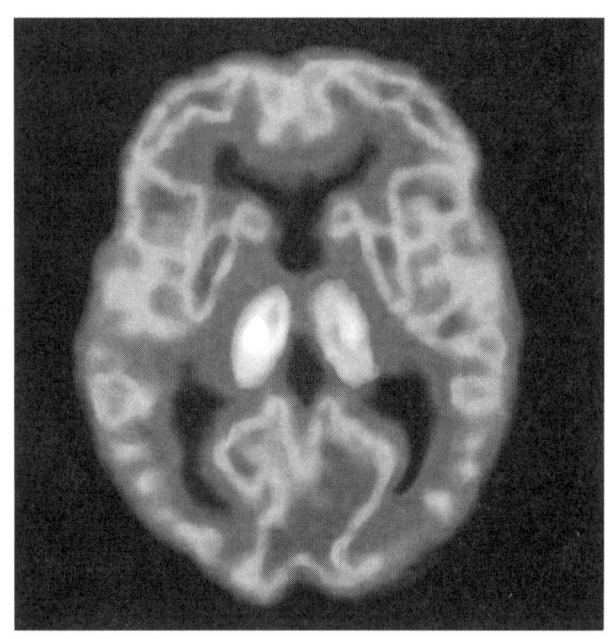

当一个人有某种情感行为时，其脑部的神经影像可以显示出皮层的活动。下象棋或拌沙拉时同样如此。这些神经活动与其说是情感行为的**原因**，不如说代表了棋子"国王"的移动或正在往沙拉里添油加醋。

我非常喜欢你。

我爱你。

我非常爱你。

我为你所倾倒。

你让我充满激情。

我被你征服了。

对于伴随这些表白的神经状态我们一无所知，但一个人全部的未来可能取决于这些表白在适当的时间和地点的使用。这一连串的措辞不是对皮层结构的反映，而是对现代社会复杂关系的反映。

*

神经学告诉我们许多关于眨眼的知识，但不包括"使眼色"。

*

这是不是说大脑对我们的情感不起任何作用呢？绝对不是。大脑对于情感表现非常重要,就如同它对于打篮球或是画肖像画同样的重要。错误仅在于相信脑**产生**(causes)或**决定**了情感表现。考虑下面的神经科学实验:我们训练一组被试扮演麦克白夫人这一角色,训练另一组被试扮演朱丽叶的角色。难道我们能得出结论说——麦克白夫人和朱丽叶的动作(actions)是由生理决定的吗?一个人扮演麦克白夫人时的神经状态与扮演朱丽叶时肯定会有所不同,同时还会伴随不一样的肢体动作及面部表情。但是,麦克白和朱丽叶的角色表演与其说是由神经活动决定的,还不如说是由肢体和面部运动决定的。在扮演麦克白夫人和朱丽叶的过程中,所有这些身体功能都在为角色扮演服务。实际上,这些角色以及她们的行为都是公共传统(communal tradition)的产物,身体仅仅为"制造关系"(doing relationships)所必需。① 身体会限定哪些行为可能发生,毕竟我们谁都不可能一步跨过高楼大厦。按照某些标准衡量,身体允许我们当中的某些人比其他人做得好。所有可理解的行为都需要神经物质的参与才能实现。但是,神经物质并不赋予行为以可理解性。我们绝对不应该让身体绑架了文化。

身体愉悦:联合行动的礼物

> 自然将人类置于两大君王的统治之下:疼痛和愉悦(pain and pleasure)。它们为我们指出应该做什么,同时决定了我们将会做什么。
>
> ——边沁(Jeremy Bentham)

这些出自 18 世纪的话语一直渲染着我们的共同意识。对于人类来说,寻求愉悦、逃避痛苦难道不是很自然的事吗?这种倾向不是由人类的基因结构决定的吗?正如人们常说,疼痛是身体遇到危险的信号。在达尔文的生存竞争理论中,痛觉感受器带给我们优势。快乐则让我们感到矛盾。长期以来,传统观念认为生理的愉悦对我们是有益的,让身体愉悦的东西也会让人的心理

---

① 达马西奥(Antonio Damasio)在他 2006 年的著作《笛卡儿的谬误:情感、理性和人的大脑》(*Descartes' error: Emotion, reason and the human brain*)中,大量使用"躯体标记"(somatic markers)这一概念,用以解释大脑如何告知我们自己的感受以及哪一种决定正确,等等。无论这一理论在神经科学共同体内是否被证明为正确,它与当前的主题没有什么不同。无论神经科学证明了什么,最终都会与人们在文化生活中所做的保持一致。

幸福。① 与此同时，许多宗教却告诫我们要警惕这样的欲求，因为有些愉悦很可能致命。然而，有一点从未被否认，即追求愉悦是一种自然冲动。让我们先来探讨愉悦，将更具挑战性的疼痛问题留至本章最后讨论。

我们说追求愉悦是一种自然冲动，意即享受快乐是人类作为动物的本性。没有人被逼着赞美高山的壮丽、晚霞的绚烂、摇篮曲的悠扬、巧克力的香甜以及肌肤相亲的温柔。我们说，这些都是自然感受。然而，这个朴素的假设并不是没有代价。吹捧这种"自然的"快乐其实是在赞美有界存在。也就是说，"我的愉悦是自己的身体带来的，不需要任何旁人，除非将他们视为刺激的工具"。这是一种自足的意识形态。依照同样的思路，我们恋旧地谈及"回归自然"，逃避社会生活的需求，回归传统乡村生活的自由与快乐。然而，我们不禁要问，这些愉悦真的先在于任何关系吗？我的孩子们在三五岁时，认为阿尔卑斯山的日落非常无聊；我的小孙子喜欢电脑游戏远胜过妈妈的摇篮曲；触摸生殖器是否引起愉悦在很大程度上取决于是谁在触摸，正在做检查的医生恐怕不大可能。

*

我的一位朋友最近从法国西南部港口城市波尔多带回一瓶典藏15年的顶级葡萄酒，品尝时让我有短暂的心醉神迷之感。单从人的生物特性来看，心醉神迷是酒的化学成分接触味蕾产生的结果。但是要知道：我第一次尝酒时才6岁。当时我在餐桌旁恳求父亲让我抿一小口。酒味是那样辛辣，几乎把我呛着。6岁之后发生了什么呢？"喝一杯"意味着什么？对于我来说，意味着亲密的友谊和热情的酒友。一群知心朋友，烛光美酒，豪华晚宴，举杯庆贺，还有来自媒体的大量图片和信息交流——这一切都沉浸于关系之中。以酒会友，酒里承载着关系的历史，满溢着分享的喜悦。我们参与其中的这样"一种场合"(an occasion)沉浸于传统，甚至就连杯子的形状及喝多喝少都与这种奇妙的味觉感受顽固地胶着在一起。酒的化学成分和味蕾的神经结构仅仅是工具，借助这些工具关系我们塑造了愉悦。

---

① 大量有关老龄化的文献都持这一观点，认为在幸福与长寿之间存在相关。参阅网站：www.positiveaging.net。

第四章
身体作为关系：情感、愉悦和疼痛

*

许多对产生愉悦的社会情境的研究支持了上面这个简单的例子。

- 贝克尔在其有关吸食大麻的经典著作中描述了一个人在吸食大麻之后如何将辛辣的味道、不停咳嗽、头昏以及吸食大麻造成的迷幻感重构为一种愉悦的体验。贝克尔总结道，这种"很嗨"的愉悦感是"社会地获得的，与牡蛎或马丁尼酒带来的味觉感受没有什么不同"。

- 历史学家科尔班（Alain Corbin）追踪研究了18世纪法国人的嗅觉历史。① 如他所述，随着空气化学理论的改变，人们的嗅觉体验也在发生改变。当人们开始相信呼吸来自污水池、沼泽地以及动物尸体产生的空气会影响健康的时候，这些气味开始变成了"恶臭"。

- 我们通常认为母亲对孩子的爱是出于本能。养育过程充满愉悦，而母子之间的联结是世代传承的天赋。然而，正如历史学家巴丹泰（Elizabeth Badinter）所论证的，母爱的表现异常多变。② 她在对18世纪之前法国文化的研究中发现，孩子被认为是无关紧要的，母爱没有任何社会的或道德的价值。只要一个母亲有条件，就会把她的婴儿送到乡下去由奶妈抚养。婴儿死亡的事件时有发生，却很少令人悲痛。

*

如今，我们常常对于那些能够带给人们愉悦的事物之间的巨大差异感到震惊。我个人很难理解：

- 吃马麦酱、韩国泡菜或落基山牡蛎的愉悦；
- 北极熊俱乐部成员在冰冷的海水里游泳的乐趣；
- 工业摇滚（自然声与传统乐器、电子回声及机器声混合）带来的快感；
- 长跑运动员的不懈痴迷；
- 彻夜不眠玩老虎机的快乐；
- 攀岩的刺激；

---

① Corbin, A. (1988). *The foul and the fragrant: Odor and the French social imagination*. Cambridge: Harvard University Press. 也可参阅：Classen, C. (1994). *Aroma: The cultural history of smell*. London: Routledge.

② Badinter, E. (1980). *Mother love: Myth and reality*. New York: Macmillan.

- 猎杀动物的快感。

有什么能限制我们不断地联合创造出令人愉悦的事物呢?①

*

将愉悦作为关系的产物,进一步的理解来自对情境的考虑,即愉悦产生时间和地点的规律性。在海水里游着泳吃烤肉,品着好酒吃热狗,在公交车上有个陌生人用手摸你的后脖颈子,在葬礼上听到流行音乐,等等,这些都不可能让我们感到愉悦。触觉跟触觉不一样,所有其他形式的愉悦也莫不如此。

这是对身体的否认吗? 不是,这只是解除身体对于愉悦的决定权而已。当我们说自己很愉悦时,脑神经的某些部位会被激活,但它们并不是决定者,而是被招募来帮助工作的。② 愉悦感是一种文化行为,如同骑自行车或是问候朋友一样,它需要身体来帮助实现。脑神经并不决定我们愉悦的性质,而只是为关系的创造提供了可能性。

*

"我的愉悦"并不是我一个人的,我对很多人怀有无尽的感激之情:

- 母亲教我体会阅读教科书的快乐;
- 威尔弗雷德(Wilfred)使我领会到蓝色的美丽;
- 托马斯(Thomas)让我感受到爵士乐的震撼;
- 雪莉(Shirley)带我欣赏歌剧的奇妙;
- 玛丽(Mary)和我一同感受麦田里微醺的风;
- 卡琳(Karin)让我领略了克雷茨莫(kletzma)音乐的魅力;
- 亚瑟(Arthur)让我体会到园艺的快乐。

……

这个列表很长很长,乃至无穷无尽。我不知道是否是"天生的",我甚至还喜欢嘉宝婴儿食品。

---

① 关于性体验的愉悦如何被关系地创造和控制,进一步的讨论请参阅: Gagnon, J. H. & Simon, W. (1973). *Sexual conduct: The social sources of human sexuality*. Chicago, IL: Aldine. Weeks, J. (1986). *Sexuality*. London: Tavistock. Seidman, S. (2003). *The social construction of sexuality*. New York: Norton.

② 神经学的研究确实证明,如果按压杠杆这个动作能够给大脑皮层的特定区域造成刺激,动物会不停地按压杠杆。这些研究认为存在快乐的神经中枢。尽管我们不怀疑这种动物行为,但没有迹象表明这种行为受快乐驱动。

第四章
身体作为关系：情感、愉悦和疼痛

*

我们现在看到，创造愉悦具有无限多的可能性。我们接受精湛的厨艺、动听的音乐、绚烂的日出、浪漫的性爱以及其他一切寻常事物，但这些都是很多代人的成就，如今像一场盛宴般呈现在我们面前。那么，我们将为我们的后代创造什么或能够与他们分享什么呢？我们的遗产是什么呢？我们把这种对创造性的挑战交给了艺术。例如，我们期待艺术家、诗人、作曲家等去创造更多的艺术作品，将我们引入一个崭新的奇妙世界——视觉的、言语的、听觉的、触觉的。但是在绝大多数情况下，我们跟不上这些艺术家的脚步，他们留给我们的是无知和疑惑。专业人士创造的愉悦，通常只在其专业共同体内部可以理解——一种无法与外人分享的对话，一种内部语言。为艺术而艺术制造了一条鸿沟。但是为什么对愉悦的创造要限于专业群体？为什么我们不能参与呢？童年时代我们就是这样做的，如"让我们假装……"是通往天堂的入口。难道一旦我们逐渐满足于有序世界里的微小快乐，便失去了创造的能力吗？那些狂妄的人才是有福呢。

*

让我们赞美朋友们当中的那些"快乐天使"……
- 萨拉（Sarah）：用彩色毛毡制作具有异国风情的礼物；
- 简（Jane）：用一枝玫瑰作为全部装扮来赴晚宴；
- 马吉（Maggie）：说不完的冷笑话。
- 普鲁（Pru）：策划了那些神秘的夜晚，其中一人负责将其他人带到他们从不知道的某个地方……那或是一个老式的溜冰场；或是一间酒吧，朋友们在20世纪40年代流行音乐的伴奏下翩翩起舞；或是一间墙洞餐厅，那里提供正宗的法国美食；或是一个法院的会议厅，在里面临时举办一场婚礼。
- 韦恩（Wayne）：爽朗的笑声总是感染我们所有的人。
- 诺曼（Norman）：能神不知鬼不觉地组织一场大型派对。
- 所有的小朋友。

我们面临的挑战不是寻找愉悦，而是创造愉悦。

*

原则上，不存在自我满足（self-gratification）。即便是私底下的自我愉悦(self-pleasure)也是由关系的历史哺育的。

疼痛：最后的挑战

我们现在来到自然存留的最后一处堡垒：躯体疼痛。我们在此面对大量有关疼痛具有普遍性和生物性的证据。尽管愉悦在不同文化和历史中具有变异性，易于通过联合行动创造，疼痛却是在所有文化中都显而易见的，是先于关系的"自然存在"。如果"砰"的一声关门被压到了手指，或者牙医钻到神经，有谁不是疼得跳脚呢？有谁能怀疑疼痛的生物学基础呢？然而，基于之前对愉悦的讨论，我们有理由质疑这种生物学观点的局限性。我们在何种意义上以及何种程度上将疼痛理解为关系的结果？这个问题在今天显得尤为重要。鉴于目前对于疼痛治疗的大量研究，在药物干预之外探寻其他治疗的可能性很有必要。[①] 当西方文化中越来越多的人需要依赖药物度日，当务之急便是寻找替代品。

*

关系对于疼痛到底有何意义？让我们开启这一道门，看一看日常生活中的情形：

- 一个3岁的孩子在人行道上摔倒了，他自己一声不吭地爬起来，跑进屋里找到妈妈，然后开始大哭大闹。
- 我们在纪录片中看到，有些中国农村的儿童在接受疫苗注射时面无表情。
- 玛丽跳了一晚上的舞。因为鞋带系得太紧，她的脚磨破了。她整晚都玩得很愉快，回到家才想起照料她疼痛的脚。
- 一个体操运动员在奥运会比赛中脚踝骨折，但仍完成了全套规定动作。
- 邻居家正值青春期的小姑娘忍受了断肢之痛。
- 我的朋友温(Win)刚结束了一场橄榄球赛。他的头上淌着血，胳臂和腿上到处是淤青，脸上却满是灿烂的笑容。他大声吼着："比赛简直

---

① 1999年的报告显示，慢性背部疼痛导致美国男性失去超过1亿个工作日；4 000多万人患慢性头痛；800万人忍受着慢性颜面部和颈部疼痛。管理式医疗计划不愿意涵盖慢性疼痛治疗，不仅仅是因为花费惊人，还因为诊断和治疗无效。

第四章
身体作为关系：情感、愉悦和疼痛

太精彩了！"

我们知道，哪怕只是遭受重量级拳击运动员在比赛中的一袭重拳，都会让我们疼得满地打滚。可是不知何故，运动员的疼痛似乎和我们的不一样。

*

关于疼痛的文化与历史研究提供了更加丰富的实例。历史学家科恩（Esther Cohen）报告，在伊拉斯谟（Desiderius Erasmus）和蒙田（Michel de Montaigne）之前，几乎没有人描写过有关疼痛的体验。在中世纪，作家们很少描述他们的身体感觉，写自传时更多关注精神层面而非身体的痛苦。[①] 13—15世纪，人们认为，疼痛多半不是发生在人体内，而是产生于人的心灵。以这种方式，疼痛体验获得了其精神维度。由于基督为了人类而受难，许多人视疼痛为分担基督受难之苦和实现救赎的方式，自我鞭挞、禁食甚至殉道因此长期为虔诚的教徒所推崇。

莫里斯（David Morris）在《疼痛的文化》[②]一书中描述了疼痛体验的巨大历史变迁。例如，在早期战争中，受伤甚至会让有些士兵产生欣快感，因为这意味着他们可以远离战场上死亡的威胁。18世纪和19世纪，浪漫的痛苦被赋予高贵的美丽之内涵。华兹华斯（William Wordsworth）煞有介事地描述自己的内心"充满可爱而甜美的疼痛"。[③] 密克罗尼西亚的妇女在分娩时很少感到明显的疼痛，以至于西方医生只能通过按压腹部来判断是否存在宫缩。

*

说到这里，许多学者会觉得应该将**疼痛**的感觉（sensation of pain）和**痛苦**的体验（experience of suffering）加以区分。正如人们常常提及，痛苦的体验中可能存在很多的文化成分，这可以解释前面所描述的诸多变异。然而，这种观点认为，痛觉具有生物性和普遍性，它先于关系而存在于体内。尽管这种区分值得关注，但也并不是没有问题。如果疼痛和痛苦截然不同，那么在移除所有痛苦之后，疼痛应该仍然存在。事实是，如果我们祛除了痛苦，也就摧毁了有关疼痛的所有概念，如不幸、折磨、痛苦和挣扎。所以，最好还是不要以这种棘手的方式将

[①] Cohen, E.（2000）. The animated pain of the body. *American Historical Review*, 105, 36–68.
[②] Morris, D.（1991）. *The Culture of Pain*. Berkeley: University of California Press.
[③] 来自十四行诗"见海伦·玛丽亚·威廉姆斯小姐读一个痛苦的故事而哭泣"。

内心世界区隔开。让我们将疼痛视为关系传统中的一种行为表现。

*

丹（Don）和堂娜（Donna）是我多年的邻居。他们反对墨守成规，这令人耳目一新。我承认，在他们搬走时我有些失落。几年之后，我收到了一张很特别的明信片，邀请我去参加一场束缚仪器演示会（a demonstration of bondage instruments）。后来我才意识到这次演示活动的女主持人堂娜就是我从前的邻居。巧的是，在演示会举办的同一天，我正好要去那个城市参加一个学术研讨会，并在会上演讲。于是，我的好奇心被激起来了。

研讨会当天，我几乎把堂娜的事忘了个一干二净。那一天过得非常忙碌，学术交流一直持续到晚餐时间。然而，就在晚餐快要结束的时候，我意识到我已经做到了"认真交流"的极限，一种窥视异乎寻常事物的可能性吸引着我。我坐了很长时间的出租车到达市中心，终于找到了明信片上的活动举办地点。那是一幢破旧的公寓大楼。我犹豫着推开房门，发现房内的情形和我这一天来所处的环境几乎如出一辙：听众围坐成一圈，认真倾听一个男性"教授"讲解着专业术语。只是演讲的主题不是关于自我概念的产生，而是关于各种各样的鞭子，让男人无需裸体女人伏身面前也能产生快感。"教授"演示完之后，小组成员相互匹配成对，用他的道具做试验。很快，房间里便充满了皮革和木头鞭打人体的声音，同时还伴随着狂喜的惊叫。当我向堂娜夫人告别时，她很为自己的工作能为他人带来快乐而自豪。

*

回顾我早前的论点，当我们表达自己的痛苦的时候，是在参与一场由文化准备好的表演。我们不是在报告心理状态，而是在关系的传统中行动。也就是说，我们正在参与某种活动，这种活动从联合行动的历史中获得其可理解性。如果我突然扭伤了背，不会嗲声嗲气地叨咕："哎哟，见鬼！"如果我在冰面上滑倒，也不会仔细去想圆周率的小数点后第五位是什么数字。这些行为都很可笑。而如果我大声尖叫，或者咒骂，我则是个正常人（尖叫声太大或咒骂太恶俗者除外）。

*

批评家会说："你扯得太远了。如果你拍打一个新生儿的屁股，他肯定会

第四章
身体作为关系：情感、愉悦和疼痛

哭；要是饿了或是尿布需要换了，他也会哭。这些不需要社会化，人从一出生就有疼痛感。"乍一看，这很有说服力，但是再想一下了解他人心理这一难题。我们怎么知道婴儿体验到的一定是"疼痛"呢？或许他体验到的是"惊奇""需要""害怕"或其他什么，这些都是最简单、最原始的逃避信号。

让我们再进一步。躯体事件（bodily events）确实以无可预料的方式加入活动流，比如跌倒、击打、冲突爆发、切割、承受压力、宫缩等。然而，正像我们四处活动时遭遇的其他事件一样，我们可以尝试把它们吸收进我们所处的关系世界。在这个意义上，这些躯体事件就像别人对我们采取的行动一样，它本身并不决定我们的行为，只是在协调行动中，它成为"这一种"事件而不是"那一种"。并不是先有疼痛再出现解释，疼痛的事实是在解释的过程中产生的。

*

借助弗兰克（Arthur Frank）的经典著作《伤者自述》（*The wounded storyteller*），[①]我们可以对关系的立场有进一步的了解。弗兰克在书中叙述了三个意味深长的故事，每个故事都与讲述者所患的重病有关。第一个故事将疾病解释为对正常的健康生活的偏离。故事中患者面临的任务是**康复**（restitution）。患者希望祛除疾病，继续好好生活。第二个故事比较极端，患者将疾病视为一场**灾难**（chaos）的开始，患者描述自己如临深渊，陷于徒劳和无助状态，找不到解决和应对的办法。最后一个故事较为少见，是一个有关**探索**（quest）的叙事。患者从旅行的视角来看待自己的疾病，在其中发现某些重要意义和启示。比如，我的邻居玛吉（Marge）最近告诉我她患了癌症，她告诉我在与癌症的抗争中她体验到自己的力量和家人的重要性。我们想要说的是，在对疾病的不同解释中，患者承受的痛苦是有差异的。带着康复叙事，患者只是在恢复健康的过程中暂时忍受痛苦。可是，如果疾病是一场灾难，患者会一直处于愤怒和沮丧的状态。而如果把患病作为一次探索，那么患者会超越对痛苦的一般定义，对生活和关系产生更深层次的理解，其结果可能是内心的平静。

*

[①] Frank, A. (1997). *The wounded storyteller*, 2nd ed. Chicago: University of Chicago Press. 也可参阅: Kleinman, A. (1989). *The illness narratives: Suffering, healing, and the human condition*. New York: Basic Books. Mattingly, C. & Garro, L. C. (Eds.) (2000). *Narrative and the cultural construction of healing and illness*. Berkeley: University of California Press.

批评家再次抨击:"你说得很好,都对。但是生物学研究清楚地证实了痛觉感受器的存在,当这些感受器被激活时(释放神经递质,尤其是谷氨酸),个体确实会报告有疼痛的体验。进而言之,人类作为一种生物体,或多或少都会面对某些共同的文化。所以,疼痛的体验肯定具有某种普遍性。"说得好!让我们暂且接受这一研究传统所谓的事实。然而,必须指出,在这样的传统中,"疼痛问题"(problem of pain)并未得到解决。不仅很难确定中枢神经系统与外周神经系统之间的功能关系(例如,中枢神经系统在多大程度上会对感受器的活动进行反应,而不改变感受器所接收的信号?),而且没有可以完全接受的疼痛测量方法。如果两个人都说他们有"适度的疼痛"(moderate pain),我们怎么确定他们所说的是同一种心理状态?某一种体验是否被报告为疼痛会因为个体的性别、年龄、宗教、种族差异等有所不同。① 我们之前得出的结论是,假定存在一个内在心理世界意味着我们永远不可能相互了解。部分是出于这个原因,我们放弃了心理存在于体内的想法,主张人是关系的表演者。我们应该以同样的方式来理解疼痛,即不要假定它是发生在体内的孤立存在,而把它当作关系生活的共同参与者。

综上所述,我们面对的主要问题是:假如疼痛的神经关联性能够被识别,那么,这种神经作用会在多大程度上被有意义的活动抑制?前面的案例说明,这些活动的确有着强大的影响力。一个人在运动或休闲时体验到的疼痛是不一样的。在这方面,最近出现的一种新方法很吸引我,即通过冥想和瑜伽治疗疼痛。② 这些训练方法可以产生不使用药物控制而减轻疼痛的效果。鉴于疼痛治疗的巨大挑战,这类实践值得我们共同关注。

---

① 例如,可参阅: Unruh, A. M. (1996). Gender variations in clinical pain experience. *Pain*, 65, 123 - 168. Zborowski, M. (1969). *People in pain*. San Francisco: Jossey-Bass. Zatzick, D. F. & Dimsdale, J. E. (1990). Cultural variations in response to painful stimuli. *Psychosomatic Medicine*, 52, 544 - 557.

② 例如,可参阅: Kabat-Zinn, J., Lipworth, L., & Burney, R. (1985). The clinical use of mindfulness meditation for the self-regulation of chronic pain. *Journal of Behavioral Medicine*, 8, 163 - 190. Rockers, D. M. (2002). The successful application of meditative principles to treatment of refractory pain conditions. *Pain Medicine*, 3, 188. Kabat-Zinn, J. (1990). *Full catastrophe living: Using the wisdom of your body and mind to face stress, pain, and illness*. New York: Delta. Main, D. (1991). Chronic pain and yoga therapy. *The Journal of the International Association of Yoga Therapists*, 11, 35 - 38. Wood, G. G. (2004). Yoga and chronic pain management: Telling our story. *International Journal of Yoga Therapy*, 14, 59 - 67.

第二部分
日常生活中的关系性存在

第五章

多重存在与日常生活实践

我们所有的言行举止都以关系为条件。无论做什么,思考、记忆、创造或感觉——一切对我们而言有意义的事——我们都参与了关系。"我"这个词不是行动的根源,而是关系的结果。

*

这些是我们在前几章中得出的结论,但这只是我们讨论的开始,而不是结束。它们为在理论和实践两方面的进一步探索做好了准备。本章及下一章将探讨日常关系动力学(the dynamics of everyday relations),考察这些关系在我们日常生活中的兴盛与衰竭。在之后几章,我们将进一步把关系的理论应用于科学、教育、治疗和组织领域,在其中的每一个领域拓展关系性存在的潜能,探索与关系理论相一致的专业实践。

本章首先探讨多重存在的状态。处于关系中的存在激发了各种行动的巨大潜能。在一系列连续不断的联合行动中,这些潜能以难以预料的方式被塑造、削弱或拓展。其中每一种关系都是一个发展着的故事。对多重存在的描述为我们进一步思考关系的发展轨迹搭建了平台。怎样才能使我们之间的协调行动充满活力?关系稳定的条件是什么?哪里隐藏着关系恶化的陷阱?我们将从关系的视角逐一思考这些问题。

多重存在

作为利昂(Leon)的导师,我正在审阅他的毕业论文初稿。在其中一页的空白处我批注,"此处与之前的章节不一致";在另一页批注,"不连贯""太口语化"或者"措辞不当"。我也写过"祝贺""精辟""写得好"或者"论证充分"等赞语。我在这样做的时候很少反省:我其实正在参与一个传统,其教育目标在于培养学生清晰而连贯的思维方式,难道不是吗?

然而，这种立场本身却蕴含着某种讽刺意味。当我坐下来写这本书时，其实头脑中充满了疑问和混乱。我清楚地知道，自己每写一句话都会有另一种不同的声音在嘲笑。每一刻我都会被几十种表达方式和判断标准困扰。我得努力防止自己东拉西扯，否则极易陷入困境。若是将各种可能性之间混战的过程写出来与你分享，你很可能读不下去而逃之夭夭。实际上，我接受的教育和你对我的期待迫使我成为同利昂一样的人——在读者面前把自己打扮成一个拥有内在统一性和一致性人格的教授。

理想意义上的人应该是一个内在统一的个体，这种观点在西方社会由来已久。基督教传统便是个很好的例子。它崇尚灵魂的纯洁，将世间万物明确地区分为善良与邪恶两个维度。哲学家图尔明（Stephen Toulmin）认为，人们对于逻辑统一性的强调可以追溯到现代主义的崛起，特别是笛卡儿有关理性是人的行为中心的观点所产生的影响。[①] 好的推理应该是清晰且具有逻辑统一性的，理想上接近于数学模型。[②] 因此，成熟的个体应该追求内在统一的世界观，后者能够把各种离散因素整合成为完整的、大一统的理论。同样的价值观也影响了心理学的理论和实践。在20世纪初，詹姆斯描述了这样一些"病态的灵魂"，他们的"精神与肉体抗争，后者总是用不相容的、固执的冲动来干扰前者深思熟虑的计划。他们的生命是一出长剧，在其中他们不断地悔悟，努力弥补自己犯下的罪孽和错误。"[③]凯利（George Kelly）在广受欢迎的《个体建构心理学》（*Psychology of personal constructs*）一书中同样指出，每个人都在试图建立一个具有内在统一性的概念系统。[④] 这似乎是很自然的事。许多关注认知失调（cognitive dissonance）的研究者认为，人们普遍具有减少思想内部不一致的需求。[⑤] 在心理健康领域对此有更多回应。例如，人格理论家莱基（Prescott Lecky）声称，功能正常的人总是力求让生活的各方面都达到统一。[⑥] 精

---

① Toulmin, S. (2001). *Return to reason*. Cambridge：Harvard University Press.
② 早期科学哲学家试图让所有的科学推理皈依统一的数理逻辑，当代分析哲学家的论证近似于数学公理，这一切都不是偶然的。
③ James, W. (1958). *The varieties of religious experience*. New York：The New American Library of World Literature. 初版于1902年出版。
④ Kelly, G. A. (1955). *The psychology of personal constructs*. New York：Norton.
⑤ 参阅，例如：Brehm, J. & Cohen, A. (1962). *Explorations in cognitive dissonance*. New York：Wiley.
⑥ Lecky, P. (1973). *Self-consistency: A theory of personality*. New York：Island Press.

第五章
多重存在与日常生活实践

神病患者相当于没有能力去实现这种一致性,我们通常称其为"精神错乱"(mental disorder,或译"精神障碍"),对精神疾病还有各种类似的专业标签,如精神分裂(schizoid thinking)、双相障碍(bi-polarity)、分离性神经症(dissociation)、多重人格(multiple personality),等等。我在对利昂论文的评价中拓展了该传统的范围。我们所有生活在这一传统中的人都在承受着统一或一致性的负担。

*

三心二意的人成就不了事业。

——《雅各书》(Book of James)

*

在表面的统一、一致和完整的掩盖之下存在着的则是另一种世界,其中既充斥着各种资源,又隐含多种冲突。它们在关系中产生,而且在不断增加新的维度。想一想这些冲突的产生:当我们投入某种关系,无论是莫逆之交还是点头之交,我们都在不断地为行动吸收潜能。关系为行为潜能提供了三个基点(three points of origin):首先,他人的行为给我们提供了**榜样**(models)。我们在观察他人的行为时,这些行为填充了我们的意识,对方的行为因而被纳入我们备选的潜能库。这一过程无论是被称作仿效、模拟、拟态还是认同,通常都被社会科学家视为社会化的基本动力。[①] 例如,现阶段很多研究致力于探索有关性别行为、攻击行为、利他主义和情绪行为的榜样模型。[②] 通过观察,我们吸收了像他人那样行动的潜能。

*

没有他,便没有我。

——吉莱斯皮(Dizzy Gillespie)谈
阿姆斯特朗(Louis Armstrong)

[①] 有关模仿的讨论可以追溯到柏拉图和亚里士多德,以及他们对病态模拟(mimesis)的治疗。在社会科学中,模仿对于社会生活的意义可以追溯到库利(Charles Horton Cooley)、麦独孤(William McDougall)和罗斯(Edward Alsworth Ross)等人的著作。治疗师汤姆(Karl Tomm)把模仿的结果称作"内化的他人"(internalized others):Tomm, K., Hoyt, M., & Madigan, S. (1998). Honoring our internalized others and the ethics of caring: A conversation with Karl Tomm. In M. Hoyt (Ed.), *Handbook of constructive therapies*. San Francisco: Jossey-Bass. 从模仿到对他人的内化再到冲突的产生其间只有一小步。请特别参阅:Girard, R. (1977). *Violence and the sacred*. Baltimore: Johns Hopkins University Press.

[②] 人们倾向于把这类研究等同于行为主义的发展观。也就是说,榜样被视为儿童行为的起因。但是,在当前语境中,我们放弃了因果逻辑,转而支持关系的模型。只有借助我们的参与,榜样才会成为某种类型的榜样。

*

然而,仅仅效仿榜样的行为还不够。在任何一种关系中,我们都会**成为某个人**(become somebody)。换句话说,我们会扮演某个特定的角色,或者采用某种特定的身份。例如,和母亲在一起,我是一个孩子;而和孩子在一起,我又成了家长,等等。其中,每一种关系都促使我们成为某种类型的人,而每一次学到的行为都会被纳入潜能库,以备日后提取。从某种意义上说,我们是在为未来模仿不同版本的自我做准备。我们学着做男孩或女孩,但这远不是简单地成为**某一个**(the)男孩或女孩,而是在与父母、朋友、兄弟姐妹、老师等各种人的交往关系中所获得的多样性存在。我们是天使,我们是暴君,我们低调谦逊,我们张扬卖弄,等等。随着时间的积累,各种可能性在不断叠加。从这种意义上说,可以把"第三年龄"(the third age,指老年退休期)视作生命中最富有的时期。在晚年,人们或许——只要他们有胆量——能够从各种不同的潜能库中吸取能量,重访并实现年轻时未竟的梦想。

*

当我们向内"进入"和感受深层自我,在某种意义上,也是在与他人做深度交流。正是通过这些人,我们学会成为现在的自己。

——米切尔(Stephen Mitchell)

*

多重存在还包含第三种关系的残基(residue of relationship),这来自**联合行动的方式**(the form of co-action),亦即我们在各种关系中表演的互动脚本。① 当我们学习跳舞时,我们获得了按规定动作移动自己身体的能力,我们也会观察舞伴并模仿他们的动作。然而,舞蹈本身的协调活动同样重要:我们要怎样一起朝这个方向或那个方向移动?我们以同样的方式学会参与争论、课堂讨论和对情感脚本的表演(见第四章)。② 总之,各种有意义的或丰富的关系为我们展现了另一个人存在的方式,赋予我们一个在关系中获得的自

---

① 施瓦茨(Richard Schwartz)1995 年在对内化家庭成员的研究中阐述了这种可能性。他主要关注那些被内化的家庭成员,"不同年龄、气质、才能和欲望的内化家人"(p.57),其家庭交流的模式有着很大不同。Schwartz, R. (1995). *Internalized family systems therapy*. New York: Guilford.
② 人际精神病学(interpersonal psychiatry)的创始人沙利文把这些残基称为"我—你模式"。参见: Sullivan, H. S. (1968). *The interpersonal theory of psychiatry*. New York: Norton.

我,并提供了联合行动的编排设计。以这三个方面的资源为基础,我们便获得了无数种存在的可能性。

*

进入任何一种关系,我都携带着无数种说话的方式:根据不同的情境,我可以是严肃的学问家、休闲自在的肯(Ken,指作者本人)、喧闹的球迷、浪漫的诗人、南方人、审美学家、英伦人、好品头论足的人、沮丧的人、治疗师、儿童、学生、理想主义者、侵略者、谦逊的人、宗教人士,等等。所有这些身份都在场,随时等候被调用。我认为只要一点点鼓励,我便可以做好一个女人、一个黑人、一个同性恋者、加里·库珀(Gary Cooper)、一个亚洲人、一个治疗师、比利·格雷厄姆(Billy Graham)、一个意大利暴徒、一个纳粹指挥官、我的编辑、我的狗……的工作。我携带的并不只是语词,而是语词与行动的结合,包括语调、目光、姿势、运动,等等。这些都潜伏着、休眠着,但都有可能出现。给我合适的听众和充分的鼓励,谁又能知道我将变成什么呢?

*

这个观点带来许多重要结果。首先,它与有界存在的传统形成对照。内在整合的、协调一致的心灵被另一种在本质上是混乱、无序和不一致的人的观念取代。在有界存在的传统内,个体在社会空间内是孤立而具有完美理性功能的存在。与此相反,多重存在则是社会嵌入式的,深度参与了关系的流动。对有界存在来说,一致性和一体化是优点,井井有条的思维方式是一个人成熟的标志。而对于多重存在来说,一致性和一体化可能有价值,但仅限于在特定的关系之内。多重存在更加重视在各种千差万别的关系领域中有效地实现联合行动的可能性。

与此同时也存在着一种可怕的暗示。假如像该观点所言,我们确实携带着多重关系的残基,那么,对于所有我们认为是合理的或者正确的事物来说,我们同时也持有它的反面。对于任何一个我们选择的行为,我们都有能力去选择另一种与它相反的活动。每一个激进的自由主义者都清楚地知道在一段无聊的会谈中该如何表现自己;每一个信奉正统基督教的人都知道罪恶的吸引力;每一个成年人都可以做一个孩童;每一个负责任的官员都有贪污的可能;每一个异性恋者都有发生同性恋的可能。冲突的潜能永远伴随着我们,做任何一件事我们都背负着反对者的声音。

*

我的良心(conscience)发出千万种声音,每一种声音都讲述着一个故事。

——莎士比亚《理查德三世》(William Shakespeare,*Richard III*)

*

这也就是说,我们生活的世界看似稳定,实则脆弱。在日常关系中,我们遇到的仅仅是很少一部分人和事,但我们却错误地把它们当成全部。稳定性和一致性产生自我们联合行动的协议,但是这些协议并没有捆绑效力,分裂随时都有可能发生。我并不想说社会生活是一场盛大的游戏,以至于我们所有人不得不区分场合带上不同的面具。面具的隐喻是一种误导,它暗示着面具下面还隐藏着一个"真实的自我"。对于关系性存在而言,没有内在与外在的区分,只有与他人之间的交互作用。回顾之前各章,真实性是被当下关系成就的。

早期先驱:深度心理学

为了充分揭示多重存在的观点及其意义,有必要将它与以往有关人的多样性理论作一比较。我们先讨论与此密切相关的早期精神分析学,然后再转向较近的心理治疗与社会科学。自精神病学产生以来,人们对于人格内部各种冲突的势能充满好奇。事实上,在弗洛伊德看来,理性而统一的自我只是"表面自我"(a self on the surface)。我们生活中最重要的驱力来自意识中被压抑的部分。潜意识的闸门一经打开,个体便会被各种可怕的欲望淹没——乱伦、凶杀、性倒错,等等。意识和良心共同参与对抗潜意识的原始冲动,其结果往往是人格分裂以及对这种混乱的神经性防御。在这种情境中,治疗的目的就在于让被压抑的能量以可控的方式释放出来。[①]

荣格(Carl Jung)接受了弗洛伊德关于深层次潜意识的观点。只是在弗洛伊德看来,潜意识基本上是一种毁灭性的力量,而荣格却从中找到了一个神秘冲动的后花园。荣格认为,人类从遥远的古代继承了大量的冲动和价值,表现

---

① 参阅,例如:Freud, S. (1954). *The psychopathology of everyday life*. (A. A. Brill, Trans.) London: Penguin.

第五章
多重存在与日常生活实践

为围绕着智者、大母神、英雄、魔术师、平衡的复杂性状态等建立的一系列意象丛。① 每一个男子体内都有女性的冲动,反之亦然。在荣格看来,这些冲动不应该受到压抑。事实上,健康的发展需要个体把这些能量导入意识的范围。生命从这些丰富的多样性中获得意义。有关深层自我的构造,尤其是弗洛伊德的压抑理论,在治疗工作中始终扮演着重要的角色。②

虽然弗洛伊德关于人格"阴暗面"的观点与多重存在的潜能具有某些一致性,但二者之间存在显著而又重要的差别。首先是起源问题。对弗洛伊德来说,被压抑的冲动基于人的生物性,受性本能与死本能(eros and thanatos)控制,或者通俗一点说,受放纵的性欲和毁灭的冲动控制。而对于多重存在来说,个体的潜能来源于社会性而不是生物性。任何一种关系中都蕴藏着某种存在的潜能——支配或顺从、粗暴或友善、服从或叛逆,等等。这既包括真实的人与人之间的关系,也包括个体与电影、文学作品、神话故事和互联网等媒介人物之间的关系。在这种意义上说,借用"恶"的一般标准衡量,我们"作恶"(doing evil)的潜能是巨大的。例如,媒体对于强奸、自杀、虐妻等新闻的大量报道,激发了人们效仿这类行为的潜能。简言之,如果你知道某件事曾经被某些人做过,你便会产生也做同样事情的可能性。③

*

我生活中最大的乐趣便是陪孩子们一起玩耍。在这些关系中,我携带着自己童年的残基(residuals)。童年生活又回来了,并且因我现在的玩伴而变得更加丰富充实。能从"成人身份"背负的责任中解脱出来该是怎样一种轻松啊!这种欢乐的时刻是在成人世界里意想不到的。正是在这样的背景下,我开始憎恶媒体对于性侵事件的大量报道,这些报道偷偷潜入我的生活。在从电视新闻和电影屏幕上看到这些报道之前,我根本想不到孩子有可能会成为"性侵的目标"。如今我的纯真迷失了。当看到孩

---

① 参阅,例如:Jung, C. G. (1968). *Man and his symbols*. New York: Dell.
② 有关心理治疗对多样性的探索有一篇极好的文献研究,可参阅:Rowan, J. (1990). *Subpersonalities*. London: Routledge. 与我们当前讨论的主题更为接近的是精神分析关系学派的发展,尤需参阅:Muran, J. C. (Ed.) (2001). *Self-relations in the psychotherapy process*. Washington, DC: APA.
③ 正是这种观点激起了很多人对于大众媒体过度报道犯罪与暴力的担忧。这些报道可能被人当作榜样来仿效。

子们在公园里玩耍,我禁不住问自己,一个潜伏的性侵者会怎样看待这些孩子呢?在一个丑恶的瞬间,我竟成了可恶的掠夺者……直到被一声惊雷唤醒,让我意识到并庆幸自己是一个正常人,而他们也只是正在玩耍的孩子。

*

精神分析与关系立场之间的第二个区别在于对为什么这些"恶行"(evil acts)较为少见这个问题的解释。事实上,绝大多数人从未真正考虑过要强奸、乱伦或者谋杀。在弗洛伊德看来,答案在于**压抑**(repression),即存在某个潜意识的心理过程阻止这些欲望在意识中出现。当恶的倾向开始渗入到意识中时,神经性防御机制(如强迫症、偏执)便会奋起与之对抗。我们一直在下意识地与自己内心深处的欲望做斗争,而在努力维持内部平衡的过程中很容易出现失调。事实上,弗洛伊德认为,如果没有神经症,人类文明很有可能面临坍塌。

对于关系性存在来说,不存在类似压抑之类的异乎寻常的力量左右我们对事物的理解。我们带着多重的、相互冲突的潜能来处置善与恶。但是,这类潜能中的大多数很少被意识到,并不是因为我们防御了它们,而仅仅是因为它们与我们日常活动的汇流(confluence)不相干。一个人或许读过对某个谋杀案的报道,从而获得了这类行为的模式,知道怎样谋杀。但是,很少有人会参与到这种关系中(如街头帮派或黑手党),而只有在这一类关系中谋杀才成为可理解的行为。用不那么极端的术语来解释,即大部分成年人都知道怎么玩"跳房子"、捉迷藏、"转瓶子"等游戏,但这些潜能与我们成年人的日常生活脉络不相干。我们需要在日常生活中保持关系内部的可理解性,正是这种需求凝结成了文明或教养的核心。

*

当我们专心致志地做一件事的时候,常常会忘记冲突的多重潜能。但是,我们不会一直被包裹着,冲突随时都会发生。弗洛伊德有关防御机制的观点与此相关。在他看来,心理防御是与生俱来的。危险冲动一旦出现,基于生物性的压抑和防御机制便会自发地起作用。与此相反,从关系的立场看,对于不一致性的抵抗并不是天生的。各种对抗性的冲突本身并不是问题,只是在鄙视冲突的关系中它们才成为问题。儿童可以自如地当变色龙,任何冲动都能

第五章
多重存在与日常生活实践

很快让位于其对立面。此刻的"小甜心"下一刻则可能成为"捣蛋鬼"。只是在后来的关系中,我们才学到了负责任的规则。

*

二加二等于五自有其独特的吸引力。
——陀思妥耶夫斯基(Fyodor Dostoevsky)

*

我们不仅通过关系学会了抵制相互矛盾的冲动以寻求一致性,同样在关系中,我们还习得了防御冲突的方法。例如,在日常关系中,我们都会抑制批评他人的冲动、说粗话的冲动、打呵欠的冲动、表达不感兴趣的冲动。能够这样做,表明我们已经获得社交技能。确切地说,我们借助这些技能来处理多重关系中的冲突残基(conflicting residues)。让我们用**压制**(suppression)代替**压抑**(repression)。从这个意义上来说,通常所谓的"内在冲突"是个人对于公共冲突(真实的或想象的)的卷入。我们参与到多重的、相互矛盾的关系中,但并非全身投入。如同第三章所描述的那样,这些都只是部分的表演。或者,依照维果茨基的说法,我们拥有的每一种压制个体冲动的方法都来自对社会生活的参与。

有关**内部对话**(inner dialogue)的隐喻在这里有助于理解。每一种"去做这个"和"不去做那个"的冲动都代表着来自过去关系的"声音"。这些可能是他者的声音,或者是个体通过与他人交往获得的声音。当它们同时出现时,其中某一种声音将会"胜出",它们掌握了"最有力的论据"。借用苏联文学理论家巴赫金的话说,有些声音被证明具有"内在的说服力"。① 例如,异性恋文化会鼓励人们选择与异性交往,并把同性恋视作离经叛道。只要"离经叛道的声音"(deviant voice)开始说话,"固有的声音"(natural voice)便会出来压制它或对它进行重构,如"绝对不可能!""这纯属少不更事""好吧,或许我确实有那么一点'双性恋'倾向"。如同毕利格所言,弗洛伊德所谓的潜意识心理的基础其实就是我们学着去改变令人羞愧或不舒服的对话的结果。② 当我们将这种

---

① 参阅巴赫金有关内部对话过程的研究,例如:Bakhtin, M. (1981). *The dialogic imagination*. (M. Holquist, Ed.). Austin: University of Texas Press.

② Billig, M. (1999). *Freudian repression: Conversation creating the unconscious mind*. Cambridge: Cambridge University Press.

实践带入个人生活,就会停止内部对话,时间久了便渐渐失去了对话的张力,而只是"根本就不会去想那些事"。

*

这些甜点看上去极其美味,塞满香草冰激凌的奶油泡芙,上面覆盖着厚厚的法芙娜巧克力酱。我被这些美食诱惑着。可是,我的发小突然对我说:"你想长成大胖子啊?"随即我的医生也加入了:"你要当心自己的胆固醇。"然而,哈里(Harry)却说:"你又不是经常吃";苏西(Suzie)也说:"嗨,你可以明天再减肥";更有一句引人入胜的格言告诉我:"及时行乐!"我沉默了一小会儿,然后转向一起吃饭的同伴问:"要不要来点甜点?"

*

在这里有必要强调压制(suppression)的积极社会功能。在弗洛伊德传统中,防御机制是神经系统自发的机能。精神分析心理学家的任务是引导个体找到宣泄的方法,以便个体可以通过自我(认知)控制不良冲动。而从关系的立场看,"内在冲突"反映了我们生活中的社会冲突。利用压制策略(suppressive devices),我们力求减少社会冲突,彼此和谐相处,帮助自己在各种复杂的关系中有智慧地生存。

与此同时,当压制策略使用过多时,我们同样面临危险。若我们压制了太多的声音,生活可能会变成"得过且过",顽固地偏执于某些东西会令我们失去灵活性。个体必须掌握平衡的技巧:应该压制哪些?在什么条件下需要压制?"良心的声音"在此是个贴切的隐喻。在弗洛伊德那里,对诱惑的抵抗来自父亲的声音。但是,即便是这种超我的制约作用在他看来也是神经系统自发的机能。按照我们所持的观点,以这种方式处理那些内在毁灭性冲动有些荒谬。个体的超我并不只是来自父亲的声音,还包括许多其他人的声音。为了能在社会中舒适地生活,留意这些声音比借助神经官能更重要。而一味地听从这些声音可能会令一个人变得麻痹。当我们面对复杂的关系背景时,尤其需要灵活性。但是不听从这些声音,我们又从本质上否认了关系的联结。例如,一个人可能会说"我不在乎我妈妈怎么说我",或者"我的朋友不会影响我现在的选择"。那些缺乏道德良知的人既不是"坏种",也不是缺乏道德推理能力,而是缺乏某些重要的关系,在这些关系中"美德"成为可理解的、被希望的生活方式。士兵犯下滔天大罪(强奸、伤人或者谋杀)的原因并不是原始驱

第五章
多重存在与日常生活实践

力的释放，而是在他们所处的生活脉络中缺乏对话的张力。假如没有否定的声音，便什么事都有可能发生。

"夜里睡不着的时候，干脆起床把自己的焦虑写下来，我发现这样做有时很有帮助。"
载《纽约客》2008年合订本。作者德纳维奇（Drew Dernavich），来源：cartoonbank.com。

*

我14岁那年的一天傍晚，在我就读的中学，教学大楼里空荡荡的没有人，只有我与另外两个同学。我们刚踢完足球，在大厅里闲逛，嘲笑同学，揶揄老师，聊着学校里的各种糗事。在楼上靠近楼梯间的地方，我发现一组寄物柜被人从墙上拆了下来。这些柜子明显是要被搬到其他地方去的。我开玩笑地跟大家说，为了帮管理人员的忙，我们应该把这些柜子扔下楼，接下来是一阵哄笑。一分钟之内我们就把这些柜子抬到了阳台上，寄物柜被扔下去摔了个粉碎，然后我们以最快的速度各自朝相反的方向跑开了。为什么？我现在问自己，我竟然做过这样的蠢事吗？在那一刻，劝诫的声音哪里去了？为什么这么做"在当时似乎是对的"，换个时间看却是如此愚蠢荒谬？

当代先驱：与他人共生

关于多重自我的那些生动对话一直延续至今，其中有许多与当前讨论的多重存在的观点相吻合。弗洛伊德的早期观点认为，个体受深藏且令人难以忍受的生物性冲动所累，而现在的许多精神分析学家并不认同这个观点，这是一个重要转变。例如，在霍妮、弗罗姆、沙利文等人的著作中，一个显著的变化是开始通过社会关系来了解一个人。以**客体关系**（object relations）理论为代表，社会的观点在20世纪中期变得异常兴盛。"客体"在这里主要指他人，其中最重要的是一个人的父母。① 这种观点一直发展至今，以关系分析师这一群体的积极活动为代表。②

关系分析师长期致力于研究潜意识的冲动以及早期家庭关系对个体的多重自我及自我断裂感的影响。然而，治疗领域最引人注目的转变还在于，治疗重点由强调个体内部冲突转而关注来访者与治疗师之间的关系。正如人们已经认识到，来访者与治疗师在治疗过程中各自携带着过往关系的大量残基，治疗的效果主要取决于二者关系的动态发展。来访者与治疗师相互可能产生某些矛盾的情感，这些情感是他们各自以往关系史的映射。他们之间形成的同盟关系对治疗效果有显著影响，因此倍受关注。如果来访者与治疗师之间的合作是成功的，那么治疗成功的可能性就会很大。③

尽管精神病学中的关系取向重点关注如何克服冲突和减少痛苦，但也有人持更积极的观点。心理学家沃特金斯（Mary Watkins）的案例研究将注意力集中在个体内部与"影子客人"（invisible guests）之间的对话。她认为，这些对话对我们的幸福生活具有重大贡献。④ 例如，在作出结婚这一重要决定时，个

---

① 有价值的回顾，参见：Mitchell, S. A. (1988). *Relational concepts in psychoanalysis: An integration*. Cambridge: Harvard University Press.
② 关系研究的成果发表最集中的刊物是：*Psychoanalytic Dialogues, a Journal of Relational Perspectives*；另可参阅国际关系治疗与精神分析学会的网页：the International Association for Relational Therapy and Psychoanalysis (http://www.iarpp.org/html/index.cfm).
③ 参阅，例如：Safran, J. D. & Muran, J. C. (2001). The therapeutic alliance as a process of intersubjective negotiation. In J. C. Muran (Ed.), *Self-relations in the psychotherapy process*. Washington: APA.
④ Watkins, M. M. (2000). *Invisible guests, the development of imaginal dialogues*. New York: Continuum.

体在想象中仿佛能听到父母的争论，其结果有助于个体更加明确自己作出结婚选择的利弊。在沃特金斯看来，这种对话还与个体创造力的发展以及多角度看问题的能力相联系。沿着同样的思路，赫尔曼(Hubert J. Hermans)和肯彭(Harry J. Kempen)①也认为，个体天生便能与自己对话。他们放弃了个体是由某些稳定不变的特质组成的观点，认为通过这种内在的对话过程，意义始终在不断发展。

玛丽·格根在对**社会影像**(social ghosts)的研究中回顾了这些观点。她指出，潜在自我的形象并不局限于我们周围的真实认识的某个个体，其中最重要的可能是公众人物、演员、历史名人或小说中的人物以及神灵。② 玛丽·格根的研究以青少年为对象，以下是其中几个人的访谈摘录：

- 琼斯(John Paul Jones)是齐柏林飞艇(Led Zeppelin)摇滚乐队的贝斯和键盘手……当我的乐队演奏的时候，我会把自己想象成他，这样能让我演奏得更好，给了我很多力量。
- 我打篮球的时候喜欢飞身灌篮，仿佛巴克利(Charles Barkley，前篮球明星)的灵魂附体。
- 齐弗(Eddy Cheever)是一位著名的F1赛车手，正是看了他的比赛，我才对赛车产生了浓厚的兴趣。事实上，他对我选择成为一名机械师产生了重要影响。

最后，社会心理学家为行动中的多重存在提供了有力的说明。人们像变色龙一样改变自己的能力被理解为受情境影响(situational effects)，亦即当下的处境会影响人的行为。那么，如果情境需要，人的行为的边界在哪里呢？社会心理学的研究证明，当处境发生改变时，人的行为对不同情境具有非凡的适应性。有趣的是，人们常常做出自己在其他情境下会强烈反对的事情。在实验室情境中，他们会撒谎，相互利用，并赞同明知道是不正确的意见。最有名的案例是米尔格拉姆(Stanley Milgram)有关权威服从的实验。③ 在该研究中，

---

① Hermans, H. J. M. & Kempen, H. J. G. (1993). *The dialogical self: Meaning as movement*. San Diego: Academic Press.
② Gergen, M. (2001). *Feminist reconstructions in psychology: Narrative, gender and performance*. Thousand Oaks, CA: Sage.
③ Milgram, S. (1974). *Obedience to authority: An experimental view*. New York: Harper and Row.

研究人员从各行各业招募了相当数量的参与者。进入实验室后,实验者要求被试在对方不知情的条件下对隔壁房间的某个人施以强烈电击。受害者的悲鸣和呻吟都不能阻止被试进一步实施电击的行为。甚至,当这些电击看上去有可能使受害者面临生命危险时,大部分被试依然听从实验者的命令,继续实施电击。米尔格拉姆因此推断,在命令之下,我们中的大部分人都有可能做出暴力行为。①

*

如果人们发现只有他们一群人在一起,摈除了一切监视,切断了与过去和未来的联系,他们会做些什么呢?这是我们较早针对人们在黑暗空间内的关系进行研究时提出的问题。② 我与我的同事广泛招募志愿者参与一项环境研究,并给付一定的报酬。到了约定要做实验的那天,参与者一个个独自到来,先被分别带入一个房间。实验者要求他们交出外套、钱包以及口袋里所有的东西,脱掉鞋子,然后将他们逐个带进同一个没有灯光的房间。他们在该房间待上"一段时间"之后,实验者再把他们一个个单独送走。出了黑屋,他们便再也不会遇见彼此。这间屋子的面积大约 12×12 英尺,地上铺着地毯,四周的墙面都有软包装,房间中没有家具。如果房间内出现问题或者任何人感觉不舒服,门的上方有一盏小红灯,按一下便会允许参与者离开房间。双层门屏蔽了外面所有的光亮。每次试验大约有 6—8 位参与者进来。因为不确定实验过程中会发生什么,我们特意安排了一位同事待在房间内的某个角落,以保证安全。

我们发现,本研究的参与者首先会友善地相互自我介绍,他或她是谁、来自哪里,等等。许多人撒了谎。他们还会估计房间的面积,发现房间里用来录音的麦克风。大约过了十五分钟,谈笑声逐渐消失,很快陷入沉默。触摸代替了交谈。正如参与者对他们经历的描述:"我不用非得循规蹈矩地注视别人,这让我觉得很有趣","我很享受在人群中

---

① 传统社会心理学试图测量个体的态度,似乎这些态度是固定不变和内在统一的。然而,多重存在的观点认为,个体的态度不仅不断变化,而且常常自相矛盾。具体说明请参阅:Billig, M., Condor, S., Edwards, D., Gane, M., Middleton, D., & Radley, A. (1988). *Ideological dilemmas, a social psychology of everyday thinking.* London: Sage.

② Gergen, K. J., Gergen, M. M., & Barton, W. (1973). Deviance in the dark. *Psychology Today*, 129–130. Gergen, K. J. (1993). *Refiguring self and psychology.* Hampshire: Dartmouth.

第五章
多重存在与日常生活实践

肆意爬行的感觉","我坐在那里,贝丝(Beth)过来了,我们开始触摸对方的脸颊和身体,互相拥吻。我们决定传递我们的'爱',和其他人分享这种感觉。所以,我们分开去找别人,劳里(Laurie)取代了贝丝的位置。"

当我们告知这些参与者活动结束,请他们离开这个房间时,他们中很多人不太情愿。我们发现,90%的参与者表现出了有目的的互相触摸行为,只有20%的人试图阻止他人触摸自己。50%的人有过拥抱,80%的人报告自己体验到性冲动。一个年轻的女性参与者后来告诉我们,她被自己在黑屋中的行为吓到了。她是一个虔诚的天主教徒,而且下个月即将举行婚礼。许多人自愿参与后续研究,而且不需要报酬。在对照组实验中,我们同样把参与者分批次聚集在同一个房间,只是此时房间里是明亮的。那些亲密行为再也没有发生过。

批判与内在一致性

我们现在必须为批评者腾出一点空间,允许他们说话。对于很多人而言,多重存在的观念并不合胃口。反对者的声音需要表达,而对于这些批评的回应有助于加深我们的理解。

批评1:多重存在的图景似乎与我们人类作为经久不变的存在(durable beings)这种感觉背道而驰,难道我们大多数人都成了变色龙吗?其实日子一天天过去,我们每天都一样,这就是为什么我们会有那么多针对人格特质而设计的研究。如果人都像你所说的这样易变,就不可能发现这些稳定不变的特质了。

回应:我们的日常行为或多或少都是可以预测的,多重存在的观点并不否认这一事实。但是,让我们放弃这一假设,即个体内部存在某种形式的"真实自我"或"核心人格",并将它们作为行为的驱动力。相反,让我们来考察关系——过去的和当前的,所有可理解的行为都可以在关系中找到根源。这些年来我一直把自己当成是一个教授,而我作为教授的所有行为也都保持着相对的一贯性。但是,在我只有16岁时,没有什么能比在书桌前一坐好几个小时更令我难受的了。从这个意义上来说,我的教授人格既不像胎记那样是永久不变的,也不像电脑程序那样是一种决定因素,而是关系中的熟练行动。在大学之外,它们常常是不适当的,有时甚至会让人感觉很不合时宜。

批评2：我始终认为我是一个有意识的决定者。我能意识到自己有很多的面向，正如你所描述的那样。但是，依托意识的中介作用，我可以把不同面向整合起来，我可以筛选、分类和作决定。例如，我可以把自己幽默的一面带到工作中去。这类意识实践难道不正构成了一个起着核心作用的、有预测力的自我吗？萨特称其为"先验自我"（transcendental ego）。对于我而言，它就是"我自己"。①

回应：这种有关"我"的公有意识的确迷人，我们赋予它的意义却长期存在争议。尽管人道主义者赋予"我"以深刻的蕴含，视其为人的行动源泉，神经科学家却视其为深层大脑功能的体现。对于后者来说，真正重要的活动发生在意识的范畴之外，而"我"只是到最后才知道（见第四章）。拉康精神分析理论认为，内在统一的"我"是在儿童早期发展阶段产生的一个幻觉。关系理论则把我们导入另一个完全不同的方向。回顾我们在第三章中提出的观点，意识的内容是关系历史的副产品，人的经验在关系中获得意义。例如，当我准备演讲时，我凭借过去的关系史来理解自己的行为。我的意识完全被演讲活动吸收，"我"和演讲行为合二为一。但是，假如在演讲过程中我不自觉地滑入对自己演讲的意识，我很可能立刻就会变得结结巴巴。（有一次我面对很多观众演讲，我觉得自己的裤子滑下来了，我很震惊地发现自己竟然忘记系皮带！）以这种方式产生的自我意识并不是一种未遭关系晕染的状态，而只是从某一种关系性存在进入另一种关系性存在。

*

我们每个人都是部分重叠、多重组织与不同观点的综合体，只是我们的经验常常被某种虚幻的连续感蒙蔽。

——米切尔（Stephen Mitchell）

*

---

① 更多有关精神综合（psychosynthesis，是指将精神分析与沉思和锻炼相结合的一种心理治疗方式）的资料请参阅：Vargiu, J. (1974). *Subpersonalities*. Synthesis. Vol. I. Redwood City, CA: Synthesis Press. Stone, H. & Winkelman, S. (1989). *Embracing ourselves: Voice dialogue manual*. Novato, CA: Nataraj.

批评3：但是，作为一个有意识的存在，你很清楚这些事情。正像你自己描述的，你可以俯瞰（over-see）这些碎片。那么在我看来，前面的批评有理。这种监管的意识不正构成一个核心的自我吗？

回应：我确实把这些碎片整合成了某一时刻的意识整体。但是，即便这种整合也是产生于关系内部。基于我的关系史，我获得的潜能之一便是整合。从这种意义上来说，整合只是其中的一种选择，而这里可以有很多种不同选择。例如，我可以寻求和探索相对立的选择之间的阴阳互补关系，以此取代对那些碎片的整合。任何有关"我自己"的探索都来自某种意义传统的内部。可惜，大部分时候我从未就此进行探索。

摹写多重存在

为理解多重存在的立场，在这里借用一个视觉隐喻可能会有所帮助。在下图中，个体生活于其中的各种各样的关系分别以一个椭圆形代表。想象这些椭圆处在一个持续的协调活动过程之中。每一种关系都会为潜在的行动（例如语言、情感表达、剧情发展）提供一些残基或资源。任何一种行动（单独或者联合）都可能在某一时刻被激活。那么，个体从本质上来说就是由关系的多重性构成的。有些关系的残基得到较多的实践机会，而另一些则除了一点可能性之外什么都留不下。被大量实践的残基随处可见，例如，个体和普通朋友说话的方式，我们通常称这些为习惯（habits），有时它们也被视作技能（skills）。那些较少被实践的残基则可能会被视作虚伪或逢场作戏。有一些人，例如所谓的"世界公民"，会卷入各式各样的关系，随身携带着大量的势能；而生活在各种社会福利机构的人或在乡村生活的村民则可能只拥有较少的势能。我们就这样被大量的势能武装着，进入各种关系。

*

个体代表了无数关系的交集。

*

如下图所示，这些关系的残基类似蝴蝶的翅膀，能够帮助个体朝不同方向高飞。但是，正如蝴蝶需要两个翅膀才能飞翔，我们现在的问题是，如何才能充分开展有意义的联合行动。

协调:飞翔的挑战

许多儿童心理学家相信,人类的协调能力不仅是天生的,而且很小就能显示出来。特雷瓦尔坦(Colin Trevarthan)的相关研究值得关注。他对婴儿与母亲互动的经典研究得出结论:"婴儿咿呀学语的快乐与妈妈回应宝宝的兴奋紧密协调的例证随处可见。很明显,这时的母亲与孩子循着同样的节拍和旋律,就像一首歌……"[1]

有关这一现象最引人注目的说明来自布拉德利的研究。布拉德利及其同事观察了婴儿之间的互动,不是与他们的妈妈一起,而是与其他婴儿的互动。[2] 孩

---

[1] Trevarthen, C. (1977). Descriptive analyses of infant communicative behaviour. In H. R. Schafer (Ed.), *Studies in mother-infant interaction* (p. 102). London: Academic Press. 也可参阅: Stern, D. (1977). *The first relationship*. Cambridge: Harvard University Press. Richards, M. P. M. (Ed.) (1974). *The integration of a child into a social world*. Cambridge: Cambridge University Press.

[2] Bradley, B. S. (2008). Early trios: Patterns of sound and movement in the genesis of meaning among infants in groups. In S. Malloch & C. B. Trevarthen (Eds.), *Communicative musicality*. Oxford: Oxford University Press. 对于模仿的生物性准备,相关研究请参阅: Meltzoff, A. N. & Prinz, W. (Eds.) (2002). *The imitative mind: Development, evolution, and brain bases*. Cambridge: Cambridge University Press.

第五章
多重存在与日常生活实践

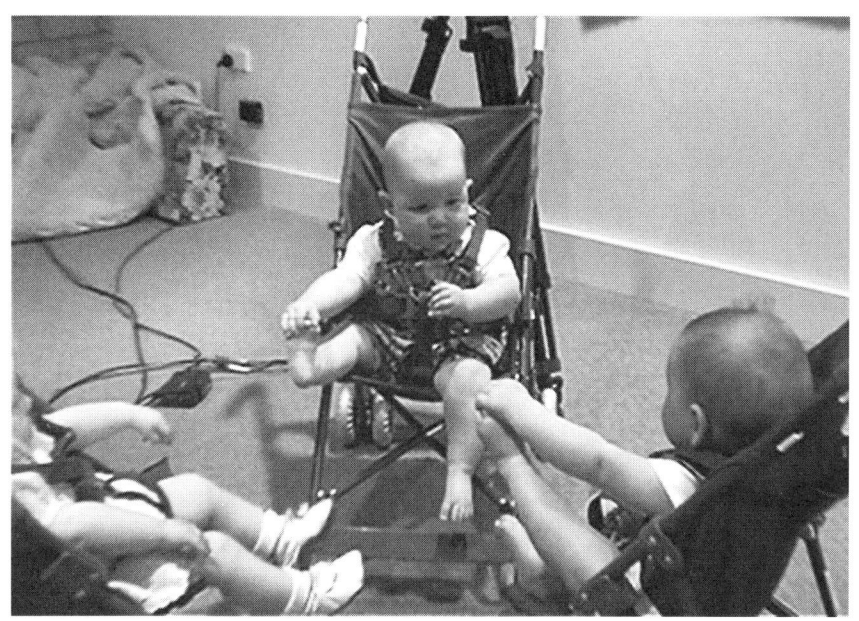

在布拉德利的研究中,1岁以下的婴儿正在相互交流。[致谢:布拉德利(Benjamin Bradley)]

子与一个已成功掌握社交技能的成年人之间的协调是另外一回事。布拉德利的问题在于,婴儿之间的互动行为是否能达成同步?更具挑战意味的是,如果两个以上的婴儿同时卷入会怎样?为了探索这种可能性,研究者安排3个不足1岁的婴儿近距离坐在一起。正如研究者发现,在相对较短的时间内,3个婴儿便表现出了强烈的彼此配合行动的倾向。布拉德利由此得出结论:"婴儿有能力进入一种关系,在其中他或她可以同时意识到2个以上的他人。"换句话说,有证据表明,9个月大的婴儿头脑中就已经有了"宗派"或"团队"的意识。

*

但是,这种协调的潜能仅仅为我们提供了一块空白画布,允许我们在上面创作各种不同的图画。一切有意义的关系都依赖于协调,但是对于关系的方式则并无原则性的限制。由于我们生活的方式和方向都依赖于这种协调,因此有必要更加详细地探索这一过程。在本章接下来的部分,我将主要讨论三个问题:(1)对于协调的一般性挑战;(2)随着关系的发展我们可能遭遇到的困难;(3)克服困难和避免冲突的方法。

*

为了理解协调的挑战，让我们再回到蝴蝶翅膀的隐喻。在这里我们给它添加了另一只翅膀，使它变成双翼。我们遇到的问题仍然是飞翔。想一想蝴蝶，作为人类我们每个人都携带着一系列潜能，可是我们怎么才能飞得起来呢？如何让飞翔成为美事？怎样才能克服地心引力的束缚在蓝天自由翱翔？哪些是资源？哪些又是阻碍？在下面的讨论中，我将从多重存在与关系的兴盛出发，然后探讨潜能在关系中被压制的可能性，最后我们再来谈谈积极协调的艺术。

相遇与交互作用

第一步非常简单，但意义重大。初次相识，其核心任务是**生成切实可行的脚本**（generating viable scenarios），即可靠的关系序列。我们必须找到"我们做事的方式"，那是我们特有的舞蹈。在这一过程中，我们建立了一个最低限度的可预测的世界。如果我们自顾自胡言乱语，便无法相互交流，那样我们就不是一个可理解世界的好的参与者。可预测的脚本产生信任。我们共同定下规则，并相信大家都会"遵守规则"。众所周知，如果缺乏基本的信任，亲密关系、家庭、组织和共同体都将无法存在。

礼仪脚本（scenarios of civility）的诞生部分是出于预测世界的需要。这些是公共的协调模式，所有人都可以使用。由于它们并不是为某种特殊身份量身定做的，我们视其为通用（impersonal）脚本。相互寒暄、说天气、谈新闻、相互礼貌地说"请""谢谢"等，这些都是礼仪脚本。我们倾向于把这些交往模式看作是肤浅的和表面性的，但它们对于我们生活的世界非常重要。最简单的交流，例如"嘿，你忘记关车灯了"……"哦，谢谢！"是社会秩序井然的重要标志。

在礼仪脚本之外是**特殊情境脚本**（context-specific scenarios）。这些是在公司、学校、法庭等组织内部使用的行为模式。关系的规则足够清晰，并被广泛分享，但它们不能轻易地被跨情境使用。长期反复地实践着地方规则给人带来真实感。而与此同时，当个体进入另一种不同的环境，相反的行为同样可以带来"真实感"。一个人在工作时可能会感受到真实的自我，这种场合的挑战可能攸关个体的生存。但在慵懒的周末，一根钓竿似乎也能展现"真实自我"。

第五章
多重存在与日常生活实践

关系作为飞翔的挑战

遵循礼仪脚本以及工作场所的特殊脚本,生活可以过得轻松自在。可惜这些脚本只是我们现存脚本库中很少的一部分。太多的声音尚未表达,更具挑战性的是那些模棱两可的情境。此时公共脚本完全不适用,参与者不得不利用自己的资源,共同创造**混合脚本**(hybrid scenarios)作为他们自己的新的协调方式。当今世界充斥着网络约会、网上聊天、学校里的新室友、工作中的新同事,更不用说还有那么多的国际会议、家庭危机、公共灾难。对于我而言,这个人将会成为谁?我又将变成怎样?我们共同的舞蹈将怎样演绎?

*

作为一个年轻人,我为自己的单纯幼稚而烦恼,迫切渴求社会经验。我需要克服的障碍之一是摒弃童真。处于青春期的我同女友之间的关系过于理想主义,倾向于柏拉图式的精神恋爱而非性爱。但是现在我遇见了马西(Marcy),她的人生阅历显然比我丰富。她是我的女神,而我成了她的仆人。某一天深夜,我们回到她家。她的父母已经睡了,客厅里只有我们俩。马西点燃了蜡烛,挑了一张门德尔松的协奏曲唱片,开了一瓶红酒,我们在那种微醺的性感气氛中举杯陶醉。片刻之后,马西起身开始宽衣解带。她的脸因为害羞而泛着桃红,吩咐我可以"随便一点"。我的心开始怦怦直跳,这难道是我人生新的开端吗?真想大声欢呼雀跃。但是,马西还在宽衣的手突然停了下来,漫不经心地眨着眼睛问了一句:"你是犹太人,对吗?"我顿时被吓呆了,"是……呃……不是……但……"支支吾吾的声音像一把利剑将我自己刺倒。马西迅速穿好衣服,打开灯,我被逐入黑夜。

这一生活片段清晰地显示出,马西和我从前都不曾出演过这一类的脚本。它成了一种混合,完全是我们自己的演出。但是,如果我们打破这一事件的发生序列,便会发现这一混合脚本仍然是由一系列可辨识的次级序列(sub-sequences)构成的。例如,我们使用了浪漫的爱情脚本、提问与回答脚本以及最后的拒绝脚本。从这个意义上来说,我们提取过往关系的残基联合创造了这一混合脚本。

*

是否可以创造多种不同的剧情,取决于我们如何利用资源。几年前,我在巴黎参加某个正式的晚宴。一晚上说着无聊的废话,我开始心生倦意。我们似乎注定得像念经一样滔滔不绝地重复那些"得体的话"。我突然想要表达一点小小的反抗,便转向坐在我右边的那个可爱的陌生人,提议她同我一起玩一个问答游戏。在5分钟时间内,我们可以相互问对方任何问题,而对方必须尽可能给予真实的回答。她愉快地答应道:"肯定很好玩!"第一轮由她先提问。在她构想问题的时候,我看得出她的犹豫在增加。勉强问了几个不完整的问题之后,她最终承认,"我觉得这不是一个好主意"。我点头同意。我们于是回归传统的娱乐和消遣方式。

*

有时我们遇着某个人,立刻就有亲切的感觉,好像我们早已是老朋友。有时我们又会对某人产生直觉的厌恶,只想赶快离开。我们倾向于用人格特质来解释这类反应。某些人令人愉悦,而另一些人则愚钝无趣。但是,从关系的立场来看,这些推断却是错的。我们的个性在很大程度上取决于关系中的他人把我们放在什么样的位置上。

我究竟是:

机智的	还是	迟钝的
自信的	还是	自卑的
高雅的	还是	粗鄙的
独断的	还是	顺从的
谦逊的	还是	强势的
快乐的	还是	悲伤的

在很大程度上取决于我是和谁在一起。①

*

诚然,如果我们长期生活在有限的关系范围内,就会逐渐发展出大家彼此都熟悉的行为风格,并由于不断重复而导致行为的固化或失去弹性。稍后在对心理治疗的讨论(第九章)中,我们将再次回到这一话题。多重存在的图景让我们明白社会环境并不能决定我们,是我们与他人的协作联合创造了我们自己。我们在此遵守的是社会惯习,而不是自然规律。如果有人对我下命令,我可以不遵守;如果有人认为我悲伤,我可以展示一线乐观的希望。只要获得足够的支持,一系列全新的潜能便可繁荣昌盛。

在许多关系中,人的个性往往快速发生改变。例如,作为一个教授,我可能被视作权威。然而我意识到,如果我以权威姿态示人,其他人将被定义为聆听者。其结果是我的权威会令他人沉默。于是,我主动调换角色,听取他人的意见。现在他人被定义为知者,而我则成了学习者。然而,当我在倾听的时候,突然想起一个有趣的故事,便打断对方以分享这个故事。我在讲故事的时候扮演了一个喜剧演员的角色。接下来,对方也想分享一件趣事。我们现在彼此视对方为朋友。实际上,我们的关系始终在不断地变化,不受任何命令强制。我们联合创造脚本,不确定其发展的最终方向。当我们这样做的时候,多

---

① 参阅:Harré, R. & van Langenhove, L. (Eds.) (1999). *Positioning theory: Moral contexts of intentional action*. Oxford: Blackwell Publishers. 另请参阅:阿尔都塞(Louis Althusser)对议会质询过程的研究:Althusser, L. (1971). *"Lenin and philosophy" and other essays*. New York: Monthly Review Press.

重存在便展开了翅膀。

*

有时候,我担心我们创造混合脚本的能力在成年期会减弱。我们在成长的过程中不断接受传统文化,混合的范围随之受到限制。生活变得有条有理,组织和系统化随处可见。在我们还是孩子时,"一只猫"可以随意变换成狮子、怪兽、婴儿,等等。在长大后的成人眼里,它仅仅就是一只猫,其他都只是"游戏而已"。每当我们说到孩子们的"成长",我们是否在推崇成年人倍受羁绊的生活价值呢?

维系与压制

有关多重存在对关系发展的贡献,我们已经有了一些初步的概念。从原则上说,在某种关系中,没有什么能阻止我们对任何一种存在潜能的充分表达。但是,即便传统惯习能够保持一定的灵活性,长期持续的关系也倾向于对潜能的冻结。安全、信任以及对生活在意义世界的感觉被置于首位(at stake),被理解和被接受的确认感及安慰感亦是如此。这些都是我们重要的营养资源。而在某种程度上,选择可靠的行为模式同时也是一种强大的压制力量。① 我们因此从根本上削弱了原本赋予关系的巨大潜能。大部分时间里,我们宁愿保持某种性格,因为维持社会秩序比起破除边界、威胁社会稳定显然要简单、容易得多。商业管理人员暴露自己情绪上的弱点,教授持有种族偏见,对邻居的家产表现出觊觎之情,等等,这些都是很危险的。考虑一下迈出安全堡垒的风险。即便是非常亲密的关系,同伴也能从"你很漂亮"这句话中得到满足,而不想听你再接着说:"可惜,你的牙齿不整齐,说话不关风,还有你的姿势,你跷着脚抖动二郎腿的样子。"我们并不希望看到或听到能够上演的所有曲目。

*

在这样的语境中,我们能更好地理解说谎带给人的情感压力。我们教会孩子无条件地讲实话,因为谎言会带给人巨大的伤害。说谎的后果会对在关系中建立起来的稳定世界造成致命威胁。它会侵蚀被共同分享的事实

---

① 我们在交谈中创造了一个"不在场的"(not present)的领域,或者说我们知道却未曾呈现出来的领域。在这种意义上,会话创造了某种潜意识。参阅:Billig, M. (1999). *Freudian repression: Conversation creating the unconscious mind*. Cambridge:Cambridge University Press.

第五章
多重存在与日常生活实践

基础,从而使人的理性遁形,个人身份成为骗子。在这类情境中,被危及的不仅仅是个人的诚信原则,毕竟多数人能够接受善意的谎言(例如,为了拯救一个孩子的生命),真正受到危害的是共享的现实秩序及与其相伴的生活方式。

关系理论为说谎行为提供了新的解释。说谎造成的愤怒与懊悔是基于对唯一事实与自我一致性的错误假定。当我们占领了一个理解的岛屿,往往会忘记周边的海域。很多时候我们对于自己参与其中的许多关系失去了意识,视眼前人为内在一致并且是全部在场的。我们觉得我们相互了解,充满信任。但是,当一个人面对另一种现实,如希望对某人保密以免使对方受到伤害或惩罚时,撒谎便成为可能。实际上,说谎者力图同时维持两个世界的真实与美好。如果你问一个孩子放学之后他去了哪里,而他向你撒了谎,他其实是在试图维持他与你之间以及他与朋友之间的双重积极关系。"我去了丽贝卡(Rebeca,女孩名)家",这一回答在家庭中维护了"我是一个单纯的小姑娘"的现实,而她和男朋友分享的则可能是另一种相反的现实。确实,一旦泡泡被吹破,结果必定会令人——所有相关的人伤心。但是,从关系的立场来看,伤心同时也是亲密关系被冒犯的证明。在愤怒、委屈和懊悔之中,说谎者和受害者同样宣告了他们之间关系的价值。这里隐藏着新的对话。①

尽管在关系内维持有限的行为方式会带给人稳妥感,但仍然存在着拓展潜能的强烈冲动——展翅翱翔的诱惑。在某些关系中,例如婚姻或密友关系,彻底的开诚布公受到尊崇。浪漫关系的典范是彼此之间完全彻底的透明,不留任何隐私。我们相信,理想的爱情需要两个相爱的人彼此知道对方内心隐藏着的所有秘密。有时候"展翅"的冲动也可能出于无聊,因为完美的秩序往往意味着完美的无聊。而且,生活在亲密伴侣可能厌恶的自我世界会令人高度紧张,私有的欲求也会让人内疚或害怕,而自我暴露无疑能对此带来安慰。

然而,这些舒展翅膀的挑战——暴露一个人过去和未来的潜能——同样

---

① 在关系语境中对欺骗的进一步研究,可见:Gergen, K. J. (1994). *Realities and relationships*. Cambridge: Harvard University Press. Chapter 12.

会招致风险。我最近获悉,一个虔诚的佛教徒,同时也是环境保护和素食主义者,居然喜欢枪。他本人都被这一发现吓了一跳。我知道许多戒了烟的人强烈地想要复吸。成千上万的男人私下里喜欢穿着女性服饰。周围的人哪有那么容易接受他们的开诚布公呢?我见过许多婚姻因为一方婚前的秘密被发现而破裂;手足之情因为各自选择了不同的生活方式而被断送;两个好朋友之间因为一方承认她身上穿的皮衣是偷来的而导致友谊幻灭。我们面临的挑战是如何在维持现有生活方式的同时避免它们变得僵硬。我们怎样才可以既探索存在的愿景而又不至于破坏我们继续前进的关系基础呢?这些问题必须放在更广阔的日常生活背景下认真思考。

日常历险:关系中的关系

到目前为止,我们已经关注了关系的发展,后者倾向于让现实、价值和人的身份稳定下来。许多关系可以长期维持这种可预测的模式,甚至终生不变。成年人探望自己年迈的父母时会发现他们仍然把自己当作孩子对待;高中同学聚会庆祝毕业 50 周年时仿佛回到了青春年少的时代;"你一点都没变"这句话指的不仅仅是体态。然而,致力于维持稳定同样令人昏聩,它忽视了每一种亲密关系——配偶、搭档、孩子、兄弟及朋友——随着时间流逝都会伴随各种压力和冲突。因为我们是过去和现在多重关系的参与者,任何行动都会受到多种关系契约的影响,其后果在某些情境中可能是积极的,换另一种情境则可能相反。从关系的立场来看,这些冲突并不是哪一个人的错误,而完全是由我们多重存在的生活方式造成的。因此,对日常关系的处理无异于在关系的湍流中一次又一次地历险。

*

让我们先来考察一个初为人母的年轻妈妈与她刚出生的婴儿之间的关系。在初次见面之前,他们都没有任何历史经验。他们慢慢地、小心翼翼地开始协调彼此的行动。他们互相适应以便婴儿不久后能通过母亲的乳房吸取营养。通过更多动作、目光、面部表情和声音等的同步性练习,他们共同创造了一个有意义的世界。在这里,我们看到一个和谐融洽的典范。也正是在这早期的几个月中,母亲与孩子之间建立了一种尚未与其他关系相关联的最亲密关系。

第五章
多重存在与日常生活实践

*

再来看同一个妈妈与她女儿之间的对话,女儿现在十几岁了。妈妈端上做好的晚餐,女儿却在一边坐着闷闷不乐。

妈妈:怎么了,翠西(Trish),你不饿吗?

女儿:(沉默)

妈妈:看起来你不想讲话,你今晚怎么了?

女儿:(郁闷的表情)妈妈,上个礼拜我特意告诉过你,我不想再吃肉了。很明显你根本没听我讲话,或者……你压根就不在意我想要怎样。真让人无语……

妈妈:听着,翠西,我没办法为家里的每个人单独准备晚餐。你爸爸喜欢吃炖肉,你看,哥哥吃得多香啊,你为什么不能跟大家一块吃呢?

女儿:你一点也不理解我,我就是不想吃这些。算了,我不想说了。事实上,(站起身),我看都不想看到这些东西。我回房间去了(离开)。

爸爸:翠西,你给我回来!

(翠西甩手关上自己房间的门。)

*

你可能想到,这是"典型的青春期"。但是从关系的视角看,问题从来都不是内在于个体的。这个场景中的母女与前述母亲和新生儿之间的关系最重要的不同在于,现在的母亲与女儿已各自沉浸于关系,她们关注的不再是对方个人。被她们带上饭桌的不仅有她们两人长期的关系历史,还有他们与朋友、家庭及各种媒介之间关系的残基。她们已彻底嵌于(fully embedded)关系之中,成为关系性存在。

这里的要点在于,假如切断与外部世界的关系网络,两个人仍然可以创造出无可争议的现实、理性与价值——同样的事情,我们做我们的,这就很好啊。而正是由于其他声音输入当前关系,原本可能被两人分享的世界现在开始被反思和拒绝。个体因此认识到,事情还可以有其他的状况;我们所做的或许并不如想象的那么好,它还可以更好;我们现在这样做未免唐突……一旦进入多重关系,便四处潜伏着不和谐的声音。

*

许多社会科学家相信,我们可以发现人类行为的法则。他们希望找到普适性的规律,从而能够预测人们的活动。但是,经过差不多一个世纪对可靠行为模式的寻求和探索,并没有获得太多有价值的结果,甚至就连最一般的文化模式都在不断改变。论及这一失败的原因,至少部分在于关系中的多重存在。我们携带着大量的潜能进入关系,各种排列与组合的数目接近无穷,新的混合总在不断形成。

这种不可预测性令某些人兴奋和着迷。这就是为什么许多孩子更喜欢跟人一起玩而不喜欢玩玩具,这也是多数成年人宁愿在亲密关系中保留一点点神秘和不可预期的原因。关系中的新鲜感与电影、艺术或烹饪中的新鲜感同样重要。与此同时,正是由于存在各种不同的表达以及这些表达以不同方式结合产生的潜能,关系才常常充满焦虑、刺激和冲突。平稳发展的协作随时有可能因为异类潜能(alien potentials)的加入而遭到破坏。在多重存在的情况下,每一种表达方式都存在着另一种反向的表达。实际上,我们可以把所有的关系都视作一种历险,视为在关系的汪洋大海中的一次旅行。在本章的后续部分,我们先视察关系旅程中最重要的几处险滩,再来探索如何在关系的航道中成功前行。

反向逻辑与关系恶化

我们都追求关系的和谐,但这当中会有很多挑战:由于我们多重关系的历史,我们携带着多重矛盾的潜能。因此,关系中的当事人可能分享某些他们同时批判的逻辑、价值或存在的方式。例如,亲密关系中的双方可能都崇尚努力工作,但是同时也注重休闲娱乐。实际上,即使在分享同一传统的人中间也会发生势能的冲突。如我想要工作,你却想玩。让我们将这些冲突称为**反向逻辑**(counter-logics)。许多行为看上去似乎是合乎逻辑的(理性的、好的),但相反的行为有可能同样合乎逻辑。每一种逻辑形式都摆出一副不容置疑的"应该"架势,而与之相反的逻辑同样如此。一旦我们决定按照某一种逻辑行动,与其对立的逻辑已经在场。坚持一种逻辑就是同时在邀请另一种逻辑。因为这两种逻辑都不容置疑,二者的竞争往往没有"赢家"。冲突天生是不相容的。一旦陷于反向逻辑的争斗,关系将受到损害,当事双方除了创伤什么也得不到。以下是三种常见的反向逻辑。

自由对**承诺**(Freedom versus Commitment):在亲密关系中,最严重的逻辑冲突常常在于个体自由与责任之间的对立。这种冲突可以追溯到西方历史上两个不同的时期。在所谓的前现代时期(pre-modern period,

第五章
多重存在与日常生活实践

大约相当于中世纪),构成社会的主要单元是群组或集体。最典型的是家庭,即一个定义个体参与者的高级单位。一个人的辛勤劳作,不分年龄和性别,全都是为了家庭。个体可以一辈子依靠家庭的支持。所有的参与者都被冠以家族姓名,个人为了保护家族利益或者为家族复仇可以牺牲性命。强烈的充满感情色彩和不可抗拒的逻辑保证了个人对这个单位的承诺。而随着17世纪现代主义的兴起,个体开始取代集体的重要地位。正如第一章所言,我们继承了几个世纪以来珍视个体独立思考、认识和发展个人能力、追求实现个人目标这一传统。发展到现在,这种逻辑带给我们的是混乱和毁灭:

你应该为家庭尽责。

  我得走了,这对我来说很重要。

我们需要你的时候你永远不在。

  我要做的事情太多。

我们在一起的时间太少。

  你根本不理解我的需要。

*

有时候我们觉得这些逻辑具有性别色彩:女人守护家庭,而男人则自认应该在外奋斗。这一观点尽管有其历史的原因,妇女解放及独立主权运动却让我们见证了这种观念的转变。重要的一点在于,这些都是不受限制的逻辑(free-floating logics),任何处在亲密关系、家庭和组织中的人都可以使用这些逻辑。①

竞争对**合作**(Competition versus Cooperation):与自由和承诺冲突密切相关的是,追求"自我表现最佳"以及与之相反的"社会性合作"之间的投资反差。在个体主义传统中,随着个体评价等级制度的流行,个体的成就如"争第一""拥有支配权"和"杰出者"等被赋予极高价值。作为前现代时期重视群组价值传统的再现,同样有充分的理由"为团队工作""合作共事"和"相互照顾"。人们对于过度的野心以及"出头的橡子"普遍怀有

---

① 对于这类反向逻辑的更多讨论,可参阅:Bellah, R. N., Madsen, R., Sullivan, W. M., Swidler, A., & Tipton, S. M. (1985). *Habits of the heart: Individuals and commitment in American life*. Berkeley: University of California Press.

敌意。当组织成员"人人都想当领导"同时又迫切需要"好的合作者"时，很容易出现这一类冲突。

理智对情感（Rationality versus Emotionality）：随着现代主义的兴盛以及对个体理性的强调，建立在"充分理性"基础上的行为越来越多地受到推崇。今天，如果我们问一个人为什么要做某件事——例如，换工作，选择某个度假地点，离开学校——我们对理性有着强烈的预期。如果回答仅只是"我不知道，我就喜欢这样做"，我们会感到困惑。在我们看来，不经思考作出决定是愚蠢的。与理性的修辞相对，我们从浪漫主义传统中同样继承了对情感的尊重。我们珍视爱情、悲伤和对同情的表达，它们似乎是从人的内心深处抒发出来的。我们知道，压抑自己的感情是不健康的。我们不信任或鄙视那些"刻意伪装"的情感。很多日常冲突的根源就在这里。那些过度情绪化的行为——过分慷慨的礼物，大量消耗的时间和精力，自我牺牲——因为其非理性而受到质疑。"你难道没有想过费用吗？""我们又不是印票子的。""愚蠢的行为……"但是，这些批评却暴露了一个冷静的、工于算计的、冷漠无情的人格。"你只在乎钱，是吗？""你难道没有长心吗？"这类修辞的竞争总是显得特别困难，因为每个人都知道，好的理性背后往往隐藏着情感的冲动，而每一种情绪背后都可能掩盖着微妙的计算过程。

以上三种反向逻辑在社会生活中广泛存在，以致我们的关系走向恶化。另外，还有其他许多反向逻辑，或许不像上述那样突出，但同样可能随时影响我们的关系。以下任一宣称都可能招致相应的敌对行为。

"我想要……"	"那……又待怎样？"
追求刺激	心如止水
寻欢作乐	承担责任
刚正不阿	和睦相处
赚钱无数	知足常乐
墨守成规	勇于创新
自然随意	文明生活
安全保险	兴奋刺激
追求进步	维持稳定

以上任何一种行为都随时有可能发生。如果我生活奢靡,我的爱人可能会提醒我节俭;她想过一个安静的周末,我却可能为失去预期的刺激而郁闷;如果受邀周末去露营,我开始想象周六晚上都市的乐趣;如果我夜以继日地工作,我的爱人可能想知道为什么我不能与她共度快乐时光。传统为冲突提供了全部的语汇。正是因为价值标准太过于理性——我们的是非感如此根深蒂固——所以它们是危险的。

对于关系而言,这些相互矛盾的冲动并不是麻烦的信号。相反,任何重要的关系都必然包含着反向逻辑。关系的生命力需要多重声音的表达。关键问题并不在于消灭关系中的冲突,而在于尽可能预防和避免其消极影响。这正是本章最后部分的主题。

协调的艺术

我在本章描绘了一幅图画。在其中,人是多重潜能的源泉。一旦我们参与协作,这些潜能便会投入行动,并伴随着不断的变革和压制。实际上,所有的关系都是潜能的历险,其中充满了表达、创新、诡计和冲突等各种可能性。在这最后一部分,我们将讨论如何在关系的激流中航行。从创造的兴奋到稳定的惯习,再到疏远和完全敌对,航线随时有可能发生偏离。有关激烈冲突(heated conflict)的讨论将延至下面第六章,而更复杂的关系问题则留待对治疗实践的讨论(第九章)中解决,本章只着重考虑如何减少日常关系中的摩擦或冲突。事实上,改善关系的方法层出不穷。因为关系的现状与核心价值在不断改变,并没有固定不变的答案。唯一需要强调的是,对关系福利而不是个人利益的关心占据着当前讨论的核心。相对于被卷入的有界存在的幸福而言,我们更注重关系的发展。以下是对于生成性合作具有重要贡献的三种因素。

理解:行为的同步性

我们怎样才能从冲突转变为相互理解?为什么理解往往看起来很简单,却没有任何征兆地破碎?对这种问题的回答在很大程度上取决于我们赋予"互相理解"怎样的含义。这不是一件小事,因为长期以来理解一直被视为心灵与心灵的沟通。我们假定,如果我能明白你的言语和行为背后的思想与情感,我便理解了你。因此,所谓亲密关系便是参与者之间能够相互分享内心世界——他们的观点、梦想、态度、记忆和情感。我们以类似的方式来解释对于书面文字的理解。我们相信作者"有一些观点",通过写出来的文字,我们可以了解他们的思想。有时我们读不懂某个人写的——一首诗,一场诉讼案的摘要,或者一部哲学著作,并因此感受挫败。作者究竟"想要说"什么呢?

正如你很容易看到,这种有关理解的观点来自有界存在的传统,即在眼睛后面隐藏着心灵的秘密。回顾第三章,我们讨论了专家在试图判断"某个人心里究竟有什么"时遭遇的难题。正如我们发现,找不到进入一个人内心世界的路径,除了猜测之外没有其他办法。某种解释证据的积累无非是促进更进一步的猜测。因此,如果理解是主体之间(inter-subjective)相互联系的过程,我们将永远无法理解彼此。

*

别把理解当作一种"心理过程"——那种表达会令人困惑。试着问问自己:对于什么事,在何种情境中,我们会说"现在我知道该怎么做"?

——维特根斯坦(Ludwig Wittgenstein)

*

由此,让我们由心灵的相遇转向关系的行动。首先,想象一下探戈高手的舞蹈动作。他的每一个舞姿都与舞伴协调一致,二者的动作完全同步。我要说的是,这种同步的协调正是相互理解的本质。如果我们相遇,你泪眼汪汪地告诉我你失去了一个亲人,我该作何反应?假如我热忱地回答:"好吧……既然人已经不在了,哭也无济于事。走吧,咱们一起去喝一杯。"你很可能会感到惊愕。怎么能这么说呢?你把我当成朋友,但我似乎完全不理解失去亲人对于你的打击。相反地,如果我听到你的话沉默了,然后低声说出一些安慰的话,你可能会感受到我的理解。相互理解就是在我们共同的文化脚本中协调彼此的行动。① 不理解并不是没有抓住对方心理的本质,而是未能按照对方邀请的脚本演出。

*

最近有朋友邀请我们出席一个非正式的晚宴。我们聚在主人家的厨

---

① 有关奥斯汀(J. L. Austin)对有意义沟通"适宜条件"的讨论,请参阅:Austin, J. L. (1962). *How to do things with words*. Oxford: Clarendon.

房里,主人夫妇正在那里准备晚餐。他们之间的默契令我们吃惊。两个人的反应都很迅速,但是没有哪一个人专门负责任何一件具体的活。萨拉(Sarah)一开始切着洋葱,突然间没影了,她是去冰箱里拿蘑菇和胡萝卜。与此同时,正在准备色拉酱料的本(Ben),立即停下手中的活来替萨拉切洋葱,然后把切好的洋葱放进锅里。这时,萨拉已经把蘑菇放在砧板上了,紧接着帮本做酱料。本则又开始切蘑菇。他们就像这样不断地轮换着工作,没有任何言语,直到晚餐准备完毕。他们是两个厨师,但行动却像一个人——这便是行动中的理解。

*

这个案例涉及个体的**同步敏感性**(synchronic sensitivity),即谨慎地调节对对方行为的回应。每个行动紧接着前一个行动平稳进行,对前一个行动给予确认并对后续行动发出邀请。参与者最大限度地适应这种彼此相互交织的行为方式。个体行为对于整体的贡献比行为本身重要。参与者重点关注的是关系的过程及其结果。

让我们看看同步敏感性在谈话中如何起作用。在大多数对话中,参与者关注内容而不是过程。与谈话的方式相比,我们优先考虑的是谈话的内容,其结果有时会导致关系的断裂。当一个人谈话的内容带有批判性或侮辱性时,我们通常会堕入报复的脚本,关系很快会破裂。但是,如果我们拥有同步敏感性,就会问不同的问题:"他像那样说我,对他有什么意义?""如果我选择报复,他将作何反应?""对我们来说,什么样的关系是最理想的?""我应该怎样回应他的话,才能使我们的关系趋于理想的境地?"在这里,我们优先考虑的是谈话的方式而不是具体内容。同步敏感性要求双重倾听:一方面是讲话的内容,另一方面是关系的轨迹。

*

批评者会说:"好吧,我知道这种对理解的解释可以运用到面对面的关系中。但是,我不明白它在阅读中能起什么作用。在阅读时,我并没有把我的行为与我所读的文字同步起来。当我读一些深奥的哲学著作或者复杂的诗歌时,我感到自己是在努力地洞察作者的心理或意图。不然还能怎样?"是的,试图领悟一个复杂文本的含义,我可以理解这种感觉。当老师要求我们写出某个小说或戏剧的意思,作为学生,我们都会很努力。可是,我们怎么知道自己的理解是对的呢?看起来,我的脑子确实在努力尝试着洞察作者的思想,但是,还是让我们超越这种对于有界存在而言不可能实现的愿景,将阅读视为一种**关系的行动**(relational act)。

首先,想想我们是怎么学习阅读的。① 当我们尝试着把书面语言转换成口语表达时,有人在旁边听,他们是父母或者教师。当我们将这些文字转述给他们,他或她可能会接受也可能会纠正我们的行为。我们学习阅读其实也是在学习一种社交技能,而这与学习骑自行车或者弹钢琴没有本质的不同。许多成年人在阅读时仍然有口部动作,就像身边始终存在一个倾听者。我们中的大部分人已经不再这样做,我们参与的是社会行为的"部分表演"(见第三章)。当我们长大一些,老师问我们对一篇复杂文本的理解,他的意思并不是要我们逐字复述。(如果老师问你对一首诗的理解,而你只是把这首诗读了一遍,想象一下老师的反应。)我们需要把该文本转换成某种文化接受的脚本,特别是在课堂教学中最常用的脚本,以及这位老师特别喜好的脚本。一旦离开这种教学情境,如果发现自己困扰于文本的复杂性,问题就不再是我们是否"正确解读了"作者的心理状态,或者不能因为误读而歪曲作家的原意。我们是在努力寻找适当的解读方式,以便自己能够成功参与和他人的对话。阅读纯粹是一种社会性行为。

*

在我那些极富智慧的哲学家朋友中有不少人熟谙海德格尔哲学的深刻意义。几年前,我去参加一个朋友的晚宴,来宾中大部分都是实证主义哲学家。晚餐之后,东道主从书架上抽出一本海德格尔的著作开始朗读,不是因为这本书深刻,纯粹是为了消遣。接下来便是哄堂大笑,宾主之间相互谈论着那段文字的荒谬。

*

肯定:合作的达成与修复

在我说话的时候,你成为我的意义的助产师,在这联合行动的重要时刻,我

---

① 有关对话中的同步性并不是一个新的观点,如参阅:Condon, W. S. & Ogston, W. D. (1971). Speech and body motion synchrony of the speaker-hearer. In D. L. Horton & J. J. Jenkins (Eds.), *Perception of language*. Columbus, OH: Charles E. Merrill. 关于爵士乐演奏中同步的重要性,参阅:Schogler, B. (1999 - 2000). Studying temporal co-ordination in Jazz duets. *Musicae Scientiae*, 3 (Suppl.), 75 - 92.

继续这段关系的潜能有赖于你的支持。现在有两种主要的补充方式可供选择：一种是肯定(affirm)，或赋予我的言语以意义；另一种是否定(denies)，或清空其意义。肯定不仅认可了我作为意义代理人的身份，还赋予我的观点以价值。肯定确认了说话者在关系中作为有价值的参与者的身份。否定则否认了事物的可理解性。肯定行为可以简单到只是点一点头，笑一笑，或者说声"同意"，但它对于维系关系或者在关系恶化的脚本中重建和谐是至关重要的。①

*

想象一下：我向你透露了我对于是否要接受某个职位的疑虑，而你的反应却是："你真傻，你显然应该……"你对我的否定导致我对你的疏离。按照一般的惯习，我可以当场否认："你根本没明白我在说什么。"或者"你想问题太简单。"但是，我仍然采取了积极的肯定取向：

好吧，我知道你可能会说……

是的，从某个角度来看，那是一种理性的反应……

你能分析得这么透彻真好……

通过肯定你的言辞，我维护了我们之间的关系，即便我其实并不同意你的说法。

*

对肯定的免除意味着某种身份的结束。

*

肯定的声音或许是共同前进的最简单的方式。之所以如此，部分是因为我们是多重存在。我们拥有多重逻辑和价值，即使其中有一些我们并不赞成。每一个反对堕胎的人都能列举出支持堕胎合法化的理由，反之亦然。每一个强烈反对持有枪支的人也都知道支持持有枪支的狂热分子的理由，即便他们并不赞成那些说法。那么，在许多活动中，即使彼此意见不一，我们仍然可以找得到某些肯定的潜能。

欣赏型探究

与此同时，多重潜能并不能保证我们无所不知。我们常常会遭受他人的

---

① 另请参阅：Hyde, M. J. (2005). *The life-giving gift of acknowledgement*. Lafayette, IN: Purdue University Press.

貌视。"怎么有人会那样做？"我们不理解，那有多愚蠢，多残忍，多可怕……每天的新闻中充斥着这些令人错愕的信息。对多数西方人来说，要求女人在公共场合以纱巾遮面是难以想象的；我猜想许多阿拉伯穆斯林同样会视西方女人为"堕落"。正是在这里，关系性存在的逻辑非常管用。如果我们理解一切理性和价值都产生于并支持着某种关系，我们的选择便会得到大大拓展。我们不必老是一副浅薄、不满和寻仇的姿态。特别是，这种冲突或许还能激起好奇心。跟许多人一样，我通常都会避免同持有"愚蠢"见解或者"非人道"立场的人交谈。同样地，我猜他们也不想和我对话。然而，此刻正是积极探索他人立场的最佳时机。这种探究并不是寻找或嘲笑其他立场隐含的缺点，为日后的冲突积攒火药，而是要探索这些立场如何适应某种传统或生活方式。从哪种意义上，他们是可理解的？因此，这里邀请的是一种欣赏性的探索方式。

*

在我的学术生涯中，批评的声音和冲突一直不断。我反对那些执迷不悟的、死板僵化的、有损人类福祉的理论和实践。反过来，也有许多人攻击我。然而，相互憎恨的学术世界很少是有生命力的。以我的经验来看，对于保护关系的福祉，欣赏型探究是唯一的也是最强有力的工具。与其去挑同事著作里的毛病（我们都喜欢这么做），倒不如去表达对他或她从事的研究的兴趣："最近在钻研什么呢？"或者"跟我说说你的研究。"这些都能开启一场生机勃勃的谈话。如果我真正专心于对方的描述，就会发现自己常常能够深入这些逻辑，并且真的开始欣赏这一领域的著作。这太棒了！此外，我经常发现这些研究的某些方面响应了我支持的观点，我的距离感因此削弱了。最迷人的是，当我这样做的时候，我的同事往往也会来了解我的研究，而且常常带着赏识倾听。分歧依旧存在，但关联性已经显现出来。

*

批评家在一边耐心等待："我觉得这也未免有点太'好好先生'了！明明在疏离的痛苦中挣扎，你却声称要同步、肯定和赏识。坚持传统意义上坦诚的争论和批评又怎样？如果我不能容忍对方的行为，为什么不能直接说出来？如果我认为某些人的行为是荒谬的，为什么我不能向他们灌输正确的逻辑？以你的话来说，这些冲动都是我自己的多重存在的一部分，我为什么要放弃对它们的表达?"

我不否认,批评意见也可以为关系作出有价值的贡献,我们并不想失去批判的潜能。但是,考虑在什么时间、什么地点、以何种方式批评才能产生积极的效果这一点非常重要。例如,当参与者将他们之间的"谈话"(talk)理解为一个舞台,也就是说作为一场文化表演,而对话者只是在其中扮演角色,批评就会显得格外有效。角色可以是正式的,就像一场争论;角色也可以很专业,如我向同事征询批评意见的例子;它们也可以是非正式的,就像餐后场合充满笑声的相互揶揄。在彼此有足够信任的条件下,批评当然会是有益的。如果一个人的毛衣穿反了、最近长胖了、牙齿上粘着菠菜叶子或者裤子的拉链没有拉上,他会很愿意知道这些。但是,在许多场合批评是有风险的。部分是因为在个人主义的传统中,批评被认为是对于个体作为人的价值(思维能力)的攻击,因此许多人选择"私下"批评。批评总是伴随着焦虑、反感和反击。对时间、地点与关系的考虑,是导致批评最终产生建设性或毁灭性后果的关键。

*

在西班牙东北部城市赫罗纳(Gerona)举办的一次会议上,大厅里挤满了学者,他们正在讨论社会科学的未来。我发现自己被安排第一个上台发言,这让我有一点不开心。我已经有一段时间避免在公共场合演讲,因为那样做不仅对观众影响不大,还有可能暴露某些原本隐藏着的人性的弱点。我愿意参与更加人性化的学术交流形式。但是参加这次会议的有不少一流的哲学家,包括著名的伯克利哲学家塞尔(John Searle)。我特别不想在这个场合露怯。但是,当我开始演讲时,我注意到塞尔的脚跟一直在不耐烦地敲着地板。我想起在头一天的晚宴上无意间听到我妻子与塞尔的谈话。我听到她大声说:"如果你觉得我还不理智,那你就等着见我丈夫吧。"我做好了最坏的打算。

演讲结束,结果比我预想的还要糟糕。塞尔举手要求发言。他根本没有提问,而是直接从座位跳到台上,大声地、很不友好地猛烈抨击我的观点。一开始我有点不知所措,但是当我开始仔细聆听他的批评时,我感到他说得那些多半只是修辞而不是理由。我给予了反击。但是,正如后来我的同事提醒我,我们之间争论的内容远没有争论的形式令人印象深刻:这是一场斗牛比赛,而它还远未结束。

塞尔的演讲被安排在会议的最后一天,我严阵以待。等他演讲一结束我立即举手发言,从七个方面对他展开攻击。塞尔认为我应该就某一点提出批评,接着又是一场充满火药味的辩论。在当天下午的告别宴会上,我刻意回避塞尔。对于我来说,宁愿永远不再见到他。但是他朝我走过来,面带微笑,向我伸开双臂。"嗨,格根,"他大声说,"我们应该将这场表演一直继续下去。那样的话,我们就可以挣到很多银子!"哦,好吧,看来我只能把这场学术争论当作一次娱乐了。

*

这三种协调的艺术——同步、肯定和欣赏型探究——并未穷尽成功解决日常生活危机的一切可能。我们这里的尝试并非详尽无遗,而是我们希望建立一个基础,以便为积极协调提供有效的语汇。这扇大门已经开启,未来的任务是吸收我们的本土化语汇(local vocabularies),并共同分享这些资源。

第六章

盟约、路障与超越

"他怎么可以这样对我?"我与大卫在 9 岁时相识。我被他的想象力、聪明才智和好奇心吸引,我们很快成了铁哥们。每个下午和周末我们都腻在一起,实施我们的"计划"——在树林子里搭建隐秘的小房子;解剖小龙虾;为有点历史感的小玩意建造博物馆;我们还为邻居家的孩子们表演魔术或变戏法。我们还有更顽皮的时候——在《国家地理杂志》(*National Geographic*)中搜索不穿衣服的土著民,炸鞭炮把邻居家的小孩子吓傻,把易拉罐塞进过往的车轮底下。我们的友谊是一份牢不可破的盟约。至少,我当初是这么想的。

一天下午,大卫的妈妈告诉我他去杰克家了,我于是过去找他。快走到杰克家房后的那间棚屋时,我无意中听见他们在谈笑。我走近屋子,他们的说话声更清晰了,我不禁惊呆了:他们正在谈论**我**!大卫正在自以为是地分析我的性格癖好。随着他的声音起落,杰克在大声嘲笑。我默默地转身回家。如果我不是**男孩**,肯定会号啕大哭。我从来没有因为这件事当面质问过大卫。事实上,我后来再也没有和他说过话。我去了另一所学校,结交了新的朋友,**几乎**把他忘了。直到三十年之后,我们才冰释前嫌。

*

在我们协调言语和行动时便进入关系这一新领域。我们有了建立盟约的可能性——最亲密的关系,如爱情、婚姻、家庭——以及更大范围内的关系,如俱乐部、团队、社区、组织、宗教、国家。我们的生活通常围绕这些关系而建立。忠诚、团结、哥们义气、爱情与承诺是我们珍视的理想。许多人为了这些理想而献身。然而,颇具讽刺意味的是,正是在这些对我们来说至关重要的关系中,隐藏着相互疏离、憎恨甚至毁灭的可能性。

在本章，我将讨论盟约缔结和发展的过程、潜能及其存在的问题。我将先从起源问题开始：盟约（bonds）为什么会建立？如何建立？为什么有时候无法建立？之后，我会致力于讨论巩固盟约所需要的抵押成本（collateral costs）。我想说明，任何一种盟约的建立和发展都难免遭遇危险的路障（barricades）。在追求理想的同时，我们也为理想的毁灭埋下了隐患。正是在这一背景下，我希望引入变革性的对话，以便移除横亘的路障。

缔约的趋力

如果简要描述我的人生，这块里程碑上理应刻着那些与我有着盟约的人的名字：小时候我的父母和兄弟；青春早期的大卫；高中时代最好的朋友托马斯（Thomas）和格里克（Greek）；大学时期有麦克（Mac）、格斯（Gus）、梅里尔（Merrell）和扎克（Zack）。我还有过几段罗曼史：简（Jean）曾经是我十几岁时的"永远"；丽诺尔（Lenore）是异域之花；卡萝尔（Carol）是完美女神。然后，我结婚生子。这些盟约不断扩展并延续至今，对我而言至关重要。它们是无限欢乐、惊喜、乐趣和魅力的源泉。没有它们，生活便成了"灰色布丁"，一片昏暗。①

*

尽管给出了盟约的重要性，但有必要进一步思考它们的起源。为什么我们可以与某些人建立盟约，与另一些人却不能？当然，对这个问题的回答取决于如何理解"盟约"。盟约一般发生在具有紧密情感联系的个体之间。通常，这种关系自身就是回报，不带有额外的功利性。正是因为缺乏明显的回报，因而吸引了很多研究者对这种缔约行为作出解释。多年以来，对此已有许多著述，但其中大多数很难令人信服。我不相信人类是社会性的"动物"，即由遗传基因控制增殖的种群：从结交朋友、坠入爱河、组建家庭到养育孩子，②存在太

---

① 有关社会排斥的灾难性后果，一项有价值的综述性研究可参阅：Leary, M. R. (Ed.) (2001). *Interpersonal rejection*. New York: Oxford University Press.

② 例如，可参阅：Baumeister, R. F. & Leary, M. R. (1995). The need to belong: Desire for interpersonal attachments as a fundamental human motivation. *Psychological Bulletin*, 117, 497 - 529. Lawrence, P. R. & Nohria, N. (2002). *Driven, How human nature shapes our choices*. San Francisco: Jossey-Bass. 其中，前者是一篇很有价值的文献综述。然而有意思的是，作者最终得出这样的结论："貌似有理（但尚未得到证明）的是，归属需要似乎是人类作为生物遗传的一部分……现阶段，暂且接受这些作为假设并等待后续进一步的证明似乎是可取的态度。"

多的例外，包括破碎的家庭、断裂的友谊、分道扬镳的爱侣、遗弃孩子的母亲以及那些独身主义者，等等。事实上在工业化社会，独自生活正在变成一种主流（becoming the majority）。

我同样不愿意接受更加愤世嫉俗的观点，认为盟约来源于个体的理性计算。正如有些心理学家所推断的，爱情是某个人从另一个人身上获取的快乐减去成本后所达成的某种利益平衡。① 这种观点不仅再次将我们推入个体主义阵营（individualist register），而且，如果我们相信爱情都是因为有利可图，我怀疑大多数人只会避之唯恐不及。我们都不希望看到他人对自己的承诺建立在盈利账单的基础上。正如婚誓所宣称的，我们希望无论健康还是疾病都不妨碍我们履行自己对爱人的诺言。下面让我们从关系视角出发对缔约作一动力学考察。

缔结盟约

在上一章，我分析了促进关系发展的协调问题（issues of coordination）。我们现在的问题是，这种最初的协调如何向盟约发展。在此，我们需要进一步拓展对于关系过程的描述。具体而言，在缔结盟约的过程中，我们至少需要考虑协商、叙事和附魔（enchantment）这三个重要因素。

对真和善的协商

我们参与其中的关系多至无数，其中大多数都是短暂的、偶尔发生的或临时性的。长期浸泡于经济学传统，我们"很少针对这类关系进行投资"。那么，从关系的立场出发，哪些因素决定了某个关系是否值得投资呢？其中，至少有一个核心因素是对某个真实而有价值的世界的共同创造（co-creation）。在一段相对短暂而肤浅的关系中，我们可以毫不理会那些愚蠢而无知的言辞，把它们当耳旁风，不予置评。那些只是"扯淡"，无关紧要。那么，哪些是"重要的言论"呢？试想一下，玛丽和我绝对肯定这是"我们的房子""我们的狗"和"我们的家人"。我们可以跟信奉马克思主义的朋友讨论私有制的弊端，与心理医生朋友讨论宠物犬对子女的替代作用，又或者，与人文主义者讨论男人的家庭问

---

① 例如，可参阅：Hatfield, E. & Walster, G. W. (1978). *A new look at love*. Reading, MA: Addison-Wesley.

题。然而,在日常生活的协奏曲中,我们的房子、狗和家人是一切"真实存在"(the real)的支柱(pillars),疏于关心和照料他们或它们会让我们产生强烈的内疚和自责。

进一步而言,对于这些有价值的实在(valued realities),我们并不只是说说而已,他们或它们与日常活动息息相关。我们粉刷每一间屋子,喂狗和遛狗;我们花费很多宝贵的时间来养育孩子和陪伴我们的小孙子。言辞与行动相互赋予对方意义,共同构成了维特根斯坦所谓的一种**生活模式**(form of life)。像这样的生活模式可能要经历好几年时间,才能通过言语和行动的协商逐渐形成。正如前一章所讨论的,建立可靠的现实、价值和行动所带来的结果是信任感,这个世界及其价值各就各位,各行其道。这种可信赖的世界如果被侵蚀会导致莱因(Ronald David Laing)所描述的**本体论的不安**(ontological insecurity)。① 现实世界的毁灭令我们不知道生活该如何继续下去。本体论的不安可能出现于以下任一情形:

——你的爱人对你说"我已经不再爱你";
——你最喜爱的运动员在比赛中为了金钱而"放水";
——你的牧师诱奸了祭台侍者;
——你发现在未成年儿子的壁橱里藏着一把手枪;
——你眼中一向和蔼可亲的邻居被指控谋杀;
——你的某位亲属去世。②

*

当今世界,能让人感到有把握的"现实"越来越少。沟通技术,特别是网络和电视,导致意义不断变化。③ 我们每天暴露在各种不同意见、价值与合理性的狂轰滥炸之中。到处是对传统的质疑和争辩,所有重要的东西都在蒙受挑战。例如,"家庭"这一日常生活的现实。正如发展心理学家埃

---

① Laing, R. D. (1960). *The divided self: An existential study in sanity and madness*. Harmondsworth: Penguin. 莱因的分析基于个体的经验描述,强调私有经验的重要性。作者从关系的视角阐释了这些经验的起源。
② 有关失去亲人之后对意义世界的重构过程,一份治疗报告可见: Neimeyer, R. (2001). *Meaning reconstruction and the experience of loss*. Washington, DC: APA Books.
③ 参阅: Friedman, T. (2005). *The world is flat*. New York: Farrar, Straus and Geroux. 有关技术对于意义建构的影响,也可参阅: Gergen, K. J. (2001). *The saturated self* (2nd ed.), New York: Perseus.

尔金德(David Elkind)指出,美国传统家庭特别重视团聚。他们注重家人之间的亲密关系、相互忠诚和爱,对家人的承诺优先于家庭之外的关系。① 然而,正如埃尔金德指出,这些以往备受推崇的愿景在最近几十年不断受到侵蚀,曾经牢固的家庭关系开始变得摇摇欲坠,家庭内部与外部之间的关系的界限逐渐变得模糊,个人对于工作、友谊、俱乐部、团队和组织的义务常常优先于家庭责任。家庭团聚的需求被流动性和灵活性取代。② 与此同时,在核心家庭之外出现了多种新的家庭形式:单亲家庭、同性恋家庭、再婚家庭、彩虹家庭(指父母相同而子女却拥有多种肤色的家庭)、社区家庭,等等。其中每一种家庭形式都会产生关于家庭生活"是什么"或"应该是什么"的不同定义。③ 事实上,几乎所有传统的"现实"如今都对意义的变革敞开了大门。

总之,缔结盟约的第一步是共同创造某种为大家所分享的现实以及与之相伴的舒适、可靠和信任。在当代生活的许多方面,那些原本可靠的现实受到的侵蚀强化了人们对于缔约的需求。事实上,侵蚀的威胁会导致基要主义(fundamentalisms)的强烈反弹。

叙事:从自我到关系的演变

如果被问到过去的生活,你可能会讲到你自己如何长大、上学,以及成功与失败的戏剧性经历,等等。事实上,我们中的很多人都觉得自己能够写一部引人入胜的自传。我们各自有着独一无二的经历——令人捧腹的、神秘的、悲剧性的。这些故事深藏于个体内心,却并不完全属于我们自己。已在第三章中提到过,若要描述我们的过去,必须遵守一系列讲故事或叙事的规则。如果我们想要讲清楚一个有着时间跨度的事件,除了加入这种传统之外,我们别无选择。④ 叙事规则在自我理解方面如此盛行,以致哈迪

---

① Elkind, D. (1994). *Ties that stress, the new family imbalance*. Cambridge: Harvard University Press.
② 参阅:Chilman, C. S., Nunnally, E. W., & Cox, F. M. (Eds.) (1988). *Variant family forms, families in trouble series*, Vol. 5. Newbury Park, CA: Sage.
③ 也可参阅:Skolnick, A. (1991). *Embattled paradise, the American family in an age of uncertainty*. New York: Basic Books. Reiss, D. (1981). *The family's construction of reality*. Cambridge: Harvard University Press.
④ 有关叙事结构的更多研究,可参阅:Gergen, K. J. (1994). *Realities and relationships*. Cambridge: Harvard University Press. Chapter 8.

(Barbara Hardy)写道:"我们在叙事中做梦,甚至做白日梦。凭借叙事,我们回忆、预见、希冀、失望、相信、怀疑、计划、修改、批评、建构、闲谈、学习、憎恨以及恋爱。"①

在当前的上下文情境中,最重要的是,我们的生命故事与缔结盟约的过程紧密相关。缔约需要我们叙述世界的方式发生重大转变。具体而言,我们对于现实的叙事建构,最明显的特征是以"我"为中心。在我们对生活的描述中,正是"我"在叙述、在体验、在感知、在决定。没有什么重要的东西与"我"这一核心角色无关。一个人可能会说:"**我**出生于纽约,之后**我的**父母搬去了剑桥,**我**在那里度过了孩童时光。然而,**我**最鲜活的记忆却是从**我**进入幼儿园开始的……"这种以自我为中心的世界并非必然。本书第一章已经指出,"我思故我在"(cogito)观念的盛行在很大程度上要归功于启蒙运动。随后人们对有界自我进行了详细阐述,为此后以"我"为中心的表达形式的发展铺平了道路。自传体文学、个人日志和小说中的个人英雄都应归功于对这一传统的继承。② 我们的意识形态与写作形式同步发展,如影随形。

第一人称单数的生活方式严重妨碍我们建立牢固的盟约。以自我为中心的叙事(self-narration)从根本上固化了自我与他人之间的界限。我们彼此认为,每个人都有着各自的人生旅程。在这种情况下,盟约对于个人自治而言是"违背人性的"限制,选择"走自己的路"很少受到质疑。然而,我们想要知道的是,为什么某个朋友会选择结婚或加入某一宗教。对于这类问题的答案通常是某些个人的需要、欲望或不足。例如,他可能想要孩子,渴望安全,需要安定的生活,等等。或者,个体也可能出于某些工具性的理由。和某个人结婚可能是为了——她可以怀上**我的**孩子;他可以成为**我的**饭票;她可以让**我**快乐;他可以给予**我**支持。

---

① Hardy, B. (1968). Towards a poetics of fiction: An approach through narrative. *Novel*, 2, 5-14. 也可参阅: Eakin, J. (1999). *How our lives become stories: Making selves*. Ithaca: Cornell University Press.

② McKeon, M. (2002). *The origins of the English novel, 1600-1740*. Baltimore: Johns Hopkins University Press. Porter, R. (Ed.) (1997). *Rewriting the self: Histories from the Renaissance to the present*. London: Routledge. Mathews, W. (1950). *British diaries: An annotated bibliography of British diaries written between 1442 and 1942*. Berkeley: University of California Press.

第六章
盟约、路障与超越

这是我生命的故事——
或者至少，
是某个人的生命故事。
这样的生活，
由众生演绎，
循着我们这个时代讲故事的方式。
有些故事令人开怀，
有些故事催人泪下，
没有我们的故事，我们会在哪里？
没有我的故事，我又会在哪里？

——沃尔特(Regine Walter)，《艺术家》

*

　　盟约的成功缔结呼唤着叙事方式的变革。作为故事中心的"我"必须逐渐被"我们"代替。"我们"现在成了生活叙事的主角以及一切相关事物的核心。在这种背景下，所谓**联合神话**(unification myths)发挥着重要作用。这种神话讲述了从分离的单元向某一整体变革的过程。最典型的是那些幸福伉俪的故事，讲述了他们是如何走到一起、彼此发现并最终坠入爱河的。也有许多有关"乐队组建""公司合并""国家诞生"或"成为基督徒"的故事。很多人职仪式，例如大学兄弟会戏弄新生或海军训练营中的新兵训练，就是为了以联合神话武装新人的意识，帮助他们迅速融入兄弟情或姐妹圈。联合行动(co-action)既建构了"我"这一实体，也可以借助同样的方式通过不断协调(coordination)

建构"我们"。①

*

我们互为对方肢体。

——以弗所书(Book of Ephesians)

*

描述什么是"**我们**"并不简单,作为实体的**我**总是出现并时常与之竞争。对婚姻有益的东西不一定"对我有好处";"为公司作贡献"可能与"我的个人需求"相冲突;"团队的成功"或许意味着"我无法成名"。这些冲突是个人主义生活传统特有的。进一步说,对于什么是"我们",定义并不明确。年轻的单身男女都敏锐地意识到定义**我们**的困难。以性关系作为婚姻的明确标志的时代早已成为过去。"搭伙过日子"和"利益伙伴"之类的短语切断了以往性关系与婚约之间的等式,这当中还包括一夜情的空虚。诸如"露水夫妻"或"它不说明任何事情"等对于一夜情的评论,意味着它不会向婚约关系发展。一夜情大多基于对亲密关系的幻想,而结局往往是后悔和遗憾。

*

玛丽和我曾各自受邀为一部叙事研究者的生活史撰写自传。但是,我们俩都对分开写作这种形式持保留态度,因为这样做等于接受了有界存在的假设。我们因此发明了**双人自传**(duography),这是一种以关系取代个体作为核心角色的叙事方式。创造新的叙事形式是一种挑战。我们决定,前几页以第一人称来写,这样便于我们分别叙述相遇之前各自的生活。然后我们一起建构了联合神话,讲述我们从相遇到结婚的故事。这样玛丽和我便可以一起书写"我们"后来的故事。应对这样的挑战实非易事,我们不得不在"我的"与"我们的"话语之间来回挣扎。努力的结果是我们模糊了各自的身份,构造了**我与你**(Me and You)之间的一次对话,二者均不带有性别的身份(gendered identities)。其中,对于如何撰写生命

---

① 对于关系叙事已有大量文献,但大多只是关注两个独立存在的个体之间的关系。例如,可参阅:Josselson, R., Lieblich, A., & McAdams, D. P. (Eds.) (2007). *The meaning of others: Narrative studies of relationships*. Washington, DC: APA. 更多对关系叙事的研究,可参见: Gergen, K. J. & Gergen, M. M. (1987). Narratives of relationship. In P. McGhee, D. Clarke, & R. Burnett (Eds.), *Accounting for relationships*. London: Methuen.

第六章
盟约、路障与超越

的故事,"**我**(Me)"由此开始发表了一段冗长的独白:

我(Me):……现实与虚构之间的差异被抹去,有关叙事的轨迹——个人传记的理念——被完全颠覆。

你(You):(性急地)"呃……等一下,我还在这里呢。"

我(Me):"那,请问一下,你是谁?"

你(You):"你这个傻瓜,我就是**我**呀(I'm just me)。"

我(Me):"但是等等,那是我……我想我们遇到麻烦了,或许该找地方私下讨论。"①

*

若要盟约得以维系,"我们"的叙事变革必须同时伴随相应的行动。正如人们常说,参与者应该"说到做到"。关系承诺隐含的规则总是在不断变化并具有协商性。② 例如,对不少人而言,时间是衡量关系好坏最重要的指标之一。能否准时或愿意花时间和另一个人腻在一起,是判断某个人是否信守承诺的试金石。而在手机时代,衡量标准则可能是当两人不在一起时打电话的次数。在任何情况下,言语叙事都应该与生活叙事保持同步。

为"我们"附魔

构建地方性现实(local realities)并把它视为"我们的"是缔结盟约的重要一步。但是,还需要附魔(enchantment)这一重要元素。③ 附魔的意思是说,为盟约团体注入价值。那些伙伴关系,团队、俱乐部或组织——自身并没有价值,需要通过一些方法联合创造出团体的价值,赋予该团体的存在以超凡的重要性。这种魔力超越构成关系的任何单一实体。在传统意义上,我们重视的是具体的个人:卡洛斯(Carlos)很聪明;安娜(Anna)的理解力强;扎克(Zack)很快乐,等等。但是,当我们把卡洛斯、安娜和扎克放在同一个团队一起工作时,便产生了新的价值。这种价值并不是内在于团体中的任何个人,而是汇流(confluence)的产物。

---

① Gergen, K. J. & Gergen, M. M. (1994). Let's pretend: A duography. In D. J. Lee (Ed.), *Life and story, autobiographies for a narrative psychology* (p. 97). Westport, CN: Praeger.

② 有关戈夫曼(Erving Goffman)对于我们如何与另一个人相处的潜规则的讨论,可参阅:Goffman, E. (2005). *Interaction rituals: Essays in face to face behavior* (2nd ed.). New York: Aldine.

③ 我在此借鉴了伯曼(Morris Berman)的成果:Berman, M. (1981). *The reenchantment of the world*. Ithaca: Cornell University Press.

皮路布鲁斯舞剧团(The Pilobolus Dance Troupe)用舞蹈展示了"我们"的魔力[致谢：凯恩(John Kane)]

魔力可以通过多种方式制造。其中，语言无疑是最重要的媒介，特别是赞赏性的话语(the discourse of valuing)。关系的发展取决于对关系自身意义的创造。比如，"我们真是一见如故""我们志同道合""这是一个极好的团队""这所学校很伟大"，诸如此类的语句具有神奇的力量。魔力也可能产生于各种庆祝仪式，如结婚纪念日、成年礼或百年庆祝活动，等等。

一个小小的行动便可能为"我们"制造出魔力的光环。比如，在家中摆上

第六章
盟约、路障与超越

一束鲜花，带一小盘点心到办公室或为朋友购买一打啤酒。复述"我们"的故事也会赋予其重要意义。所有这些方式，都会很神奇地为平庸的日常生活涂上一抹金色。

*

> 手指轻轻回握掌心……手势微妙，膝盖纹丝不动，胳膊沿着沙发的靠背向前伸展，一切都显得那样自然贴切。女伴的头轻倚着他的臂膀歇息——由微妙而神秘的符号营造出天堂般的意境：一场意义（而非感觉）的狂欢。

——巴尔特（Roland Barthes）

*

有趣的是，附魔过程（the enchantment process）总是与人的情感表达相联系。至少在西方，情感表达与盟约密切相关。正如我们所说，关系"走得越深"，关怀和情感的卷入也就越多。我们会说，我爱"我的家人""我的团队"或"我的祖国"；"团队"获胜我们开心，"团队"败北我们沮丧；我们因为亲近的人的离世而悲伤。这些情感表达通常被理解为对某些情境刺激的自然反应。但是，正如我们之前在第四章曾经讨论过的，情感是关系的产物。换言之，盟约与情感之间的联结是特定的历史条件建构的结果。

在西方文化中，将盟约与情感表达联系起来的原因之一，在于对理智与情感的传统区分。理智通常与工具性的目的相联系，我们使用理智来获得奖励和逃避惩罚。相比之下，情感则被视作较为初级的生理性反应。也就是说，我们必须学会思考，但是，即便婴儿也有情感。正是这种传统的区分促成了盟约与情感表达的关系。情感的卷入说明关系不是理性思虑或谋略的结果，它超出了工具性的评估范畴，具有更原始、自然和初级的起源。因而，情感与盟约之间的联系在于二者互为定义。如果我们将彼此相互建构为拥有盟约的，我们就是有情感联系的；反之，倘若我们之间有感情联系，也可以推断我们之间是盟友。热情地向对方打招呼表明了双方友情的深厚，而对家庭成员去世的漠不关心意味着关系的冷淡。

*

在这样的语境中，我们很容易理解为什么商业组织总是在附魔问题上裹足不前。首先，商业本身通常被视为具有工具性。商业组织的目标是运用理性的力量获取尽可能多的利润,这样做显然很少有魔力可言。事实上,商业组织通常看重理性的讨论而轻视强烈的情感表露。其次,企业又需要员工**奉献于**(dedicated to)组织,**关心**(care about)组织,为了组织的成功而作出**牺牲**(sacrifices for)。为了增加自身魔力,企业会借用"家庭"或"团体"之类的修辞来装饰自己。但是,由于企业不断使用功利性标准来评价员工(如"你对我们有什么用处?"),使得这样的努力显得极其虚伪。显而易见,家庭成员绝对不会因为表现不好而被开除。①

*

倘若条件具有支持性,附魔(enchantment)便会很快发生。当一个团队面临威胁,需要成员一起为成功或生存而共同奋斗的时候,彼此一定会相互珍视。战士在战斗中结成生死之交便是很典型的例子。他们迅速发展成为"兄弟连"。运动队和社区剧团也是很好的例子。大量的老友聚会——有些甚至发生在团队解散五十年之后,证明这些情感往往持续一生。有时,即便没有太多的交往我们也能感受到他人的魔力,相互之间并不熟悉的人一见钟情便属于这种情况。在这种情形下,光环虽然耀眼,但它们并非根植于日常活动。陌生人之间的魔力吸引很容易在网友关系中发生,参与者可以随意补充彼此的言语以放大他们之间情感的重要性。但是,正因为这种关系并非根植于参与者的日常生活,往往不足以发展成为重要的盟约。

*

我在耶鲁大学念书的时候喜欢待在宿舍里自修。我沉思的目光不时瞟向窗外,偶尔会被街对面那栋公寓里某个来回走动的身影扰乱。通常,像这样的走神很短暂,没什么可渲染的。但那一次是个例外。一个年轻的姑娘,身材姣好,五官精致,穿着得体,步态优雅。她是一位亚洲女郎!我发现自己在看书的时候越来越频繁地搜寻她的身影,渴望她的出现。一个周日的午后,天空格外晴朗。她慵懒地躺在沙发上。我的想象力透过窗户,悄然潜入她那神秘的闺房。但是很显然,想入非

---

① 可参阅: Smith, R. C. & Eisenberg, E. M. (1987). Conflict at Disneyland: A rootmetaphor analysis. *Communication Monographs*, 54, 367-380.

非的人并不只有我一个。一片光影突然开始在她沙发后面的墙上晃动,这是和我同宿舍的另一个男生用镜子反射过去的光。很快,第二个跳动的光影也出现在她身后的墙上。我们都在分享这种沉醉。在接下来的十五分钟里,随着另外几个跳动着的光影相继加入,她的整个房间开始流光溢彩。最后,女神发现了我们对她的企图,她跳起身来,推开窗户,挥舞着胳膊,紧握拳头,毫不客气地大声吼道:"你们这帮讨厌鬼!"跳动着的光影顷刻间消失,一同遁形的还有一群年轻男人对她的心醉神迷。

盟约与边界

就此结束本章似乎也是一个不错的选择。至此,我描述了生活中最重要的关系的建立,这些关系对于我们的生活极具价值,值得信任。我还检视了盟约建立的几个具体环节。实际上,我已经把盟约置于有意义生活的中心,并指出了建立这种关系的路径。似乎从此以后,每个人都可以快乐幸福,直到永远。唉!可惜故事才刚刚开始,前方的道路充满泥泞。在许多方面,盟约既是财富、快乐和舒适的源泉,也是各种痛苦的根源。历史上的很多流血事件都可以追踪到盟约的身影。

*

为何如此消极?在此有必要回顾本书一开始的主题:如前所言,维护那种明确区分自我与他人边界的传统会造成很多不幸,包括相互之间的不信任、不尊重,相互诋毁、贬损,有害的等级评价受到鼓励,将个人利益凌驾于他人利益之上,等等。在之前的讨论中我们发现,一旦深厚的盟约建立,上述很多问题便随之弱化。为了他人和关系,我们开始放弃个人主义的倾向。在关系中,"我们"获得了超越个体参与者的优先权。

然而,盟约一旦巩固,个体主义便会卷土重来。事实上,盟约创造了另一种新的有界实体形式。现在不是"你"与"我"之间的隔阂,而是"我们"与"他们"之间的隔阂,是"我的婚姻""我的家庭""我的社区""我的宗教""我的国家"等与"他们的……"之间的对立。盟约以一种新的有界存在的形式替换了旧的形式。这种被"放大了的有界存在"不仅带来了一系列新的问题,而且强化了个体主义传统固有的缺陷。接下来我们先讨论新的威胁,之后再转向有界存在更加致命的危害。

关系的恶化

正如上一章所概述的那样,我们在关系中注入了大量的行动势能,这些势能代表着其他关系的残余。在很大程度上,我们对过往关系的尊重体现在行动中。然而我们也发现,当我们进入新的关系时,随之而来的是一种试图阻挡或消除某些势能的趋向。我们遏制自己的冲动,"保持缄默"或说"善意的谎言",以便维持关系的稳定。然而,每一种被遏制的冲动都是另一段关系的馈赠。选择"跟集体保持一致",我们便同时否定了这样一些关系,在其中会有一个声音说:"我认为这不是一个好主意。"实际上,对当前关系的承诺倾向于削弱所有我们参与其中的其他关系的重要性。

*

对某一种关系尽全责意味着对其他关系不负责。

——胡伯君(Bojun Hu)

*

无可否认,没有一定的压制很难建立良好的关系。但是,这种压制在结盟的过程中被过度强化了。这里面的代价很大。"你是支持我们,还是反对我们?""我们对你而言重要吗?""你真的相信吗?"这些问题背负着情感的十字架,回答"是"或"否"往往意味着被支持或被孤立,甚至意味着生或死。

想一想贴在关系上的大量标签:你与我之间是朋友,好朋友还是最好的朋友?我们这只是逢场作戏,还是一段认真的恋情?你是我真正的朋友、最好的兄弟、灵魂的伴侣、配偶,还是我的盟友?……我们急于把关系放进某一个盒子里,再在信任的橱柜中为它们寻找到一处合适的位置。这样做的理由之一,是为了有把握地行动。接受同一种关系命名可以保证关系双方遵从这种关系应遵循的许多非正式规则。伴随命名而来的是相应的权利和义务。在各种盟约的标签中,对于"我的家庭""最好的朋友""队友""情人""丈夫/妻子""伙伴"的期望是很高的。我们可以预见彼此对于关系的奉献,可以肯定这些人不会破坏我们业已建立起来的意义空间。一般而言,我们不会对关系之外的人泄露我们的秘密。我们可能乐于分享我们关系之外的世界,但轻易不会参与外人对我们关系的评价。

第六章
盟约、路障与超越

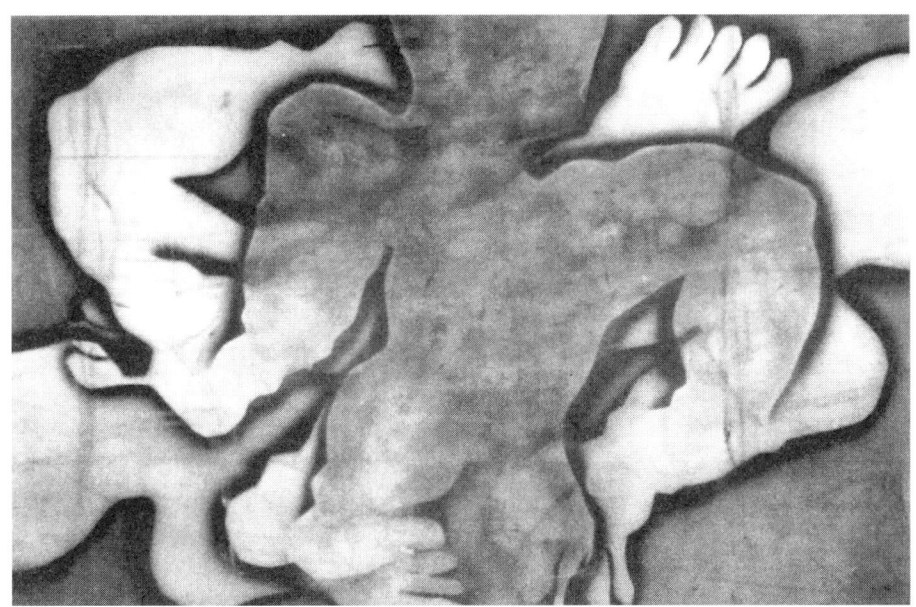

为你命名，
我筑樊篱限制你行动；
你复以言行作高墙，
环绕我一生。
为你命名，
定制了你我未来的命运；
纷繁称谓，
铸就了世间壁垒重重。
无名无号，无限自由，
自由着，
无所适从。

——沃尔特(Regine Walter)，《艺术家》

于是，类似这样的一些麻烦频见报端：

——一个少年团伙欺负班级里的其他同学

——结了婚的伉俪疏远姻亲

——将父亲拒之门外的母子关系

——一个年轻人由于皈依某种宗教而背离家人

——一个政治上的自由党人无法容忍他兄弟的保守主义……

*

在更宽阔的背景下，想一想政党关系给我们的国民福利带来的破坏性后果。出于对"党派"的承诺，国会议员往往选择牺牲国民的公共福利——医疗、教育和社会保障。① 更极端的是，组织内部的管理阶层欺骗公众和自己的员工，宗教信徒以自杀式爆炸袭击其他的教徒，这些都是盟约组织内部缺乏远见的典型例证。

内部瓦解：我们一起坍塌

盟约对于一致性的要求确实营造了一种安全、可靠、有益的存在空间，至少短期内如此。但对关系的承诺同样催生了具有讽刺意味的副产品：内部分裂。盟约的参与者同时培育出疏离的种子。内在侵蚀有以下几个根源：②

所有的盟约团体都树立了好的行为标准，以此作为对团队的承诺。然而，一部分成员总是能够证明自己比其他人更优越。有些人脱颖而出，其他人则拼命努力以求达到最低的标准线。"你今天迟到了……""你让我们失望……""我们的付出比你多得多……"其结果，某些看似公道的规则出现了，那些接近完美的成员讨厌那些有瑕疵的人，反之亦然。在学校系统内部这类阻力较为普遍。正如威利斯（Willis）在对青少年群体的研究中发现，出身底层的男孩因为无法达到学校强加的标准而对那些"好学生"产生敌意。对那些"假正经的书呆子"（goody goods）的反感降低了他们的抱负水平，致使他们最终仍滞留于社会的底层。③ 同样的区分也会威胁到婚姻。如果配偶一方坚持按照"理想婚姻"的标准评价甚至责骂另一方，后者很可能跳起来反抗……"那怎么能叫犯罪呢？""婚姻不应该是一座监狱。""我再也不想忍受这样的吹毛求疵。"

导致内部分裂的第二个原因是成员参与其中的外部关系的压制。例如，对婚姻的承诺可能威胁到个体与朋友圈的关系，而对组织的承诺同样可能影响到个人的婚姻，等等。对于个体而言，这些都是非常重要的关系，一旦遭到抑制，难免心生怨恨。受到排斥的那些人往往会与身处组织内部的个体商讨。朋友会抱怨那些已经结了婚的老兄"重色轻友"，家中

---

① 也可参阅：Trend, D. (1997). *Cultural democracy, politics, media, new technology*. Albany: State University of New York Press.

② 在心理阻抗理论中，布雷姆（Jack Brehm）假设个体对于限制自由会产生普遍性反抗。然而，当前研究认为，阻抗行为并不是由生理或基因决定的，而是根源于关系。可参阅：Brehm, J. (1966). *A theory of psychological reactance*. New York: Academic Press.

③ Willis, P. (1977). *Learning to labour: How working class kids get working class jobs*. New York: Columbia University Press.

的配偶会抨击公司占用了伴侣太多的时间,这个朋友可能向你吐槽其他的朋友。一旦这些"外部的"声音被裹挟着进入盟约,便成为破坏性抨击的根源。在任何一种盟约关系中,参与者都是团体文化的潜在反抗者。

还有第三个更加微妙的刺激,同样会导致对盟约的反叛。无论何时,一旦我们确定了哪些是好的或重要的,便同时创造了一个潜在的"不好"或"不重要的"世界。① 一个团体在宣称信仰上帝的同时也就创造了对"不信"的理解;在每一处讲科学的地方都定义了非科学的领域。在盟约内部,那些被否定的世界绝对会被禁止。一个信徒不可能同时声称自己"不信"。假如一位生物学家宣称他的研究发现了圣灵的力量,或者一家公司的高管揭露了本公司产品的缺陷,他们很有可能因此而面临职业生涯的终结。与此同时,这些被禁止的世界在自己的关系圈内部又都是可以理解的,这是多重存在的观点。因此,对于某一盟约团体的成员而言,那些被禁止的世界始终潜伏在意识的边缘。一旦这种盟约令他感到失败、愤怒或失望,通往被禁世界的那扇大门便会敞开。正是由于这种原因,对于婚姻的过度苛求可能会导致不忠,秩序井然的校园存在着被蓄意破坏的可能性,等等。以上述这些方式,对于盟约的趋力同时也孕育着自我毁灭的种子。

真理的肆虐

除了内部摩擦,牢固的盟约自身还存在逐渐麻痹的趋势。对于那些满足、欣慰于"我们的生活方式"(our way of life)的盟约来说尤其如此。在这种关系中,行为模式变得如此"自然",以致我们实际上再无法适应其他的行为方式。饮食偏好就是一个很好的例子。对许多西方人来说,没有咖啡的早餐根本不叫早餐,牛排抹上草莓酱实在令人难以下咽。无论家庭生活、组织还是课堂,我们都会逐渐形成可靠而稳定的关系模式,而这种模式强烈抵制改变。儿子用餐时坐在父亲的座位上、学生上课时坐在老师的椅子上、锅炉工使用 CEO 的座椅,这些都是非常危险的举动。② 尽管这些排斥看起来有道理,也有助于

---

① 关于过度肯定导致否定,学术界有着长期研究的历史。从康德、黑格尔到索绪尔,都对此有过重要贡献。

② 有关日常失能效应的经典表述,可参阅:Garfinkel, H. (1965). *Studies in ethnomethodology*. New Jersey: Prentice Hall.

成员共同对抗外部世界，却使得他们的协调能力逐渐减弱。

我们通常信任未曾被挑战的模式，在生活中很少越出令自己感觉舒适的地带而去冒风险。然而，正是这种麻痹导致对其他种族、宗教和经济团体的反感。**我们**不能忍受**他们**说话的方式，他们喜爱的音乐，他们奴性的崇拜，他们可笑的服饰……由于关系模式的固化，我们丧失了参与创造的协作能力，舒舒服服地蔑视别人显然比创造性的协作要容易得多。

这些舒适的模式之所以如此有魔力，在于其最拿手的把戏是与真理的话语结盟。拥有"真理"便把握了事实真相，不容置疑。在盟约团体中，对真理的宣称起到了非常重要的作用。他们首先赋予团体魔力，标榜"我们手中握有真理"。《美国独立宣言》将国家统一在"人人生而平等"的口号之下，将这句话作为"不言而喻的真理"。我们同样尊重那些"敢于在权力面前讲真话""坚持神圣的真理""不懈地寻求真理"或"发现科学真理"的人。对真理的宣称使得人们信任那些关系内部创造的现实。例如，对于某种癌症治疗方式有效性的报告便承载着来自科学共同体的允诺。它们证实，在普遍接受的科学传统内部，该报告的结果不是虚构的，而是真实发生的。同样的方式，宗教团体也纷纷宣告自己的真理：基督教宣称耶稣乃上帝之子；伊斯兰教则奉穆罕默德为先知；等等。事实上，这些宣告效忠的都只是某种既定传统中的事实、理性和价值。

*

> 我们务必致力于追求真理，观如其所是，言如其所是。发现真理，传播真理，与真理共存亡。
>
> ——尼克松（Richard Nixon）对共和党人的讲话

*

但是，让我们进一步检视：即使传统所谓的"真理"能够用语言准确地描述世界，也存在一个前提假设，即存在大量的词汇与世界上客观存在着的各种事物相对应。然而，正如前面各章所述，语言的意义是通过联合行动创造的，语词的含义取决于关系中的人。若非出于惯习，我们其实可以自由地使用任何语言来描述任何一种事物的状态。除了传统赋予它的特权之外，所谓真理话语并不具有其他任何特权。在后面有关知识与教育的探索中（第七章、第八章）将对该话题作更深入的讨论。

因此，尽管真理的话语可以统一某个社团或传统，其危害在于局部的确定性可能被当成普遍性的真理。一旦真理跨越了传统的边界,便播下了麻痹与对峙的种子。一种传统中的所谓真理可能与另一种传统中的截然不同。举例来说,接受科学真理意味着与宗教真理绝缘,①接受民主党的真理就等于对共和党真理的质疑。宣称"X 是真的"是让其他声音保持缄默的有效方式,进而破坏了协作行动的可能性。在此,传统意义上的围墙最终沦为监狱。

从侵蚀到灭绝

到此为止,我已论及盟约过程中出现的一些问题。关系的压制、内部瓦解和麻痹都有可能发生在亲密关系中。不仅如此,还有其他一些问题,很可能对人类幸福造成更严重的威胁。回想个体主义如何导致与他人的相互疏离、竞争和蔑视(第一章),这些倾向在盟约中被高度强化。为什么会这样?在很大程度上是因为盟约过于维护对唯一的真和善的创造、美化与服从。参与者之间不断的相互沟通,通过联合行动支持"我们的生活方式"及其相伴随的现实与价值,离经叛道的声音受到压制,怀疑的声音同样如此。相比之下,势单力薄的个人在多数情况下往往会选择模棱两可。因为我们是多重存在,明确目标的难度远大于实现目标。对于紧密团结的盟约团体而言,一旦反对、批评或惩罚的声音被彻底消除,各种划分的边界便会愈加牢固。

正是在这一点上,我们开始进入群际敌对这一熟悉领域。大量研究及数百万生命的死亡证明,信奉真理的盟约团体会对团体之外的人们造成严重威胁。②首先是自以为是的倾向。无论我们所说的是夫妇、党派、俱乐部、团队、组织、宗教或国家,他们都有着强烈的倾向,即致力于创造"我们(比别人)更好"的现实。伴随着对"**我们**"的美化的是对"**他们**"的诋毁,造成的后果便是相

---

① 基督徒信奉智能设计论(认为宇宙和生物的某些特性用智能原因可以更好地解释,而不是来自无方向的自然选择。该理论的支持者主要是基督教智囊团体,他们认为,智能设计假说是重要的科学理论,甚至比现有的科学理论对生命起源问题的解释更加合理。)的问题并不在该理论本身,而在于他们把该理论当成科学来捍卫。在科学的传统内,该理论确实乏善可陈。然而,若论及对心理活动的影响,较之于进化论,智能设计论无疑更具优越性。

② 社会科学有关社团之间敌对关系的研究,较具代表性的有:Brewer, M. (2003). *Intergroup relations*. Buckingham: Open University Press. Ashmore, R. D., Jussim, L., & Wilder, D. (2001). *Social identity, intergroup conflict, and conflict reduction*. New York: Oxford University Press. Levy, S. R. & Melanie, K. (2008). *Intergroup attitudes and relations in childhood through adulthood*. New York: Oxford University Press.

互反感、刻意回避,以及对"邪恶的对方"的相互构造。这一切为公开蔑视、隔离、监禁和最终灭绝异己者做好了准备。我在此所说的不仅仅是那些公认的恶行,如屠杀、入侵、种族灭绝或恐怖主义之类,还包括围绕着朋友圈、体育团队、兄弟会、社区、种族、经济体、政治运动、宗教和国家树立起来的壁垒森严的高墙。所有原本为我们所珍视的东西都埋藏着隔离、诽谤以及一系列后遗症的种子。

偏见、愤怒和仇恨等大多出于蔑视。对于演出脚本而言,它们是戏剧化冲突的源泉。对邪恶的蔑视、义愤和铲除异己总能令人感觉舒畅。所有这些都是对盟约存在的颂扬。

超越路障

我们现在处于非常关键的节点上。现实、理性和善不断地被创造,我们为自己能够通过努力为盟约带来和谐、信任、满足和欢乐而骄傲。但是,这些成就也埋下了隔绝、自我毁灭、敌意和相互灭绝的隐患。在我看来,当前全球纷争和流血事件发生的可能性正与日俱增。通信技术的发展使得以往分散的声音有可能彼此定位,相互团结,从而激活议事日程。例如,通过广播电视,宗教原教旨主义者可以随时获得思想和情感上的支持。白人至上主义者可以通过网络交友和征婚服务,以确保他们能够终生坚持其宗旨。通过手机和互联网,恐怖分子可以策划和执行毁灭全球的方案。群集和缔约不再受地理位置的限制,再严密的防范也无法防御异己者来自虚拟空间的入侵。

我无法为应对这些新的挑战提供令人信服的一揽子计划。然而,关系性存在的立场非常强调一种重要的资源——对话。如果联合行动是团体内部灵感和行动的源泉,那么,同样的资源也可以被用来减少社团之间的冲突。但是,这样的对话如何开展呢?冲突激烈的党派往往讨厌与敌对方打交道。当一个国家元首为其他国家贴上了"邪恶轴心国"的标签,对话还有可能吗?在接下来的部分,我们将站在关系的立场来应对这种挑战。

热冲突与变革性对话

后面几章,我们将讨论在各种不同的专业领域开展对话的过程。这里我们主要关心的是这样一些情形,在其中,意义的边界被封闭,视他人为邪恶的

第六章
盟约、路障与超越

观念盛行,相互排斥的冲动日渐强烈。处在这种危险的状态,我们该如何继续?这是一个庞大而复杂的问题。我当下的目标不是提供一个简单的结论,而是从关系的视角出发,启动有关和平对话的讨论。

传统共识认为,语言交流是减少冲突最有效的方式。无可否认,这种投入包含着智慧。但是,在"我们必须交谈"的舞台上有可能上演各种不同的戏剧脚本,其结果往往大相径庭,甚至可能引发灾难性的后果。"交谈"有可能演绎成为互相责备、诽谤和辱骂,这样只会强化障碍。我们必须留意正在使用的对话形式、沟通的脚本以及可能产生的后果。在当前的视野范围内,我们发现存在以下四种主要的对话取向。

争论(argumentation):参与者试图借助某种雄辩的修辞方式说服对方接受或不接受某种立场。典型例子包括法庭审判程序、政治决策和道德争议。

谈判(bargaining):冲突各方通过计算各种不同结果的成本与效益,通过协商或讨价还价来争取利益最大化。谈判经常发生在有激烈冲突的商业组织和国际关系中。①

协商(negotiation):敌对双方通过谈判,要么使自己一方的利益最大化,要么找到同时兼顾双方利益的最佳方案。例如,在畅销书《达成共识》(*Getting to yes*)和《不再说不》(*Getting past no*)中,尤里(William Ury)和费舍尔(Roger Fisher)便概括和阐释了有助于冲突各方实现"互利共赢"的多种策略。②

调解(mediation):冲突双方依靠中立的第三方(或调解者)的斡旋解决争端。调解实践既有着古老的根源,又有很多当代的变化。离婚协议常常通过调解来达成,甚至越来越多的法律纠纷也基于对调解者的信任而得到解决。

无可否认,以上这些实践方式显然比相互毁灭的战斗更可取,历史上也有过很多成功的案例。然而,我们仍然有理由想要超越这些实践。首先,这里的每一种实践都是基于有界存在的理念。也就是说,每一种实践都假定存在着

---

① 例如,可参阅:Lebow, R. N. (1996). *The art of bargaining*. Baltimore, MD: Johns Hopkins University Press.

② Ury, W., Fisher, R., & Patton, B. (1991). *Getting to yes: Negotiating agreement without giving in* (Rev. 2nd ed.). New York: Penguin. Ury, W. (1993). *Getting past no: Negotiating your way from confrontation to cooperation*. New York: Bantam.

从根本上相互独立的双方,或者是个人,或是团体。每一种独立存在都在努力为自己争取利益最大化和损失最小化。此外,这些传统实践假设了独立存在于联合行动过程(co-active process)之外的不变实体。钱就是钱,财产就是财产。总之,传统实践带给我们这样一种感觉,即对话不过是"另外一种意义上的战争"。它们维持着分离的现实和冲突的结果,而关系修复前景黯淡。

*

如果有必要分享意义、分享真理,我们就不得不作出改变。

——玻姆(David Bohm)

*

我们现在的任务是丢掉有界存在的包袱,探索新的对话形式。有没有这样一些方法,能够通过模糊界限、彰显关系、复原多重存在以及强化关系性存在的意识来减少激烈冲突?近期一系列事态的发展可谓振奋人心。许多大型组织欠缺处理冲突的能力以及缺乏解决当前问题的紧迫感,由此催生出许多新的实践。这些实践并不是某种哲学的演绎,而大多是激烈冲突出现时的应急之举。尽管这些新的实践还不成熟,但确实为我们重新确定未来的航程提供了模板。[①]

在结束本章之前,我想简要介绍三种这一类的创新实践。我把它们视作对**变革性对话**(transformative dialogue)的贡献。所谓变革性对话代表了这样一种对话形式:试图跨越意义的边界;将分歧定位于争论双方各自认为理所当然的现实;修复多元存在的潜能;最重要的是,促进参与者共同生成新的、更有希望的、共享的意义领域。需要说明的是,这类实践回避对有关具体内容的争辩,其重点在于强调关系协调的过程而不是争议的内容。这些实践表明,如果我们能够实现生成性的协调过程,那么对内容的争议就会软化。意义边界的淡化有助于发展出新的现实、理性、价值与实践。

公共对话项目

1989年,在马萨诸塞州的沃特敦(Watertown),公共对话项目(Public Conversations Project)的研究者开始运用某些家庭治疗领域的技巧来解决陷入僵局的公共争端。他们的研究持续多年并卓有成效。我们来看看这些研究

[①] 对于这一类发展的更多介绍,可参阅:Bojer, M. M., Roehl, H., Knuth, M., & Magner, C. (2008). *Mapping dialogue: Essential tools for social change*. Chagrin Falls, OH: Taos Institute Publications.

者是如何消除人们在堕胎问题上的尖锐冲突的。在该案例中,一味地争论并没有任何成效。之所以如此,很大程度上是因为争论双方以各自完全不同的方式建构自己的现实和道德。双方在"基本的事实"(如人是什么?)和价值(如挽救人的生命对人的幸福)等方面存在严重分歧,以至于传统的对话方式根本不起作用。另外,采用传统的对话模式风险很大,因为双方已经产生强烈敌意,研究者担心会出现更严重的破坏性后果。

在这个案例中,研究者将那些愿意与对手讨论堕胎问题的活动家以小组的形式召集在一起。项目组承诺,不会强迫他们参与任何让他们感觉不舒服的活动。活动以冷餐会的形式开始。在此期间,要求参与者分享**堕胎问题之外**(other than)其他各方面的生活经验。他们谈了很多话题,包括孩子、工作、邻居、本地球队的胜利,等等。这一过程为变革性对话创造了条件。参与者们意识到,他们所分享的现实与价值可能远远大于分歧的领域。晚餐之后,组织者邀请争议双方参与一场"不一样的对话"。参与者被要求谈谈有关堕胎的个人经历,分享思想和感受,并就自己感兴趣的问题提问。随着研讨会的继续,要求参与者轮流一口气回答三个重要问题:

1. 你是怎么开始关注堕胎问题的?谈谈你本人与该问题有关的经历或历史。

2. 现在我们很想听听你个人有关堕胎问题的独特理解和见解。在你看来,哪些是核心问题?

3. 之前和我们讨论过的许多人告诉我们,随着对这个问题的思考不断深入,他们发现了某些灰色地带,即令自己的信念感觉进退两难的状况,甚至产生某些心理冲突……你是否也有一些不确定,或者不是很肯定,某些担忧、价值冲突或复杂的情感愿意和大家分享呢?

对前两个问题的回答让我们获得各种不同的人生经验,通常是与疼痛、丧失等痛苦经历有关的故事。与围绕抽象道德原则的争论相比,讲述个人故事是更成功地跨越意义边界的方式。个人故事引导听众把自己想象成故事的主角,像演员亲临其境体验生活一样。参与者还会暴露很多疑虑,惊讶地发现处于对立立场的人们其实也有某些不确定性。通过倾听对方的疑虑,参与者也会同时听到对方关于支持己方立场的陈述。意义的边界再一次被跨越。

讨论完这三个问题之后,参与者有机会相互提问。他们提出的问题不允许是虚张声势的挑衅,而是关于"你真正想要知道的……我们想了解你的私人经历和个人信念……"之类的问题。这些讨论有助于增加双方对于对方行为的理解,而在其他情况下,这些行为可能被认为不可理喻。研讨会结束几个星期之后,项目组安排了电话回访,其结果反映了这些研讨活动的长效和积极影响。据参与者反馈,他们对争论有了更复杂深入的理解,并学会了用更加人性化的观点来看待"他人"。虽然他们的根本立场并未发生明显变化,但是他们已经不再以黑白对立的方式来看待问题,也不再把那些持不同意见者视为恶棍。①

叙事调解

司法从业者长期以来一直在寻求庭外调解的方法。谈判和协商比较常用,但正如我们前面所述,它们仍然把冲突双方视为在根本上相互对立的有界存在,各自追求自我利益的最大化。调解专家寻求以"更友善和更温和"的方式来解决争端。近几年,他们对于关系的过程越来越敏感。这一类实践中最具典型性的便是叙事调解(narrative mediation)。② 叙事调解者从一开始就很明确,冲突是在联合行动的过程中产生的。也就是说,人们之所以成为对手,在很大程度上是因为他们对所承诺的世界的不同建构。对立的双方各自都有关于自己是如何正确、对方是如何错误的故事。实际上,冲突发生在不同的叙事建构之间,而叙事则可以通过对话改变。调解者因此开始借助对话的形式,促进冲突双方发展各自不同于以往而又互利互惠的叙事。例如,争论者可能被问到假如冲突与他们无关的情形。通过将问题外化,引导双方进入协商通道。他们可能会说:"这个问题一直困扰着**我们**,我们必须想办法解决。"通过这种方式,他们放弃了以往习惯性的互相指责的反应模式(例如,"这全都是**你的错**"),从而联合面对共同的威胁。

冲突双方也可能被要求回忆他们关系融洽的那些时候(例如,"跟我谈谈你们关系好的时候")。通过讲述这些故事,冲突者常常能够找到对方值得称赞的地方,并意识到他们过去的关系弥足珍贵。其结果,不仅缓解了敌意,而且为建构新的叙事准备了素材。调解者有时还会邀请其他人参与,如家人、朋

---

① 公共对话项目确实令人印象深刻,已经引发了更多的探索和大量不同的研究。进一步的了解可登录:www.publicconversations.org.

② 可参阅:Winslade, J. & Monk, G. (2001). *Narrative mediation*. San Francisco: Jossey-Bass.

友和同事。对调解过程尤其有帮助的是那些曾经被冲突深深伤害过的人,以及将会从冲突的解决中受益的人。他们会激励参与者,为他们提供支持,帮助他们探索看待和处理问题的新方式,其结果将促进叙事或理解方式的新发展。尤其当这种建构方式被家人和朋友分享时,冲突便会被富有成效的协调取代。①

*

我们将要面对三天地狱般的集会。集会由一场全体代表会议开始,内容是对教育领域的社会建构论观点(social constructionist view)与认知建构主义观点(cognitive constructivist view)进行对比。为了明确二者之间的差异,组织者首先安排了两场全体会议,分别讨论两种立场的要义。我代表社会建构论立场,而我敬重的一个同事格拉泽斯菲尔德(Ernst von Glasersfeld)则代表认知建构主义的立场。接下来,组织者又安排了另外两场讨论,一场是对社会建构论的评论,另一场是对认知建构主义的评论。两种立场现在被两极化了,听众可以在两种对立的立场之间进行选择。可以预料,批评性的讨论很快将让位于敌对性的相互攻击,紧随其后的将是相互咆哮和挥动的拳头。疯人院!会议开成这样该如何进行下去呢?

好在这些剧情并未真实上演。组织者十分明智地推迟了会议的议程,邀请到知名的治疗师汤姆(Karl Tomm)出席会议并从中斡旋。也许你还记得我们之前对多重存在的讨论,汤姆正是关注我们各自身上携带着的对方的声音。在这种情形下,与会代表接受了汤姆安排的程序。他先采访了由我扮演的恩斯特,接着又采访了由恩斯特扮演的我。我和恩斯特相识多年,完全可以详细深入地谈一谈各自对于对方及其工作的认识或感觉。

随着这一程序的介入,格拉泽斯菲尔德和我不再是两个相互独立和敌对的存在,我们开始彼此包容。这样做的结果是戏剧性的。敌意被终止了。在接下来的会议中,与会者相互对彼此的工作表现出明显的尊重

---

① 社区调解委员会的工作与此密切相关。该组织致力于构建关系网络,以避免社团之间破坏性冲突的发生。更多信息可登录:www.nafcm.org。

与好奇。尽管两种立场之间的分歧依旧存在,但这并不意味着关系的终止。

修复式司法

许多冲突——从家庭矛盾、恐怖袭击到对少数民族的压迫——都需要司法系统的介入。这一系统(包括法律、警察、法庭和监狱)的作用在于裁定哪些人犯了罪,并给予相应的处罚。① 然而,就其对关系过程的影响而言,传统的司法系统存在明显的瑕疵。众所周知,监禁创造了一种罪行文化,但是鲜有人了解监禁对于罪犯与受害人之间关系的影响。受害人很少愿意接受罪犯的道歉,而罪犯又难得有机会给予补偿。过错方与受害人之间的关系自始至终水火不容。传统的有关道歉、补偿和宽恕的脚本有待补充和完善。

有关修复式司法(restorative justice)的国际运动将这种关系推到幕前,采用对话的方式来实现和解。这种对话在许多情境中被证明有效。② 最明显的是,对话被用于帮助囚犯与被他们伤害的人之间达成和解。即使对于死囚犯,这种做法也能起到重要的治疗作用。这种对话也被用于某些社区,作为标准司法实践的替代性选择。例如,青少年罪犯通常被安排与受害者面对面接触。在成功和解的案例中,参与者们常常能找到除收监之外的其他替代性方案。这些尝试对于像南非这样的国家尤为重要。因为在那里,一百多年以来大多数人一直被残忍地对待,政府的倒台留给他们太多强烈的愤怒、恐惧和内疚。

尽管存在很多不同形式的实践,多数修复式司法的尝试都会安排犯罪者和受害者进行面对面的谈话,使得受害者能够有机会把内心的痛苦彻底释放出来。而犯罪者不仅可以解释自己的错误行为,还有机会向受害者致歉,求得对方的谅解和宽恕。这样做也使得受害者有机会放下仇恨,修复伤痛。后面要做的是把罪犯和受害者整合为一个共同体,这一对话过程如果有家人和朋友的参与往往会很成功。像在叙事调解中一样,他们为修复和整合提供了至关重要的支持。事实上,成功的修复强化了共同体的生命力。

---

① 我个人很希望用"矫正"(correct)或"重新社会化"(re-socialize)来代替"处罚",可惜这样的项目越来越少。

② 例如,可参阅:Umbreit, M. S., Vos, B., Coates, R. B., & Brown, K. A. (2003). *Facing violence: The path of restorative justice and dialogue*. Monsey, NY: Criminal Justice Press. Hopkins, B. (2005). *Just schools: A whole school approach to restorative justice*. Vancouver: University of British Columbia Press. 也可登录:http://www.restorativejustice.org/.

第六章
盟约、路障与超越

上述三种实践——公共对话项目、叙事调解和修复式司法——提供了新近出现的许多创造性对话的几个例证。同样有助于了解这类实践的还有同情聆听项目(Compassionate Listening Project)、和平种子夏令营(Seeds for Peace Camp)、深度民主项目(Deep Democracy Project)以及在世界范围内运作的其他几十种对话实践。① 在我看来,一场影响广泛且生机勃勃的运动正在兴起。这场运动关注在创造更有希望的未来过程中对话所能发挥的重要作用,对于单一实体(如个人、组织和国家)的强调日渐退位。我们越来越多地认识到,拓展的关系实践具有无与伦比的重要性。我希望后续四章能充分揭示这场运动的力量和潜能。

---

① 更多信息可登录:www. compassionatelistening. org, www. seeds ofpeace. org, 以及 www. democraticdialoguenetwork. org.

第三部分
专业实践中的关系性存在

第七章

共同创造的知识

认识到关系对于生活的重要意义是一码事,付诸实践则是另一码事。对我而言,写作本书的最终目的是激起对生活实践的变革。我希望对关系性存在的洞察不止于书面描述,还能解释、支持和改变我们共同的生活。本书第三部分旨在促进关系实践在公共组织机构中的发展,其中本章和下一章主要涉及知识的创造与传播问题,之后将转向心理治疗与组织变革中的关系实践,以此为我们在本书第四部分进一步讨论道德与宗教问题(issues in morality and spirituality)做好准备。

*

知识(knowledge)与**教育**(education)是启蒙运动的一对孪生子。借助知识,我们得以摆脱愚昧和武断,走向不断进步的未来;通过教育,子孙后代得以和我们共享知识进步的成果。然而,作为启蒙之子,知识和教育的概念都与有界存在相契合。以我所见,这种契合势必荆棘丛生,难以走上进步和幸福的坦途。我们并未摆脱愚昧和武断,对知识的宣称经常造成压制。与其说在进步,我们时常发觉自己在倒退。传统的教育体制在很多方面维持和扩大了这种影响。我并不认同乌托邦,但是我非常相信,通过将知识和教育的理念及其实践重新定位于关系,我们可以更深刻地理解这样做对于人类幸福与环境安康所蕴含的无限潜能。

在本章和下一章,我将从关系的视角思考知识与教育。在本章,我会首先关注传统的知识理念。它的问题出在哪里?以关系取而代之会为我们带来什么?基于这些思考,我们再进一步探讨创造知识的实践。我的讨论必须有所选择。基于前一章对于边界与路障的讨论,本章将集中探讨学科与专业等部门划分与关系的修复问题。

知识作为共同体的建构

我们因袭了个体主义与现实主义的知识观。知识一般被定义为"对于事实或者真理清晰而准确的觉察"。我们因此自认为一方面拥有真实世界（fact，事实），另一方面又拥有个体心灵（perception，觉察）。当心灵准确地反映或描绘了世界的事实或真相，我们便获得了知识。经常听到这样的问话："他的判断准确吗？""她对他的理解是对的吗？"或者"他对于当前事物的判断是否存在偏见？"在很多科学研究中，我们采用各种机械设备的记录（如心电图仪、光度计、电波望远镜、视速仪）代替直接经验，我们可能会问："这台仪器能精确测定地震的震级吗？"或者"从脑电图上能够看到肿瘤吗？"当然，最终还是人对设备记录的解读起着决定作用。在这种意义上，科学测量只不过是个体经验的扩展或者进一步放大。

*

尽管科学测量具有普遍的吸引力，认知主体与被认知对象的分离还是给我们带来许多哲学问题。从古代柏拉图的著作开始，经过洛克、笛卡儿和康德的启蒙尝试，一直到现在的精神哲学，尚不曾有人成功化解这类智慧的难题。例如，如何证明人有"心理"（minds）？心理自身如何反映"心理"？如果说人生活在自己的心理世界，那么，我们又根据什么判断还存在一个"外部世界"？我们怎么知道有什么东西（如果确实存在的话）存在于心理之外？由于没有办法解决而选择暂时搁置这些问题又迫使我们面对另一个难题，那就是外在的"物质世界"是怎样与我们头脑中的"精神世界"发生关联的？是物质将其自身印刻于精神（洛克的观点），还是精神经过筛选和分类决定了某种事物的存在（康德的观点）？假如是后者，则两个人不可能体验到完全相同的世界，不是吗？而如果人们对世界的感知各异，我们又根据什么标准来判定谁的感知更正确呢？这中间还存在大脑的结构问题。如果我们的感知受制于神经系统的结构和功能，那么，我们对于世界的推断岂不又成了大脑结构的副产品？

*

我无意对这些长期存在的哲学争论详加论述。认识论和心灵哲学的问题争论了多少世纪，始终未能得出明确的结论。不过让我们试着反思一下：假如这些问题是基于有界存在的假设（即"认知主体"可以对独立存在的外部世界进行评价），那么，放弃这种假设或可解决这些历史性难题。如果有界存在的观念是

第七章
共同创造的知识

人类发明之物，有关心灵与世界关系的哲学问题则多半只是话语问题。它们与其说是有关人类存在的基本问题，毋宁说是一种巧妙的语言游戏。①

*

本书前几章的重点在于淡化脑内知者（the knower inside the head）的假设。正如第三章得出的结论，内在心灵的观点源于关系。我们所说的"内部世界"——无论是作为行动的根源，还是作为语言背后的"我思"（cogito）——都是由关系铸就的。有关心灵世界的话语并非应"外部世界"的需要而生，而是源于联合行动（co-action）。

有些批评家坐不住了："我能够理解你有关心灵的观点。姑且把心灵看作是人类的建构。那对于世界（the world）这一认识的'客体'（object）又该作何解释呢？物质世界难道不是存在于关系之外吗？你肯定不会说，如果没有关系就不会有太阳和月亮，不会有河流和树木吧？而且，通过仔细研究我们还可以对它们了解更多，不是吗？毕竟我们知道地球是圆的而不是平面的，据此可以推断，海上航行的船不会从世界的边缘掉下去。这些知识对我们的生存至关重要。"

这些当然都是合理的论断，不过我们或许可以更加缜密一些。正如我在前几章说过，我并不否认"有些东西"在联合行动之前就已经存在，但如果我们要确认"这种东西"是什么——它是动物、蔬菜还是矿物——就必须从关系中汲取资源。我们究竟把"这种东西"称为分子结构、雌性动物、生物体、艺术品、上帝的子民、我头脑当中的"一幅画"还是"妈妈"，取决于我们自己所处的共同体。脱离这些话语共同体，"此物"又该为何物呢？

只有获得共同体的认同，才可能谈得上知识。如果我们认可这是一种"生物"，就可以将其功能、特征与其他同类生物进行比较。如果认同她是一位母亲，就会更多地了解她的育儿实践。如果将她视为上帝的子民，可能希望增进有关她的宗教信仰的知识。这些都是不同的知识，产生于不同的共同体。这些知识丛（knowledge clusters）有助于相应的共同体实现它们认为有价值的目标。正如生物学知识可能被用于延长有机体的寿命，但对于促进孩子的社会

---

① 了解更多有关语言游戏的认识论问题，可参见：Rorty, R. (1979). *Philosophy and the mirror of nature*. Princeton: Princeton University Press.

化或者引导人们过一种有德行的生活却作用不大。在这种意义上,一切形式的知识都携带着某些共同体的价值,接受对某种知识的宣称便意味着加入相应的共同体。①

*

让我们放弃将知识作为个体拥有的与现实之间存在某种特权关系的心理状态的假定,转而将我们认同的知识视为某种关系过程的产物。通过联合行动,人们创造了一个真实的世界。在关系传统中,某种特定的话语被当作"知识",某些特定的人被看作是"有知识的",而某些特定的实践则被视为对"知识的创造(或生产)"。知识通过投某些共同体价值之所好而获得炫目的光环。事实上,西方医学知识对那些分享西方文化和价值观的人来说很有价值,但对于那些并不接受西方信仰和价值观的人未必具有同样的功效。所谓西医象征着某种进步也只限于在它被认可的范围内。②

*

科学家看上去是完全独立的个体,独一无二。画面中看不到在幕后支持这个人的团队——他的同事、技术人员、研究生、秘书甚至可能还包括他的妻子。正因为有这些人的帮助,他才得以站在舞台中央。同样隐匿着的还包括那些影响这项研究工作的赞助商和政治家。

——席宾格(Linda Schiebinger)

*

从关系的视角来看知识有望告别由心灵/世界二元论带来的各种棘手问题,也可以理解知识的多样性宣称,例如经验性知识、直觉性知识、实践知识、

---

① 正如福柯所言,接受某个共同体的知识很容易成为"被驯服的个体",从而不加任何质疑地受制于共同体的力量。例如,接受生物学知识使得人倾向于对人类作出生物学的定义(而作为对比,我们也可以选择人道主义或宗教对人的定义)。正因为如此,福柯抵制一切基于体制的知识。除了这种广泛抵制,本书对于知识的理解与福柯的观点耦合。抵制所有的关系传统意味着丧失一切意义,包括"抵制"自身的意义。更好的选择是以敏锐的批判性反思代替抵制。参见:Foucault, M. (1979). *Discipline and punish: The birth of the prison*. New York: Random House. Foucault, M. (1980). *Power/knowledge*. New York: Pantheon.

② 这种对于知识的关系视角在承认科学知识依赖于共享的话语、实践与价值观的学者群中得到广泛认同,尤其是对科学史、知识社会学、科学与技术的社会学研究、科学修辞学和批判理论等领域的著作具有重要意义。对这些著作的简要介绍,可参见:Gergen, K. J. (1994). *Realities and relationships*. Cambridge: Harvard University Press. Gergen, K. J. (2009). *An invitation to social construction*, 2nd Edition. London: Sage.

宗教知识、视觉传媒知识、音乐知识、缄默知识、常识性知识,等等。进而我们会十分淡定地发现,被某个群体接受的"知识"换作另一个群体则可能饱受质疑。我们也会明白,为什么与艺术和体育知识相比,美国的重点大学更重视经验性知识,其原因并不在于实证研究本身具有什么内在优势,而是反映了特定历史时期和特定人群心目中的现实与价值。

*

站在关系的立场重新定义知识对于学术研究、科学和教育实践意味着什么呢?这种思考蕴含着无限的潜能,我们只能有选择地展开论述。本章后面的内容将会引申和扩展前一章对盟约与路障问题的讨论。我将集中关注知识生产共同体(knowledge-making communities)中长期存在着的三种独立与疏离的倾向。这些都是很典型的例子,反映了传统的研究与写作实践如何阻碍正常的沟通与交流并招致有害冲突。首先,我会讨论知识生产共同体孤身自好的趋势。无论是在不同的知识生产共同体之间还是在知识生产共同体与更大范围的公众之间,这一趋势普遍存在。其后,我将返回这些知识生产共同体的内部关系,重点聚焦传统写作实践的疏离效应。在第三部分,我会集中讨论社会科学研究者与研究对象之间的关系。在此我们会发现,传统的研究方法是疏离的根源。无论哪一部分的讨论,我们的任务都在于促进合作的实践,促进那种将关系福祉作为首要目标的生活方式的兴旺与发展。

学科划分生忧患

每当我漫步校园,首先经过的是生物学院的大楼,然后是机械学院的大楼,再接着是英语学院的大楼,等等。在其中任何一栋建筑里工作都非常舒适。这里有熟悉的同事,勤奋的学生,还有很多可供与世界各地的同行交流联络的计算机设备。最重要的是,我们分享有关世界本质的假设,我们的价值观趋同。我们很少需要去拜访其他院系。事实上,在美国许多大学,院系大楼之间的距离很远,以至于不少人很少去其他院系走走。在这片建筑群的周围还有一道围墙,保护里面的人免受不速之客的侵扰。这道墙有时候是有形的——由石头、砖块或者钢丝网筑成,然而,更重要的却是那道无形的墙。它树立在实践中,将不同的院系彼此隔离,将学习划分为不同的层次,也将大学与外面的社会公众区隔开来。

*

对于知识的学科划分在很大程度上与有界存在的假设以及视心理为世界的镜像这一传统观念相联系。站在这种立场上看,没有人可以同时观察一切事物,所以知识积累的任务必须加以分配,以便不同的观察者可以致力于考察世界的不同方面。如有些人关注植物的生长,另一些人关注宇宙苍穹,还有一些人关注经济生活实践,等等。每一领域的研究都有各自的方法、逻辑和测量工具。正如图尔明指出,努力的最终目标是将所有知识整合统一于理性。① 与此同时,在各种专业领域分门别类地开展细致入微的研究非常重要。

只有当一个人接受了传统观点,相信自然界存在天然的划分,并且对它们的观察和描述可以形成对于自然的完整映射时,这样的逻辑才能行得通。然而,这一系列假设却遭到另一种观点(即知识为共同体所创造)的质疑。从关系的立场看,无论生长的植物、宇宙苍穹还是社会经济都不是自然的事实;相反,它们是通过某些人的关系性参与才成为"研究对象"的。通过这种参与,这种划分才为人们所理解。我们对于知识的划分并不是由事物的外形轮廓决定的,而是源于特定历史时期、特定文化的普遍认同。同样,不同共同体对于知识的建构也不可能叠加,这些共同体拥有各自完全不同的价值观和目标,不可能形成一个统合的整体。在生物学家的世界里无所谓原子,在原子物理学家眼里看不到经济结构,在经济学家看来上帝纯属子虚乌有。的确,从任何一个共同体的视角出发企图建立"大一统"都是危险的,不可避免地导致某些真理遭禁言、某些潜能被牺牲、某些关系被亵渎。②

*

有一个问题需要注意:学科划分是否确实以某种期待的方式为人类及其生活提供了帮助?回答当然是肯定的。生物学研究指导着对森林的管理,物理学研究促进了原子能的发展,人口学研究有效地影响了社会政策的制定,等等。这些成就只有通过专业化研究才可能实现。然而,如果知识是关系的成

---

① Toulmin, S. (2001). *Return to reason*. Cambridge: Harvard University Press.
② 对学科内部或跨学科知识的整合以及判断真理的统一标准同样遭到指责。如威尔逊(Edward Osborne Wilson)在其 1998 的著作 *Consilience: The unity of knowledge* (New York: Knopf) 中便问到这样几个问题:由谁来实施统一?根据何种假设?谁的现实从知识的整体架构中缺席?基于什么样的前提?

就,我们就必须更加谨慎地得出结论。前一章对盟约与路障问题的讨论已经提醒人们关注专业化的影响。把知识划分为不同部分会导致很多损害性后果。以下择要讨论其中的四种后果。

无处不在的敌意

不同学科之间在本质上存在如同达尔文进化世界中的那种物种竞争关系。实验室空间、新的仪器设备、终身教授职位、薪资水平、教学任务、最高学术委员会的职务,等等,都是竞争的标的物。这是一场零和博弈(zero-sum game),任何一门学科之所得都意味着其他学科之所失,其结果往往是相互诋毁、讳莫如深、屈辱和愤怒。系主任下台,院长去职,教职人员另谋高就。敌对倾向甚至在院系内部也同样存在。研究20世纪文学的教授不喜欢阅读中世纪文学的期刊,如果院系要求缩减教职人员的规模,研究中世纪文学的专家立刻会变成威胁。院系内部不可避免地被这类问题分裂,斗争各方最终迁延至校园的不同地点,更换不同的名称。每个人的目标都是想看到自己的研究领域蒸蒸日上;如果他人介入或者"掠夺"自己拥有的资源或潜能,便会引发学术战争。

*

> 学术工作……是学者们之间相互疏离与学科民族主义的结合,浸透着浓浓的火药味,形塑着我们的问题及提问方式。这种学术价值观反过来又在学术生活的各个层面上促进并强化了疏离与攻击。
>
> ——达姆罗施(David Damrosch)

学科训练与失能

"训练"(discipline)这个词的内涵本身就有冲突。一方面我们认为,知识的积累需要遵守系统、严格、理性的学术规范,那些没有接受过任何专业训练的人理应遭到蔑视。凭借成员对于学科的忠诚,才能形成一个学术共同体,在大学和学术界占一席之地,并对来自专业外部的质疑起到防御和抵制作用。此外,只有遵守学术规范,个体研究者才能获得参与研究的权利和保障。这种积极解释给专业训练笼上一层光环。而与此同时,也有另一种相对微弱的批评,认为专业训练构成某种程度的压制,学术规范的作用就在于对不遵从者实施惩罚。[①] 后一

---

① 参见:Foucault, M. (1979). *Discipline and punish: The birth of the prison*. New York: Random House. Foucault, M. (1980). *Power/knowledge*. New York: Pantheon.

种观点需要格外关注。

正如我在第五章中谈到的,一旦群体内部达成共识,我们的潜能便会受到限制。我们每一个人都作为多重存在进入学术机构,拥有各自不同的兴趣、才能、价值与想法。然而,相对于学科内部的那些共识而言,个体大部分的兴趣、才能、价值和想法可能与专业无关,或只是不值一提的琐事。广义上说,专业训练的后果是参与者拥有的大部分潜能被泯灭。作为一个经济学家如果要涉足文学理论你就得小心,物理学家转而研究神学难免会受到质疑,心理学家偏爱某种哲学同样无异于自寻烦恼。遵循学科规范意味着在"本学科的声音"之外消灭其他声音的强烈倾向。这样做不仅切断了该学科与同一社会文化内部其他专业之间的关系流,同样断送了学科自身发展的前程。背离学科内部公认有价值的研究选题,不采用学科认可的研究方法,不能获得统计数据支持的假设,不恪守适当的写作方式,不遵守在该主题下"应该说什么"的传统习惯,或者不通过常规渠道出版成果,等等,这些都有可能招致学术失败。教职竞聘、薪资待遇、晋升前景、经费支持和同僚接纳等诸多需求都将岌岌可危。对传统的保护力量从来都是非常强大的。

*

说来有趣。我曾热衷于以实验方法建立有关人类社会的行为规则,还凭借对这些研究方法的灵活运用在哈佛大学谋得了我的第一份教职。有一次我和乔希(Josh)去听一个访问学者的讲座。讲座开始不一会儿我们就开始互相使眼色,会意地笑,然后轻蔑地嗤之以鼻。演讲者竟然在没有任何实证支持的情况下夸夸其谈,何其胆大妄为!何其愚蠢荒谬!他竟然好意思自称为"科学家"!报告结束后,我们模仿他,讽刺他,笑得人仰马翻。那时的我是一个坚定的"局内人"(insider)。

因为花了大量的时间"在学科之间徜徉",我开始对这种热情的信奉产生疑虑,并且这些疑虑在不断增长。差不多在与乔希一起嬉闹了十年之后,我在某一权威期刊的末尾几页上发表了一篇文章,向同行表达了我的疑虑。例如,我提出人类的社会行为不是从根本上法定不变的,在获悉研究结果后,人们有可能改变自己的行为。我认为这一点对心理学而言尤其值得警觉,因为当心理学家给人的行为贴上从众、攻击或偏见的标签时,也是在作价值判断。因此,实验研究不是对普适性行为模式的中立解读,而是会产生某种形式的社会影响。如果我们能够影响文化,那么,作为研究对象的行为就可能被大大削弱。其结果是,传授关于从众、偏见、依从等知识能够弱化人们参与这些活动的倾向。我在该文中提出,社会心理学不仅是在记录历史,而且正在改变历史。

这篇文章的发表就像捅了个大马蜂窝,到处都是激烈的辩护,很多人视其为社会心理学的危机。争论一直在持续,直到那本权威期刊又再次刊登了一篇导向性的文章,长篇累牍地对我的观点进行批评,旋即宣布停止任何进一步的讨论。在全美实验社会心理学专业委员会召开的会议上,这场危机被宣告"结束",该领域复归风平浪静。现在的我变成了"局外人"(outsider)。

*

如果学术创新需要不同研究领域之间进行杂交、混合甚至相互融合,那么,不同学科内部的规范便是这样做的敌人。不冒险跳出这个盒子,就不可能有真正的"思想解放"。

无知的自负

只要我们承认研究的不同形式是世界构成的多样性之所需,分域逻辑(the logic of dividing fields)便是无限的。世界本身并未对如何划分给予限制,这些划分最终产生于社会互动。因此,知识的生产者可以随心所欲地宣布某种对于世界的划分,发展一套学科理论,创建制度结构,以保障该学科的持续繁荣。在学术竞争的市场上,创建一个新的学科分支往往比卑躬屈膝地努力在旧的学科体系中崭露头角更有利。[①] 随着学科的不断分化,需要了解和关心的东西日益减少。次级学科成倍增加,专业知识领域变得越来越狭窄。甚至一个人学术生涯的大部分可以只专注于某一文本、某个历史事件或者某种特定的鸟类。而在一小部分学者眼里,这种安逸的世界还是相当美好的。

*

柯尔斯滕(Herman Kirsten)是一名实验心理学的研究生,她在为院里的一位高级研究员做助手,研究方向是语言理解。那年夏天,柯尔斯滕对一

[①] 美国心理学会已经发展到56个分会。

个问题特别好奇,即文学专家怎样理解语言的问题。我建议她吸收邻近学科的研究,尤其是解释学的研究。几个世纪以来,解释学家一直在钻研一个具有挑战性的谜题,即我们在解释诸如《圣经》或早期历史之类的文本时是如何得出可靠结论的。对柯尔斯滕来说,解释学的研究成果非常具有启发性。到了秋天,她在提交的暑期作业中记录了参加一个解释学教授的研讨会的情形。可是当她开始阐述自己从中学到了什么时,她的教授冷冷地打断说:"等一下,这个柯尔斯滕是谁?我不记得他在我们专业领域发表过任何研究成果。"

*

在不同学科之间漫游同样存在风险。对其他学科好奇的研究者经常被对方学科的成员视为外来入侵者。他们很快可能因为不能"真正抓住"(truly grasping)该学科的主题而被拒于门外。即便在自己的学科内部,这些研究者同样有可能遭到驱逐,因为他们的观点稀奇古怪。"外行"或"半吊子"之类的绰号已然成为学科捍卫者的弦上之箭。熟谙如何专注于越来越小的专业共同体常常为研究者带来学术安全感。

*

产生于不同学科(reductionistic disciplines)内部的知识独白是一种典型的互无关联的知识模型,与其他学科的认知与存在方式相疏离。一种自闭型认识论(autistic epistemology)在此发挥作用。在各学科之间相互独立、学科内部闭关自守的背景下,这种作用得以发挥到极致。

——金奇洛(Joe L. Kincheloe)

知识:谁从中受益?

有关知识生产共同体的分隔趋势,有必要再问一句:"到底谁从中获益?"对于知识共同体内部的成员而言,这不成问题。他们分享着相同的进步观,只要他们的工作对这一共同目标有所贡献就够了。在一门学科内部,"什么事情值得做"的标准非常明确。然而,从关系的立场看,仅仅某一特定传统自己获益是不够的,重要的是创造知识的共同体是否以及在多大程度上对这一团体之外的社会生活有所贡献。人们对于科学的大量投资是因为相信它对于社会有广泛的益处。然而,随着我们不断地发展成意义孤岛,慢慢地开始对社会效益闭口不谈了。"纯知识"(pure knowledge)和"基础研究"(basic research)等传统观念取代了对那些学科之外的人的关心。追求"纯知识"的研究意味着："我不知道共同体外部的人重视什么,我也不关心这些。"与此同时,那些走应用路线的或者思想"不那么纯"(impure)的研究者受到轻视。他们被认为只是顺应产业和政府的号召,与那些追求"纯知识"的研究者相背离。

*

这么说绝对不是想贬低大学研究对于社会所作的重要贡献。例如,化学研究之于医疗实践,生物学研究之于海底生命的保护,物理学研究之于外太空探测,比较文学研究之于不同文化之间的理解,哲学研究之于对人类境况的反思,这些贡献都值得赞赏。这里的问题主要在于优先权和潜能。如果给予那些更多惠及社会的研究以更大的优先权,知识共同体贡献于社会的潜能是不是可以得到更多的发挥呢?

*

我在美国国家自然科学基金会和国家心理健康研究所的评审小组工作过几年,评审小组最常提出的问题是"研究方法是否严密"。尽管申请人需要在其申请书中用一个部分来陈述该项研究对于社会的贡献,但这一部分内容往往很少被阅读或讨论,评审专家这样做并不会被视作失察之举。坦白地说,大家心知肚明,社会贡献这部分往往是研究设计完之后再补的(an afterthought),大多是捏造出来装饰门面以应对评委会吹毛求疵的东西。

*

以下是2006年美国十大名校几篇博士论文的选题,可视作一个样本:
- 功能梯度压电陶瓷的双重电/压特性
- 演讲之美:坦桑尼亚选美比赛中语言的使用及语言学的意识形态
- 通过改变幼鼠及老龄鼠的表面糖蛋白增强T淋巴细胞功能
- 互联基础设施的最佳容量与优化调节
- 根源、权力与归属感:洪都拉斯北海岸加利弗那的土著民与土地所有权
- 古典约瑟夫森结阵列的可能量子行为

想象一下,有谁会去读这样的论文……

*

有鉴于这种对社会实践效度的普遍漠视,哲学家费耶阿本德(Paul Feyerabend)曾提议在评审委员中加入外行人。① 如果大量的税收资金被用于大学里的研究,那么,投入的这些钱就必须与研究成果联系起来。我非常赞成费耶阿本德的提议。② 同时,我向同事们推荐了我个人已经使用很久的一种评价标准——理发师测试(the hair-dresser test)。如果我的研究不能让我的理发师明白,他对我的研究不感兴趣,我就得重新考虑这项研究的价值。

*

正如我的一位大提琴家朋友最近谈到的,如果他们乐队只演奏20世纪30年代以后创作的音乐作品,听众会很少,乐队可能就得解散。传统交响乐对于大众的吸引力就在于其骨子里的通俗性。当20世纪的作曲家开始尝试基于理性系统的音乐试验,音乐对于这个圈子之外的人便逐渐失去意义。学术研究面临着同样的危险,当它停止与社会进行广泛对话,社会就会停止对它的支持。美国各州的立法机构常常怀疑他们的大学到底作出了哪些研究贡献。出于这样的怀疑,他们询问大学教授承担的工作量为什么这样少? 最终导致大学教育获得的税金份额越来越低。与此同时,普通老百姓同样怨声载道,数十亿美元的经费被用在进行空间与原子加速器这类让人搞不懂的研究上,而贫穷、犯罪和吸毒却得不到有效遏制。

超越学科划分的趋势

创造任何一种知识都需要志同道合的团队共同合作,但与此同时,也导致一系列令人遗憾的结果。学科在自身发展的同时,在知识生产共同体之间以及知识生产共同体与周围世界之间竖起重重壁垒,其结果造成愚昧、对立及对创造力的压制,损失了对社会福祉的贡献。尽管这些副作用普遍存在,但并非不可避免。知识创造确实需要学科的发展,但是创造性探索没有必要过于强调学科规则。我们当前的任务并不是解散团体,而是要考虑如何减少学科的束缚,模糊学科内外的界限。从关系的立场出发,我们的目标在于补充和促进

---

① Feyerabend, P. (1979). *Science in a free society*. London: Routledge.
② 有人可能会说,国会已经在实施这种审核机制。然而依我的经验,对于研究这一类的"小事情"国会很少监督。除非支持某项研究计划(例如干细胞研究、克隆技术)可以拉到选票,那便立刻激起国会的兴趣。

意义的自由流动。长期稳定不变的系科划分应该让位于一种新的观点：将共同体形成与瓦解的过程视作人类不断进步的对话。

这些并非我个人的观点，类似的创新之举已经非常广泛。在这一背景下，那些颇有远见卓识的学者与管理者引领风气之先，挑战现有结构，这些尝试颇具启发性。我本人则深为以下四种创新所吸引。

多学科合作项目及课程群建设

很多人早已意识到学科孤立的问题，最常见和保守的反应是呼吁博雅教育（liberal education），尤其要求大学本科阶段选课的半径应尽可能地放宽。这种"广为尝试"的教育的确为许多学生开阔了视野，也避免了兴趣过早地固化。然而，尽管学生被要求涉猎多门学科作为研究准备，一旦踏进某一学科的大门，便又重回老路。此外，这种方式免除了教师在学科之外的教导责任，学科自身仍旧安于孤立的现状。

更好的办法是跨学科或多学科项目的开展。近几年这一类项目的增长令人鼓舞。这表明，人们对于学科孤立与分隔的问题意识正在不断加强。实际上，现在几乎所有院校都在为学生提供将两门甚至多门学科结合起来学习的途径。① 只是大部分的这类项目只在本科阶段开展，研究生教育则更多倾向于培养能为各自学科作出贡献的学生。正如美国国家科学院发文所言："尽管[跨学科研究]好处显而易见，但有志于此的研究者却常常遭遇令人气馁的挫折和阻碍。"②学者们普遍囿于自己的学科，跨学科研究毫无前途可言。学科内部能够标定研究价值，而跨学科却无法形成一个共同体来评价成果。所以，尽管跨学科项目有助于激励学生思考多学科之间的联系，但是无力吸引他们进行长期的专业投入。

*

早期参与跨学科项目的研究经历给我留下的是激动和幻灭的双重感受。当时是哈佛大学社会关系学系的一个项目。该系1946年由心理学家、人类学家和社会学家合力创建。受帕森斯（Talcott Parsons）整合观念的影响，这个系在建立之初带着良好的愿望，希望为社会科学的充分整合

---

① 也可参见：*the Journal of Interdisciplinary Studies*.
② National Academy of Sciences (2005). *Facilitating interdisciplinary research* (p. 2). Washington: National Academy Press.

开辟道路。在1964年我去该院就职的时候,这种宏韬伟略实际上已经遭遇挫折,但仍在尽力通过不同项目来整合师资。作为一个新教员,那是我经历过的最具学术激发力的几年。例如,每周四里斯曼(David Riesman)教授家里会举办晚宴。里斯曼对当代文化变革的研究在当时已经享誉全国,他开设的课程非常热门,覆盖了几乎所有的社会科学和人文学科。每周四的晚上,他会与我们8位来自不同领域的助教会面,讨论下一周的教学计划。此外还有著名的团体动力学课程"社会关系"(social relation),我和另外6名同事(包括一位精神分析学家和一位统计学家)共同参与了该课程的建设。这门多学科合作课程与其他多门课程一起,共同构筑了相互激励和深具启发性的课程群。

然而几年以后,当我离开哈佛大学赴斯沃斯莫尔学院任教的时候,这种跨学科的课程教学已经大大削弱。对于年轻教师而言,合作不再是为了实现院系之前的愿景,而是为了自己学科的发展。这并不奇怪,因为他们需要凭借对本学科的贡献来获得名誉、资助、研究空间、助教的岗位以及研究成果发表的机会。这一切导致社会关系学系在不久之后便夭折了,学科自治重新开始盛行。

新兴的学科融合

尽管知识分科是社会的产物,一旦它们作为不同的系科被建立起来,便会产生强烈的生存意志。一方面,这意味着要保护它们各自的研究传统——包括研究的主题、方法及表达方式等。尽管全球背景已经发生重大改变,大部分系科仍然受制于这些传统。各门学科的实践很早之前就已经建立,很少有研究会超出这些范围。另一方面,如前所述,不同学科之间存在竞争。每门学科都想在经济上分一杯羹,其结果可能是,正在形成过程中的新学科无羹可分。上述两方面都导致新的主题、新的思考或挑战在既定学科秩序中无处安身,不顺应既定的学科体系便找不到立足之地。在这个日新月异发展着的世界中,这种阻抗最终会导致学科丧失活力。

*

不过,已经出现某些转变的迹象。这些转变发生的原因值得注意。孤立传统得以维持的一个主要原因在于,学科内部成员没有能力对其基本假设进行批判性评估。人们很难使用某一学科的术语去质疑本学科自身的逻辑。例如,你不能用实验数据去质疑实验证据的可靠性。质疑一门学科需要跳出该学科自身的思维模式,然而这样做的结果往往得不偿失。如前所述,质疑自己学科的逻辑与实践无异于在同行面前自取其辱。因此,学科内部很少有人会对自身的前提假设、局限和价值提出质疑。

正是在这种背景下绽放了一朵奇葩——**反思性批判学派**(the scholarship of reflexive critique)。这一学派的前身可以追溯到康德和黑格尔的哲学著作,尤其是他们对否定与矛盾的强调,甚至认为否定、矛盾比和谐、统一更重要。20 世纪 30 年代,在法兰克福大学那些卓越的哲学家和社会研究者的努力下,这一类关注获得了政治意义。① 他们的目的在于发展马克思主义思想理论以推动社会变革。要实现这一目的,就需要对内含于资本主义及其侍女——实证科学中的矛盾加以审视。虽然现在法兰克福学派(Frankfurt school)的批判魅力已远不及当年,但它对于孕育和促进一种新学派的产生功不可没,后者被称为**批判性研究**(critical study),它要求对已经建立的规则和制度进行批判性反思,指出只有通过对那些被人们视为"理所当然"的事物进行批判性质疑,才有可能逃脱禁锢,获得解放。

*

随着批判取向在传统学科中扎根立足,其催化作用日益显现。例如,批判理论家指出在人类学研究中弥漫着西方偏见,发现生物学和物理学的理论和研究方法中充斥着性别歧视,质疑实验心理学以个体主义意识形态为理论基础,等等。尽管这些质疑尚不足以引发学科的根本变革,却委实创造了一种氛围,使得研究者对于发表观点变得更加谨慎和敏感起来。② 而一旦批判取向的学者们联合起来,新的学科便应运而生。这些批判性学者苦恼于自己在本学科中受到的束缚,于是开始从不同的学科中寻找和联合志同道合之士,与他们一起创造新的研究形式,由此我们便看到诸如女性研究、性别研究、非裔美国人研究、同性恋研究和文化研究等领域的积极发展。这种批判的冲击力在许

---

① 有关其综述,可参见:Wiggershaus, R. (1994). *The Frankfurt school: Its history, theories, and political significance*. Cambridge, Mass: MIT Press.
② 这些批评也带来很多责骂,其结果便是现在学术界所说的"科学大战"。例如,可参见:Gross, P. & Levitt, N. (1997). *Higher superstition: The academic left and its quarrels with science*. Baltimore, MD: The Johns Hopkins University Press. Parsons, K. (Ed.) (2002). *The science wars: Debating scientific knowledge and technology*. Amherst: Prometheus.

多电影研究和修辞学研究项目中同样有所体现。

　　学科融合的第二个刺激因素是相应的经济环境。运营成本的增加和公共财政支持的萎缩威胁着大学的生存,大学需要寻求新的创收途径。其中最重要的是开发新的研究项目,特别是那些有望获得全额资助的研究项目。商学院的急剧扩张便是最明显的例子。不同领域研究者承担的任务通常是开发创收性的跨学科研究项目,由于这些项目必须投公共市场之所好,它们研究的议题或主题通常不在传统学科研究的问题之列。由此我们看到,诸如争端解决、野生动物保护、纳米技术、循证卫生保健、软件工程、儿童保健、广告、建筑工程管理、可持续性发展、全球化、气候变迁、旅游、劳动研究,等等,各种新的研究项目不胜枚举。① 这些项目自身的融合性决定了它们必须吸收多学科的力量,来自不同院系的成员越来越多地参与进创造性的跨学科对话,他们各自能够从自己的学科中汲取何种精华来加入新的意义汇流呢? 伴随着这种思考,传统的学科边界开始消解。

*

　　我以高涨的热情与冷静的反思来回应这些发展。在我看来,这些融合迹象预示着知识创造领域的重大转变,会有越来越多的研究者将自己的研究与全球性议题联系起来。不过,这种学科融合的趋势在寻求长期生命力的过程中同样面临危险。随着融合的趋势不断扩大,它们同样会耽于长久不变的愿景,如此,我们又制造了新的砖块去再造新的围城。② 从关系的视角来看,理想状态应该是一个开放的舞台,不同学科的成员短期组合,参与和分享其中。也就是说,不管出自何种学科背景,研究者可以随时联合起来加入任一知识创造团队。与此同时,没有任何一种研究组合是固定不变的。例如,和平研究会随着全球背景的变化有盛有衰;新的研究领域不断形成(如全球变暖、不同宗教信仰之间的对话、核扩散、人权),但并不一定长期保留。只有消除那些永恒不变的假设,开放性的学术交流才会受到尊崇并激发人们的好奇心。

*

---

　　① 参见:Association for Integrative Studies 网站:http://www.units.muohio.edu/aisorg/Index.html。
　　② 也是在这种意义上,新的研究项目,诸如女性研究、文化研究和同性恋研究之类将会变成不同学科的杂居领域(类似于少数民族人口聚集地),其中对于广泛意义的关切仍然只是少数人的事。

第七章
共同创造的知识

在斯沃斯莫尔学院的工作经历让我受益良多。为了研究社会和学术前沿问题，有着冒险精神的研究人员试图打破学科界限组建新的联盟。他们从各个学科中网罗志同道合之士，拓展新的研究项目，在诸如黑人研究、环境研究、电影研究、认知科学、媒体研究、翻译理论、和平与冲突、公共政策、女性主义等领域的研究开展得有声有色。这些项目并不拘泥于哪一门学科，事实上，它们超越了已往任何一门学科传统。他们也并不期望项目团队永久存在。但只要教师和学生对该项目还有热情，它们就会继续作为辅修课程对学生开放。这一类课程中的大部分都是由来自不同系科的教授共同授课。我将自己在这些课程中的经历视为思维和教学的珍宝。

公共知识分子的回归

在《最后的知识分子》(*The last intellectuals*)一书中，雅各布(Russell Jacoby)写到，当代美国文化背景下能够参与讨论公共事物的知识分子已不复存在。[①] 像特里林(Lionel Trilling)、里斯曼、米尔斯(C. Wright Mills)、麦卡锡(Mary McCarthy)、贝尔(Daniel Bell)、加尔布雷斯(John Kenneth Galbraith)、芒福德(Lewis Mumford)、威尔逊(Edward Osborne Wilson)、弗里丹(Betty Friedan)和桑塔格(Susan Sontag)等那样优秀的学者大都已经离世。雅各布将公共学者的消失归咎于知识生产的日益专业化。他的观点与我们之前的讨论不谋而合。他写道："教授们之间相互同音共律。他们在年会上济济一堂，相互切磋，建立了属于自己的王国。所谓'著名'社会学家或美术史学家只是相对其他社会学家或美术史学家而言，对外人则不然。知识分子一旦投身学术，就觉得没有必要再为社会大众撰文立言了。先是不愿意写，到后来也就不会写了。"[②]

*

多年以来，我和妻子玛丽加上我的兄弟戴维及其妻子安妮一直参加

[①] Jacoby, R. (1987). *The last intellectuals: American culture in the age of academe*. New York: Basic books.

[②] 更多有关公共知识分子的讨论，参见：Small, H. (Ed.) (2002). *The public intellectual*. Oxford: Blackwell. Bowditch, A. (2006). *Public intellectuals: An endangered species* (p. 7). Rowman and Littlefield.

在希尔顿黑德岛举办的"文艺复兴的周末"(Renaissance Weekend)集会。每次聚会都有一千多位知名的专业人士到场,他们大多是来自政界、法律界、商界和传媒界的成功人士,也有少部分学者参与其中。集会期间会员们会组织几十场研讨会,主题自行拟定,大部分都具有国家级水平。不同专业和党派的会员之间以礼相待,积极对话。其中,我对学术界的研讨会最感兴趣。我很想知道,他们如何运用自己的专业知识回答那些公众关心的问题?又会引导出怎样的对话?有两点让我感触颇深。首先,没人感兴趣。也就是说,在所有的研讨会中,学术界的研讨会听众最少。其次,对话的气氛往往过于凝重。演讲者似乎一心只想树立起自己的权威,而听众则要么承认自己听不懂学术语言,要么质疑对方的表达能力。

*

不过,也有很多实践带给我们希望。相互分离的学科培养了大量的研究者,不断向公众介绍他们在特定领域的研究,有关时间的本质、脑与行为、进化、精神失常、幸福的本质等方面的著作十分流行。在其中,分割不同学科的围墙开始瓦解……虽然还不太充分。这些著作只是把学术领域的某些迷人研究介绍给公众,却未必能够完全解答来自公众的问题。研究者的目的在于让更多的人了解自己学科的工作,学科是第一位的,公众则是教育的对象。然而,对于雅各布那一代人来说,公众的问题是首要的——压迫、公正、种族灭绝、道德伦理以及什么才是有意义的生活,等等。学术知识只是介入讨论的一个部分,公共知识分子需要将历史与时政、人格研究与组织文化、技术与政治支配、文学理论与生理疾病等联系起来,他们因而由独白者("我知道")转变成为对话者("我们一起探索")。

*

我们这个时代有一个奇怪的现象,即那些有能力变革社会、说明人类作为高等动物如何行动和思考的真知灼见通常在语言表述上都晦涩难懂。

——莱辛(Doris Lessing)

*

随着知识的共同体起源日渐清晰,一批新的学者脱颖而出,他们更加专注于公共事务的问题。我相信雅各布可以在赛义德(Edward Said)、乔姆斯基

第七章
共同创造的知识

(Noam Chomsky)、罗蒂(Richard Rorty)、努斯鲍姆(Martha Nussbaum)、贝拉·韦斯特(Cornell West)、吉利根、费许(Stanley Fish)、帕特南(Robert Putnam)和森尼特(Richard Sennett)等人的著作中找到大量值得庆贺的理由。他们中的很多人深受我们前面提到的批判思潮的熏染。[①] 与此同时,当代公共知识分子的复兴离不开具有远见卓识的管理者、富有冒险精神的出版商以及朋友圈的支持。在不久的将来,我们希望在政府部门看到更多专家的身影,这在许多其他国家已经成为现实。既然好莱坞可以成功地塑造出有高度影响力的政治家,学术这片果园为什么就不能硕果累累?引进奖励机制能够有效促进这一发展趋势。研究者很少因为参与公共事务而受到学科的赞赏,似乎对于社会的贡献不得不以学科内部的损失为代价。高校的管理者可能是未来发展的关键,他们应该较少为某些特定的传统所束缚,创建有效的激励机制以支持那些为公众事业谋福利的研究者。

对于那些追求更加通达的和生成性的关系形式的研究者而言,学科路障无疑是一个巨大的挑战。对于这群人的异动,学术界通用的写作模式发挥着极其微妙的作用。让我们来一探究竟。

在关系中写作

我在书写这些文字的时候,并不仅限于传递信息,而是进入一种关系——和你(作为读者)的关系。当我选择和明确了主题、写作类型、叙事、隐喻以及作为作者的我应该如何定义自己,我便介入了某种关系。如果将自己视为权威,以权威的身份写作,我会介入某种关系;而倘若我以谦和的探索者自居,便会介入另一种关系;讲述个人故事会创造出一种关系,肯定不同于抽象的推论所制造的那种关系。所以,我的写作既可以疏远你,也可以拉近你,甚至让你打瞌睡或……陷入纠结。修辞与关系(rhetoric and relationship)总是比肩而行。

*

[①] 有关当代公共知识分子的复兴,参见:Michael, J. (2000). *Anxious intellects: Academic professionals, public intellectuals, and Enlightenment values*. Durham, NC: Duke University Press. 对当代公共知识分子的批评,参见:Posner, R. A. (2003). *Public intellectuals: A study of decline*. Cambridge: Harvard University Press.

> 最重要的语词往往不是在说事,而是提示着某种关系。
>
> ——布伯(Martin Buber)

*

我现在要谈一谈我们的学术写作传统。研究者的成功与否在很大程度上取决于他写作的数量与质量,一个人的专业地位高低主要基于其"在学术文献方面的贡献大小"(contributions to the literature)。如果写作也是制造关系的一种方式,那么,我们就有理由考察一下这样的写作方式孕育着什么样的关系。在我看来,无论是在学术圈子内部还是在知识创造者与公众之间,我们最重要的学术写作传统催化和孕育了一种普遍疏离和对立的社会心理。

要理解这些,我们必须重新回到有界存在,看看这种立场如何影响了我们的学术写作方式。首先,好的学术写作必须符合理性。一般而言,理性是个体心理的核心要素,好的写作意味着思维缜密。那么,怎样才算是"符合理性"或"思维缜密"呢?答案就隐藏在我们对有价值的思维神话的建构中。要明白这一传统神话的力量,让我们来看看好的学术写作标准:语言简练(verbal economy)、逻辑统一(logical coherence)、思路清晰(clarity)、态度冷静(dispassionate demeanor)、内容翔实(comprehensiveness)、结论明确(certainty)。[①] 这些标准统统来自现代主义对于理想推理(ideal reasoning)的建构。用图尔明的话说,在现代文化的背景下,理想化的推理应该接近于欧几里得数学和/或牛顿物理学。[②] 当人通过写作来表达理性时,写作的质量就需要根据这些标准来判定。对于写作的评判同时也是对作者心智的考量。

这种传统带给个体研究者很大的压力,偏离公认的写作范式很有可能会被贴上"二流"的标签。这种压力绝不只是说说而已,我就亲眼看到很多同事将一份文稿重写了好多遍,还在担忧文稿是否能被当作"深思熟虑的结果"而被接受。相比之下,一气呵成不需要修改显示了作者非凡的思维能力。无瑕疵的写作,说明作者拥有相当高的心智水平。

*

下面我们根据传统的写作标准来考察一个"完美写作"的范本。当你在读

[①] 上述只是一般意义上的标准,不同学科会有不同的具体要求。这里的讨论主要针对社会科学研究。

[②] Toulmin, S. (2001). *Return to reason*. Cambridge: Harvard University Press.

第七章
共同创造的知识

这段文字的时候,想一想你自己作为读者同作者的关系。这段摘录的内容是在讨论道德责任问题:

> 假如 A 的任务是 Z,如果他没有做 Z 而做了 T(T 与 Z 相关,但包含了 X,令其区别于 Z),就会被视为玩忽职守,即便两种行为的后果没有任何区别。其中关键就在于期望收益率(RRR):之所以能够通过 X 甄别出 A 所做的是 T 而不是 Z,是基于对 A 的工作行为预期。①

撇开内容不讲,这段文字会产生什么样的关系后果?首先,作者被假定是"知者",而读者则处于"无知"的地位。这便暗示了一种层级关系,其中读者臣服于作者。这种表面看上去就事论事的描述实际上却筑成某种障碍,读者被暗示:"我不会向你透露任何个人信息,因为基本上说,你对我而言并不重要。"更有甚者:"我主要对你的崇拜感兴趣。"此外,关于这个问题我表达的并不是我的个人意见,事物的发展自有它的逻辑。其结果如此理想,那便是在读者内心催生出大量的崇拜和自卑感,而这已经足够了。②

*

> 好的学术写作并不是要打磨一件"精致的容器"(well wrought urn),而是铸造一艘完美的炮舰——动力十足,操作准确无误,目标明确,战无不胜。

*

当然,没有研究者愿意沉默着接受其他人的贬损,他们要捍卫自己理性的力量。因此,对于大多数学术写作的回应都是批判,最难的是如何把自己非理性的那一方面隐藏起来(除非采用多种方式写作可以强化某个人自己的学术地位)。当学者们将自己的研究成果公之于众,他们通常会遭遇一大群人的质疑,其中绝大多数手执无形利剑,这便是学术生活。③ 如果将多数研究者的学术成果都登记在册,你会发现,它们大多都是对关系的否定。

---

① Williams, B. (1995). *Making sense of humanity* (p. 60). Cambridge: Cambridge University Press.

② 参见:布迪厄对象征性资本或名誉/声望的积累以及学术奖励问题的讨论。在学术经济中,这些都是财富的象征。Bourdieu, P. (1984). *Distinction: A social critique of the judgement of taste*. London: Routledge.

③ 参见:Krippendorf, K. (1993). Conversation or intellectual imperialism in comparing communication (theories). *Communication Theory*, 3, 252-266. Tracy, K. (1996). *Colloquium: Dilemmas of academic discourse*. Greenwich, CT: Ablex.

＊

在大学里的学术报告、研讨会、课堂教学和学术著述中，在有关知识的研讨和争论过程中，是否存在着某种暴力？在当代学术生活中，是否有某种东西隐藏于我们之间的关系，使我们相互畏惧？在我们周围的环境中是否存在某种东西让我们（或至少我们中的一部分人）不愿意表明自己的态度，不敢坚持自己的立场？就我个人的体会而言，答案全都是肯定的。

——肖特（John Shotter）

＊

我们再来看看作者的处境。一篇论文在专业刊物上发表通常会引起三种反应：第一是普遍沉默（多数文章只会有很少一部分同行阅读）；第二是喜欢这篇文章的读者祝贺；最后是批评。实际上，作者进入了某种虚无之境（a void of non-being）。在这里没有人真正关心你，即便关心也是出于功利性目的。如果你的文章对他们有益，你会受到欢迎；反之你会受到攻击（说不定你的文章可以作为靶子，通过批判你的文章他们可以发表论文）。研究者往往容易陷入矛盾的心境："我到底是谁？我的研究有何价值？是否一无是处……"没有办法破茧而逃。一个人的学术成就往往是靠为数不多的几个关系亲密的同事或学生的存在来维系的，他们的重要性很少被意识到。在研究所里，资深教授的身边通常都围着一群研究生，正是这些年轻人证实了他们共同活动的意义，而其他同事一般对别人的工作都不感兴趣。

＊

冲突、对抗与竞争性的公共话语……（创造了）一种令人血脉偾张的文化。在其中，大学与其说是学习的地方，倒不如说更像战场。

——美国当代语言学会主席哈奇森（Linda Hutcheon）

为关系服务的写作

在当前疏离感弥漫的背景下，人们参加专业会议很容易产生焦虑情绪。据我所知，极少有人敢于用非书面的形式展现自己的研究，结巴或支支吾吾都会让人觉得缺乏理性。我印象中的确有一位同事曾经在一次科学会议上完全凭记忆发表了20分钟的演讲。结果那沉闷的如鼓点一般单调的语言表达很快使观众开起了小差，有人开始打瞌睡。专业会议经常充斥着演讲者的独白，而其他人则噤声。生气勃勃的对话通常只出现在走廊、吧台和晚宴上——那些非正式的场所。

*

不久前，我无意中听到一位资深同事与一位年轻的学者在交谈。谈话发生在一次专业会议上，他们即将要上台报告。前辈坦诚地跟年轻人说："知道吗，我从事这个专业已经30年了，可我在发言之前还是紧张得要命。"年轻人尴尬地笑着说："是啊，看着这么多严肃的面孔让我不寒而栗。就是因为太紧张了，去年夏天我花了300美元请人教我怎样在讲话前镇定下来。"前辈回应说："那我猜你现在状态不错啦？""根本不是啦，"年轻人颤抖地说，"我现在紧张得都说不出话来了。""谢谢！"前辈回答，"你帮我省了300块。"

*

至少在社会科学领域，我相信正在发生重大变化。随着越来越多的人意识到知识的共同体起源，传统的"学术与科学的写作标准"日渐褪去光环。传统的写作方式成为历史上仅仅在某一时期被某一群人钟爱的"一种"写作形式。不存在任何一种强制理性可以用来评判所有的写作形式，所谓"好的推理"仅仅是"一种"推理。甚至，内在逻辑性——作为好的写作的必备条件同样受到质疑。正如德里达所言，只有在所有单词的词义都不存在任何歧义的前提下，才有可能实现内在逻辑性。① 由于传统的写作方式具有离间的潜能（divisive potentials），人们正在寻找新的方式取而代之。尽管存在很多不同意见，我们还是看到很多有关表达方式的探索性变革。越来越多的研究者愿意在他们的职业生涯中冒险尝试新的写作方式。我在这里选择其中两种新的尝试，来讨论隐藏于其中的关系意涵。②

自我卷入的写作

假如我们摒弃传统学术写作中的形式主义，试着将自己"完全呈现"在读

---

① Derrida, J. (1978). *Writing and difference* (Trans. A. Bass). Chicago: University of Chicago Press.
② 更多讨论可参见：Gergen, K. J. (2007). Writing as relationship in academic culture. In M. Zachary & C. Thralls (Eds.), *Communicative practices in workplaces and the professions*. Amityville, NY: Baywood.

者面前会怎样呢？这种写作或许会向读者传达一条讯息："你可以认识我,不是通过部分的我或精心整饰的某些侧面,而是将脆弱的、多面向的我完整地呈现在你的面前。"放弃完全理性的、有界和高人一等的自我定位,我们可以被视为一个更具人性化的合作伙伴。与启蒙运动强调理性至上完全不同,这种写作允许对于愿望、情感及感觉的表达。①

*

那么,我们如何将自己连同知识和精神一起写入文本？我们如何在宣称自己"知道"某些东西的同时发出自己的声音,体现自己的个性？

——理查森(Laurel Richardson)

*

人类学家是这种人性化写作的先驱之一。在传统的民族志研究中,科学家们报告过不同人群的生活(如特洛布里安人、伊法鲁克族人、街头帮派等)。但民族志研究者作为一个人的身份在其中较为隐晦(他们是"沉默的知者")。在新的尝试中,研究者们揭开了掩蔽的面纱,以一种更加具身的(embodied)植根于文化的方式写作。他们希望在工作中更充分地展示自己,而不是自诩为真理的代言人(in god's eye position)。我们以欧德萨(Cleo Odzer)对泰国曼谷市帕特蓬地区(Pat Pong)性交易的民族志研究为例。② 为了进入研究现场,欧德萨与卖淫者以及她们的同行交朋友,她甚至与一位在脱衣舞俱乐部工作的年轻人发生过性关系。她在书中描述了与该年轻人在一起时的几个私生活片段：

> 我快睡着的时候,他突然问我："你容易嫉妒吗？"
>
> **我很想知道他在想什么**："是啊,我很容易嫉妒。"
>
> "如果我们结婚了,我盯着另一个女人看,你会怎样办？"
>
> "那你就甭想活了。"
>
> 他笑着模仿我说"那你就甭想活了"这句话的语气。
>
> 我掐了他一下。

---

① 参见：Sommer, R. (2006). Dual dissemination, Writing for colleagues and the public. *American Psychologist*, 61, 955–958. Anderson, R. (2001). Embodied writing and reflections on embodiment. *Journal of Transpersonal Psychology*, 33, 83–99.

② Odzer, C. (1994). *Patpong sisters*. New York: Arcade.

"哎哟!"

"Jeb luh"("知道疼了,是吧?")。

"那你就甭想活了,"他又重复了一遍,"你好可爱。"

"你也很可爱。"说着,我用胳膊搂住他。

"你喜欢什么样的男人? 强壮的?"

"我不喜欢肌肉过于发达的那种,不喜欢。我就喜欢你这样的,只喜欢你。"

"哈哈!"

他大笑,然后问道:"你喜欢富人吗? 泰国女人只喜欢富人。我想你会找一个比我更好的人,你喜欢受过教育的男人。"

他确实说对了一点,他不是那种我想要带回家给老妈看的男人,但是我说:"不,不,你已经很完美了,没有比你更好的男人。你喜欢什么样的女人? 漂亮的?"

"漂不漂亮倒无所谓,一定要心地善良。"①

我非常喜欢这种写作形式。作为读者,我可以把自己想象成这个作者,生活在她的经历中,与她和那些"研究对象"一同感受与思考,我们之间的界限逐渐淡化。此外,由于语言被赋予了欲望、嫉妒和喜爱等感情色彩,这段文字让我体验到的已经不完全是一种理性的思考,而是一种具身的呈现。传统写作带来的那种等级与竞争感消失了,基于体验的写作呈现出的是一个平等的世界,每个人都可以从自己的经验谈起。最后,通过承认人都是有缺点的,传统上作者那种完美无瑕的高姿态被彻底摈弃。

*

既然有人可以在足尖上起舞,以旋律醉人,以精妙的台词让人感受智慧,那么我再补充一条:还有人能做到"妙笔生花"。

——尼采(Friedrich Nietzsche)

*

我们来进一步探讨自我卷入式写作的可能性。这种写作体裁具有一种强烈的趋势,即作者是以单独个体的身份在写作,坦率而极具辨识性。上述类型

---

① Odzer, C. (1994). *Patpong sisters* (p. 135). New York: Arcade.

的叙事文本让我们感觉作者是可知的,但仍然残留着有界存在的传统,作者给我们的感觉是拥有单一自我,连续而完整。想一想我们早前对于多重存在的描述,人植根于多重关系,以各种不同甚至相互矛盾的方式存在着。关系的写作形式应该能够更加充分地体现多重存在的不同面向。

*

社会理论家韦斯特(Cornel West)的演讲让我第一次感受到多样性的力量。他将严肃的理论、中产阶级的直言不讳以及黑人牧师的行话或暗语三种表达方式加以综合利用,使得他的演讲饶有兴味。如果一种表达方式打动不了你,另一种表达肯定能。这些话语不是发自他个人的内心独白,而是展现了一段关系的历史。他的演讲使我见识了传统的多样性,而他本人也身在其中。

*

马尔凯(Michael Mulkay)在 1985 年出版了《语词与世界》(*The word and the world*)一书,该书是以多重存在的身份写作的最早尝试,也是最具刺激性的探索经验之一。这本书很有趣味,它表明哪怕是最抽象的理论也可以给予个性化的表达。例如,在导论中,不断出现一个爱发牢骚的同伴的身影。当权威的马尔凯煞有介事地表示要"拓展话语分析的范围,将以往觉得不太适当的那些分析也纳入进来"时,①那个玩世不恭的马尔凯回答说:"**这话听来不错,但是忽略了事实与虚构之间具有的重要差别……**"② 权威的马尔凯于是解释说,即便是在科学领域,"某个人(科学家)眼里的事实在另一个人看来也不过是一种虚构"。③ 他的对话伙伴旋即反驳:"**那岂不是存在混淆两种不同的意义虚构的危险?**"……接下来的章节中还描述了马尔凯所扮演的玛莎百货公司商业巨头以及在诺贝尔奖颁奖典礼上喝醉了酒的嘉宾之间的角色转换。

*

最近,我有幸作为博士研究生凯瑟琳·洛夫(Catherine Maarie Amohia Love)的学位论文答辩委员会成员参加她的答辩。她来自新西兰梅西大学(Massey University),母亲具有英国血统,父亲是毛利人。她的

---

①② Mulkay, M. (1985). *The word and the world* (p. 10). London: George Allen and Unwin.
③ 同上,p. 11.

论文主题是有关毛利人咨询的理论和实践。[①] 她特别关注将英国心理咨询模式推广到毛利人社会所存在的问题。她认为,英国人对人类行为的假设与毛利人有很大不同,因此将英国心理咨询模式推广至毛利人社会会显得怪诞、刻板,甚至起到相反的作用。此外,学位论文写作的过程同样体现着英国人的假设。凯瑟琳认为,不仅仅是学术,使用英语写作同样不适于毛利人社会。使用英语写作会抹杀毛利人的本土文化传统(例如,将毛利人的形而上学等同于民俗)。因此,凯瑟琳发展了一种新的写作形式。首先,她用极具个人风格的坦诚、开放和热情的方式介绍了自己和论文的逻辑。与此同时,论文的大部分(用一种特殊的字体标识)仍然沿用了传统的学术写作形式。在两种截然不同的写作风格对比中,凯瑟琳还加进了毛利英语(Maori-English),这种语言在毛利人中经常使用,但外人很难理解。阅读她的论文需要掌握毛利人的语汇。凯瑟琳希望她的家人和朋友能够读得懂她的论文。伴随着她作为作者的身份的每一次改变,都让我体验到她复杂关系网络中的另一个面向。

表演作为一种学术表达

从传统的学术写作出发,走得更远、更激进的表现形式是表演(performance)。传统写作含有等级划分,发生在个体内部的研究行为相较于对"研究发现"的报告,具有第一位的重要性。最重要的首先是"我知道什么",然后才是"我怎么告诉别人"。以关系性存在的立场看,我们需要逆转这一等级次序,即一个人知道什么首先是基于社会参与,先有社会参与而后才能有所觉知。某种研究行为之所以可以理解并被认为值得做是由于先前的关系。关系先于行动。实际上是,"我和他人交流,所以我知道"。

在许多学者看来,这意味着"与他人交流"优先于研究。他们因此推断,一旦我们采用新的说话方式,理解便会发生改变,新的行为也会随之产生。就目前情况而言,学术话语对于学术群体之外的人来说既晦涩难懂,也缺乏影响力,正如人们常说,它是"精英人物"的话语。如果研究者们想要贴近一般公众,就必须拓展表达的范围和途径。从这个视角来说,几乎所有人类的表达方式,诸

[①] Love, C. M. A. (1999). *Maori voices in the construction of indigenous models of counseling theory and practice*. Unpublished doctoral dissertation. Massey University.

如诗歌、音乐、舞蹈、戏剧、多媒体等,都可以纳入考虑。研究者可以调动或利用多重存在的所有潜能去探索多种有效的表达方式。

*

> 我讲述自己的人生故事是为了说明我们的文化——我们通过这些故事组织自我,这一过程通常是无意识的。这些是有关人类经验的故事,来自一位女性、一位母亲、一个同性恋者的视角……趁着我们对现实的认识尚未完全被社会文化模式化,我们必须能够互相建立联系。当我们在复杂的经历中审视自我与他人,才开始明白我们彼此是怎样组成一个整体的——谁拥有特权,谁受到压迫或被边缘化,谁又值得去爱。
>
> ——艺术家、活动家达克(Kimberly Dark)

*

这种选择对于学术界的人士来说并不陌生。人类学家和社会学家很早就用摄影图片作为对语词文本的补充。[①] 然而,随着专业摄影师逐渐将摄影发展为一门艺术,包括将摄影用于政治评论,有关社会科学表达的新图景也随之展开。[②] 独立电影人的工作对于促进学术表达起到了重要作用,纪录片导演怀斯曼(Fred Wiseman)富有启发性的工作便是其中之一。他在《提提卡失序记事》(*Titicut follies*)、《少年法庭》(*Juvenile court*)、《中学》(*High school*)等影片中揭露了官僚主义对人的异化,为一些具有社会意识的研究者尝试使用电影的表达方式奠定了基础。利文斯顿(Jennie Livingston)的工作就是一个例子。利文斯顿在康奈尔大学获得博士学位。她的早期电影《巴黎妖姬》(*Paris is burning*)是一部纪录片,描述了纽约的同性恋者、黑人和拉丁裔的人妖登台参加各种业余舞蹈表演的经历。这部电影的巨大成功开启了利文斯顿作为商业电影导演的职业生涯。

既然摄影与电影都行,诗歌和音乐行不行呢?当人们这样提问时,选择的可能性便随之扩大了。例如下面这一诗歌片段,它是由研究人员奥斯汀

---

① 社会学可参见 *Visual Studies*(London: Routledge)期刊,人类学可参见 *Visual Anthropology Review*(Berkeley, CA: University of California Press)期刊。

② 例如,可参见:Hall, J. R., Becker, L. T., & Stimson, B. (Eds.) (2006). *Visual worlds*. London: Routledge. Pink, S. (2001). *Doing visual ethnography: Images, media and representation in research*. London: Sage.

(Deborah Austin)和华盛顿一位百万非裔美国人大游行的参与者共同创作的:①

"非洲人其实都一样,无论我们在哪里。"

她这样对我说着

表情漠然

我微笑着看她

然后接着问

就像一个好的研究者应该做的那样

"为什么?"

"没法解释。"她这样回答

她的声音听上去

犹如百川轰鸣。

*

音乐同样可以成为有效的表达媒介。例如,女权主义学者罗素(Glenda Russell)对科罗拉多州立宪法第二修正案的通过深感失望,该修正案剥夺了因性取向而遭受歧视的那些人的法定权利。罗素联系那些反对这项立法的人进行访谈,利用从访谈转录中提取的主题和语句创作了两个精致复杂的艺术作品。第一个作品是五幕清唱剧《火》(Fire),由专业作曲家作曲,曾在全国性比赛中由某个优秀的专业合唱团演唱。第二个作品是一部具有专业水准的电视纪录片,曾在美国公共广播公司(PBS)播放。在这部作品中,观众可以感受到局内人与局外人、研究者与被研究者、演员与观众之间等各种边界的淡化。

*

对于很多人来说,戏剧表演是与观众交流最深入的一种表演形式。演员充分运用肢体语言来表达重要意念,激情、幽默、悲怆、讽刺、推理等都可以通过表演体现出来。反过来,观众默默地体验角色的感受,借用一个隐喻表达就是"穿上他或她的鞋,行走他或她的路"。研究者不再是被动地讲述一件在别

---

① Austin, D. (1996). Kaleidoscope: The same and different. In C. Ellis & A. Bochner (Eds.), *Composing ethnography: Alternative forms of qualitative writing* (pp. 207 - 208). Walnut Creek, CA: AltaMira.

处发生的故事,他或她此刻正在观众面前经历那个事件。倘若成功,应该是与观众一同经历。①

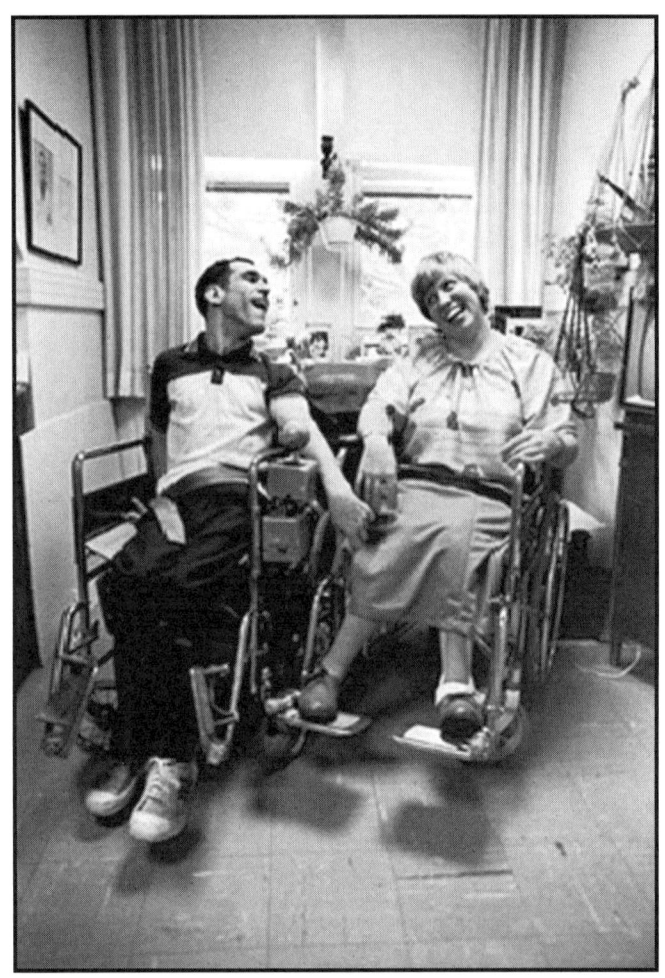

与大家分享我最喜欢的作品之一。这幅作品来自一位视觉取向的研究者。作者施特勒(Bernard Stehle)在《无法治愈的浪漫》一书中探索了身体严重残疾的两个人之间的爱情。正如巴迪所说:"我爱她的模样,她美丽的头发和她的心灵。"吉娜的回答是:"你问我最喜欢他什么? 他的温柔,他的笑,他的随遇而安。"任何人都可以演绎自己的浪漫爱情。[致谢:施特勒(Bernard Stehle),《无法治愈的浪漫》,Temple University Press, 1985.]

---

① 参见:Turner, V. (1982). *From ritual to theater: The human seriousness of play*. Baltimore, MD: PAJ Books. 书中谈到了教育实践中表演的重要性。

第七章
共同创造的知识

> *
>
> 舞台上戏剧化的语言可以愉悦人们的感官，令人沉醉其中……最终摆脱理性的桎梏。
>
> ——阿尔托（Anton Artaud）
>
> *

巴西政治理论家、戏剧导演博尔（Augusto Boal）为戏剧化表达运动的发展作出了卓越贡献。[①] 受马克思理论的影响，博尔认为，经济体制具有压迫性和种族主义倾向，社会大众被这种体制迷惑，以致丧失了反抗的意志。博尔认为，在很大程度上正是戏剧化的政策和实践在维持着这样一场骗局（例如，粉墨登场的政治表演、俯仰由人的新闻报道等）。因此，要激起反抗，就需要反剧实践（practices of anti-theater）。这些实践包括邀请观众参与演出，作为"观—演者"（spect-actors）。例如，观众可以在欣赏戏剧的过程中随意打断演出，并对台词提出异议。他们可以走上舞台，提出更改方案和加入更理想的台词。目前，在社会科学领域已经出现很多实验剧。[②] 批评家们认为，这种尝试是危险的。在他们看来，戏剧表达方式是在践踏社会科学的权威，损害了社会科学研究的严苛标准。这群批评家是"我们与他们"之间界限或城墙的卫道士，是话语权的觊觎者。对他们来说，疏离关系完全是"正常的生活"。

以上讨论了学科类别划分及当前学术界普遍坚持的写作形式对关系的侵蚀。无论哪一种情况，面对的困难都在于如何通过实践恢复生成性的关系。在本章最后部分，我们将注意力转向科学家与研究对象之间的关系。

研究作为关系

个体主义知识观在传统的科学研究中得到了最充分的体现。这些研究基于一个前提假设，即科学家与研究对象之间彻底分离："我们研究它"。研究过程进一步强化了这种分离。科学家与研究对象之间的关系被小心控制，以保

---

① 参见：Boal, A. (1979). *Theater of the oppressed*. London：Pluto Press.
② 例如，参见：Carlson, M. (1996). *Performance: A critical introduction*. London：Routledge. Case, S., Brett, P., & Foster, S. L. (1995). *Cruising the performative*. Bloomington：Indiana University Press. Richardson, L. (1997). *Fields of play*. New Brunswick, NJ：Rutgers University Press.

证科学家的客观性不会受到他或她的价值观、愿望、意识形态等方面的干扰。标准化的工具或测量同样需要保证主体和客体之间的距离不受损害。而且，多数研究都假设作为研究对象的实体之间存在因果关系。例如，在实验心理学中，作为有界存在的个体，其行为通常被视作某些内在或外在因素作用的结果。在标准化实验中，研究目的是为了对比不同的条件对人类行为的影响（例如，将实验条件与控制条件加以对比）。传统的科学实验要求尽可能地剥离"主体"，以实现对实验条件的成功操控，以及在对因变量进行记录时避免研究者个体因素的影响。实验方法之所以受到尊崇，最重要的原因在于它能够"确定因果"关系。

*

任何研究都不可能保持价值中立，其中隐藏着什么是真、什么是假、什么有价值、什么没有价值等一系列假设，而科学研究就是要以行动实现这些假设。所谓研究并不是用画笔勾勒出某种现象的轮廓，而是以自己的术语构造这种现象。智力测验构造出聪明的人与不聪明的人；记忆测验构造出好的记忆和差的记忆。在社会科学中，这些研究强化了有界存在的主流意识形态，并创立了一种等级制度，在其中科学家（知者）的知识明显凌驾于"研究对象"（被知者）之上。对于客观性的强调赋予了研究者特权，将"研究对象"的知识主张视为无知或偏见，或者无视，或者摒弃。

最近几十年，这种让研究对象噤声的后果越发显得严重。许多群体站出来指责科学对于他们生活的描述。精神治疗机构是最早的受到攻击的专业机构之一。20世纪60年代，在同性恋激进分子的压力下，精神治疗机构被迫将同性恋从精神疾病图谱中删除。非裔美国人、妇女和老年人同样发起抵抗运动，他们都是被专业人士视为心理机能不健全的群体。最近，大量的"残疾人"也加入了这一群体。他们的口号更强硬："没有我们的同意，不要作关于我们的决定。"①

*

研究方法同时还向社会传达着一条有关人性的微妙讯息。如前所述，传

---

① 参见：Charlton, J. I. (2000). *Nothing about us without us: Disability oppression and empowerment*. Berkeley, CA: University of California Press.

统研究构建了这样一个世界,在其中,人们是相互分离的实体,通常以因果方式彼此联系。如果我们假定世界是由相互分离的个体组成的,并采用与之相应的研究方法,那么,(哎呀,果不其然!)我们就会看到一个由完全孤立的自我构成的世界。与此同时,这种研究还告诉了我们获取有关他人知识的最佳方式。那便是,如果我们想要客观准确地了解那些被我们所重视的人,就得和对方保持距离,抛弃一切情感,仔细观察和认真分析那些导致他们行为产生的"必要与充分条件"。"了解你"意味着推断出那些导致你的行为发生的原因,然后通过在不同情境中观察你的行为来检验我的假设。我还必须秘密行事,因为如果你知道我正在对你进行测试,你很可能表现出来的不是真实的自己。这种知识取向导致的最终后果便是一个疏离、怀疑、冷漠的世界。①

*

我并不主张完全抛弃个人主义的传统研究。正如本书开篇所言,我的目的并不在于消灭任何传统。在许多情况下,个人主义传统可以为社会作出重要贡献。然而,探明其局限性并努力为不一样的未来增砖添瓦这一点很重要。其中的困难尤其在于如何提供另类选择,为关系性存在注入活力。

人类研究中的关系视角

疏离的观念在科学研究中已招致普遍不满,尤其是在社会科学内部。女性主义研究者已经揭露了传统研究方法的人为操纵性及其隐含的分裂倾向。② 受其影响,一些具有冒险精神的研究者开始在各自的领域创造和酝酿替代性的研究方法。这些努力是如此卓有成效——通常被贴上**质性研究**(qualitative inquiry)的标签——以致过去十年堪称在研究实践中发生了又一场文艺复兴。③ 这些创新性尝试大都致力于缩小科学家与研究对象之间的距离,更确切地说,是从**对他人的研究**(research about others)转变为**与他人一起研究**

---

① 我推荐哈姆(Bent Hamer)2003 年拍摄的电影《厨房故事》(Kitchen stories),作为对此的戏剧化说明。
② 例如,可参见:Gergen, M. (2000). *Feminist reconstructions in psychology: Narrative, gender and performance*. Thousand Oaks, CA: Sage.
③ 对于这些发展的一个极好总结,可参见:Denzin, N. & Lincoln, E. (2005). *The Sage handbook of qualitative research*. Newbury Park, CA: Sage. 还可参见期刊 *Qualitative Inquiry*(印刷版和网络版)。

(research with them)。为了向大家说明,以下讨论两种很有意义的尝试。

叙事研究:融入他者

传统研究纵容了对研究对象的**工具取向**(instrumental orientation)(参见第一章)。研究者测查研究对象的行为是为了他们自己可以在学科中获得发言权。为了达到专业目的,可以使用某些计策来收集证据。说得极端一点就是:"我感兴趣的既不是你,也不是我们之间的关系;我的目的是利用你的言行获取同行对我的尊重。"在社会科学中,几乎所有的实验研究都具有工具效用,包括标准化的访谈以及数据分析程序。作为对比,我们来看一种相反的取向。我们可以称之为**设身交会**(mimetic encountering)。这种取向重视友谊,研究者不再挖空心思从他人身上搜集信息,然后用于别处,而是试着以模拟或重演的方式吸收他人的行动,因此悄然而部分地参与了他人的生活世界。这样一个过程对于多重存在的创造十分重要(第五章)。在其中我们理解和吸收不同的说话方式、风格、习惯、节奏,等等。我们带着他人的残基走出这种关系,并为以后投入更多关系做好准备。①

*

一系列新的研究方法促进了设身取向的发展,其研究范围和潜能的迅速扩张使得人们对该取向已经不再陌生。其中最引人注目的是社会科学中的叙事运动。② 这类研究让那些通常不被倾听的人发声,例如,带我们"近距离体验"大屠杀幸存者、移民、背包客、吸毒的母亲等群体的生活状态。麦克亚当斯(Dan McAdams)向我们展示了美国中年人的世界,他们通过救赎叙事(redemption narratives)丰富和充实了自己的人生。③ 这些讲给自己和他人听

---

① 工具取向与布伯(Martin Buber)所说的"我—它"关系相似,设身取向与布伯更加推崇的"我—你"关系一致,但是不完全一样。参见:Buber, M. (1971). *I and Thou*. New York: Free Press. (英文版初版于1937年。)

② 有关于此的文献非常多,并跨越多个学科。参见:Clandinen, D. J. & Conneley, F. M. (2004). *Narrative inquiry: Experience and story in qualitative research*. San Francisco: Jossey-Bass. Czarniawska, B. (2004). *Narratives in social science research*. London: Sage. Lieblich, A., Zilber, R., Tuval-Mashiach, R. (2003). *Narrative research: Reading, analysis, and interpretation*. London: Sage. Josselson, R., Lieblich, A., & McAdams, D. P. (2007). *The meaning of others: Narrative studies of relationships*. Washington, DC: APA. 有关"最好的叙事研究报告",可参见:*Narrative Inquiry*, V. 16, 1, 2006.

③ McAdams, D. (2006). *The redemptive self: Stories Americans live by*. New York: Oxford University Press.

第七章
共同创造的知识

的故事呈现了人们将消极(失败、亏损、疾病、灾难,等等)转化为积极的过程。这种对个人生活的理解("我如何学习""我怎样克服困难""这些如何帮助我成为……")不仅赋予人的生命以价值,还让一个人对未来产生持续不断的贡献感。这些研究也令读者且听且学,以便日后为自己创造同样的故事。

*

从关系的立场看,大多数叙事研究的问题之一在于,叙事主体无法充分地表达自我,而是由研究者充当叙事主体与读者的中间人。从这个意义上说,叙事仍然是由研究者"掌控"的,多半用以达到其工具性的学术目的(如"用来论证我的观点")。在这种情况下,读者往往有疑问:"这到底是谁的叙事?"这种质疑激起进一步的创新,一些研究者开始尝试创造"联合叙事"(conjoint narration),以便研究对象和研究者双方都可以掌控他们自己的叙事。例如,在《饱受折磨的天使:罹患艾滋的女性》一书中,拉瑟(Patti Lather)和斯迈西斯(Chris Smythies)将这本书的大部分篇幅交给了那些女性,由她们自己书写。① 作为对这些叙事的补充,作者自己撰写了评论。最后,再由那些女性针对作者的评论作出评论。

*

鼓励人们讲出自己的故事的另一种更激进的实验称为**自传体民族志**(autoethnography)。在其中,研究者本身也是研究对象。② 他们不再报告对别人的研究,而是将自己作为研究的案例。例如,罗奈(Carol Ronai)对自己照顾智障母亲的境况作了详细描述:

> 我讨厌被迫假装我的家庭一切正常。这种强迫是由秘而不宣的"你不能将这件事告诉任何人"之类的修辞造成的。我们拼命掩饰,希望能一切顺当,但结果却不是这样。母亲身边的每个人都虚假而伪善,包括我自己。为什么?因为从没有人当着她的面说过她是智障。我们都不想让她沮丧。我觉得我们还没准备好怎么应对她听到真相后的反应……因为母

---

① Lather, P. A. & Smythies, C. (2001). *Troubling the Angels, Women living with HIV/AIDS*. Boulder, CO: Westview.
② 若想更多了解自传体民族志,可参见: Ellis, C. & Bochner, A. P. (Eds.) (1996). *Composing ethnography*. Walnut Creek, CA: AltaMira. Ellis, C. & Bochner, A. (2002). *Ethnographically speaking: Autoethnography, literature and aesthetics*. Walnut Creek, CA: AltaMira.

亲,也因为整个家庭在处理这个问题上采取的方式,让我生命中的一部分充斥着谎言。①

这个案例充分体现了设身交会的过程。叙事者的坦率、脆弱和热情一起引导读者设身处地的体验叙事者的生活状态。读者开始与作者"一同感受",二者之间的界限由此变得模糊。

行动研究:共同探索

科学研究的目的并不在于揭示真理(the truth),而是要加入某个意义共同体,实现这个共同体的目标。基于这种观点,许多研究者不再按照学术委员会给定的目标行事,而是直接与他们所服务的目标群体结盟。他们不再试图去了解对象,而是帮助他们自己了解自己。在**行动研究**(action research)中,研究者通常会利用自己的技能和资源为群组成员赋权,帮助他们实现对他们而言最重要的目标。与此同时,行动研究丢掉了科学中立的欺骗性幌子,旗帜鲜明地致力于实现那些在研究者眼里富含政治性和社会价值的目标。以下列举几个实例,行动研究者曾参与帮助:

——监狱中的妇女创造受教育的机会;
——贫困社区开展毒品控制并提高自身的受教育与经济水平;
——学龄儿童提高决策能力;
——尼泊尔妇女发展草根事业;
——玛雅村民发展健康医疗项目;
——东帝汶的家长与老师发展更好的关系;
——北爱尔兰的新教徒与天主教徒弥合分歧;
——糖尿病患者与医生之间更有效地配合;
——荷兰的老年人获得更好的保健;
——津巴布韦的教师发展更具对话性的教学策略;
——伊朗的农业工人开展更多的合作性实践。

*

---

① Ronai, C. R. (1996). My mother is mentally retarded. In C. Ellis & A. P. Bochner (Eds.), *Composing ethnography* (p.115). Walnut Creek, CA: AltaMira.

第七章
共同创造的知识

已经开展的行动研究非常之多,感兴趣的读者可以从中获取足够的资源。① 其中,莱克斯(Brinton Lykes)的工作较好地体现了这类研究的独创性。② 莱克斯与危地马拉山区的妇女们合作了很多年。内战摧毁了她们的土地,村庄与家园遭到敌军的掳掠。莱克斯发给这些妇女每人一部相机,其目的不仅在于研究,还在于帮助这些女性修复创伤和重建凝聚力。她问这些妇女是否愿意分享自己的家乡遭受破坏和暴力的照片,然后安排这些妇女互相交流,谈一谈这些照片对于她们生活的意义。对照片的讨论促进了对事情更复杂、深入的理解。那些平时没有机会表达自己的妇女通过交流和讨论说出了她们心中对于未来生活的愿景。这种分享促进和激励着妇女们团结一致,重建美好家园。

致谢:莱克斯(Brinton Lykes)

---

① 例如,可参见:Reason, P. & Bradbury, H. (2008). *Handbook of action research* (2nd ed.). London: Sage.

② Lykes, M. B. & Coquillon, E. (2007). Participatory action research and feminisms: Towards transformative praxis. In S. Hesse-Biber (Ed.), *Handbook of feminist research: Theory and praxis*. Thousand Oaks, CA: Sage.

第八章

关系型教育

说起来我算是子承父业——我的父亲也是一位教授。我为他的教学所折服。从某种意义上说,这有那么一点点讽刺的意味。作为一个成长中的男孩,我眼中的父亲是一个严厉而苛刻的独裁者。我的朋友给他取了个外号叫"熊",意为"蛮横之人"。直到后来我才慢慢意识到,或许是我们——他的四个儿子——诱发了他那普鲁士人的性格。面对我们随时随地制造的麻烦和几乎无处不在的混乱,他除了控制和疏导之外似乎也没有其他更好的选择。而作为"数学教授"的父亲像完全变了一个人。他那眉飞色舞的表情和深入浅出的课堂教学流露出天生的智慧。当他的声音和粉笔灰一起弥漫在空气中时,学生们都被他深深地吸引,我也不例外。

尽管被父亲的课堂表现吸引,我却永远仿效不来他的风格,那是他独有的。然而,在我教书的最初几年,我的确发现自己与父亲之间存在许多相似之处。和他一样,我也是课堂的主导者:设计教学内容,安排教学程序,发表独白式的演讲,并以公正的态度对学生的表现作出评价。在这些方面,我的大部分同事也都和我差不多。

*

现在我已经不再用这种方式来教学了。课堂不再是我的船,我也不再是它的船长。我已经摆脱了个体心灵的传统观念,这里面包括博学的教师和无知的学生,教师的教是为了学生的学。我发现很难将自己的课堂教学与学生相分离,或者将学生的内在的智慧视为其行动的源泉。课堂上发生的一切都是我们**共同**(together)完成的。我不认为这种对关系的敏感性的增强只是我个人的改变。如今,到处都在开展新的实践活动,那些因个人天赋而成功或失败的神话正在淡出人们的视野。

第八章
关系型教育

*

本章我们将探索这些新兴的实践活动及其潜能。首先,我们要重新考虑教育的目标究竟何在。如果摒弃教育是为了发展个体心灵这一预设,我们又将如何诠释教育的功能? 我的看法是:既然所有的知识都是一种共同体的创造(communal creation),有效的教育理应增进人们对关系过程的参与。以此为基础,我将转向本章关注的核心,即能够反映、支持并促进生成性关系存在(productive forms of relational being)的那样一些教育实践。本章将探讨一系列的关系,包括师生关系、同学关系、课堂教学与外部世界之间的关系等。在每一种关系中,我们会重点关注那些能够将卓越教育和良好关系结合起来的实践。

教育目的之审思

长期以来,西方文化醉心于将理性的本源归结于个体。我们常常惊讶于个别稀世天才的创举,如伽利略(Galileo)、牛顿、爱因斯坦(Einstein)等,罗丹(Rodin)的经典之作《思想者》(*The thinker*)对此刻画得淋漓尽致。教育的发展同样深受笛卡儿"我思故我在"(cogito)哲学思想的影响。我们花费大量时间来开发课程,以帮助学生"独立思考"(think for themselves)。我们坚持"思考"发生在说和写之前,独立于说和写之外。"思考"是一种个体化行为,语词只是我们将自己的想法告知他人的媒介。个体心灵是首要的,关系则是次要的、可选择的。在这一传统中,我们将博学的教师和无知的学生截然划分开来;我们相信教育的目的是充实学生的个体心灵;我们假定充满知识的心灵是对未来成功的最佳准备。所有这些假设都源于有界存在(bounded beings)的传统——独立自主的心灵。但是,我们凭什么认为知识是个体的所有物,而教育是对个体心灵的"填充"(filling)或"塑造"(fashioning)呢?

*

早在20世纪初,哲学家杜威问过几乎同样的问题。在杜威看来,有教养的心灵就其本质而言是社会的心灵,"一切教育都是通过个体对社会意识的参与来实现的"。[①] 从这种意义上说,杜威预言了关系性存在的核心主题。如果一个人在与世隔绝的环境中长大,他会想什么呢? 他肯定没有能力去思考科

---

① Dewey, J. (1897). My pedagogic creed. *The School Journal*, LIV, 4, 77–80.

学、文学或艺术,不会去反思善与恶,也不会关心家庭、社区乃至全球的福祉。这些"思考的对象"都是通过我们与他者之间的关系发展起来的。考虑这些问题首先需要语言,而语言就其本质而言只能产生于关系之中。单独一个人所说的语言没有任何意义。①

*

在关系之外,什么是"理性思考"?理性思考意味着参与一种文化传统。例如,只有在十进制的计算系统内,$14 \times 24 = 336$ 才符合理性。记忆同样如此。对教学内容的记忆并不是大脑记录的结果,而是参与了一种文化传统,后者关乎什么是好的记忆的问题。如果老师问一个学生在前一天的课堂里都记住了什么,而这个学生惟妙惟肖地把老师的肢体动作模仿了一遍,那他绝对会受到惩罚。这是本书第三章中的观点。

*

我们在课堂上传播的所有知识——从历史到文学,从生物到微积分,从地理学到心理学——无一不是共同体的成就(community achievement)。事实上,如果没有共同体对学习目标、研究方法、描述世界的术语以及研究价值达成的一致意见,就根本不会有可供学习的知识。广义地说,知识并非嵌于科学家个体或研究者的心灵内部。这些是上一章的主要观点。

*

如果知识和理性是关系的产物,我们就必须重新审视教育的目的问题。如果关系是首要的,那么,教育的目的应该是什么?我们希望通过实践获得什么?如果所谓的心理功能(mental functioning)其实是关系的功能(relational functioning),我们就必须针对学生所处其中(或将要参与其中)的关系以及这种关系的结果来提问。从这一点出发,我认为**教育的基本目标是增进参与关系过程(从当地到全球)的潜能**(the primary aim of education is to enhance the potentials for participating in relational processes—from the local to the global)。教育的目标不再是生产"独立自主的思考者"——这种人只有神话里才能看到——而是促进某种关系的进程,后者最终能够促进更大范围内关系

---

① 参见:Wittgenstein, L. (1953). *Philosophical investigation*s (G. E. M. Anscombe, Trans.). Oxford: Blackwell. Section 243.

第八章
关系型教育

的持续流动和扩展。①

如果关系在教育中优先于个体,那么会怎样?首先,关注的焦点将被导向师生关系以及同学关系。哪些人参与了这些关系?是以何种方式参与的?最终人们会发现,这些关系的性质要比当前学习的内容(主题)更有意义。其次,我们要超越课堂,应该让教师和学生所处其中的关系网发声。课堂与环境的关系也应该由地方扩展到全球背景。理想的课堂应该聚焦于全球关注的问题。最后还要考虑未来的关系,学生需要具备哪些技能才能进入全球化生活不可或缺的关系之中?尤其是当需要进入那些主要的社区实践时,比如法律、医学、教学、商业、政府、辅助行业、军队,等等。有效的关系教育必须促进学生在参与家庭、社区、政治进程、艺术、多样化的文化传统及自然等方面的潜能。这样,教育就不再是生产(producing)高效能个体的过程,而是培养可以无限拓展的关系潜能的过程。

*

在我看来,关系型教育对于全球的未来至关重要。由于 20 世纪科学技术的深刻变革,我们需要面对越来越多来路不同、目的不一的人们。到处都需要合作、团队或网络工作及协商。我们必须不断调节以适应持续变化着的意义之沧海。例如,在组织领域,这种对关系的信赖反映在从科层体制向扁平结构的转变中,也反映在重大决策对于多功能团队不断增强的依赖上。成功的合作对于大量涌现的虚拟组织与国际救援行动(非政府组织)同样至关重要。②这种协调关系的能力也正是普世教会运动、地缘政治组织乃至科学研究团队不可或缺的。③ 以个体为中心的教育传统根本无法胜任这些新的事业。

还有更多。当代通信技术对于冲突的加剧起到了推波助澜的作用。通过万维网、因特网、手机等媒介,可以迅速召集各种不同意识形态的信奉者。秩序与无序往往并存,"我们和他们"之间敌对的鸿沟在不断扩大。而且,当实施

---

① 这与布鲁纳关于"教育过程服务于文化需求"的观点相似。参见:Bruner, J. S. (1996). *The culture of education*. Cambridge: Harvard University Press. 但其中也存在明显区别,表现在布鲁纳对教育的强调是基于对个体心灵和自尊的肯定。

② 有关跨国工作团队的重要性,可参见:Earley, P. C. & Gibson, C. B. (2002). *Multinational work teams: A new perspective*. Mawhah, NJ: Erlbaum.

③ 参见:Earley, P. C. & Gibson, C. B. (2002). *Multinational work teams: A new perspective*. Mahwah, NJ: Earlbaum.

暴力的主体由大规模的军事政体转变为零散存在的"恐怖分子"时,每一种对抗都将可能是致命的。在这种全球变成火药库的背景下,促进富有成效的关系过程至关重要。① 我们必须知道,教育机构对于有效的关系语汇的建构能力无可匹敌。与大部分仅限于独善其身的机构相比,关系过程的教育可以兼济天下(serve the good of all)。

*

以关系为目标的教育蕴含着深刻的意义。首先,我们的注意力从学生的个体心灵转向了各种关系,而知识正是从这些关系中产生。正如前面提到的,我们关注课堂内部的关系、课堂和社区之间的关系以及全世界教育系统的发展进程。而且,我们对社群差异性以及某个社群的知识在另一个社群可能失能之类的问题变得异常敏感。我们开始想问:在教育过程中谁的声音在场,哪些人要噤声?在上述语境中,主要的兴趣点已经开始从追求有界单元的卓越(the excellence of a bounded unit)转向开发协调过程的潜能。隔离、等级制度和敌对让位于共同创造。

关系圈

当前大多数的教育实践和政策都带有强烈的个体主义色彩。教育系统被设计用来实现对个体心灵的持续改造。借用一个隐喻,学校就像一座工厂,将个体心灵这块原材料打造成一部性能良好的机器。用流行语来说,这部机器(学生)如同被教育系统安装好高端软件的电脑。这个工厂隐喻还经常和经济学联系在一起,在其中,我们倾向于使用某些商业术语来评价学校,例如"投资效益"和"产品质量"。对这一传统有很多批评,尤其是针对这一传统中存在的扼杀式控制的批评。② 在此我无意全面回顾这些重要的批评意见,我只想探讨:假如以关系来取代个体作为基本的教育单元,我们的视野将会得到怎样的拓展?又会发展出怎样的教育政策和实践?

*

---

① 具体可参阅本书第六章有关冲突与对话的讨论。
② 其中最强烈的批评来自弗莱雷(Paulo Freire),他将现存传统描述为"填鸭模型"(nutritionist or a banking model)。在他来看,教育是权力的工具,通过灌输知识或在学生身上投资,预期未来收获或利润回报。参见:Freire, P. (1970). *Pedagogy of the oppressed*. London: Continuum.

为了进一步展开讨论,我们还需要做一些有用的铺垫:首先,在现存的系统中,我们大都把学生对知识的理解看作是教育的结果,即教育是因,学生对知识的掌握是果。(教育)系统教(teaches),而学生学(learns),就像工厂向外输出产品。按照这一思路,我们很难拷问学生在这个系统中的影响如何,正如我们一般不会追问电脑软件对于生产它的厂家有什么作用。但是,如果我们把学生和教师看作关系的共同参与者呢?我在这里所说的不是有界单元之间的关系,不是像台球相互撞击而产生的运动那样,而是他们共同参与创造意义、理性和价值的关系过程。除非得到教师的承认,否则学生无法掌握意义,同样,也只有当学生确认教师所说的话的含义,教师说的才有意义。没有联合行动(co-action),便没有沟通和教育。通过相互约定(mutual engagement),学生和教师积极参与共同的教/学过程。

但是,无论教师还是学生都不是孤立的,他们各自又都是一系列广泛关系的参与者。作为多重存在(multi-being)而走进课堂的学生,不仅参与了和家人、朋友及邻里的关系,而且还携带着与电视、电子游戏及类似产品中大量虚拟人物的关系(参见第五章)。继续之前的分析,让我们先把学生参与其中的每一种关系视作一个关系圈(a circle of participation)。于是,在进入课堂的学生身上镌刻着同母亲、父亲、兄弟姐妹、朋友等多重关系。要知道,每一个像这样的关系圈都富含教育意义。也就是说,参与任何一种关系都会给个人带来在关系的能力、敏感性、技巧等方面的提高。每一个关系圈都会在个体身上培养一种与他人相处的方式,都会支持某种讲话的方式、某种价值观、对某些事物的恐惧或热情,等等。与此同时,每一个关系圈又都带有自身的局限性。其结果,每一个关系圈都拥有自己"制造知识"(doing knowledge)的方式。

再进一步,我们认识到,教师同样是作为一个多重存在走进课堂的,同样携带着大量关系,包括与其他教师的关系,与学校管理者的关系,等等。这些关系中的任何一种都在教师身上留有潜能的残基(a residue of potentials)。当教师和学生相遇,他们身上印刻着(embedded)关系的多重性,各自携带着多重技能(以及潜在缺陷)。在这种意义上来说,学生和教师的相遇产生了一个新的关系圈,后者把他们二者联系起来,或许可以赋予他们各自更加丰富的潜能——或许不能。

此外,学生的成就还会受他或她与同学之间建立的关系圈影响。同学关系不仅蕴藏着重要的教育潜能，而且会巧妙地向师生关系渗透。优秀的教师不仅致力于建立与学生个体之间的关系，而且会开发另外一些实践，将学生的关系圈也吸纳进师生关系。结果就是，我们通过不断扩展关系圈而拓展了教育过程的潜能。①

让我们进一步拓展关系的范围：这些年来，学生与其家庭之间的关系越来越受到教育者的关注。师生关系受到了学生家庭生活的显著影响，有效的教学法理应将这一关系圈纳入研究。而且，将这种对于关系的关注进一步扩展到周围的商业、政府、工业等机构也会很有益处。教育要想取得成功，这些关系圈都应该被纳入课堂教学的进程。最后，我们对课堂关系的探究还可以更广泛地向外延伸至全世界。如果学校教育是以将学生培养成为世界公民为目标，那么全球关系便应该受到珍视。

关系教学法的实践

在本章后面部分，我将关注教育的实践。关系取向究竟引导了什么样的实践？在这方面有很多话题有待讨论——关于课程发展标准化、教育政策实践，等等。然而，出于解释性的目的，我想重点关注教学法。为了便于讨论，我想将讨论聚焦于四种特定的关系圈——师生关系、同学关系、课堂与社区之间的关系以及课堂与世界之间的关系，探讨这四种关系中的教育实践。对每一种关系的讨论都构建了一种视角，通过这一视角，某些问题和潜能得以凸显。当我们聚焦于由教师和学生联合组成的关系圈时，某些实践会显得特别重要；而当视角聚焦于同学关系时，又会有更多的实践显现出来。随着每一种视角将一种关系圈纳入视野，我们的敏感性和创造潜能得到了拓展。贯穿这一讨论过程，我将介绍来自当代课堂的多种创新性实践，这些实践共同昭示着一场波澜壮阔的运动正在形成。

关系圈之一：师生关系

长期以来，教育学家一直在思考一个问题：是什么成就了一个好老师？

---

① 对此，布鲁纳有关"教育产生于亚共同体互动"（sub-community in interaction）的观点有助于理解。Bruner, J. S. (1996). *The culture of education*. Cambridge: Harvard University Press.

有哪些人格特质和实践在起作用？最近几年，注意力逐渐集中到了学生身上：他或她的认知发展阶段、个人需要、自尊，等等。传统对于教师特点的关注导致了以课程为中心的教育（curriculum-centered），后者基于教师的知识基础。而对学生能力的关注为以学生为中心的课程论提供了强有力的支撑。但是，这两种传统显然都只关注了有界个体（bounded individual）——或者是教师，或者是学生。关系取向则要求我们同时兼顾两者。教师需要良好的课堂秩序，但如果学生不尊敬教师，就不会理睬这些要求。教与学彼此不可分离，二者缺一不可。

*

学生的某门功课不及格，任课教师在某些方面也有问题。当某个教师获得"最佳教师"称号时，应该和他或她的学生分享这一荣誉。家长在嘉奖孩子成绩优异的同时，也应该对教师表示祝贺。

*

站在这个角度，让我们来考察传统的师生关系。教师站在教室的前面，学生坐在下面；教师就某一主题加以描述、解释和说明，学生聆听并做笔记。这里我们注意到，首先，教师控制着课堂，包括谁可以说话、什么时候可以说，以及说话的内容。其次，我们还注意到，这种关系的主要特点是教师独白，大部分时间都是教师在说。在我看来，这种状况极大地削弱了关系的潜能，明显制约了教育的效果。

当教师独白支配师生关系时，学生不仅无法全面参与，也不能充分发挥从自己所属的多重关系中汲取的潜能。丰富的潜能得不到利用，或者说被压抑了。当教师独自制定课堂守则时，学生往往觉得此事与自己无关，这不是他们的纪律，在他们的关系史上毫无意义。对高年级学生来说，教师的控制往往招致不满和抵抗。理想的做法是，课堂守则通过师生合作共同制定。这在很大程度上，可以通过将教学的主要形式由教师独白转化为师生对话的方式来实现。这样，学生便可拥有更多的机会表现他们在课堂之外的关系，并将这些关系融入课堂秩序之中。事实上，学生都是带着自己外延的关系网来到课堂的。一个学生可能会将课程材料同自己的个人生活联系起来；另一个学生可能会注入幽默元素；而第三个学生则会讲述某个相关的故事。他们更多地将自己的个人生活引入与教师、同学以及学习材料本身的互动过程之中。虽然教学内容的覆盖面(coverage of the course material)可能会相对缩小，其结果却极大地丰富了关系圈的潜能。

*

作为一名教师，我希望自己拥有广博的知识，并能以生活化的语言加以表达，以激发学生的兴趣和崇拜。我是他们注意的中心，是知识的源泉，是智慧而乐善好施的长者。尽管如此，我同时也意识到，这种作为教师的个人传奇与其说是为了教育，不如说是一种自私。学生其实只是见证了一场表演。他们不会知道在我轻松的言辞背后隐藏着多少年的努力和付出，他们也不知道我组织材料、语辞修饰和殚精竭虑地安排整个演讲花费了多少时间。我表达的一切看上去都是理性能力的自然流露。这些不仅是误导，而且无助于学生将来的行动。他们所做的只是观察，理解，做一点点笔记，以便在之后的测验中用某种方式复述我的话，却并未为以后作为合格的对话伙伴进入某种关系做好准备。他们在如何为集体出谋划策、如何敏感地回应他人以及如何共同开拓个人无法企及的未来愿景等方面均毫无经验。

*

很多教师都意识到了这些问题。例如，重视叙事写作和报告，要求学生将在家里制作的手工制品带到班上，以及那些将班级和周围邻居联结起来的作业，都是朝着新的方向作出的努力。同时，最近几年出现了一些隐喻，其中每一种隐喻都在独白之外增添了另一种更具兼容性的选择，丰富了我们对师生关系的看法。以下是其中有代表性的几种隐喻。

对话课堂(the dialogic classroom)。在联合创造真和善的过程中，对话是首选的教学方式。对话存在多种形式，其中最流行的是辩论(debate)：一方与另一方针锋相对。早些年间，为了激发学生的兴趣和参与，或者是在演示一个问题具有正反两面时，我经常采用辩论的方法。然而，年复一年，我对此已热情不再。辩论很容易让人固步自封在"一方与另一方对立"的状态下，很少有人会去考虑更加广阔的背景。进而言之，辩论倾向于使班级两极分化，学生一旦选择和决定支持某一方的观点，便很少能看到"对方"的价值。参与方成为了交战的敌手，关系因此受到威胁。在多少辩论中，我们能看到一方因为对手提出的某个非常好的观点而表示祝贺？或是为对方的观点添砖加瓦？争论导致的最终后果是相互否定。①

许多教师放弃了辩论,转而支持苏格拉底式对话(Socratic dialogue)。教师用交谈的方式将学生带入知识的情境。然而,苏格拉底式对话尽管对合作学习有重要贡献,却暗藏着独白。也就是说,教师预先知道互动的结果,并根据这一结果调整他或她的问题。

相比之下,对话课堂概念的新近研究则强调完全参与的交流形式。② 具体而言,这种方法包括:(1) 将参与者扩展到学生全体,防止少数比较武断或口齿伶俐的学生垄断整个讨论;(2) 减少对讨论方向的控制,以便让学生真正关心的问题成为讨论的焦点;(3) 充分相信学生的理解能力而不是去更正他们;(4) 讨论的目的不是为获得唯一真理,而是对理解内容(intelligible realities)的扩展。对话取向不鼓励一份讲稿反复使用的"听装式演讲"(canned lectures),以及内容和程序固定的演示文稿(PPT),而是鼓励教师颠覆自身全知全能(ultimate knower)者的角色。这种方式要求教师投身于集体性行动中,将所有问题都纳入这一开放性对话。③ 这样做的结果是,人们参与的积极性更高,各种观念和意见百花齐放,关系得到确认和支持,减少了疏离和抵抗。研究者们也很认可这种形式,因为这样做可以为学生的民主参与做好准备,帮助学生掌握多元化的视角和观点,并对道德问题进行更深入的探索。

*

生活的本质乃是对话。活着便意味着参与对话:提问、聆听、应答、

---

① 更多讨论请参阅论文: The limits of pure critique. In Gergen, K. J. (2001), *Social construction in context*. London: Sage.
② 将对话置于教育中心的很有影响力的一本书是: Sizer, T. (1984). *Horace's compromise*. Boston: Houghton Mifflin. 也可参见: Wells, G. (1999). *Dialogic inquiry: Towards a sociocultural practice and theory of education*. Cambridge: Cambridge University Press. Vella, J. K. (2002). *Learning to listen, learning to teach: The power of dialogue in educating adults*. San Francisco, CA: Jossey-Bass. Applebee, A. (1996). *Curriculum as conversation: Transforming traditions of teaching and learning*. Chicago: University of Chicago Press. Brookfield, S. D. & Preskill, S. (1999). *Discussion as a way of teaching: Tools and techniques for democratic classrooms*. San Francisco: Jossey-Bass. Simon, K. (2003). *Moral questions in the classroom*. New Haven: Yale University Press.
③ 有关在对话中使用幻灯片演示的问题,一场令人耳目一新的争论,可参见: Bowen, J. (2006). Teaching naked: Why removing technology from your classroom will improve student learning. *National Teaching and Learning Forum Newsletter*, vol. 16, no. 1.

> 赞同……人的一生都在全身心地投入各种对话：用他的眼睛、嘴唇、双手、魂和灵（soul，spirit），用他全部的身体和行为。他毫无保留地投入对话，参与编织着人类对话的锦缎，并成为世界性对话的一部分。
>
> ——巴赫金（Mikail Bakhtin）

认知学徒（cognitive apprenticeship）。受维果茨基发展观的影响，教育专家发展出一种教师与拥有学徒身份的学生之间的关系理论。① 在维果茨基看来，人的思想在很大程度上是对社会性对话的反映。因此，思维发展最关键的是要融入社会互动。按照这一思路，教育者将师生关系视为学生学习的基本资源。最好的教师是分享者和关心者。教师不仅要与学生分享自己与学习内容相关的知识，还要分享怎样将这些知识应用于实践（掌握乘法表是一回事，但掌握解决复杂乘法问题的多种技巧却是另外一回事）。在教师为了学生能够掌握知识而全力投入的条件下，这种分享最有可能发生。就这样，学生成了教师的学徒。

许多教育者相信，学徒制教育在实践情境中是最有效的。学生不再把抽象概念与它使用的情境割裂开来，而是将知识的发展与行动联系起来。对许多教师来说，这意味着将教育体验从教室扩展到社区。在公园绿化、再生资源利用或参与国家级工程竞标等活动中，学生热切地寻求各种有用的信息以及掌握教师教给他们的实践技巧。在比较宽泛的意义上说，许多教育者是把维果茨基有关理想教育的观点应用到了具体的实践情境中。②

解放/赋权（liberation/empowerment）。政治意涵更明显的是由弗莱雷（Paulo Freire）提出的解放和赋权的教学观。③ 弗莱雷非常关心巴西贫困和文盲人口的处境。如他所见，这些人既没有意识到造成他们贫困的压迫力量，更

---

① 参阅：Collins, A., Brown, J. S., & Newman, S. E. (1989). Cognitive apprenticeship: Teaching the crafts of reading, writing, and mathematics. In L. B. Resnick (Ed.), *Knowing, learning, and instruction: Essays in honor of Robert Glaser*. Hillsdale, NJ: Erlbaum. Rogoff, B. (1990). *Apprenticeship in thinking*. New York: Oxford University Press. 有关维果茨基对教育的论述及对关系的强调，一些经典案例参见：Holzman, L. (1997). *Schools for growth: Radical alternatives to current educational models*. Mahwah, NJ: Erlbaum.

② 也可参阅对于情境化学习或认知的研究与理论，包括：Lave, J. (1988). *Cognition in practice*. New York: Cambridge University Press. Kirschner, D. & Whitson, J. (Eds.) (1995). *Situated cognition: Social, semiotic, and psychological perspectives*. Mahwah, NJ: Erlbaum.

③ Freire, P. (1970). *Pedagogy of the oppressed*. London: Continuum.

第八章
关系型教育

没有有效的改变措施。按照弗莱雷的观点,教育过程应该启发他们对于自身经济和政治境况的批判意识("觉悟启蒙"),赋予他们改变经济和政治境况的工具。简言之,他们应该得到解放和赋权。

在上述背景下,弗莱雷要求消除师生之间传统的等级关系,即教师应该同样是学习者,学生也应该起到教师的作用。视学生为被动的知识接收者的传统观点(这是当政者的定义)被摈弃,取而代之的是一种将学生视为积极行动者的观点。弗莱雷认为,当学生开始将自己看作未来的行动者时,他们便会积极投入社会变革运动。在这里,"参加"(to join)的重要性被反复强调,因为弗莱雷相信,只有集体行动(collective action)才能催生变革。①

*

学习不是对观念的消费,而是对思想的创造和再创造。

——弗莱雷(Paulo Freire)

*

解放运动有力地推动了人们对传统教育实践的批判性反思,并澄清了教育不存在政治中立这一事实。但是,从关系的立场来看,仍然需要进一步的发展。尤其是批判运动容易加剧政治紧张,从而招致批评对象的反击。我们更需要的是能通过实践将来自不同阵营的人团结在一起,让他们为了共同的利益展开集体性行动。从关系的视角来看,必须谨慎地处理批评。②

促进/教练(facilitation/coaching)。这一隐喻不像解放/赋权隐喻那样激进,而是把教师看作学生发展的促进者(facilitator)或者教练(coach),被很多学校分享。③ 教师分享他或她的知识库,其主要目的不在于指导学生,而在于提供资源去帮助学生实现个人目标。作为一个促进者/教练,教师需要特别关注学生的成长环境。然而,对于教师的促进者/教练角色仍然存在非议。批评主要来自以学生为中心的传统课程,学生在其中被认为受内在固有的动机驱

---

① 对解放的课堂并非没有批评,甚至包括那些捍卫它的人。参见:Lather, P. (1991). *Getting smart: Feminist research and pedagogy with/in the postmodern*. New York: Routledge. 该书针对那些解放教学法的批评意见以及如何既维持解放教学法对传统的冲击又避免其控制作了非常好的分析。
② 有关批评的局限性的更多讨论,可参见:Gergen, K. J. (2001). *Social construction in context*. London: Sage.
③ 将教师视为教练的更多资料,可参见:Sizer, T. (1984). *Horace's compromise*. Boston: Houghton Mifflin.

动。就像成长中的花朵自有其内在的生长周期(内部发动机),顺应自然便会绽放出美丽的花朵。从关系的立场来看,这一观点需要修正。无论朝哪个方向引导学生,无论学生对什么感兴趣,这些都是关系的产物,包括与教师之间的关系。

很多接受促进/教练模型的教师非常注重赋予行动以价值。他们也的确意识到在赋予特定任务以价值的过程中,对话不可或缺。事实上,许多采用这种教学法的教师倾向于用赏识的方法取代价值评估的传统方法。教师成了学生价值感形成的重要推手。正如许多教师发现,当他们将欣赏而非评估置于关系的前沿时,学生会受到更多的激励,他们参与课堂讨论的激情会被点燃。[①] 害怕严格评估的学生通常都不爱讲话,他们或许感觉自己有东西想说……但又不确定。当他们终于鼓足勇气去说的时候,会话通常已经结束。于是他们继续沉默,并不得不忍受由于缺乏勇气带来的羞愧等额外负担。[②]

友情(friendship)。教师与学生的关系也被视为一种友情。在囿于有界存在的教育传统中,教师对学生大多持一种工具主义态度。典型问题包括:"我怎样才能引起他们的兴趣?""我怎么才能掌控课堂?""我怎样才能提高他们在统考中的分数?"等等。从这种意义上来说,始终有一个"我"作为"因"(causal agent)施加作用于"他们"。这种取向不仅导致疏远和控制,而且把学生建构成"他者"。在这方面,罗林斯(William Rawlins)的观点令人耳目一新。他认为,教育的有效性源自教师与学生之间的友谊关系。[③] 这一概念认识到教育过程中相互尊重和关心的重要性,其目的在于建立相互信任的纽带,使得教师评价学生如同和朋友分享有用的建议一样。相互尊重一旦建立,学生便更倾向于将教师的言行内化为自己的存在之道,教师也就成为多重存在的资源。与此同时,罗林斯也承认友情关系并不是完全没有风险,例如,需要防范"过度关心"的危险,以免出现新的偏袒或嫉妒问题。

*

---

① 有些教师在工作中将赏识方法进一步向前推进到以学生为导向。例如,阿罗尼(Nancy Aronie)在她的 *Writing from the heart* (Berkeley, CA: Crossing Press, 1998)一书中建议让学生们写出那些他们热爱的、他们正在阅读的、他们认为有价值的、对他们的个人生活有帮助的东西。

② 不应将这种对赏识的强调等同于帮助学生建立自尊的运动。在某些方面,后者仍旧将学生视为有界存在,认为教学活动会在学生身上"生效"(has an effect)。

③ Rawlins, W. (2000). Teaching as a mode of friendship. *Communication Theory*, 10, 5-26.

教学即友谊。

——冯内古特（Kurt Vonnegut）

*

我们发现，有很多方法可以丰富师生关系。那么，是否有必要将这些方法作个比较以确定哪一种实践更胜一筹呢？我认为没有这个必要。在摆脱机械的师生关系传统的同时，必须提防它被另一种僵化的形式取代。就像一场好的会谈，人们不可能预先准备好所有的台词。在开放性的联合创造过程中，关系始终在流动。正如日常生活中总会有无法预测的迂回曲折。幽默的言辞、愤怒的语调、意外的发现，随时都可能将关系导入不同的方向。因此，灵活性是最好的选择。个体作为一种多重存在，应该随时准备好倾听不同的声音，并能在瞬间追随话题的转变。从上述这组隐喻来看，教师在某种情境中应参与合作性对话，在另一种情境中则作为指导者（mentor），在其他情境中则分别充当了学生的促进者、赋权人或朋友。

最后需要强调的是，这种丰富关系的趋向并不要求消除独白以及严守纪律的传统。并不是说传统关系完全是错误的，它只是有一定的局限性而已。在有些情境中——例如，在大型礼堂演讲——传统的关系很可能就是最佳选择。就许多方面而言，好的教师就像一个好的家庭成员，作为家庭关系的有效参与者，我们需要扮演不同的角色，如养育者、信息提供者、促进者、安慰者，等等。在我看来，师生关系之潜能的丰富性与家庭关系相比毫不逊色。

*

在我小的时候，有一些老师，他们的教学曾经给予我莫大的精神享受。他们的言语、姿势、声调、服装、个人风度，所有这些向我展现了一个超越梦想的世界。我曾经作为一个心甘情愿又满怀感激的乞求者参与这些有着古老传统的传道授业仪式。我在此并不是要根除这些旧的关系传统，很显然我们应该部分保留这些传统，只是不能任它们把我们绑缚在这根古老的梁柱上。

关系圈之二：同学关系

现在我们从师生关系转向第二个关系圈：学生之间的关系。在聚焦于个体心灵的传统课堂教学实践中,每个学生都是以自我为中心的独立存在。尖子生被教师珍爱,迟钝或不爱学习的学生则被鄙弃,由此导致疏离、不安和冲突。培育同学关系的过程就是要将多重世界导入协调过程,用相互赏识取代等级评估。学生们由此获得潜能,得以在原本碎片化的意义世界中成为"跨界者"(border-crossers)。感谢许多具有正向思维的教育家,正是他们促使这样一种思维方式被一系列新的实践吸收。在此,我要讨论其中两种我最喜欢的实践。

合作式课堂

关注个体卓越性的教育喜欢发展某种等级结构。在这种语境中,马森(Edwin Mason)总结说:"我们让年轻人为了尊严而竞争,等于是在培养互不信任的人性。"① 正是在这种背景下,布卢菲(Kenneth Bruffee)发动了一场合作学习运动。② 根据布卢菲的描述,合作式课堂(collaborative classroom)重视同学之间对知识的分享。从关系的立场来看,这种分享有利于学生相互吸收各自的优点,塑造他们的行动及关系方式(ways of acting and relating)(第五章)。当他们"成为他者"(become the other),便可参与一系列新的关系。与那些自己不熟悉的宗教信徒、运动员、知识分子、艺术家和政治活动家等建立联系,便是吸收一种新的存在方式。反过来,这种新的存在方式又帮助个体与更多采用这类生活方式的群体或传统发生关联。

进一步而言,学生之间的分享促使个体发展新的人格特点,培养能够胜任与他者交流的行为方式。他们可以学会如何帮助别人,怎样竞争,什么是有教养,甚至如何开玩笑,等等。其结果是,一种新的与他人相协调的舞剧发展起来,这种舞剧有助于进一步丰富未来的关系。例如,学生可以学会如何在某些特定的情况下称赞他人的行为、向他人挑战,以及反唇相讥、评估判断,等等。实际上,学生之间的分享对于多重存在具有重要贡献。

*

我们培养研究生的模式强化了这种疏离。学生一开始是课程学习,之后为了博士学位论文的设计同少数几位教授一起工作,再后来独自在图书馆完成论文,多数只是在一个导师的指导下。这一过程如此自然,以

---

① Mason, E. (1971). *Collaborative learning* (p. 33). New York: Agathon.
② Bruffee, K. A. (1993). *Collaborative learning: Higher education, interdependence, and the authority of knowledge*. Baltimore: Johns Hopkins University Press.

致我们很少注意学生在这个过程中需要进行文化调适。

——达姆罗施(David Damrosch)

*

学校里有很多非正式关系,这使得学生在午餐时间、健身房和放学以后仍然处于熟悉而舒适的关系当中,因此培养了深厚的友谊,形成各类小圈子和种族群体,其结果是导致大量频繁发生的内外群体冲突,随之而来的便是憎恶与疏离。① 相比之下,教师可以采用某种方式组织课堂以便发展更具生成性的关系。课堂讨论小组、工作搭档、实验室研究小组等可以打通这些非正式群体之间的边界。进而言之,这么做还可以引导出某些具体的对话形式。例如,通过有效的计划,团组会发现,肯定并允许存在完全不同的或者不熟悉的观念、表达好奇心、允许怀疑、分享个人故事等,都是十分有益的。② 正如霍尔兹曼(Lois Holzman)指出,对学生而言,学习如何发展和维持重要的情感关系和掌握有效的实践技能具有同样的重要性。③ 上述每一种情境中的参与(participation)都为未来世界培养了合作技能。

*

网络学习对于学生之间的合作具有非常重要的促进作用。计算机可以提供多种方式让许多学生小组联合起来为了共同的目标而工作。正如大量的研究发现,这类实践有利于:(1) 减少教师对课堂讨论及其结果的控制;(2) 提高学生对于对话的参与程度;(3) 使更多的人为当前的讨论作出贡献;(4) 产生更多同学之间相互帮助的实例。④ 虽然要达到预期的效果需要进行认真的准备,但这些准备相对而言并不十分困难。

*

---

① 例如,可参阅:Willis, P. (1977). *Learning to labour*. London: Avebury.

② 关于如何在课堂上开展生动的对话实践,可详见:Oldfather, P., West, J., White, J., & Wilmarth, J. (1999). *Learning through children's eyes: Social constructivism and the desire to learn*. Washington, DC: APA. Fosnot, K. (1989). *Enquiring teachers, enquiring learners: A constructivist approach to teaching*. New York: Teachers College Press. Stein, R. F. & Hurd, S. (2000). *Using student teams in the classroom: A faculty guide*. San Francisco: Anker. Barkley, E. F., Cross, K. P., & Major, C. H. (2005). *Collaborative learning techniques: A handbook for college faculty*. San Francisco: Wiley.

③ Holzman, L. (2009). *Vygotsky at work and play*. London: Routledge.

④ 有关该研究的早期资料汇编,可参见:Schofield, J. W. (1995). *Computers and classroom culture*. New York: Cambridge University Press.

对我来说,计算机辅助合作(computer-aided collaboration)已成为一项重要的教学历险活动。在其中一次非常成功的实验中,我用小组对话取代了个人测验和学期论文的评估方式。我将学生分成小组,每个小组围绕某个给定的问题或主题一起工作。他们的任务是用一周时间通过电子邮件完成一项对话。在此之前,我先让学生们一起讨论,明确他们心目中好的对话的标准。非常有趣而值得一提的是,这些标准和那些针对独白式论文的评估标准完全不同。例如,一篇优秀的论文必须具有内在的逻辑一致性,而且需要得出唯一的最佳结论;一个有效的对话则需要包含多种观点,不拒绝任何可能的声音。正如我的学生告诉我,在一个良好的对话中参与者会互相关心。相反,正如上一章中描述的那样,个体论文显然是以一种自我保护的逻辑为核心建立起来的。全部的对话记录需在一周后提交给我。学生的个人成绩(学生注册所必需)则是我对于小组对话的整体评估(基于他们确定的标准)以及对学生个人努力的评估的综合。

大部分学生都认为这些对话具有很好的激励效果并能启发思考。他们很热衷于这样的交流形式。在其中,没有等级次序、没有会话控制,每个人都有所贡献,所有人都受欢迎。而且在对话即将结束的时候,他们通常都会互相祝贺,对他人的贡献表达感谢。他们很期待我能阅读他们的对话,因为他们相信自己说了很多非常有趣的事情,而他们也的确如此……

下面几段摘录或许可以让你发现这些对话的精妙之处,同时理解我的热忱。该实例与我们本章的讨论十分契合,学生们的任务是讨论在教育实践中以关系取向取代个人主义的可能性。迈克(Mike)被指派的任务是启动对话:

迈克:……我觉得我们应该从……关系及其意义将如何改变我们的教育体制这一点开始,允许自由评论其他观点。或许我们应该从正反两个方面就其如何对师生关系、同学关系产生影响进行讨论。我认为,我们首先应该记住,当前的教育体制强化了竞争和疏离。

凯蒂:嗨,你们好!希望大家今天都开心顺利。谢谢迈克的开场白。在过去的24个小时里,我才意识到我们的教育体制与个体责任的传统之间竟有如此紧密的联系,这一点令我感到震撼。

但是,作为学生,首先应该掌握信息……如果不掌握学习资料,教育还有什么意义呢？……我觉得，我们可以设想，学生的学习不需要测验或经过确认。那么，教育者对于教育过程和结果一无所知，教育过程又如何得到调整和改善呢？……因为，我的意思是，即使我们现在这样完成作业，尝试通过小组对话的方式代替个人职责……我们最终形成的作业仍然需要被评估，同时我们作为一个小组仍然要为我们所做的和未曾做的承担集体责任。在我看来，很多问题还需进一步澄清……如果教授自始至终参与对话，而不只是在最后针对记录给予评价，会不会更好一些？

桑德拉：我认为，当前的教育体制在创造意义方面是单向度的……教师试图让自己呈现材料的方式成为学生在头脑中创造意义的方式……但是，学生并没有实际分享这一过程。意义实际上是教师事先已经在自己的头脑中创造好的……

这可以解释为什么有些学生很难适应像我们这样的大学生活。以我的经验，我知道，在高中时我们并没有太多这样的对话。我接受的教育仅仅专注于背诵一些事实以及完成一些有助于在测验中得高分的任务。

罗比：首先，我得承认我主修的是生物学专业，所以，很多时候，我对教育的观点可能会与你们学习人文和社会科学的不太一致……我们或者可以将我对教育以及对话在教育中的作用问题的思考与你们的观点加以对比……我不想再增加其他提议……但是，希望我们能够互相激励，踊跃发言。（接下去罗比谈到实验室工作场合的对话）

我为他们的观点所吸引……或许这些观点已经在本书中得到反映。现在我要转向第二种历险。

合作式写作

在有界存在的传统中，公开化的语言是内在世界的一种外在表达。在教育领域，这一假设通过我们对个人写作能力的重视得以体现。正如上一章所描述的，我们将语无伦次、支离破碎的写作视为"缺乏思维能力"的表现。按照这种思路，对剽窃行为进行严厉制裁是为了确保写作反映的是作者本人而不是他人的观点。作者本人是思想的源泉，这种观念进一步让我们把自己视为在根本上是相互分离的存在。然而，作为一种替代性选择，我们强调一切的可理解性都产生于关系。在这个意义上，写作并不是反映了某个独立的内心世界,而是反映了关系的历史。①

*

"学术自主"本来就是一种自相矛盾的说法。

——沙利文(Patricia A. Sullivan)

*

通过对这一观点的反思,某些有远见的研究者正在探索将写作视为一种社会活动的教学方法,在这种社会活动中,个体不仅要敏感于他或她取材的关系传统,还要考虑写作针对的读者。② 例如,学生可能被要求描述自己的生活,特别是和他们的同学分享与学习有关的事件。在这方面,一位在城市专科学校任教的朋友向我讲述了他的成功——他让多元文化班级中的学生写下自己遭受他人偏见的那些时刻。这些叙事揭示了所有的团体,不论是种族、民族、宗教还是性别团体,都有着自己的苦恼和愤怒。在该作业后来的一个变式中,他要求学生描述自己与来自"外群体"中的某个人的关系,后者对他们的生活产生了重要影响。正如他所报告的,这些作业对于课堂团结的影响超出意料。

其他学者对于创造合作式写作的实践甚至迈出了更激进的一步。③ 他们不再视学生为独立的作者,而是试图集中使用智慧和资源。学生们可以提供补充性的信息、观点和意见,互相教学,从而形成内容更加丰富、信息量更大的作品。学生可以参与头脑风暴、信息搜集、组织、起草、修订和编辑工作。某个同学可能擅长对作品的整体设计和构思,另一个同学可能拥有创新性的见解或流畅的写作风格。其他同学则可能在小组讨论中注入幽默或自我反思的元素。通过这样的合作,同学之间相互成为学习的榜样。多重存在的潜能再次

---

① 有趣的是,在美国,小说并不总是某个作家的个人作品,正如阿什顿(Susanna Ashton)所描述的,在 1870 年至 1920 年,有好几百部小说都是由多个作者合作完成的。参见:Ashton, S. (2006). *Literary collaborators in America: 1870–1920.* New York: Palgrave.

② 例如,可参阅:Cooper, M. M. (1989). *Writings as social action.* Portsmouth, NH: Boynton/Cook.

③ 例如,可参阅:Forman, J. (Ed.) (1992). *New visions of collaborative writing.* Portsmouth: Boynton/Cook. Reagan, S. B., Fox, T., & Bleich, D. (1994). *Writing with: New directions in collaborative teaching, learning, and research.* Albany: State University of New York Press. Ede, L. & Lunsford, A. (1990). *Singular texts/plural authors: Perspectives on collaborative writing.* Carbondale: Southern Illinois University Press. Topping, K. J. (1995). *Paired reading, spelling and writing: The handbook for teachers and parents.* London: Cassell.

第八章
关系型教育

得到拓展。

对于那些将批判性思维视作教育目标的人，在这里有很重要的一点需要说明。对于批判性思维有多种定义，其范围涉及从写作、数学和科学等基本技能到提出某些假设以进行批判性分析的能力。然而，从现有的立场看，无论我们选择何种定义，它们都是个体参与关系的结果。在现在的情境中，最重要的是，提出假设并进行批判性反思的能力需要个体参与不止一个传统。如果只有一种对于现实的解释，人们便不可能跨出界外而超越其局限性（参阅第七章）。一位坚定的科学家不可能轻易或真正信服地接受从社会学立场对科学作出的评估。因此，像合作式写作（collaborative writing）这一类的实践应当受到珍视。例如，同学们合作以民主的价值为主题写一篇论文，可能发现有些同学认为民主政治问题重重；一份有关人类生活起源的学期论文很可能会引发迥然不同的观点。此时便埋下了自由反思的种子。

*

批判性思维从本质上说就是通过另一种话语来深入思考当前的传统。批判性思维者的长处并不在于拥有更优越的传统，而在于能够看到两种不同传统各自的优势和不足。那些声称自己的视角更优越的批判性思维者，不仅不具备这一优势，而且扼杀了行动的潜能。

*

从全球的未来看，对于合作式教育的重要性，无论怎样高估都不为过。无论是商业、政府、私营企业还是科学研究，以网络沟通为基础的工作越来越多。正如康纳利（Brian Connery）和福斯（John Vohs）在他们有关合作式写作的著作中所描述的：

> 尽管我们口头上承认那些坚毅个体的存在价值，赞美像牛顿、伍尔夫（Woolf）、爱因斯坦（Einstein）和麦克林托克（McClintock）那样的独创性天才，或是怀念早期拓荒者的自给自足，然而，社会现实却是，对于多数人而言，我们大部分的职业生涯都处在同其他人的配合与协作之中，如在委员会、研究团队、董事会、科研系所、专业协会或者在公司、企业。自足性可以说是可贵的理想，也可以说是过时的观念。如果你到当地的山上去参观一下早期拓荒者居住过的窑洞，你很快会明白：绝对的独立只能以原始粗糙的生活作为结局——我们很少有人会愿意为坚持自给自足而承

受这样的代价。①

关系圈之三：课堂与社区

> 在我看来，学校首先是一种社会机构。教育是一种社会过程，学校不过是社区生活的一种形式，在其中所有的力量被集中起来，以便最有效地引导孩子们分享对社会资源的传承。
>
> ——杜威（John Dewey）

*

学校的围墙对人产生误导，让人们觉得学校与周围环境是相互隔离的，教育的成功似乎只是围墙之内发生的事。然而，我们越来越清楚地看到：课堂内发生的一切绝对不可能与学生的家庭生活及当地的政治、经济等因素分离。对这一问题的敏感性已经激发了很多试图改造学校外部条件的努力，以期学校能够从中受益。例如，经济落后地区某些有远见的学校开发设立了一些特殊项目，不仅保证学生能够吃饱饭，也能让学生的家人衣食无忧。这些做法都可圈可点，但我们仍有必要进一步打通课堂和社区的边界。

受杜威著作的影响，许多教育家强调学校的功能在于提高学生未来参与民主社会的准备性。依此逻辑，在社区内的学习最有利于达到这样的教育效果。正如莱夫（Jean Lave）和温格（Etienne Wenger）强调，通过参与社区活动，学生学习如何成为当下实践的合作者。② 他们开始知道社区中的事情是怎样解决的（know how），了解当地的现实与价值如何运作。与前面对于情境学习（situated learning）的讨论相呼应，情境化的教育（education in context）同样受到重视。学生参与真实的实践，而不是去记忆那些与具体情境之间缺乏明确关联性的一般规律。③

基于社区的学习（community-based learning）同样为学生开启了多元现实与价值的大门。他们可能会面临挑战，例如，设计一种新的交通系统以帮助居

---

① Connery, B. A. & Vohs, J. L. (2004). *Group work and collaborative writing*. Davis, CA: University of California, Davis. 参见：http://dhc.ucdavis.edu/vohs/index.html

② Lave, J. & Wenger, E. (1991). *Situated learning: Legitimate peripheral participation*. Cambridge: Cambridge University Press.

③ 也可以参阅：Lave, J. (1988). *Cognition in practice: Mind, mathematics, and culture in everyday life*. Cambridge: Cambridge University Press.

住在市中心的穷人找到新的工作。在这种情境中,学生需要接受的挑战包括避免社区环境遭到破坏、税款的分配以及开展职前培训,等等。当学生面对如此多样化的挑战时,他们更有可能去搜集各种意见,从而认识到共同工作的价值。基于社区的学习可以有很多种形式,其中有三种创新尤为值得关注。

社区合作

家长与教师之间的联盟长期受到鼓励。然而,这种联盟存在明显的局限性,学生并没有作为对话者参与其中。这种关系形式也常常受到威胁。许多教师认为,家长总想维护自己的孩子,对于学校的工作指手画脚。学校也确实采取了一些措施试图克服这些障碍。例如,邀请家长来学校参观班级教学,让家长了解孩子们的课堂表现,要求家长参与为班级作出贡献,等等。然而,仍然存在进一步探索的空间。比较典型的如强调分布式领导的项目。所谓分布式领导(distributed leadership)是指在学校发展和改变过程中吸收很多的人参与共同领导的实践方式。[①] 分布式领导既可以针对小事,例如校长和教师共进早餐的提案;也可以针对大事,例如旧金山海湾地区的学校改革项目(the San Francisco Bay Area School Reform project),其中有86所学校参与了"学校整体改革"(whole school reform)实验。[②]

罗戈夫(Barbara Rogoff)及其同事的工作很清楚地说明了如何开展社区合作(community collaboration)。他们开展了一个项目,将学生、教师和来自社区的成年人联合起来。[③] 他们的信念是,最有效的学习发生在学习者兴趣盎然的共同参与之中。因此,教师和家长、学生一起计划并安排课程和课堂活动,就连低年级的小学生也被吸收进来参与讨论。家长定期来学校担任合作教师(co-teachers)。有时候,不同年级的学生被聚集在一起参加合作学习课程(co-learning sessions)。其结果成功地创造了一个大规模的学习者社区。所

[①] 例如,可参见:Donaldson, G. A. (2006). *Cultivating leadership in schools: Connecting people, purpose, and practice*. Williston, VT: Teachers College Press. Rubin, H. (2002). *Collaborative leadership: Developing effective partnerships in communities and schools*. Thousand Oaks: Corwin.

[②] Copland, M. A. (2003). The Bay Area School Reform Collaborative: Building the capacity to lead. In J. M. Murphy & A. Datnow (Eds.), *Leadership lessons from comprehensive school reforms*. Thousand Oaks: Corwin.

[③] Rogoff, B., Turkanis, C. G., & Bartlett, L. (Eds.) (2001). *Learning together: Children and adults in a school community*. Oxford: Oxford University Press.

有这一切都得益于合作历险。①

学习圈计划(the Study Circle Program)为成功的社区合作提供了进一步的说明。② 该计划促进了社区范围内对于普遍关心的问题的对话。这种实践在联合学校与社区方面非常有效。例如,地处华盛顿特区外围的蒙哥马利郡公共学区(the Montgomery County Public School district),有色人种、少数民族学生与主流白人之间存在明显鸿沟。学习圈项目的参与者包括350多位家长、教师和学生。他们共同举行了6次每次2小时的会谈,讨论了一系列相关甚至常常带有挑衅性的话题,包括信任、差异性以及沟通障碍等。他们还讨论了大家共同的基础、友谊以及减少冲突的具体措施。该计划不仅在原本疏离的各种群体之间架起桥梁,而且开发了学校发展的社区支持计划。③

合作式教育

以往的计划主要考虑课堂的利益,其目的主要是改善教育效果,社区仅作为次要考虑。然而,改变一下优先考虑的次序同样重要,即学校能够以什么方式为社区提供服务,与此同时又能进一步促进教育过程? 合作式教育(cooperative education)朝着这个方向迈出了重要的一步。这一构想可追溯至20世纪早期。当时,许多有潜力的学生因为经济困难而无法进入全日制大学,而大学开设的很多课程又与他们想要从事的职业毫无关联。因此,有些图谋发展的大学开始考虑将工厂作为新的学习场所。在理想情况下,学生可以从工厂和课堂两边受益,由此出现了一种不寻常的联合。例如,安提亚克学院(Antioch College)和东北大学(Northeastern University)开发的带薪实习或半工半读的教育模式令人印象深刻。而且企业对该类计划的兴趣愈见浓厚,因为它们为自己未来的雇员提供了训练场所。目前正在实施的这类计划超过一

---

① 更多有关在教育过程中教师参与社区的不同方式,可参见:Weiss, H. B., Kreider, H., & Lopez, M. E. (2005). *Preparing educators to involve families: From theory to practice*. Thousand Oaks, CA: Sage.

② 参见:www.studycircles.org.

③ 俄亥俄州克利夫兰市的代际学校同样给我留下了深刻的印象。在怀特豪斯夫妇(Catherine and Peter Whitehouse)发起的夫妻团队的号召下,学校把来自K-8的孩子(大部分是非裔美国人)和长辈群体召集在一起。长辈群体发挥顾问和导师的功能,同时参与终身学习。尽管学生在代际学校的表现并不被评估,但是参与该计划的学生在学年阅读和数学测验中所得的分数都显著高于全市和州的平均水平。

千个,覆盖40多个国家。①

虽然有例外,但在我看来,合作式教育运动还可以从关系思维中收获更多。多数情况下,大学和工厂依旧保持相对独立。学生参与工厂也参与课堂,被要求从两方面获取知识。不仅学生的声音常常被忽视,工厂与学校课堂之间的联结也有待进一步探索。学校教师与工厂雇主之间的交流很少。事实上,交叉谈话(cross-talk)和共同的意义创造(conjoint meaning-making)几乎没有。我们只能想象,关于如何为了共同利益而开展合作,学生、院校和公司之间的对话可能带来大量潜在的丰硕成果。

服务式学习

近些年来,最令人兴奋的社区创新项目之一就是服务式学习(service learning)运动。学校相信最好的学习来自实践,因此他们开设计划,鼓励学生通过校外工作完成学习。作为一种学习方式,服务式学习还具有人道主义的教育作用。教育发生在为社区福利作贡献的过程中。学生通过帮助无家可归者募集食物、为学校食堂种植蔬菜、辅导贫困家庭儿童、在中途之家(half-way houses)工作、为福利院(habitat for humanity)装修等获得学分。所有这些情境中,与传统的学习形式相比,服务式学习给予学生更多发声的机会,体现了学生的学习由被动的层级模型向积极参与社区的转变。而且,在许多情况下,学生和社区居民可以互教互学,关系潜能因此得到最大限度的发挥。②

然而,从关系的立场来看,服务式学习计划倾向于维持有界单元(bounded units)的传统。也就是说,该计划隐含着社区相对独立的观点:一边是学校,一边是社区。学生通常只是"走出"学校进入社区,再回来反思自己学到了什么。有必要创造新的模式,将班级和社区更充分地加以整合。

*

对我来说,斯沃斯莫尔学院的奥尔斯顿(John Alston)教授和切斯特儿童合唱团(the Chester Children's Chorus)的工作已接近一种理想的创

---

① 参见 the World Association of Cooperative Education 网站:www. waceinc. org. 有关合作运动的反思,请参阅:*the Journal of Cooperative Education.*
② 有关服务式学习的更多内容,请参见:Jacoby, B. & Associates(1996). *Service learning in higher education: Concepts and practices.* San Francisco: Jossey-Bass Publishers. 也可参阅:www. servicelearning. org. ; *Campus Compact*, http://www. compact. org/; *101 Ideas for Combining Service and Learning*, http://www. fiu. edu/%7etime4chg/Library/ideas. html.

造。奥尔斯顿为附近切斯特镇的年轻学生开展了一项计划,该镇当时正在经历严峻的经济大萧条。孩子8岁进入该项目,直至高中毕业。合唱团在整个学年里坚持每周排练两次。每到夏季他们会到斯沃斯莫尔学院参加为期4周的夏令营。学生接受的训练非常严格,但结果令人骄傲,培养形成了一支由近50位歌手组成的合唱团。他们在许多地方演出,给观众留下了深刻的印象,包括每年一度在斯沃斯莫尔学院的演出,火爆到观众只能站着观看。该项目还对这些年轻的合唱团成员高中毕业后继续接受高等教育起到了良好的激励作用。

图为切斯特儿童合唱团在斯沃斯莫尔学院朗奥音乐厅(Lang Music Hall)演出。该合唱团由斯沃斯莫尔学院的奥尔斯顿教授指导,他于1994年组建了该合唱团。[致谢:霍奇森(Jonathan Hodgson)]

267　　不要以为基于社区的学习只能在校外进行。课堂同样可以成为这类学习的资源。例如,在充满活力的课堂上可以讨论各种社区(或整个国家)的问题,生成相关信息,并与社区管理人员相互沟通意见。最近发生在意大利的"课堂读报活动"(newspapers in the classroom)的创意令我印象深刻。在全国范围内有29 000所学校的学生每周利用一小时时间比较各种日报对同一桩新闻的报道有何不同。这一创意不仅揭示了新闻报道如何建构了它报道的事实,而且说明了"同一事件"如何被以不同的方式建构。这样的学习不仅激发了生气勃勃的讨论,而且显著提升了学生的文学素养。

关系圈之四:课堂与世界

社区的概念不应仅限于当地范围内。相反,我们必须把参与的关系圈延伸至全球范围。西方教育思想长期以来都主张要向遥远国度和其他民族学习。然而,这种传统取向有两个明显特征。首先,其主客体是有界的,即我们所要了解的国度和民族是被当作"他者"来观察和分析的,其隐藏的潜台词是"**我们**(we)向**你们**(you)学习",维持的仍是一种从根本上相互分离的世界观。人们并没有跨越意义的藩篱,拓展当地的文化以吸收其他文化。与此同时,多数对"外国人"的传统研究主要依赖于文字描述,仅仅借助阅读,而书本的表达是很有限的。而且,也很少借助语音、触觉、嗅觉和味觉的方式交流。简而言之,很少完全沉浸于关系的舞蹈之中。

今天我们不再受这些传统的局限性束缚,我们拥有大量的机会去沉浸在广阔的关系之中。当然,最主要的创新动力仍然是技术。通过因特网,人们可以在短短几秒钟之内接收到来自世界上几乎任何一个国家的影像和信息资源——不费吹灰之力。这些发展为丰富关系型教育提供了动人的远景。[①] 学生不再局限于**向他人学习**,而是可以**和他人一起学习**。莱斯大学(Rice University)的加德纳西蒙兹教学实验室(the Gardiner Symonds Teaching Laboratory)在加强课堂和世界的联结方面作出了卓越贡献。

教室里没有为老师准备专门的讲台和桌子,只有一把活动椅。有很多台计算机以及同样的几把活动椅,以便学生能够随时在房间内的任何地方自发地组成小组。教室的三面墙上挂着多块屏幕,可以呈现任何一台电脑中的内容,或者放映录像和幻灯片材料。通过互联网,班级里的小组可以访问全球任何一个角落,带回所需的讨论材料。他们的努力也可以被发送到教室外的远程站点,实际上常常是在大学校园之外。现在许多大学的计算机教室都已建

---

① 更多有用的资料,请参见:http://lap.umd.edu/SOC/sochome.html。

立了全球链接,教师正在慢慢意识到这种潜能。

教育中类似这样的探索越来越多地趋于对话式。在一项早期实验中,哲学家泰勒(Mark Taylor)和萨里宁(Esa Saarinen)[1]利用卫星传输,为美国和芬兰学生之间的对话增添了视听交流。[2] 目前更加常见的是各种远程学习项目(distance learning programs),在这种项目中,世界各地的教师和学生都可以加入会谈。

> 我采用这种方法进行的第一次实验受到了田纳西大学合作学习项目的支持。他们安排本校研讨班的学生与大洋洲的学生以及其他洲的教师共同参与,每周进行一次网络对话。[3] 讨论的问题对于我们而言并不陌生,但是我们获取资料的方式却与以往大相径庭。在这个过程中,我学到的和我所教的同样多。在另一项类似的冒险中,新西兰的学生加入与世界各地教师的对话(www.virtualfaculty)。我发现每两周一次的对话既紧张又颇具吸引力。学生提的问题我闻所未闻,反之亦然。虽然我们素未谋面,但这种在线关系有些一直延续至今。

*

诸如此类的跨界历险并不仅限于高年级或熟练掌握多种语言的学生。有一个令人鼓舞的案例:美国一所学校的教师让自己班上的学生通过互联网和日本学生建立联系。虽然他们没有共同的书面语言,但是他们可以交换绘画作品和照片。他们互相分享父母、朋友和宠物的照片;交换学校、街坊以及他们喜爱的食物的图片;他们还通过画图来介绍他们喜欢的活动。随着当代音乐、视频传输技术的发展,我们有大量机会可以沉浸到全球化的社区之中。[4]

*

社会变迁、世界民族运动、工业化、全球化和军事化都在以前所未有的速度不断增长。摆在教育者面前的是一项史无前例的任务,他们必须

---

[1] Taylor, M. & Saarinen, E. (1994). *Imagologies: Mediaphilosophy*. New York: Routledge.
[2] 有关合作式实践的大量参考书目,可见于 www.psu.edu/celt/clbib.html。Houghton Mifflin 出版公司的项目中心同样提供了一系列在线实践,帮助学生通过电子邮件和世界各地的人们合作。
[3] 参见:http://web.utk.edu/~edpsych/grad/collab_learning/.
[4] 有关整合多媒体和互联网资源、扩展全球化关系,有用的资源可参见:http://ss.uno.edu/SS/homePages/TechClass.html.

帮助学生成为具有高度创造性、合作意愿、问题解决能力和批判性思维能力的人；必须教会学生从不同视角深刻地看待这个世界；必须培养学生在这个碎片化的世界中彼此联系、相互关心的能力。

——贝兰基（Mary Field Belenky）

永无止境的关系圈

在前文中，我简要地介绍了四种关系：师生关系，同学关系，课堂与学校周围环境的关系，以及课堂与全球化背景之间的关系。然而，这只是一个简要说明。例如，我们还可以把注意力分别聚焦于教师之间的关系、[1]教师与管理者之间的关系、管理者与政府部门之间的关系，等等。在由多方参与的关系圈中，如由教师、学生、家长和管理者共同参与的对话，人们常常会收获更多。每一次新的组合都会帮助我们重新评估过往经验，同时开拓新的实践愿景。例如，教师之间的合作如何被用来强化课堂内部以及课堂与外部世界之间的关系进程？当我们有意识地关注关系的实践，便会发现一种跨关系圈的分享。例如，课堂对话实践可以用来促进教师与管理者之间的同步性，反之亦然。

当教育聚焦于关系而不是个体的时候，我们便进入了一个崭新的时代。我们关注的焦点由个体"心灵内部"转向了我们共同的生活。与此同时，在这种合作性的意义生成空间里，我们可以理解多重传统及它们的各种潜能。我们可以探询我们希望创造的未来世界是什么样的，不论是本地的还是全球的。当教育拥有了对关系的敏感性，我们便会意识到，对于未来的幸福而言，"我们是利益一致的同盟军"。

---

[1] 与此相关的是有助于教师之间相互分享个人经验的文献资料，例如，可参见：Miller, C. M. (Ed.) (2005). *Narratives from the classroom*. Thousand Oaks, CA: Sage.

第九章
治疗与关系的修复

心理治疗是一项能够化腐朽为神奇的实践。我有一位密友,他每周从忙碌的生活中抽出 50 分钟,向一个素不相识的治疗师袒露自己内心十分隐秘的渴求、疑虑、憎恨和失败。与周围许多人一样,在这段经历结束的时候,他明显感到状态比之前要好,觉得自己仿佛进入了一个更佳的存在空间。对此我毫不怀疑,他的确如此。但也有一些人不以为然。他们对心理治疗的反应更多的是冷漠、挫折和愤怒。

一旦我们知道人们对于治疗过程的反应存在明显分歧,便能深切地理解,治疗并非看上去那么简单,也就是说,治疗并不只是简单的治疗过程本身(therapy in itself)。把什么当成治疗——好的或坏的治疗——取决于某种关系的背景(a matrix of relationship)。除非来访者赋予其意义,否则,治疗师所说的一切都毫无意义,而每个来访者又各自拥有不同的解释习惯。与此同时,来访者的言语和行动是重要还是不重要,同样取决于治疗师如何回应。来访者的"问题"只有得到承认,它才成为问题。因此,我们并不是在讨论治疗师和来访者(therapists and clients),而是在讨论二者之间的协调行动(coordinated action)。

来访者与治疗师的关系是本章的核心关切。本章的目的在于将关系性存在的意涵推广至治疗实践。然而,这一关系不可能脱离其他关系而被单独考虑。无论个体遇到的是什么样的问题,这种问题都产生于意义的某种社会性生成语境(a context of socially engendered meaning)。因此,所谓治疗,便是对良好关系的修复,它们是来访者以及与之相关者沉浸于其中的海量关系,无论是已经过去的还是正在发生的。最后,我们必须将这些关系置于从当地到全球的更广泛的背景之中,将其作为后者的一部分加以考虑。为了便于读者理解,我将首先讨论治疗发生的可能性——治疗使人的行为发生改变的潜能——得以产生和存在的关系背景。然后,我将转向关系治疗的过程本身。当治疗师与来访者共同进入某种联合行动的过程,会从中生成怎样的治疗实践?现存的治疗实践分别具有怎样的潜能和局限性?在这一部分,我将介绍三种有效的关系治疗模式。本章最后将展现基于关系立场而形成的新的治疗视界(therapeutic horizons)。

关系语境中的治疗

治疗师与来访者之间的关系很少是孤立的。在治疗过程中发生的一切(therapeutic encounter)首先与参与者的关系史有关。这是两个多重存在之间的不期而遇。进而言之,这种关系深嵌于一系列更大范围的诸如民族的、宗教的、职业的关系之中。治疗关系只是坐巢于动态的、具有无限潜能的关系复合体中(dynamic complex)的一种关系。人格问题、精神疾病或者家庭失能(family dysfunction)本身并不是问题,只是在特定的关系情境中它们才成为问题;治疗的潜能和局限性早在参与者说出第一个字之前就已经以多种方式发挥作用;治疗之所以能够被接受,是因为在特定的历史时期、在一定的关系范围之内这种治疗方式被认为是"有意义的"(makes sense)。总之,无论治疗师和来访者在一起做什么,无论他们认为怎样算是"进步",都普遍印刻着某种意义系统的痕迹。

关于心理治疗的文化与历史语境问题一直在被反复讨论。[1] 在此我想着重讨论三个方面,它们都对关系修复的治疗实践有重要影响。首先是社会文化背景与人的心理问题建构之间的关系;紧接着讨论"治愈"(cure)的概念;然后是治疗实践对于文化环境的影响;最后,为了进一步说明,我想提供一个特别的案例——当前治疗领域正在蓬勃发展着的神经/医药卫生运动。之所以选择讨论这一话题,不仅是因为考虑到其广泛的影响力,而且有鉴于该运动对于关系问题显而易见的漠视。

"问题"的社会创生性

我们每个人都会时不时地感到痛苦。我们都曾遇到一些行为古怪或很难

---

[1] 例如,可参阅:Cushman, P. (1996). *Constructing the self, constructing America: A cultural history of psychotherapy*. Don Mills, Ontario: Addison Wesley Publishing Company.

缠的人。我们中甚至有不少人遇到过比较严重的问题以至于不得不求助。这就是生活。然而,沉浸于日常生活的磨难很容易让人变得盲目。其实,我们遭遇的问题在我们之前就已经存在,只是我们没有意识到这些问题是文化"抛掷"(thrown)给我们的,以及我们已经在多大程度上卷入了这些问题的存在。

正如前几章所述,实际上,任何一种长期持续的关系都会对"世界是怎样的"(the way the world is)这一问题给出相对稳定的答案,并形成一系列与之相应的价值观。出于同样原因,关系的过程倾向于创造一个不受欢迎的偏常领域(a domain of undesirable deviation)以及一些"不守规矩""愚蠢""荒唐"或犯有其他罪恶的人。① 因此,一个事件或行为是否构成"问题",或是否让人感到"痛苦"(suffering),取决于我们的关系布局(configuration of relationships)。在认定某些行为"不正常"或"不合时宜"的传统之外,没有人可能会是怪异的、神经质的、精神病的或者变态的。一个人的"失常"总是相对于某种社会惯习(social convention)而言的。一个人为了某种强烈的政治原因甘愿绝食而死,他的行为不会构成问题,相反可能被理解为某种解决问题的方式。若一个十几岁的青少年没有任何明显原因而绝食,则通常会被认为是有问题的(即便他本人并不这样认为)。② 与此相似,一个人觉得痛苦,是因为在特定的文化中这种痛苦可以被理解。在某种崇尚成功的传统之外没有人会"遭遇失败",在崇尚"赢"的传统之外不会存在"输"的痛苦。"痛苦"(unhappiness)本身也不是问题,在很多关系中甚至普遍受到尊重。为心爱的人伤心欲绝便是一个显而易见的例子。③

*

在这个时代,只有傻子从来不曾体会到情绪低落。

——东欧冷战时期的一句谚语

*

在一种亚文化中的问题,换到另一种亚文化情境中有可能不再是问题。

---

① 也可参阅:Link, B. G. & Phelan, J. C. (1999). *The labeling theory of mental disorder: A handbook for the study of mental health* (pp. 139-150). Cambridge: Cambridge University Press.
② 参阅:Hepworth, J. (1999). *The social construction of anorexia nervosa*. Thousand Oaks, CA: Sage.
③ Stroebe, M., Gergen, K. J., Gergen, M. M., & Stroebe, W. (1992). Broken hearts or broken bonds: Love and death in historical perspective. *American Psychologist*, 47, 1205-1212.

由于社会总是存在着多种不同的亚文化,对于究竟哪些是"应该被治疗的心理问题"的争论便无休无止。在美国,有成千上万的人被指控犯罪并被关在监狱的号子里,或者被各种心理治疗团体诊断为患有某种心理疾病。不少人认为堕胎、吸食大麻、同性恋不是问题,但对其他人而言,这些行为很可能就是违法或罪恶。

以区别正常人与病态人(pathologic person)的同样方式,我们也将舞蹈演员与残疾人区别开来。轴心舞蹈团(Axis Dance Company)革命性地挑战了这一惯习。在由比尔·T.琼斯(Bill T. Jones)设计编舞的C大调幻想曲中,"残疾人"成了舞蹈家。借助联合行动的过程,所谓的机能不健全被消解了,说明人的弱点和潜力同样都是被关系制造出来的。[致谢:哈特福德(Margot Hartford)]

*

我的朋友迈克(Mac)曾令我倾慕不已。他是一个精力十足、激情四射的人,言谈中充满了想象力和反讽,连珠妙语常常构成令人叹为观止的言语瀑布。我在耶鲁大学念大三的时候,最吸引我注意的不是老师,而是这位迈克同学。实际上,他总是在校园里四处游荡,我根本捕捉不到他的身影。持续不断而极具感染力的奇思妙想使得他的行为总是难以预测。

在这之前的那一年,他看了一部有关佛罗里达南部湿地的电影。影片十分感人,于是他在学期中途离开了学校。六个月之后,他成了那片湿地的导游。

大四那一年,青年领袖组织(the Young President Organization)召开年会,我有幸成为会务助理。该组织是由一群在40岁之前便成为公司总裁的年轻人组成的精英社团。年会在绿蔷薇度假村(Greenbrier Resort)举办,具体位置是在西弗吉尼亚州的白硫磺泉镇。我邀请了迈克加入我们的团队。我们俩都兴高采烈,私下里把这次活动看成是一场好玩而热闹的游戏。然而,一天中午,我在回房间的时候发现迈克房间的门口站着一个武装警卫。我问这个警卫发生什么事了,他咕哝着什么也没说。我走进自己的房间给迈克打电话,却一直占线。几分钟后,我通过窗户看到迈克穿着正装,正被一群警卫带走。我急忙跑去找会务主席商议,却被告知大家都认为迈克心理异常,会对与会的客人构成威胁,因此必须对他采取强制性措施予以驱逐。

在那之后的五年中,我没有见过迈克。他被关在一家精神病院里接受电击治疗,最终在服用大量镇定药物的条件下被释放。对于我而言,这个结果意味着迈克已经死了,或者至少从前我认识的那个卓而不群的迈克已经不存在了。现在的迈克整日无精打采,体态浑圆,思维迟钝。我失去了一位朋友。自那以后我从未停止过反思,这种治疗到底是不是必需的,抑或是否真的对患者有益?

*

由于对"问题"存在各种不同的界定,我们因此面临冲突。在上述迈克的案例中,我们两人与周围的文化格格不入,我们迷失了。从关系的立场看,冲突并不意味着某些声音应该失语(the loss of voices)。因为失语不仅减少了对于行动的不同选择,而且代表了意义生成过程的"断流"。从这种意义上来说,我们有足够的理由抵制心理健康专业在界定心理失调方面唯我独尊的态度。借助医学的盛名,兼有保险业和制药公司的大力支持,精神医疗共同体创造了一整套精神疾病的分类学标准,收录在《精神疾病诊断与统计手册》(*Diagnostic and statistical manual of mental disorder*,目前已出第五版)中。作为心理健康专业的"圣经",这种分类学声称客观,并自认为具有广泛的推广和应用价值。与此同时,我们清楚地知道,对于"疾病"的划分其实是某一特定组织在特定历史时期制造的产物。对于其他许多人而言,这种分类很值得怀疑。① 更糟糕的是,这种分类对于现实生活中哪些行为值得称赞,哪些行为可以宽容,哪些行为表现适当等具有价值评判功能。② 依照这种分类学的提示,做一个"正常人"既不应表现得过于兴奋,也不应过于悲伤;既不能太活跃,也不能太沉闷;既不该吃得太多,也不能吃得太少;喝酒、赌博、性生活,等等,都如此。有一点可以肯定,即分类学代表了社会上大多数人针对可以接受的行为(desirable behavior)所作的共同约定。③ 然而问题在于,那些在心理健康分类体系中被认定不能接受的行为(undesirable)被纳入了病理学范畴。④ 从这种意义上来说,各种反精神病学(anti-psychiatry)、精神病康复者(ex-mental patients)以及其他政治活动团体对这一分类学的抵制是有道理的。同性恋社团经过不懈的奋斗,已经成功地把同性恋行为从"心理疾病"的名单中袪除。那些所谓对声音过度敏感的人、精力过剩的人、总是保持沉默的人,为什么不可以如法炮制?然而说到底,在拥有不同观念的人中间,最重要的首先应该是对话。

*

在一个所有人都能听得到声音的世界,

需留心那个听不见声音的人。

治疗方案的制定与效果评估

如果说行为问题是协作过程(collaborative process)的产物,那么治疗方

---

① 相关批评,例如:Kutchins, H. & Kirk, S. A. (1997). *Making us crazy: DSM: The psychiatric bible and the creation of mental disorders*. New York: Free Press. Gergen, K. J. (2006). *Therapeutic realities: Collaboration, oppression and relational flow*. Chagrin Falls, OH: Taos Institute Publications. Wakefield, J. (1991). Disorder as harmful dysfunction: A conceptual critique of DSM-III-R's definition of mental disorder. *Psychological Review*, 99, 232–247. 也可参阅:www.drzur.com/dsmcritique.html.

② 例如,可参阅:Mathews, M. (1999). Moral vision and the idea of mental illness. *Philosophy, psychiatry, and psychology*, 6, 299–310.

③ 有关诊断分类中暗含的道德判断,更多内容可参阅:Sadler, J. Z. (2004). *Values and psychiatric diagnosis*. New York: Oxford University Press.

④ 例如,可参阅:Horwitz, A. V. & Wakefield, J. C. (2007). *The loss of sadness: How psychiatry transformed normal sorrow into depressive disorder*. New York: Oxford University Press. Lane, C. (2007). *Shyness: How normal behavior became a sickness*. New Haven: Yale University Press.

式同样如此。例如,在法庭上对待越轨行为(deviance)最典型的处置方式是惩罚,对宗教机构来说则可能是某种救赎仪式,而在许多商业组织内部直接将越轨者除名的做法能起作用。在内部成员关系比较亲密的团体中,例如孟诺教派,回避是一种有意义的矫正方式。而在更加紧密团结的共同体内部,人们对待越轨者干脆采取完全不予理睬的态度。在这后一种情境中,人们或许会对心理健康专业在过去一个世纪的发展感到欣喜,因为该专业几乎是唯一对问题行为使用关心代替了惩罚的社会机构。撇开将偏差等同于疾病的倾向不谈,心理健康专业在对偏差行为的人性化治疗方面确实取得了重大进展。

与此同时,对于"怎样才算是好的治疗"并不由专业人员自己说了算。说到它的成功,对于治疗效果的评估同样取决于周围文化。如果没有医学专业、法院、保险公司以及媒体的广泛认可,治疗师恐怕很难宣称自己是在"提供帮助"。正是这些机构赋予治疗团体作为"治疗者"的合法地位,并引导公众对治疗实践作出积极的响应。事实上,治疗师的言辞在很大程度上承载着周围文化的负荷(weight),正是这种负荷赋予治疗师权力,允许他们侦查来访者的私生活,谈论来访者最敏感的话题,以便给予启示和建议。同样的文化负荷要求来访者采取合作的姿态,这让他们在结束了一小时的痛苦治疗之后能够感受到某种实现感。在这一特殊的意义系统中,治疗师这个行业的发展蒸蒸日上。从这种意义上看,假如切断当代治疗实践的意义背景,其与萨满教(shamanism)、占星术和伏都教(voodoo,一种巫术)的作用并无区别。是我们的文化对于治疗的理解和赞赏赋予治疗以效果和潜能。在当代社会,即便是再训练有素的萨满教、占星术和伏都教徒也不可能获得定义和治疗人的心理问题的合法地位。出于同样原因,药物治疗的有效性并不仅仅取决于治疗带来的机体改变,而且要归功于对药物及其治疗后果的文化解读。很多人认为利他林(Ritalin)是治疗注意缺陷障碍(attention deficit disorder)的有效药物,而对其他一些人而言,多动(accelerated activity)并不意味着疾病,利他林不过是一种安眠药。

*

让我们回到冲突问题,这次是有关治疗的观念的冲突。在过去 30 年里,我与许多不同流派的治疗师一起工作,包括精神分析治疗、罗杰斯个人中心治疗、认知治疗、荣格学派治疗、建构主义治疗、系统论学派治疗、叙事治疗、佛教以及后现代治疗,等等。虽然在很多方面有相似之处,但这些流派各自开创了不同的治疗师—来访者协作模式。然而,许多治疗的亚文化之间存在冲突。这些冲突部分源自一种被广泛共享的信念,即人们可以建立某种客观标准以判断治疗效果。怀揣着现实主义的真理观,人们试图为治疗构建某种基础,以摆脱对协商关系的依赖。因此,在各种不同的治疗流派内部,盟约(bonds)被订立,现实被创造,价值被分享。内部真理与外部无知之间的藩篱便由此建立(参见第六章)。这样做的恶果便是圈内话语的冻结和对圈外的抵制。随着内部理解方式的不断固化,治疗流派开始逐渐脱离周围的意义环境。在这一过程中,它们改变意义和文化的能力及其有效性被大大削弱。如果人们不再相信潜意识欲望的事实,治疗师便无法开展精神分析治疗;在一种视积极关心为"计谋"或"伪装"的文化环境中,罗杰斯的个人中心治疗就很难发挥作用,如此等等。

*

提供有效治疗的循证依据进一步加剧了不同派别之间的竞争。人们通常会这样想,"我们尊重那些为了收取治疗费而最有可能为我们做些什么的治疗方式"。然而,这种想法忽略了那些赋予治疗有效性的关系语境。不同治疗阵营对于治疗的积极效果具有不同的观念,而且彼此差异很大。认知行为治疗师眼里的进步不见得为精神分析或家庭治疗师所认同,而治疗师与患者及其家属的意见可能也不一致。对于问题的成因有很多种不同的解释,治疗不应该为了不同学派的自我证明而置我们的平安于不顾。我们生活在这样一个多样化的世界里,意义永远变动不居,传统在不停地被侵蚀和改变,资源的多样性变得异常重要。把允许提供有偿服务的治疗流派减少到只剩那么几个——像治疗师和政策制定者惯常所做的那样——并不会让治疗更有效。而对于那些正在寻求帮助的人而言,这意味着有效支持力量的减少。

治疗与关系的改变

以现有的观点来看,治疗最核心的关切应该是来访者在参与过去、现在和未来关系过程中的生命活力。事实上,这意味着放弃这样一种观点,即把治疗的焦点仅仅放在"内部心理"。从关系的视角看,治疗的最终结果不是对个体心理的修复(mind-repair),而是关系的改变。这样说并不意味着完全放弃对心理状态(如情绪、记忆、幻想等)的讨论,而是不再把心理状态作为主要考虑的对象。正如我们在第三章和第四章中所说的那样,对于心理状态的讨论只不过是关系行动的一种形式。问题不在于这种讨论的结果是否"正确"(get it right),而在于这种讨论如何在关系中起作用。聚焦于关系的改变需要注意两个层面。首先,也是最显而易见的,是来访者需要回归的日常关系,来访者有望在多大程度上参与到被优化的关系模式之中?随着本章内容的深入,日常关系将成为我们关注的焦点。

然而,在结束这一部分的讨论之前,我最想强调的却是第二个层面的重要性。后者并不像第一个层面那样清楚易见,着重于治疗过程对于外在关系的影响。特别是,我们将把所有治疗师视为社会活动家。无论结果好坏,他们的假设和实践都会以改变或维持意义的方式影响社会。我们前面在有关问题诊断的分类部分已初步涉及这种可能性。当这种分类学被打上专业的印鉴广泛散播于社会时,人们便开始以同样的方式来理解他们自己。日常生活中为人们所共享的意义被替换。"心情不好"变成了"抑郁症","喜怒无常的孩子"变成了"双相障碍","高度专心并献身于工作"变成了"成瘾",等等。有趣的是,随着心理健康专业的成长,心理疾病的类型一直在增多,接受治疗的人数不断上涨,用于心理治疗的费用也在逐年增加。[1] 虽然诊断的问题分类在专业领域内可能很有用,但它们在社会上的广为散播在很多重要方面产生了损害性后果。

*

许多治疗师很清楚他们作为社会活动家所起的作用。因此,他们挑战诊断的分类学标准,积极参与抵制去人性化的治疗方式(dehumanizing treatments),抵制药物治疗方法的滥用。这群人不完全是麻烦制造者,他们发挥了解构"毋庸置疑的事实"(the taken-for-granted realities)的作用。他们提供了新的选择,以便包容社会上广泛存在的各种差异,促进更具开放性的对话。

将治疗师视为社会活动家的观点同时也意味着专业人员需要对痛苦产生的社会根源给予更多关注。例如,对于学校和工作场所由竞争性实践带来的

---

[1] 对于这一观点更加深入的讨论,请参阅:Gergen, K. J. (2006). *Therapeutic realities*. Chagrin Falls, OH: Taos Institute Publications.

伤害性后果、物欲至上的社会思潮以及对科学技术的高度依赖等问题需要进行广泛的探索。也有人质疑人们为何甘愿忍受社会赋予的心理问题。在生物学意义上,不会有人甘愿忍受批评、不足或失败。但在治疗共同体不容置疑的措辞影响下,我们已经学会了用漠然的心态甚至心理免疫来取代这些自然的反应。社会曾是早期治疗家(如弗洛伊德、弗罗姆、霍妮等)最核心的关切,我们今天应该同样如此。

一个当代案例：心灵与药物

为了说明这些观点,让我们结合治疗实践的文化语境,重点关注当前社会一个很重要的问题。有关行为障碍及其药物治疗的生物学观点经历了一段快速发展的时期。部分原因是大脑扫描技术的进步并使得人的行为被看作是大脑皮层活动的副产品(见第四章)。通过宣称行为问题有其生理基础,精神病学得以自诩为"医学"的一部分。这一运动同样得到制药工业的支持,它们投资于大批《精神障碍诊断与统计手册》中出现的药品。为了说明这一运动的影响力,我们可以提供几组数据。30年前,抗精神病类药物相对较少,药物治疗仅针对少数几种特别严重的精神疾病。1970年,美国大约有15万例需要接受药物治疗的精神健康案例。到2000年,这一数字已飙升至900万至1 000万。更加令人警惕的是,在服用精神药物的患者中一半以上是在校学生。在本书即将出版之际,亚马逊书店(Amazon.com)已列出大约8 000种有关精神药理学(psychopharmacology)方面的图书。而在该网站花了很长时间才找到屈指可数的几本批评在精神治疗中使用药物的读物,抑或仅仅是提醒人们谨慎使用药物。

*

我的一个同行,一位精神病医生即将停业。他把一个离了婚的60多岁的女患者介绍给了我。患者看上去满脸疲惫。她告诉我,自己被诊断为患有周期性双向情感障碍(rapid-cycling bipolar)。然后,她给我看了目前正在服用的药物清单。其中包括：拉莫三嗪(Lamictal,抗惊厥药物),每天3次,每次100毫克;阿普唑仑(Alpazolam,镇静剂),每天3次,每次1毫克;西酞普兰(Celexa,抗抑郁药物),每天40毫克;安非他酮(Wellbutrin,抗抑郁药物),每天2次,每次150毫克;思瑞康(Seroque,抗精神病药物),每日睡前服,每次300毫克;一种含止痛剂的巴比妥酸盐

(Fiorinol),每天最多可服 4 粒;还有利他林(Ritalin,安非他明兴奋剂),每天 3 次,每次 20 毫克。加起来,她每天总共要吃 17 粒药!当我问她现在家里还有哪些药时,她回答不知道,她也不记得自己需要什么药,唯一能确定的是家里的利他林没有了,需要补充。这时,分配给她的一小时治疗时间已经到了。那么,我需要遵照前一个医生的诊断和处方继续为她补充药物吗?在我看来,这种诊断和治疗计划既缺乏理性也极其危险。但是,我如果不这么做,又能怎样呢?

——医学博士塞纳金(Phillip Sinaikin)

*

在将行为问题生物学化的过程中,制药公司的利益存在人道主义问题。例如,试想一下由抗焦虑药物百忧解(Prozac)的生产增长带来的利润。据《新闻周刊》(*Newsweek*,1990 年 3 月 26 日)报告,该药物投放市场之后一年内的销售额就高达 1.25 亿美元。在接下来的一年时间里,销售额几乎实现了前一年的 3 倍,达到 3.5 亿美元。到 2002 年,百忧解已成为价值 120 亿美元的巨大产业。仅在美国,使用百忧解(或与其相同属性药物)的处方就高达 2 500 万份。左洛夏(Zoloft)作为百忧解的"近亲",其拥有的处方量也与之大体相当。此外,与之竞争的其他药物的处方总量达到 2.5 亿。[1] 想想看,到 20 世纪末,抑郁几乎已经不再作为一种文化关怀(cultural concern)而存在。经过精神病学家、药品制造业和大众传媒的不懈努力,据信今天有超过十分之一的世界人口患有抑郁,超过 8.8 亿个网站正在以各种方式探讨抑郁问题。

*

对于这些数据存在三种不同的解读方式,每一种都带给人们同样的不安。第一种解读认为,这些数据表明人们用于心理健康方面的支出在不断增长。鉴于精神诊断存在的问题,我们不得不面对这样一种可能性,即作为一种文化,我们不应该以不断增加公众支出的方式来建构我们的民众。从这种意义上说,药物治疗并不能帮助健康管理计划减少医保支出。相反,承蒙精神病学家和医药公司的共同努力,这项支出正在呈指数级增加。

我们还可以从未来社会发展的角度来解读这组经济数据。由于心理诊断

---

[1] *New York Times*, June 30, 2002.

第九章
治疗与关系的修复

分类的无限扩张以及社会对于专家的高度信任，相关产业未来的利润几乎肯定是有保障的。高额的利润回报意味着针对心理卫生专业和社会大众的药物研发和市场推广将不断持续下去。我们不得不面对问题诊断与药物使用之间无休止的螺旋式攀升。而且，由于经济的助推作用，这些产业很有可能阻碍或限制任何威胁到其自身利益的法案出台。

*

还有最后一种解读：这是传递给文化的信息。事实上，我们的文化认为，药物是解决人类一般生存问题的办法。如果一个人深度悲伤，为工作而焦虑，因为失败而沮丧，对社会生活感到恐惧，对性取向感到担忧，甚或是越来越瘦，药物无疑都是最好的解决办法。① 我们正在接近某种状态，即哪怕只是为了"度过"平凡的一天也得寻求药物的帮助。同时，考虑到当下盛行的观点认为人的心理问题各有其生理基础，没有人会主动地远离药物。

谨慎地使用精神药物原本无可厚非。可以找到很多有力的证据支持精神类药物的使用。然而，在这一点上，某种单一话语的极度扩张以及由此造成的其他话语的沉默将文化推入危险的境地。噤声的包括那些对意义生成于其中的历史和文化过程的思考，以及对问题界定、治疗评估等方面的讨论。我们对造成人们内心痛苦的文化环境以及对意义产生于其中的联合行动过程缺乏应有的关注。少数人的声音不被倾听，人们参与强化心理弹性的能力被大大削弱。我们迫切需要更大范围的对话。

*

12月13日清晨，警察接到911报警后急速赶往赫尔的一幢民宅。赫尔位于马萨诸塞州，是靠近波士顿附近的一个滨海小镇。警察到达现场时发现，4岁的小女孩丽贝卡（Rebecca）躺在她父母卧室的地板上，已经气绝身亡……据警方透露的消息，丽贝卡2岁时被诊断患有注意缺陷障碍和双相情感障碍，主要病情特征是情绪明显不稳定。为此，她从2岁起便开始服用大量的强效精神类药物。实际上，对患有双向情感障碍（bipolar disorder）的幼童使用强效药物治疗并非罕见。在过去十年中，13岁以下

---

① 在最近的一部卡通片中，一位棒球社团的小运动员询问药剂师，吃什么药可以帮他打出漂亮的本垒打。

儿童双相障碍的患病率几乎增长了7倍。最常见的治疗方式是采用复合药物治疗。丽贝卡正在服用的药物包括思瑞康(Seroque)和丙戊酸钠(Depakote),二者均为抗精神病药物。另外还有氯压定(Clonidine),是一种调节血压类的药物,经常被用于帮助儿童保持镇定。

——《纽约时报》2007年2月15日

治疗:协调行动的力量

我们现在转向治疗关系本身。从当前的立场来看,我们该如何理解治疗师与来访者之间的关系?如何理解这种关系的潜能和效果呢?要回答这些问题,我们必须超越有界存在的传统。在旧的传统中,治疗的目的是"治愈"(cure)个体来访者的心灵,将治疗师视为"探测心灵深度"(plumbs the depths)或者维修个体认知的机械工程师。这一隐喻需要被悬置。我们同样必须先把治疗师施加作用于来访者并导致来访者发生改变的因果模型放在一边。取而代之的是,把治疗师与来访者看成是正在合跳一曲精妙复杂的联合行动之舞的舞者。意义在两人合作共舞的过程中不断流动,其结果将改变来访者的关系生活。

*

试想一下这种情境:治疗师与来访者分别作为两个多重存在进入治疗关系,各自携带着多重关系的残基。治疗师不仅带来了在以往治疗历史中积累的各种案例,而且携带着自童年开始直到现在的大量关系潜能。来访者同样携带着各种不同的行动进入关系,其中有些被认为是问题行为,另一些是不那么明显的替代品。那么,最重要的问题是,来访者与治疗师协调行动的过程将如何带来广泛的关系改变后果?二者共舞是否能在来访者的关系中产生回应,并最终促进这些关系的协调?这是一个不小的挑战,因为来访者的关系系统十分复杂,而且在不断流动。那么,治疗师与来访者之间这种单一的限定性关系将会带来怎样重大的改变呢?[①]

[①] 仅仅关注这样一种特殊关系显然是不够的。治疗若想达到恢复关系的预期效果,必须扩大那些参与治疗过程的人的范围。至于治疗师如何统筹更大的共同体以服务于治疗的目的,近期出版的一本书可供参阅: Fredman, G., Anderson, E., & Stott, J. (2009). *Being with older people: A systemic approach*. London: Karnac.

第九章
治疗与关系的修复

有关关系治疗的立场,可以探讨的方面有很多,我不得不有所选择。因此,我的重点将是有效治疗必须面对的三个挑战:肯定、悬置事实和事实替换。我相信,从一方面或另一方面来看,任何一种治疗实践都在为应对这些挑战提供资源。与此同时,最近几十年,大量新的治疗实践不断涌现。这些新的治疗派别对关系的过程和意义创造特别敏感,其中包括系统治疗(systemic therapy)、叙事治疗(narrative therapy)、赏识性治疗(strength-based therapy)、短期治疗(brief therapies)、合作治疗(collaborative therapy)、新分析疗法(neo-analytic therapy)、建构主义治疗(constructive therapies)、后现代治疗(postmodern therapy)、社会治疗(social therapy)以及由佛教信徒践行的禅修疗法(meditative practices)①,等等。我们会集中关注这样一些新的实践。这里的讨论还将为下一节探索如何拓展当代新的治疗实践搭建起一个平台。

拒绝与肯定

想象一下我现在的处境:我坐在这里敲击着键盘,设想自己有许多重要的内容要写。但是,我凭什么认为这些内容很重要呢?如果仅仅只有我一个人,我无法得出这样的结论。重要性不是从计算机界面中自动蹦出来的。我从与同事的不断联系中获得支持,正是这些支持给了我勇气,肯定了我正在做的事情的价值。如果失去他们的支持,如果杂志社和出版商不再接受我写的文字,我还能坚持多久呢?我可能会从遥远的记忆中汲取营养;可能从"英雄总是生前孤独、身后名垂青史"的古老叙事中寻求安慰;也可能产生各式各样的幻想:我可能开始相信自己生活在一个周围都是傻瓜蛋的世界,这些人很可能嫉妒,或者更乐意看到我的失败。借助选择性注意,我总能找到一些支持这些观点的证据。如果留下我一个人单独生活一年,我恐怕就只会为自己——这个唯一能真正理解我的文字的天才——写作了。

*

如果一切被我们认为是真实的、有价值的东西都根源于关系,那么,关系

---

① 有关这种治疗,本章后面部分将再次提及。更为概括的介绍可参阅: Mitchell, S. A. (1988). *Relational concepts in psychoanalysis*. Cambridge: Harvard University Press. Gutterman, J. T. (2006). *Mastering the art of solution focused counseling*. Alexandria, VA: American Counseling Association. Strong, T. & Paré, D. (2004). *Furthering talk: Advances in the discursive therapies*. New York: Kluwer. Monk, G., Winslade, J., & Sinclair, S. (2008). *New horizons in multicultural counseling*. Thousand Oaks, CA: Sage.

的移除会令我们陷入极大的痛苦。我将无法保持一种稳定的现实感,同时失去有价值的目标。一旦我们脱离日常生活的持续对话,各种不确定性和疑惑便开始出现:

> 我是不是缺乏理性?
> 为什么我不能摆脱这种感觉?
> 为什么我不能把这些信息整合起来?
> 为什么我这么不自信?
> 为什么我一直是个傻瓜?
> 难道我疯了吗?

*

以这样或那样的方式,我们几乎每个人都挣扎在不被接受的边缘。我们大部分人被认为不是太胖就是太瘦,不是太高就是太矮,不是太快就是太慢,不是话太多就是话太少,不是太有野心就是太懈怠,不是太情绪化就是太过理性,等等。在一个有界存在的世界里,个体评价无所不在,这是我们在第一章中讨论过的内容。不过,我们找到了逃避批评和避免太多伤害(stepping on too many toes)的办法。最重要的是,通过与他人的关系,我们克服了猜疑,维持了良好的自我感觉。我们从日常交往中那些微妙的肯定里不断汲取营养。充满热情的问候,不经意间的对话分享,意气相投的玩笑,共同制定的计划,等等,无不确认了来访者作为"可以被接纳者"的身份。对于大部分人而言,这些日常生活中的寻常脚本已经够了。但是,对某些人而言,这些还远远不够。

*

任何可以被察觉到的偏常标识最终都有可能导致渐进拒绝(progressive rejection)。据此我想说明,存在着某个自我维持的循环系统(self-sustaining trajectory),在其中,原本微弱的偏常或者怀疑很有可能引发他人的回避,而这又会引起更严重的偏常或怀疑,最终再一次导致更加严重的社会拒绝。在更大范围内,在忙碌的日常生活中,我们倾向于避开那些太高调的、太争强好胜的、沉默寡言的、说话语无伦次的、喜欢吹毛求疵的、反应太迟缓的、行动不可预知的或其他各种让我们觉得有点不太舒服的人。在有界存在的世界里,我们必须首先照顾好自己,每个人都得对自己的行为负责,而那些离经叛道的人

第九章
治疗与关系的修复

可能会妨碍我们的进步。直接抵制既令人不快又浪费时间,于是回避就成了最佳选择。现在站在冒犯者(the offending one)的立场来看这件事,这中间悄然出现了不确定性:"我有做错什么吗?我尽自己最大努力了,我这样做还算是好的,为什么那样对我?那关我什么事?为什么我就不能休息一下?"这些疑问首先可能导致对他人的拒绝("他们根本什么都不懂。""一群傻瓜!""我才不在乎他们怎么想。"),紧接着便是逃避("既然他们不欢迎我,我为什么还要和他们混在一起?""他们不喜欢我,那又怎么样?"),与此同时,避免与其他人接触进一步减少了得到肯定的机会。自我反省不断被强化,最终可能陷入难以自拔的绝望。

为了克服由不断怀疑造成的一连串自我挫败感,人们可能转而面向多重存在寻求支持:"我是一个特别重感情的人""我就是更聪明……更富有创造力、洞察力……"同样是缺乏肯定,诱发了某些行为,这些行为在个人内心世界可能被认为是恰当的,但其他人并不这样认为。例如,一个人可能会惩罚自己,以便确认自己的确令人厌恶。伤害自己的身体、暴饮暴食或者绝食行为都以类似的方式在起作用。这些人很容易沾染酒精和毒品,他们在沉湎于片刻的狂喜和失忆的同时,也确认了自己的悲惨境况。他们同样有可能采取行动去惩罚那些对于拒绝他们负有责任的人。例如,一个人可能表现出更极端的越轨行为,他很明白这会令周围的人担心、害怕或发怒。离经叛道因此产生了令人满意的报复效果。怪异的着装,懒散或危险的行为,失控的尖叫,不停地自言自语都可能成为很有效的选择。一旦周围人的回避进一步加剧,来访者有可能什么事情都做得出来,包括消灭那些眼睛长在头顶上的傲慢家伙。

*

几年前,一家为社会名人提供安保服务的公司找到我。如果你在受众很广的媒体中露过脸,而且不幸广受欢迎,那么,你有可能会收到大量的"憎恨邮件"(hate mail)。不知什么人可能想着打折你的骨头,切断你的手足,甚至送你去下地狱。甚至"喜爱邮件"(love mail)也一样会给你带来不幸,你很有可能成为超级嫉妒的靶子或者受邀与崇拜者一起告别地球。

作为一名咨询师,我接受的任务是制定一套标准,以便安保公司能够据此判断一名危险分子真的携带武器出现在某种场合的可能性有多大。

名人受到骚扰和围堵的案件高发大大强化了安保公司的这一愿望。真实发生的大量案件，包括名人被攻击、被伤害甚至被暗杀，等等，使得该研究看起来的确很有必要。

在制定标准的过程中，我研究了大量跟踪、骚扰名人的嫌犯的卷宗，发现这些人身上有一个共同特点：他们都"不合群"(loners)。没有迹象表明，他们与某些具有重要意义的他人——父母、配偶、情人、子女、朋友或者邻居——之间有联系。在大部分情况下，他们似乎生活在一个虚幻的世界里，在其中他们与媒体制造出来的这些名人之间具有某种想象中的关系。对于这些名人，他们既可能爱得不顾一切，也可能恨得咬牙切齿。在媒体之外，没有任何重要的关系可以帮助他们恢复理性。他们不关心任何人，也没有人愿意帮助他们参与周围的道德社团。在他们的私人世界里，结束人的生命可能是一件很容易被接受的事。

*

美国弗吉尼亚理工大学赵承熙枪杀32人的事件便是渐进拒绝的一个典型案例。赵承熙曾有过被同学广泛拒绝的经历，其中包括一个他很喜欢的女孩子。在他的宣言中，赵承熙把他的同学描述成为一群堕落分子和不诚实的骗子。1999年的"哥伦拜恩惨案"(Columbine massacre)启示我们，渐进拒绝的对象不仅限于孤独的个体，而且可能是成对的组合。在这个惨案中，两个高中毕业班的学生科雷布尔德(Dylan Klebold)和哈里斯(Eric Harris)逐渐变成了"局外人"(outsiders)——被他们的同学排斥和嘲笑。其结果，他们决定采取报复行动，杀掉尽可能多的同学。在随后的混乱中，科雷布尔德和哈里斯谋杀了12个人，再加上他们自己，共有14人丧生。通过自杀，一个局外人最终颇具讽刺意味地实现了他或她心目中"团体的意愿"。

*

一个无法在社会上立足或者因为自足而无欲无求的人，他要不是野兽，便是上帝。

——亚里士多德(Aristotle)

*

依我看来，最近几十年渐进拒绝的势能在成倍数地增加。造成这种情况有两方面原因，都与20世纪科学技术的发展有关。第一，通信技术的发展导致"应该"(oughts)的大量增加。例如,我们身边充斥着大量有关最佳身材、服装款式、牙齿颜色、头发质地等方面的广告,①媒体告诉我们哪些音乐、图书、饭店、电影和红酒正在流行。到处都会看到"前 100""前 10"或者"第一"。这些标准迅速增加,并广为扩散,以至于任何一个"稍有见识的人"(savvy person)都应该知道在俱乐部、沙滩、教室等不同场合哪些行为是可以被接受的,哪些则属不当行为。在"应该"倍增的同时,"不当行为"亦是如此。

第二,能够为人们提供普遍所需的确认或肯定的人越来越少。20 世纪的科技成就大大加快了生活的节奏。随着人们环游世界能力的增强,无论是在现实生活还是在虚拟的网络世界中,我们发现,我们有了更多的机会、更多的邀请、更多的信息需要处理、更加美好的前景和更多我们"必须做"的事情。②我们中大部分人发现自己总是处在重压之下,事情如此多,时间却这么少。工作延伸到了家里,家庭生活被出差、上课、开会以及孩子们的活动干扰和打断。那些延伸出来的工作越来越多地占据了传统意义上属于家人的"宝贵时光"(quality time),深度交往被广泛而肤浅的网络关系取代。在这种背景下,很难再找到一个可以信任的人倾诉自己内心的疑惑和渴望,同样很难找到一个真正有兴趣倾听、探询和理解你的人。人们根本没有时间去关注那些"离经叛道者"(deviants)。

*

> 维护现实最重要的途径便是谈话。
>
> ——伯格(Peter Berger)和卢克曼(Thomas Luckmann)

*

在我看来,几乎来自所有治疗流派的治疗师——从精神分析到禅修冥想——都可以提供重要资源,帮助来访者摆脱被孤立的自我折磨;所有治疗师都可以确认个体是社会生活合法的参与者,而不是对其不予信任或尊重;所有治疗师都可以与来访者建立关怀关系,并因此获得其他回应方式所不具备的特殊优势。与此同时,在对话过程中,对于来访者内心的想入非非应该在多大程度上被肯定和接受则存在较大分歧。在许多方面,罗杰斯的非指导性取向(non-

---

① 如果不是像这样将最佳身材比例作为评判标准强加给大众,就不会出现那么多神经性厌食症和肥胖症患者。
② Gergen, K. J. (2001). *Social construction in context*. London: Sage.

directive orientation)为治疗师设定了最大限度肯定的实践标准。① 对于罗杰斯来说,任何自我怀疑、个人幻想或隐藏着的憎恨都需要治疗师无条件地尊重。正如许多治疗师相信,罗杰斯在他的来访者面前是"毫无保留的"(fully present)。然而,罗杰斯始终坚持他自己的一套失调和治疗理论。在来访者进门之前,他就已经知道解决来访者问题的资源和办法。尽管他抱着完全认可的态度十分投入地倾听,他的反应几乎在来访者说出第一个字之前便已经确定了。

在这方面,我对安德森(Harlene Anderson)的提议很感兴趣,即悬置一切理论需求,将全部注意力集中在来访者的报告上。② 不应该由无所不知的治疗师来左右来访者的描述,就为了证实治疗师预先设定的理论。强烈的理论承诺很容易导致选择性倾听,尤其是对那些诊断导向的治疗师而言,对来访者心理状态的判断很有可能受到治疗师提问的影响。正如安德森的一位来访者报告,当之前那位治疗师问他:"这是一个烟灰缸吗?"他立刻感到一阵慌乱。来访者需要谈论他的恐惧,而不是被别人评价。与此不同的是,安德森建议采用一种好奇和响应式的倾听方式(curious and responsive listening)。以这种方式,治疗师把来访者的故事当作可信任的、合理的事实。治疗师不应该只把来访者的报告当作某种线索指示,以发现隐藏在来访者言语背后的某种潜意识问题,而是要把来访者的报告当成朋友间的倾诉。治疗师进入来访者的故事并给予回应,接受他或她的言语、语汇和隐喻。在这种意义上,治疗体现出一种合作关系,治疗师与来访者需要共同对治疗的结果负责。③

*

就肯定而言,来访者在治疗室之外同样能够获得重要资源。我在这里是指许多社会团体,它们抵制那些为心理疾病贴标签的侮辱性治疗实践。④ 通信

---

① 例如,可参阅:Rogers, C. (2004). *On becoming a person: A therapist's view of psychotherapy*. London: Constable and Robinson.
② Anderson, H. (1997). *Conversation, language and possibilities: A postmodern approach*. New York: Basic Books.
③ Anderson, H. & Gehart, D. (Eds.) (2007). *Collaborative therapy: Relationships and conversations that make a difference*. London: Routledge.
④ www.antipsychiatry.org, www.hearing-voices.org. Farber, S. (1999). *Madness, heresy, and the rumor of angels: The revolt against the mental health system*. New York: Carus. Smith, C. (1999). *Escape from psychiatry: The autobiography of Clover*. Ignacio, CO: Rainbow Pots and Press.

第九章
治疗与关系的修复

技术的发展在需要为越来越多的渐进拒绝负责的同时也为那些被边缘化的个体寻找同类提供了方便。很多网站,诸如倾听运动(hearing voices movement)以及反精神病学同盟(Anti-psychiatry Coalition),等等,为此提供了大量信息和途径(迄今为止,以 11 种语言提供),以便为那些被文化传统和各种诊断标签折磨的人提供公众支持。① 然而,这并不意味着对于文化越轨者的肯定性支持本身就是治疗的目的。从关系的立场看,治疗的目的并不是为任何以占领周围世界为满足的人们创造彼此隔绝、互不相容的文化飞地,而是在这个复杂多样的世界里如何让人们充满生机或恢复活力。稍后我们再回到这一话题。下面我们进入关系敏感治疗需要注意的第二个问题。

悬置事实

对于许多痛苦的人而言,治疗师的肯定有助于消除瘟疫一般的不确定性,恢复现实生活中的安全感。随着能量的不断恢复,他们可能在延展的关系舞蹈中表现得更积极和优秀。然而,对于许多来访者而言,最令其不安的可能不是由不确定性带来的眩晕感,而是某种令他们感觉彻底被掌控和无法抗拒的现实。在这一节,我们要重点关注的不是那些挣扎于模糊情境而无所适从的人,而是那些受困于使之衰弱的关系模式而无以逃脱的人。

为什么有的人会如此执拗地维持某种自我挫败的存在方式呢?我们可以将这一问题置于多重存在的背景中思考。正如我们之前所说,日常生活赋予我们大量关系的潜能。然而,我们也会遇到一些人,他们的行为模式被限制在一个狭窄的范围之内,丰富的潜能并未得到实现。我们可能会觉得这些人的人格有问题——"杰克富有攻击性","吉尔患慢性抑郁症"。实际上,这是误把一时一事中的自我当成了尚未展现的全部潜能。②

如果我们行动的潜能来自关系,那么,我们必须回到关系,在关系中寻找潜能受限的根源。在这些案例中,有两个重要的力量在发挥作用:第一是当前正在发展中的关系;第二是过去的关系史。这两个力量在治疗的过程中都需要特别注意。关于正在发展着的关系,我们可以回顾前面第四章对关系脚本的讨论。所谓"关系脚本",即那些被广泛采用、在很大程度上可以

---

① 可链接访问:www.antipsychiatry.org.
② 专业心理学和大众心理学中大量使用的各种人格和特质测评使得这一错误最终被认定为"官方认可的事实"。

信赖的互动模型。其中,有些是传统习用的脚本,诸如游戏、闲谈和交换礼物,等等;也有一些对参与者起反馈作用的脚本,其中最常见的是争论、批评和相互指责,等等。在后面这种情况下,关系会朝着相互拒绝和疏离的方向发展。正如沟通专家皮尔斯和克罗伦指出,这些模式由于被反复实践以至于人们"习惯成自然(just natural)"。[①] 如果被别人攻击,自然就要反击。即便参与者认识到这种参与模式的不利后果,依然会重复这种反应模式。因为除此之外,他们实在不知道还能做什么。实际上,我们在作茧自缚,根本想不到还有其他选择。

*

那天在海滩上,四周如田园牧歌般美好。我们和劳瑞(Laurie)、乔恩(Jon)的谈话伴着海浪声起起伏伏,像一首和谐的奏鸣曲。劳瑞是带着她 80 多岁的父母一起来的。她的母亲热情而高大,父亲却十分瘦弱和沉默,并患有慢性抑郁。感觉坐累了,玛丽和我问朋友们是否愿意在沙滩上散散步。大家都愿意起来走一走,但是劳瑞不确定她父亲是不是也想加入我们。他最终勉强站了起来,虚弱的身躯费力地挪动着脚步。我们在和煦的阳光下一边漫步沙滩,一边快乐地聊着各种话题。劳瑞的父亲拖着萎靡的脚步跟着我们,始终一言不发。过了一会儿,我们远远地看到前边有一处裸体沙滩(Nudist Beach)。我们朝着那些正在沙滩上晒太阳的裸体男女走去,劳瑞的父亲渐渐开始挺直腰板,步伐也变得轻快起来。当我们进入那片裸体区域的时候,他加入了我们的谈话。大家七嘴八舌地聊着,非常开心。最后时间到了,我们不得不掉头返回营地。在返程的路上,劳瑞的父亲又恢复了一贯的沉默和萎靡不振。我们到达营地的时候,他把自己埋裹在一大堆浴巾里,又陷入"习惯性的"抑郁。

*

几乎所有的治疗派别都会提供资源,以挑战来访者的生活世界。这在很大程度上是因为,大部分学派都持有某种有关人类机能的标新立异的观点(unconventional view)。因此,无论何时何地,治疗师从他或她的理论背景出

[①] Cronen, V. & Pearce, W. B. (1982). The Coordinated Management of Meaning: A theory of communication. In F. E. X. Dance (Ed.), *Human communication theory* (pp. 61 – 89). New York: Harper & Row.

第九章
治疗与关系的修复

发向来访者提问,通常都会扰乱来访者陈述的现实(the presented reality)。来访者想谈家庭问题,人本主义治疗师却询问来访者的个人感受;来访者谈到大家都在嘲笑她,认知主义治疗师会问:这些人是不是也嘲笑别的东西?来访者谈到性变态问题,精神分析师很快会把讨论导向来访者的童年经验。所有这些问题都旨在移除(dislodging)来访者所认为的那些"理所当然"(the taken-for-granted)的看待和处理问题的方式。① 所有的治疗师都试图告诉来访者:"你认为是这样,其实是那样。"

然而,问题在于,这些流派都是用以不变应万变的所谓"万全之策"(one size fits all)来处理来访者的问题。例如,不管来访者在什么样的环境中长大,精神分析师永远会以早期家庭罗曼史来重构来访者的问题。这种费尽心机的移除(dedicated dislodgement)也有将来访者导向关系视角的。在这方面,米兰学派(Milan school of therapy)的著作及迂回设问(circular question)的发展比较著名。② 虽然迂回设问有多种形式,但其中最重要的改变是将关注的焦点由个体本人导向个体作为其中一部分的关系圈。例如,某个家庭中有一个愤愤不平的叛逆少年,作为个体主义的治疗师,可能会问她或让她谈一谈为什么总是感到愤怒。这个问题不仅肯定了愤怒的存在,而且为这个少年创设了一个独立的重心。与此相反,迂回设问可能会针对关系圈中的父亲。例如,父亲可能会被问到:"你女儿是怎样表达她对妈妈的爱的?"这个问题不仅在愤怒的现实之外提供了另一种更积极的选择,而且将谈话的焦点指向了女儿与母亲以及父亲与她们母女之间的关系。或者又如,在婚姻关系治疗中,不再询问夫妻双方各自的感受,而是会问,例如,"你认为在你们的关系中,你最应该做的是什么事?""在婚姻关系中,你们分享的共同目标是什么?"或者"是否有某种外界力量伤害到你们的关系?"这种新的谈话为讨论的主题——关系——播下了希望的种子。

*

---

① 有关精神分析疗法的提问如何建构了分析家眼里的现实世界,详细论述可参阅:Spence, D. (1984). *Narrative truth and historical truth: Meaning and interpretation in psychoanalysis.* New York: W. W Norton & Company.

② Becvar, R. J. & Becvar, D. S. (1999). *Systems theory and family therapy: A primer* (2nd ed.). Lanham, MD: University Press of America.

关系性存在：超越自我与共同体
Relational Being: Beyond Self and Community

> 每一种新的谈话方式都将开启一种新的关系。

*

然而，对某些长期行为模式的移除（the dislodging of long-term pattern）往往需要为来访者量身定制，以便治疗可以针对每一位来访者的特殊需求。例如，早些时候埃里克森（Milton Erickson）的反向疗法（paradoxical practices）影响很大。① 假如来访者得了肥胖症，埃里克森很可能会建议他吃得更多；越是害怕失败，则越是建议他去寻找失败。来访者会抵制，讨论于是便转向来访者对于改变的心理阻抗。这一取向将激将疗法（provocative therapy）发展到了极致。治疗师在其中扮演了邪恶的煽动者角色。如果来访者担心自己对于丈夫的恼怒，反向疗法的治疗师有可能会告诉她，她实际上是多么希望把她的丈夫给杀了。②

由于这些移除方式可能会对来访者造成侮辱和伤害，治疗师们开始转向别处寻找灵感。在此，安德森（Tom Andersen）和他的同事一起创造的反思团队实践（reflecting team practices）令人印象深刻。对于寻求帮助的夫妻和家庭而言，这种治疗特别有效。在治疗过程中，治疗师邀请自己的同事作为一个团队加入，参与对治疗过程的观察。③ 安德森要求观察团的每一位成员在现场提供一种评论或解释，而且必须有别于其他人。例如，某个反思者从中看出丈夫与妻子之间的竞争，另一个反思者则发现他们的感情受到伤害却不善于表达自己的感受。反思者们只需使用易于理解的非专业语汇，并不要求他们提供某种来访者难于理解的深度解释。为了强化关系中的相互信任感，减少来访者与治疗师之间权力地位的不对等，反思团队的成员被安排坐在治疗室里（而不是坐在单向观察镜后面偷偷地观察），用他们的个人经历补充说明自己的观点。他们的评论引发了一系列讨论，刺激了新的对话。之前被认为理所当然的事实逐渐融化，人们开始思考新的可能性。

*

---

① 可参阅：Haley, J. (1993). *Uncommon therapy: Psychiatric techniques of Milton H. Erickson, M. D.* New York: Norton.
② www.provocativetherapy.info.
③ 可参阅：Andersen, T. (Ed.) (1991). *The reflecting team: Dialogues and dialogues about dialogues.* New York: Norton. Friedman, S. (1995). *Reflecting team in action: Collaborative practice in family therapy.* New York: Guilford.

第九章
治疗与关系的修复

到目前为止,我们一直在关注当前正在发展着的关系,尤其是那些令人不安的、严重受限的行为模式。然而,作为多重存在,我们还携带着过往关系的残基(the residues of the past)。这些残基中的大部分都是宝贵的资源,可以用来丰富当下的关系。与此同时,也有一些关系遗存令人窒息。这些反应模式如此顽固,以致我们漠视不断变化着的情境。它们会作为下意识的自动化反应,瓦解和破坏正在发展着的关系。例如,有人可能坚信自己低劣、失败或者不受欢迎;有人持有强烈的不公平或嫉妒感;有人发现这个世界充满了危险和胁迫,超出自己可以掌控的范围。还有一些人同样需要我们帮助,他们的关系伙伴可能正面临绝望,无论他们做什么都不会带来改变。他们想让自己骨瘦如柴的女儿多吃几口,想让他们的伴侣少愤怒一点,想让他们的父亲少一点攻击性,等等。那么,我们如何解释这种缺乏弹性的固着化的存在模式呢?①

*

写到这里,我想起一个邻居艾莉丝(Alice),一个看上去婚姻美满的女人。她和丈夫生活富裕,是社区的骨干分子,育有三个可爱的孩子。但是,在经历了16年的婚姻生活之后,艾莉丝却发现吉姆和她的一个老朋友有了婚外情。艾莉丝随即陷入了十分复杂的情感纠葛,愤怒、悲伤中掺杂着自怨自艾。吉姆同样陷入了深深的自责和内疚,并很快结束了那段婚外情。然而,尽管他们都在努力走出这一事件造成的心理阴影,艾莉丝的愤怒情绪却始终无法平复。她抓住每一个机会刺激吉姆,她无法忍受"与对手同床共眠"。她告诉治疗师,她和吉姆都想修复婚姻关系,但是她总是无法摆脱愤怒和一心想要寻求报复的念头。这件事至今已经过去20年了,如今两人依旧生活在一起,但一直分居不同的房间。

*

沉湎于过去意味着被绑缚在过去了的某些关系形式中,参演一出暗地里自我维护的脚本。这种令人衰竭的脚本(debilitating scenarios)之所以得以维持,有很多原因。最常见的原因是演出还没有结束,一出戏仍在上演,来访者还在不断地寻求某种令人满意的结局。例如,一个人可能曾在没有正当理由

---

① 那些令人讨厌的反应也有可能是在为某些出乎我们预料的行动提供支持。例如,抑郁、敌意和消极等行为很可能被用来惩罚那些身边的人,后者的失望、沮丧和愤怒正是来访者希望获得的丰厚回报。

关系性存在: 超越自我与共同体
Relational Being: Beyond Self and Community

内在的声音无时不在回响……
爸爸……妈妈……哥哥……姐姐……
我说话的时候,如果你竖起耳朵听,
便能听得见他们的声音,带着各自的表情,
爸爸的、妈妈的、哥哥的、姐姐的……
就在我这样说的此刻,
你便能听到,
那遥远过去的回音。

——沃尔特(Regine Walter),《艺术家》

第九章
治疗与关系的修复

的情况下被拒绝,受到不公正的待遇而没有机会反击,受到性虐待而始终无法原谅。故事被悬停在那里,来访者则被可怕的剧情牢牢攫住。"不曾结束的故事"的常见形式为我们留下的是自我指责(self-recrimination)的残基。这是一种"消极的声音"。这个声音总在提醒我们:我没有价值,我不值得关爱,我是低劣的残次品。① 通常这种声音来自某个权威(例如,父母、老师或兄姐)。事实上,对这些人你可能永远也无法给予充分的回应、拒绝或是反击。故事始终没有结束,有一些声音尚未回复,无从回复。

*

我曾是那样的春风得意。我的书《饱和的自我》刚刚在《华盛顿邮报》的周日书评中受到热捧。评论说:"这本书有一种力量,足以改变我们看待自己的方式。"我开始期待下一周,届时《纽约时报》的周末版将刊登另一篇书评。星期天到了,当我兴高采烈地拿到这份期盼已久的报纸,立刻就崩溃了。那篇书评简直就是一个灾难。评论者(一个保守的哲学家)把我的书贬得一无是处。我感到极度愤怒和羞辱。事实上我收到了很多支持者的来信,那份糟糕的书评似乎并未熄灭读者对它的热情(那本书仍然畅销,以至于十年后再版)。可是,十多年过去了,那份吹毛求疵的书评始终让我耿耿于怀。我私底下构思过无数篇措辞辛辣尖刻的檄文予以还击。有时候夜半梦醒,我还在酝酿着一封写了一半的信,信中充满了对那个评论者的轻蔑。直到有一天,我听说那个人死了,心中复仇的火焰才终于熄灭。

*

那些在内心不断重演的脚本给治疗师带来了巨大挑战。在最极端的案例中,那些失去理性的私有世界拒绝任何人的进入。愤怒、敌意或自以为是发挥了自闭和阻碍作用。在来访者看来,没有人真正理解他们,没有人值得尊敬。那些尝试这样做的人不是心怀叵测,便是假装谦逊。如此怎能进入对话呢?

*

我的朋友埃德加多(Edgardo)讲过一个故事,那是他早年做治疗师期

---

① 例如,可参阅:Claude-Pierre, P. (1998). *The secret language of eating disorders*. New York: Vintage.

间发生过的一件事。他遇到一个非常棘手的案例,来访者是一个有着吸毒和反社会行为记录的年轻女孩。暴躁乖戾的性格令她一度不得不入院接受治疗。当她被带进埃德加多办公室的时候,看上去满脸愠色。她极不情愿地在埃德加多的对面落座,面若冰霜,目光犀利。埃德加多先是和气友好地问候她,告知治疗谈话将会带给她怎样的帮助。她一直沉默着,目光呆滞。在尴尬的开场白之后,埃德加多想起她养了一只白色的猫。于是他抛开治疗计划,开始问起那只猫。虽然目光依旧呆滞,但是埃德加多注意到她嘴角的一个细微动作,似乎她已经准备有所反应了。既然如此,埃德加多继续告诉她,自己也有一只白色的猫。但是,他说他的猫非常淘气。然后,埃德加多坐到自己办公桌的背面,开始告诉年轻的女患者,在他晚上工作的时候,自己的猫常常变得很嫉妒。为了进一步引起女患者的注意,埃德加多开始扮演那只猫。他爬到书桌上面,站起来。突然,伴随着一声响亮的猫叫——"喵",他像猫一样匍匐在桌面上。患者突然大叫:"你疯了!"埃德加多回答:"是的,但是你会为此付钱给我。"女孩放声大笑。然后,他们的谈话开始了。

*

在如何中断来访者自我维持的脚本方面,佩恩(Peggy Penn)创造了新的治疗方式,给我留下了深刻的印象。[①] 她问自己,如果不能与冒犯的一方进行面对面的谈话,有没有其他办法可以帮助来访者"了结旧账"? 为了解决这个问题,佩恩大量借用写信的方式。她让来访者通过写信与无法直接接触到的关系参与者对话,正是与后者的关系令来访者衰竭。有一个典型案例,事主是一位曾经遭到继父性侵害的妇女。现在,继父已经亡故,她却总是摆脱不掉那段耻辱的经历,以至于无法接受正常的性关系。佩恩要求女事主给她的继父写一封信。在信中,她可以平静而清晰地将她的一系列感觉,如愤怒、痛苦、自责,甚至她的爱表达出来。随着原本被隐藏而挥之不去的苦楚被揭露出来,佩恩可以更深入地介入对话。这使得原来那个秘不可宣的脚本向另外一个谈话伙伴公开了。治疗过程至此似乎可以结束了。但是,佩恩要求这个女患者再

[①] Penn, P. (2009). *Joined imaginations: Writing and language in therapy*. Chagrin Falls, OH: Taos Institute Publications.

以继父的名义给自己写一封回信。在她的想象中,继父可能会对她说些什么?他将如何解释他的行为,他当时的感受是什么?到此为止,这一脚本终于接近尾声。通过与治疗师合作,在佩恩的帮助下,女事主最终得以从令自我衰竭的脚本中解脱出来。

*

依我看,佛学实践是对治疗资源的一个重要补充。在许多方面,这种实践与关系性存在的观点有联系。佛教传统认识到,人类痛苦的根源在于那些广为分享的社会建构,尤其是过于注重自我的价值。在这种意义上,佛教徒的冥想或正念实践(practices of meditation or mindfulness)引导修行者对那些造成个人痛苦的被自然化的意义(naturalized meanings)进行反省。通过正念冥想,上述意义被搁置,个体得以进入禅师所谓的"无我"(no mind)的境界。通过凝神静气(careful focusing),个体得以摆脱痛苦的束缚,而那些痛苦原本被认为是不争的事实。①

直接对内心自我维持的脚本提出挑战的佛学实践称为"止观法"(shikanho,日文"弛缓法"的音译)。② 在某些情况下,来访者被要求回想那些扰乱或令其不安的不愉快事件,唤醒由这件事激发的感受。一旦这件事的意象被聚焦,治疗师要求来访者在不作任何评价或判断的前提下想象这件事,允许内心脚本自动上演而不去判定它为——例如——令人羞辱或悲惨之类。在终止对脚本的评判之后,来访者需要挑战一项新的任务:想象从不同的视角来看这件事。从上、下、远、近不同的视角来看这件事会是怎样的呢?在治疗师的帮助下,来访者每2秒钟完成一次不同视角的转换。30秒之后,他们被允许休息30秒,做一次深呼吸,然后继续下一轮练习。通过对全神贯注的练习,不愉快事件停止了对来访者的控制。在来访者的记忆中它成为只是"曾经发生过的一件事",与此同时,它对于来访者的情感意义变得似有似无。

我们现在转向关系敏感治疗面对的第三个重要挑战。

---

① 有关当前实践及其理论基础的讨论,可参阅:Kwee, M., Gergen, K. J., & Koshikawa, F. (Eds.)(2006). *Horizons in Buddhist psychology*. Chagrin Falls, OH: Taos Institute Publications.

② Koshikawa, F., Kuboki, A., & Ishii, Y. (2006). Shikanho: A Zen-based cognitive-behavioral approach. In M. Kwee, K. J. Gergen, & F. Koshikawa (Eds.), *Horizons in Buddhist psychology* (pp. 185–195). Chagrin Falls, OH: Taos Institute Press.

事实置换

通过前面的讨论，将人的问题行为视为机能失调的这一事实、逻辑和价值已经被瓦解或削弱。这种解冻（Erosion）为我们在复杂的日常生活中探索新的关系舞蹈开辟了空间。然而，在多数情况下，仅仅从机能失调模式（dysfunctional patterns）中解放出来还不够。摆脱旧的束缚是一回事，为未来找到新的方向是另一回事。对许多人而言，只有当某种新的可替代性选择摆在面前时，治疗才会变得更加充分有效。试想，如果我因为对老板发火而被解雇，然后老婆带着孩子离开了我，我住进了流浪汉收容所，不得不沿街乞讨。很快我在朋友和熟人的眼里就会变成失败者。事实上，我很可能也同意他们的看法。同时由于羞辱感，我可能不愿意再见到他们。别人为什么要和我这样的人在一起呢？一旦真的遇见他们，我会因自身的低劣而痛苦不堪。还不如一个人待着……或者可能，干脆让这一切都结束。

在这种情况下，事实的消解只是一个开始。我可能的确意识到在孤独和沮丧的背后起作用的那些传统观点不过是某种社会建构。通过减少与这些建构之间的联系，远离它们，想清楚还有很多其他的方式来看待我当前的处境，我可能会很谨慎地选择一些老朋友并和他们联系。但是，我想说的最重要的一点是：如果我有其他不一样的谈话方式，对发生的事件有另一种不同版本的故事，或者对我自己有另外一种描述和评价，我便会为一系列新的行动（courses of action）做好准备。摆脱传统束缚只是打开了一扇门，建构未来需要对事实的另一种解读。

*

大部分的治疗模式都会为来访者提供某种可替代性的事实。例如，通过古典精神分析，我可能意识到我在办公室的坏脾气缘于我和父亲的关系，他才是我攻击的象征性目标。罗杰斯主义的治疗师会让我知道，我的爆发是一段时间内被有条件积极关注的结果。与认知治疗师在一起，我可能会认识到我的问题在于没有能够如实地加工信息，等等。我不怀疑许多人会得益于这些新的理解方式。以我本人为例，这些治疗帮助我克服了之前的负疚感，每一种治疗都告诉我，我的痛苦是由于某些事情一时失控，而其实我是有能力重新掌控的。然而，这些看待我生活的方式并不是专门为我提供的，它们在我接受治疗之前早就已经在那里了。

第九章
治疗与关系的修复

*

从关系的视角看,过去的关系为创造新的未来提供了希望的种子。作为多重存在,每个人都拥有大量的资源,它们多数被当下的生活环境压抑。治疗师可以帮助来访者从中汲取能量,以明确新的未来发展方向。以各种不同的形式,很多治疗师已经发展了与这种观点一致的治疗实践。他们的谈话重点关注来访者的优点、解决问题的办法以及未来的积极前景。① 以下这些实践无论在治疗领域还是在日常生活中都非常有用。

寻找例外:不再通过反复探讨使得问题更加具体化,而是探寻例外的经历或问题不存在时的情况。例如,对于一个患有恐高症或广场恐惧症的来访者,有没有在哪一种情况下他不感到害怕呢?对于未来的憧憬便建立在这些例外之上。

探究原因:当积极地例外被找到之后,探究来访者获得这一成功的原因。例如,如果一个男人总是阳痿,但偶尔会有例外,那么,在例外情况下他是怎样成功的?在建构成功反应的过程中,不仅潜在的有用实践被凸显出来,而且会让来访者体验到某种新的胜任感。

探索资源:不要总是揪住来访者的无能不放,而是要积极探索资源。生活中已经获得哪些成就?取得这样的成就必须基于哪些资源?人际资源在哪里?什么是心理弹性?认识这些资源有助于来访者在转变的过程中进一步获得自信。

憧憬未来:通过讨论预期的进步和新的选择,失败的沮丧被积极的行动计划代替。

*

这些进入另一个新的世界的邀请通常被用于短期治疗,目的在于尝试创造某种可能性,鼓励来访者随后去追求。在更困难的案例中,许多治疗师倾向于采用怀特(Michael White)和埃普斯顿(David Epston)倡导的以治疗为目的

---

① 例如,可参阅:de Shazer, S. (1985). *Keys to solution in brief therapy*. New York: Norton. de Shazer, S. (1994). *Words were originally magic*. New York: Norton. O'Hanlon, W. & Weiner-Davis, M. (1989). *In search of solutions: A new direction in psychotherapy*. New York: Norton. O'Hanlon. W. (2003). *Solution-oriented therapy for chronic and severe mental illness*. New York: Norton. Bertolino, R. & O'Hanlon, B. (2001). *Collaborative, competency-based counseling and therapy*. New York: Pearson, Allyn and Bacon.

的叙事方法(narrative means to therapeutic ends)。① 后者重点关注那些叙事建构,个体通过这些建构理解自己的生活(见第五章)。该理论认为,所谓问题不是某个人的私有物,而是产生于个体采用的某种叙事。婚姻失败带来的沮丧只有在来访者"想和某人在一起"的叙事中才会成为问题。正如人们通常所说,理解问题的方式本身就是一个问题。因此,治疗便是一个重述人的生活的过程。这个过程通常会首先挑战或解构主导叙事(the dominant story)。在这个阶段,讨论常常会转向故事的文化基础。许多叙事治疗师对于主流文化话语持批判态度。在其中,人们的生活故事围绕着苗条、有钱、异性恋或者比他人优越等核心价值观被建构。在这方面,叙事治疗师大多很看重自己作为社会活动家的角色。

一旦来访者开始抵制这类旧的主流叙事,便疏通了新的选择之路。接着便要探寻各种边缘化的自我叙事(marginalized self-narratives)。就多重存在而言,就是搜索长期被主导或失调叙事压制的那些关系残基,而其中最有价值的是那些与主导叙事之间形成对立的残基。例如,如果一个人觉得生活很失败,那么能够找到被压制的成功叙事吗?如果一个人失去了对生活的控制感,那么潜在的自主叙事能够被发现吗?由这些"被遗失的事件"搭建起重述(re-storying)的脚手架,治疗便是帮助来访者重塑一种更加丰满并切实可行的全新叙事。②

*

这是不久前某个人讲述的有关叙事重构的故事:多年以来弗朗辛(Francine)一直在和自己似乎命里注定的肥胖身体做斗争。她长时间的忍受节食,参与减肥项目,进行各种健身锻炼……但都无济于事。弗朗辛最终找到了解决的办法:她扔掉了所有那些显示身材的衣服,换上波利尼西亚的穆穆袍——一种宽大而艳丽、像帐篷一样的裙子,然后在穆穆袍上别了一枚超大的装饰纽扣,上面写着"我是一个厌食症幸存者"。

---

① White, M. & Epston, D. (1990). *Narrative means to therapeutic ends*. New York: Norton.
② 关于叙事治疗,更多资料可参阅: Freedman, J. & Combs, G. (1996). *Narrative therapy: The social construction of preferred realities*. New York: Norton. Angus, L. W. & McLeod, J. (Eds.) (2004). *The handbook of narrative and psychotherapy*. London: Sage. White, M. (2007). *Maps of narrative practice*. New York: Norton.

第九章
治疗与关系的修复

*

叙事治疗的优势在于它对意义在关系中生成的方式十分敏感。治疗师很清楚生活叙事产生于关系,而这些关系寓于各种体制,并深受大众传媒的影响。然而,最重要的还是治疗的长期效果。我的意思是,来访者在治疗过程中形成的交流能力能否有效进入治疗的外部关系。仅仅在来访者与治疗师之间协商出一种看似现实的、充满希望的、内在统一的新的自我理解方式是不够的。他们可能对自己的工作很满意,甚至很享受这个过程。但是,重要的还在于这种新的现实能否有助于来访者在治疗室之外的关系修复。在这个问题上,叙事治疗师创造的**确认仪式**(definitional ceremonies)很起作用。治疗师与来访者经过仔细挑选,邀请一些见证人。这些人可能是,例如,来访者的家庭成员或密友。在听完来访者讲述他或她的新叙事之后,要求见证人谈一谈故事中哪些内容吸引了他或她,头脑中被唤起哪些意象,哪些个人经历与这个故事发生了共鸣,他们的生活会受到怎样的影响,等等。其结果是,故事重述直接进入了来访者的外部关系。

在将治疗纳入公共空间方面,更激进的实践是由塞库拉(Jaakko Seikkula)及其芬兰同事共同发展的对话会议(dialogic meetings)。① 这种治疗方式是在住院人数急剧增长的背景下出现的。不仅医院的病床数不断增加,医疗处方也堆成了小山。认识到对心理疾病和治疗的定义取决于共同体的关系,而来自心理治疗共同体的声音倾向于让患者住院及大量使用药物,人们开始尝试寻找新的替代性实践。因此,塞库拉及其研究团队为每一位新的病案建立了一个治疗小组。小组由分别代表不同观点的专业人员、患者家属、密友、工作伙伴以及其他利益相关人员组成。病患本人(designated"psychotic")同样参与小组对话。会议鼓励对于观点和意见的充分表达,并最终形成小组对于如何共同工作、促进改变的一致性意见。针对那些病情严重的患者,小组每天都要召开会议,但随着治疗时间的推移,小组会议的频次会逐渐减少。小组在会谈重点的转移及应该采取何种措施方面保持一定的灵活性,不尝试将问题固化(pin down),不鼓励刨根问底,认为重要的是在不断变化的情况下维持对话过

---

① 参阅:Seikkula, J. & Arnkil, T. E. (2006). *Dialogic meetings in social networks*. London: Karnac.

程。这种对话会议的结果被证实非常有效：在接下来的两年里，被诊断为精神分裂症的患者显著减少，住院患者的人数明显下降，处方量也相应减少。

*

为了达到治疗的长期效果，可以进一步扩大参与对话的范围，以促使转变的发生。以下三种治疗实践在这方面作出了有效的努力，给我留下了深刻的印象。

——安德森（Harlene Anderson）及其同事把许多无家可归的妇女集中到一起，她们当中很多人沾染上了毒品，或者曾经遭受过家暴。[①] 这些妇女被鼓励说出自己的经历，分享失败或成功的故事，更多的是谈她们各自的生活。一段时间之后，小组发展成为一个相互关爱的小型共同体。通过把自己看成是一个共同体，她们获得了向前看、努力改变自身处境的能力。在治疗师的帮助下，她们最终发表了一个声明。作为对声明的节选证明，为了建设积极的未来，这些妇女制定了集体公约（pact）："我们，作为建设安全之家（Building Safer Families）的参与者，一致同意担负起为自己和家庭建设美好生活的责任。为了达成这一目标，我们要重视、接受和尊重自己的独特性；无条件地去爱；不妄加评判；为了家庭和自己活出自我价值……我们希望既保持各自的独立性，又在团体中相互依赖。"

——青少年中的过度禁食（被诊断为厌食症）很难治疗，深深地困扰着家庭关系。伦敦的治疗师发展了一项多家庭参与计划（multi-family program of participation），这一计划并不只是针对患厌食症的个体，而是将几个厌食症患者的家庭聚集到一起探讨问题，分享在处理饮食问题方面的成功经验。通过这种方式，家庭与家庭之间以及厌食症患者之间各自发现自己被他人理解和支持。另外，通过交流成功和失败的故事，参与者获得了许多新的认识，他们可能会在各自的家庭中作出尝试。这些会议经常从无菌的、在很大程度上与这种治疗方式毫不相干的医院环境转

[①] Feinsilver, D., Murphy, E., & Anderson, H. (2007). Women at a turning point: A transformational feast. In H. Anderson & D. Gehart (Eds.), *Collaborative therapy: Relationships and conversations that make a difference*. New York: Routledge. 更多的案例也可参阅：Paré, D. A. & Larner, G. (Eds.) (2004). *Collaborative practice in psychology and therapy*. New York: Haworth.

移到"家庭之家"(family homes)举行。①

——瑞典家庭关怀基金会的霍坎松(Carina Hakansson)及其同事反对精神疾病的诊断分类和药物治疗。②他们把有麻烦的个体留在"普通的"(ordinary)家庭中,在那里,个体得到的治疗主要是关心和尊重,而且有时间慢慢调整,最终适应家庭生活。另外,来访者每周都要去接受治疗,有时候是和其他的家庭成员一起。来访者在各个年龄层次都有分布,他们可能曾经被殴打、吸毒、自残、遗弃、性虐待、惊恐,大都是长期持续性的问题。家庭之家(family homes)由一个团队支持,其中包括家庭之家的督导和治疗师。这样做的目的是避免把来访者视为病人(an illness),而是当作一个具有多面向的个体,对他们的观点需要认真对待。人们可能会这样谈论一个来访者:"他有时候会发疯,但有时候比我都理智。"治疗师还会与来访者的家人见面,定期举办由家庭之家的所有成员、基金会工作人员和他们的家人共同参加的节假日聚会。

治疗组成部分的扩展

在本章前面的部分,我从关系的立场出发探讨了治疗面对的三个重要挑战,对渐进拒绝、悬置使人衰弱的事实以及建构新的事实等问题给予了特别关注。然而,借助关系性存在的视角,我们还可以作进一步探索。在前面的讨论中,以众多现存的治疗实践来说明多重存在的观点似乎并不困难。难点在于,接下来我们要怎样?我们该如何丰富这种潜能?在本章最后部分,我将关注治疗未来最有希望的两项挑战。

从不变的现实到关系流

从当前的立场看,成功的治疗应该能够促进关系的修复。在这种语境中,回顾传统有关治疗改变的观点会很有意思。这一观点在很大程度上借鉴了医学隐喻:治疗的目的是用健康状态取代疾病状态,希望出现某个稳定的结果。

---

① Honig, P. (2005). A multi-family group programme as part of an inpatient service for adolescents with diagnosis of Anorexia Nervosa. *Clinical Child Psychology and Psychiatry*, 10, 465-475. Asen, E., Dawson, N., & McHugh, B. (2002). *Multiple family therapy: The Marlborough model and its wider applications*. London: Karnac.

② 可参阅:Håkansson, C. (2009). *Solidarity, dreams and therapy, experiences from a collaborative systemic practice*. Chagrin Falls, OH: Taos Institute Publications.

对于弗洛伊德而言,这个结果是用自我控制代替压抑;对于荣格而言,是自我的实现;对于认知治疗师而言,则是用基于现实的思考取代认知失调;等等。甚至在一些关系取向的治疗师那里也能发现早期传统的残余。正如许多治疗师相信,成功的治疗会生成某种新的叙事、某种解决方案、更具适应性的自我理解、更准确的认知、对家庭功能更深入的理解,等等。一旦他们治疗成功,这些新的现实就会取代治疗之前的失调倾向。总之,成功的治疗最终要有一个明确的结果。

但是,我们凭什么对治疗结果或某种"治愈状态"(cured state)的适用性(the serviceability)持乐观态度,认为这就是好的结果呢?别忘了,关系的大海很少风平浪静,在联合行动的过程中意义总在不断改变,汇流永远变动不居。在一切皆变的前提下,一种确定的自我感和对世界的看法难道还是一种优势吗?为了说明这一点,首先设想一个失败的叙事——你尽了最大努力想要通过一个重要的专业考试,结果却失败了。正如我们已经知道的,这一事实其实只是对该事件多种建构方式中的一种建构。然而,把这一故事嵌入不同的关系形式——不同的文化背景下的游戏或舞蹈——它的意义会发生显著变化。假设一个朋友刚讲完自己获得重大成功的故事,这时你接着讲自己失败的故事就很不合时宜。朋友在期待大家的祝贺,而你却改变了对话的主题,试图让你自己成为注意的焦点。与此类似,向每个月都在担心入不敷出的妻子抱怨你的失败很可能导致沮丧和愤怒。在这些情境中,这样做属于不正常(机能失调)。相反,如果你的朋友跟你讲了自己的失败,那么,分享你自己的失败更像是一种安慰,会巩固你们的友谊。同样,把你失败的经历讲给妈妈听,可能会唤起温馨、同情的反应,实际上,使她有机会实现自己的"母亲"角色。

*

"事实"与禁锢总是形影不离。

*

换言之,这里的故事绝不只是一个故事,而是一种情境化的行动(situated action),是在协作行动的过程中获得其意义的一种表演。某个指定的故事对于关系世界的作用可能是生成、维护,也可能是破坏。对于自我和世界的理解是进入关系互动的重要入口——对于维持社会生活的可理解性和一致性具有重要意义,既可以把人们聚合在一起,也可能创造出距离感,等等。自我故事

第九章
治疗与关系的修复

使得人的社会身份（public identity）得以确立，过往的经历得到认同，关系的仪式可以轻松开展。这些故事的功效取决于它们在各种不同的关系情境中的出演能否成功。

*

想一想工具箱中的工具：锤子、钳子、锯子、起子、尺子、胶锅、胶水、钉子和螺丝。语词的作用就如同这些工具的用途一样广泛。

——维特根斯坦（Ludwing Wittgenstein）

*

我们现在要问，对于个体来说，拥有一系列自我难道不比拥有某种单一的或所谓"真正的"自我更加具有优势吗？以多重视角理解世界难道不是比单一视角更好吗？**言之有理的多样化叙事**（a multiplicity of plausible narratives）难道不是比单一的"真理性叙事"更好吗？接下来的任务便是要扩展治疗实践的范围，以助我们趋近多元存在，并进入一个开放的世界，在其中，对于协作行动的邀请永远能够得到应答。在关系性存在的语境中，我们超越了一切固定不变的观念，超越了一切的必然真理和所有不可抗拒的事实。我们开始认识多重解释、多种处理问题的方式、多种逻辑、多种原则的使用等的可理解性。我们不必去追问任何一种表达是否值得我们相信，因为言语表达根本就不具备这种属性，以至于我们可以问这样的问题："我信还是不信？"它们只是代表了某种存在的形式。就像听到一段优美的旋律，我们不会问是相信它还是不信它，我们也不会问是不是应该相信舞蹈者的动作或运动员踢球时的转身，相反，我们会接受各种旋律，欣赏各种类型的舞蹈，沉浸于各种不同的赛事。我们沉浸于永无休止的关系汇流。

*

  我在寻找某种流动的
  形式（the forms）
    事物发生时的样子
  不是那种固定不变的
    形状（the shape）
  因为后者
  总在不断昭示自己

> 借助"我"——
>
> 不是"我的"
>
> 而是"我们的"
>
> 自我。
>
> ——安蒙斯(Archie Randolph Ammons)

*

评论家又来了:"好吧,我喜欢安蒙斯这首诗中的意象。然而,如果一个人真的缺乏稳定的真实感、理性感和是非感可怎么生活呢?失去稳定的自我感是否会让人陷入焦虑和茫然?"这种警告我早就听说过,但是,有关人类对于结构的基本需求(human need for structure),我并不以为然。在被告知"这是真的""那是真的"之前,孩子们的生活是怎样的?他们会因为缺乏"稳定的自我感"而焦虑不安吗?难道在没有被告知"那样做才合乎常理"或接受某些"道德原则"之前,他们都是瘫痪的吗?在孩子们接受是非对错的教化之前,他们有着巨大的灵活性、无限的快乐和好奇心。房间里任何物体都可能在某一时刻成为"恐龙",在接下来的一刻变成"城堡",然后又可能成为"藏身之处"。正是从我们确定"它是一张椅子"的那一刻开始,这个世界变成单维的了。在一个"真实的"房间里找不到出口,里面的人没有办法出去。

*

可是,我又有一点犹豫:也许批评家在某一方面是对的。在一个崇尚结构、一致性、同一性和权威性知识的传统中,我们经常会对不确定性感到不安。这让我想起了拉尔夫(Ralph)。得知他想要成为一名心理医生时,我惊呆了。拉尔夫是我认识的最独裁的人之一。他随时准备好给任何话题下结论。而且,他坚持认为他的话是唯一真理。他会成为什么样的心理医生?在复杂微妙的联合行动中,他会敏锐地倾听吗?灵活应对的能力又在哪里?

几年之后,我有机会和拉尔夫聊天。他真的做了心理医生,并大谈特谈自己的医疗实践,这令我非常好奇。进一步交谈后我才知道,拉尔夫的来访者主要来自中低阶层,大多没有接受过高中以上的教育。他们来找治疗师是为了寻求对问题的权威性解答,而拉尔夫正好准备好了答案。如果他们来抱怨抑郁、性功能失常或愤怒难以自制,拉尔夫会立刻给予诊

第九章
治疗与关系的修复

断，开出清楚的行为治疗处方。他每周都会对来访者进行检查，以确保他们听从他的要求，而来访者也大多会照着他说的去做，如此，他们的问题就解决了。

*

在当今世界，我们的治疗实践应该在多大程度上培养人们对于不确定性的欣赏，以及对即兴之作的享受呢？我希望治疗能够将参与者从静止不变的、狭隘的理解传统中解放出来，促进他们自由地加入滚滚向前的关系流（flow of relationship）。依我之见，治疗的成功就在于促进来访者对持续不断的合作创造过程的参与。

超越语言：有效行动的挑战

在我特别喜欢的治疗案例中，有一个有关著名治疗师埃里克森的故事。这个故事流传很广。

埃里克森在密尔沃基（Milwaukee）短期访问期间，一个忧心忡忡的男孩请求埃里克森去看望他的姑姑——一个抑郁和有自杀倾向的老妇人。埃里克森会给这个妇人什么建议呢？在他拜访这座壮观秀丽的维多利亚式建筑期间，埃里克森发现女主人沮丧、阴郁，除了参加主日教会之外，她很少离家。埃里克森请求参观一下房子。他发现房子四周杂乱潮湿，房间里面光线昏暗，毫无生机。然而，埃里克森注意到女主人种了非洲紫罗兰，这是唯一能让人感受到一点生命活力的东西。埃里克森在离开前能为女主人做点什么呢？

埃里克森告诉女主人，她的侄子一直在为她的抑郁情绪担心。但是，他并不认为这是一个问题。相反，真正的问题在于她不是一个好的基督徒。女主人很愤怒地问埃里克森怎么能说出这样的话？她是一个虔诚的信徒。埃里克森回答，她现在有自己的时间，有自己的双手，还能与花草树木相伴，这是多么美妙的生活，却被她浪费了。然后，他给她提了个建议：每个周日去教堂，回来的时候把教堂的宣传单带回家，然后，每当教会里有教友遇到什么特殊的事情，比如过生日、结婚或有亲人亡故，她都要去拜访，带上自己亲手培植的非洲紫罗兰。

多年以后，妇人的侄子寄来的一份密尔沃基当地的报纸，其中有一篇文章的标题是"非洲紫罗兰女王去世，数千人哀悼"。

※

这是一个感人的故事,更重要的是其中蕴含的意义:在这个案例中,并不存在一个小时的治疗互动。治疗师只是在短短几分钟之内提出了一个简单的行动建议。然而,这个行动却让女主人带着内心的感激彻底融入社会,开启了新的人生。在我看来,这个故事能让我们意识到单纯依靠言语治疗的局限性。我们今天的治疗依然保留着弗洛伊德"谈话治疗"(talking cure)的残基。弗洛伊德认为,通过特殊的谈话技术,可以导致心理机能发生根本的改变。而且,因为人的一切行为受心理活动支配,所以改造心理就等于改变人们的行为。通过这样或那样的形式,这一假设影响了自弗洛伊德时代以来的各种治疗流派,只不过它们关于心理转化的观点相异。在弗洛伊德看来,语词具有改变的力量;对荣格来说,语词可以帮助人们自我发现;对罗杰斯而言,语词具有评价功能;对认知治疗师来说,语词可以帮助人们更好地理解现实。在所有这些情况下,在治疗室内发生的转变都是最关键的。这些治疗流派都认为,随着心理变化的发生,个体就可以更加充分地参与文化生活。

然而,本书批判的正是这种有界自我的心理观。从关系的立场看,治疗与其说是为了改变人的心理,不如说是为切实可行的关系开拓资源。然而,我们要问:单纯采用言语进行交流的潜力和限制是什么?如果一种治疗"只动口,不动手",不是肆意限制了这种治疗的潜能吗?我们是在不断尝试做这些事的过程中才学会了弹吉他、烹饪或将高尔夫球击出沙坑等技能。如果治疗关注的是修复关系,我们又需要尝试哪些实践呢?

※

我有一个邻居,她总是感到有某种强大的力量在控制着周围的世界。她说,正是这种力量破坏了经济和环境,大多数人都无法逃脱它的掌控。她告诉我,世界正在受到这种力量的威胁。她还表达了自己没有朋友的苦恼。为了减轻由这种莫名的威胁带来的焦虑,她开始服用镇静剂(实际上,她已经被诊断患有精神分裂症)。然而,当她跟我谈起这种"强大力量"时,我发现自己并不接受怀疑主义。毕竟,她那只是众多建构方式中的一种建构。而且,如果我鼓励她,她也很愿意丰富自己的观点。现在,我这个邻居完全可以胜任很多事情,包括买菜、做饭、骑自行车、打网球、看书、等等。我很想知道:如果她能掌握一些简单的选

第九章
治疗与关系的修复

择性暴露技巧会怎样?假如她能知道别人会因为她的想法感到不安,并因此而疏远她,又会怎样?关于如何向外公开自己的内心世界,适当的控制能力对于维护关系是至关重要的。这种技能对她而言并不难,而这可能帮助她获得更成功的关系。我们之中有多少人已经学会了对自己的心里话保持缄默?

*

行动中心疗法(action-centered therapy)包含着很多重要的程序和步骤。很早之前,这种疗法就已经成功地在匿名戒酒者协会(Alcoholics Anonymous)和其他有关个体转变的12阶项目中发挥了重要作用。虽然这些实践最终留给来访者的仍然是单一的自我叙事,而后者维护了有界存在的传统,但是这些项目的确是把治疗的重点放在了消除有害的饮酒行为模式上,而不仅是由匿名戒酒者协会召开会议告诉参与者应该避免饮酒。此外,无论参与者何时遭遇强烈的诱惑,匿名戒酒者协会的督导人员都会提供强有力的支持和援助。项目不仅训练如何减少愤怒情绪的爆发,而且对如何发展新的行为方式进行指导。认知/行为治疗师已经大大扩展了治疗的实践范围。许多治疗师致力于帮助来访者学会在面对焦虑唤醒情境时如何放松自己或者转移自己的注意力。另外一些治疗师则要求来访者写日志,将每天的活动记录下来,尝试以新的、更具适应性的行为方式去应对具有威胁的情境。这些治疗的重点全都由语言转向了生活。

*

佛学实践为当代治疗提供了重要的补充。禅宗并不教人怎样说话,而是教人一种存在的方式。例如,克里斯特勒(Jean Kristeller)及其同事训练肥胖者关注自己每天摄入的食物,以避免暴饮暴食。[①] 参与者可能被要求仔细回味葡萄干的口感和味道。他们也可能被要求参与鉴别两种不同的食物,学会如何在二者之间作出选择。正如我们在第四章谈到,卡巴特-津恩(Kabat-Zinn)及其同事发展了冥想实践,帮助患者提高对于疼痛的耐受力。重要的一点在于,当来访者在日常生活的任何时候感到饥饿或疼痛时,这些实践可以随时被

---

① Kristeller, J. L., Baer, R. A., & Quillian-Wolever, R. (2006). Mindfulness-based approaches to eating disorders. In R. A. Baer (Ed.), *Mindfulness and acceptance-based interventions: Conceptualization, application, and empirical support*. San Diego, CA: Elsevier.

激活。

纽曼(Fred Newman)及其同事在纽约东部贫民区研究所(East Side Institute)开展的表演取向的研究同样具有以行动为中心的特点。正如他们所见,人的行为在本质上是一种社会表演,是在共同建构意义世界的过程中发生的行为。① 依照这种理解,人的发展就是其表演能力不断拓展的过程。由于发展新的能力允许个体超越现存的传统,这种研究因而具有"革命性"(revolutionary)。治疗就是要不断地拓展来访者的有效表演能力。治疗小组喜欢采用面对面、一对一的治疗,因为表演总是要和他人一同进行。作为对表演隐喻的进一步发展,该研究所将舞台表演作为对治疗的拓展。在舞台上,一个人可以自由地体验多种身份,包括冒失态的风险。出于对表演的支持,纽曼团队创办了全明星选秀节目网络,这是一个由年轻人、都市居民、非裔美国人等广泛参与的年度大型选秀节目。年轻人不仅自己参与表演,而且自行组织制作、负责推广和票务销售。所有这些活动都是成长定向表演(growth-oriented performance)的组成部分。②

*

通过拓展行动取向治疗的潜能,在即兴培训中与专家合作,来访者收获颇多。在这一点上,大部分的即兴培训具有戏剧化导向。③ 然而,即兴教育的潜能富含重大意义。在这个关系复杂、意义变幻莫测的世界里,为了便于有效地合作,我们越来越多地依靠即兴表演。在不断前进的生活洪流中,机械的重复和所谓的可靠性会对成功的关系造成阻碍。

---

① Newman, F. (1994). *Performance of a lifetime: A practical-philosophical guide to the joyous life*. New York: Castillo. Holzman, L. & Newman, F. (2003). Power, authority and pointless activity (The developmental discourse of social therapy). In T. Strong & D. Par(Eds.), *Furthering talk: Advances in discursive therapies*. New York: Kluwer Academic/Plenum.

② 在另一项类似的研究中,罗马治疗师乔达诺(Gaetano Giordano)让他的来访者制作录播剧,要求每一个来访者都在剧中扮演角色。

③ 例如,可参阅:Gwinn, P. & Halpern, C. (2003). *Group improvisation: The manual of ensemble improv games*. New York: Meriwether. Hodgson, J. R. (1979). *Improvisation*. New York: Grove Press.

第十章

组织：高难度的平衡

如果你的工作中充满了毫无意义的琐事、单调乏味的例行公事和冷淡疏远的人际关系，你会心甘情愿地选择这份工作吗？虽然许多人迫于生计，不得已在这样的环境里工作，但在内心，他们渴望逃离。然而综观大多数组织采用的评估方式，大多只是以成本和利润作为尺度，诸如单调乏味、缺乏意义感或关系疏离等因素很少被纳入评估范围，因为这些并不构成对一个组织的基本要求。经验丰富的管理者都知道，忽视这些因素可能导致组织的失败。在这些情况下，组织或可勉强维持运行，但能够支撑多久很难说。那么，问题在于：究竟是什么赋予一个组织生命和活力？哪些东西能够保证员工对组织效忠，点燃他们的热情，从而使得组织能够维持自身的最佳状态？

在过去一个世纪，对于这些重要问题，存在两种不同的答案。第一种强调员工个体的内在动机。这种观点认为，个体天生具有成长、创造和成就的本能。只要组织提供适度的空间，让员工的本能得以充分释放，组织便可繁荣昌盛。① 第二种强调环境对于个人的影响。这种观点认为，只有当组织向个体提供适当的报酬、奖励或舒适的工作条件，员工才会受到激励。② 于是，传统告诉我们，员工对于组织的参与（individual engagement）要么受内部动机支配，要么受外部动机驱使。

*

但是，试想一下：如果我从小在与世隔绝的孤岛上长大——与任何人没有联系，我本能地（intrinsically）会认为什么样的工作值得做呢？用键盘打字

---

① 最经典的是赫兹伯格有关员工满意度的双因素理论。Herzberg, F.（1959）. *The motivation to work*. New York: Wiley. 马斯洛的需要层次理论同样广为人知。Stephens, D.（Ed.）（2000）. *The Maslow business reader*. New York: Wiley.

② 在组织领域，这种观点通常会上溯到泰勒主义（Taylorism）以及将工厂视作输入—产出的机器这一隐喻。依照这一观点，机器各部分（包括工人）的工作效能取决于"输入"或环境提供的报酬情况。

或者花时间检查打印稿上的错误——我现在正在做这些——会给我带来快乐吗？假如我压根就不知道成就、成功或进步这些概念，我会努力追求这些东西吗？如果我从不认识其他人类，在我的工作中会有什么东西带给我快乐吗？或者我会"本能地"选择这些事情去做吗？再来看看外部动机。如果我在与世隔绝的环境中长大，那么什么样的外部报酬能够点燃我的工作热情？给我一间更大的办公室？我可能只会不以为意地耸耸肩。答应给我几百万美金？我可能会问："那有什么意思呀？"

*

朱利安(Julian)用爪子轻轻地推我，那是早晨的问候。我还在梦中的时候，它已经排空肠胃，准备享用随后的早餐。我例行公事地洗脸、漱口，吃完早餐，清理完书桌，开始坐下完成上午的工作。朱利安则趴在书桌底下，准备小憩一会儿。我曾经有点轻蔑地想，我真是养了一条懒狗：为什么它不做点事情，比如猎取松鼠、巡视灌木丛或者朝危险的靠近者吠叫？但是，我现在已经不那么肯定了。有时候我在想，朱利安是否也在悄悄地问它自己："为什么我的主人如此白痴？我们刚刚享用完一顿丰盛的早餐，多么美妙的休息时光，而他偏要整个上午坐在那里，像奴隶一样拼命地工作。"

*

每当我们问"人们为什么要做正在做的那些事？"回答通常要么强调内在遗传的拉力，要么强调外部环境的推力。在遗传与环境之外构想并清楚地说明另一种答案为什么会如此困难？我们可以在有界存在的逻辑中找到答案。有界存在之间的关系本质上是因果关系。产生于 16 世纪的科学观将整个宇宙视为一台巨型机器，其中只有两个原因能够导致实体运动，一个是外部原因，另一个是内部原因。一块石头从山顶滚落下来是由于地球引力的作用，一只小鸟从山顶同一个位置飞下来是凭借它自身的滑翔能力。现在，我们要悬置这种早期科学观及其对于有界单元(bounded units)的假设。我们想要问的是：如果组织活力产生于关系的汇流，那么接下来需要怎样的实践？①

---

① 有关组织的联合创造，更多内容请参阅：Grant, D., Hardy, C., Oswick, C., & Putnam L. (Eds.) (2004). *Handbook of organizational discourse*. London: Sage. Hosking, D. M. & McNamee (Eds.) (2006). *The social construction of organization*. Copenhagen: Copenhagen Business School.

第十章
组织：高难度的平衡

本章正是讨论这个问题。首先，我将从前几章汲取某些重要观点应用于组织过程。作为一个简单的导入，这些讨论将为本章确定"主乐调"（leitmotif），即关注在关系的流动与稳定（he fluid and the fixed）之间的高难度平衡。组织需要在持续不断的协作行动中确定目标并激发活力。但是，一旦我们试着将联合行动的成果固定下来，关系便会遭到冻结，进而威胁组织的生存。所以，我们面临的主要困难是：如何在关系的流动与冻结之间维持某种平衡？这种平衡既是一个不断调节的动态过程，也是我们希望实现的最终结果。① 在讨论完这些问题之后，我将转向四种不同的组织工作实践：组织决策、领导、绩效评估以及对组织与环境之间关系的处理。如何将关系取向运用于组织实践以激发和长期维持组织的活力？我并不是一个人在谈论这些问题，正如前面几章对知识、教育和治疗的讨论一样，关系立场也在组织领域的研究者和实践者中获得了广泛而强有力的支持，他们的观点将在本章得到体现。

组织活力来自肯定

只有通过关系的协调，组织才能获得旺盛的生命力。组织在日常大量的互动，包括恭维或批评、信息的传递或滞留、微笑或蹙眉、询问或回答、苛求或抵制、控制或顺从中，发展或没落。② 为个体的工作注入意义的既不是员工个人，也不是环境的力量，而是群体的参与互动。例如，对某些人而言，销售肥皂、设计一种新的调制解调器或提高企业利润等，这些事情有价值；而对另一些人来说，写小说、作曲或者拯救人的灵魂，这类事情更有吸引力。我们在参与互动的同时赋予各类活动及成果以价值——抑或不赋予它们任何价值。我们可以每天快乐地工作 12 小时，也可能用炸弹把自己炸得粉碎，这一切都依

---

① 组织研究长期关注秩序与混乱之间的平衡，与此处所说的平衡之间存在共鸣。我们这里强调的协作流（collaborative flow）可能产生两种不同结果，既可能导致秩序（我们对此意见一致），也可能产生混乱（其中每一种联合创造代表了对传统的一种变革）。
② 组织通过谈话获得发展。对微观会话实践的进一步讨论可参阅：Shaw, P. (2002). *Changing conversations in organizations: A complexity approach to change*. London: Routledge. Streatfield, P. (2001). *The paradox of control in organizations*. London: Routledge. Grant, D., Hardy, C., Oswick, C., & Putnam, L. (Eds.) (2004). *The Sage handbook of organizational discourse*. London: Sage.

赖于关系。①

*

组织(organizing)是一种谈话的过程,是某种不以个体意志为转移,同时又兼具连续性和变化性的自组织过程(self-organizing process)。

——肖(Patricia Shaw)

*

我们首先想象一下那些组织招募进来的新员工——某个企业、团队、俱乐部或非营利组织等。各种规章制度、法规条例不可能为这些员工的工作注入活力。入职培训、指导和管理只能教会他们如何正确地履行岗位职责,你在他们身上很少能看到希望、关心或热情。因此,一个很重要的问题在于:怎样才能促使这些员工全身心地投入和参与组织的运行?

*

在我参与过的各种组织中,我最不喜欢的是军队。大学毕业那年,依照法律我需要服两年兵役。为了满足父亲的愿望,我加入了海军,成为一名海军军官。军舰上的生活完美有序,团队以令人满意的性能和功效运转,既不出色,也不糟糕。目光所及皆是敷衍塞责的顺从。依我所见,战友中并没有人真心愿意为军队效忠,没有人愿意超期服役。上级官员从中央办公室接受命令,再逐级下达,最后由我们执行。执行不到位会受到上级的斥责。这里也不欢迎任何个人意见和观点。军官们一起进餐时,大部分时间也都在谈工作,所有谈话都受到高层军官的监听,以免有人卷入任何有关性、政治或宗教类的事件。

不过,舰舱里也有活力,那是在由士兵和下级军官组成的非正式的能够避开监控的小圈子里。这种活力来自那些发泄不满的牢骚话、对军舰生活的嘲弄、有关上级军官的流言蜚语和对如何"钻制度空子"的分享。这当中有欢笑,有冷嘲热讽,有真实情感的流露,也有自我牺牲。这是一种**负性活力**(negative vitality),虽然让参与者感觉愉快,但显然与真正的组织目标背道而驰。

---

① 在组织研究领域,福利特(Mary Parker Follett)最先认识到组织的幸福并不是源自参与者的个体心理,而是源自关系的过程。参见:Graham, P. (1995). *Mary Parker Follett*, *Prophet of management*. Frederick, MD: Beard.

第十章
组织：高难度的平衡

*

我从不相信对组织的投入（organizational engagement）能够"被制造"。部门主管个人不可能成为下属员工充满活力地投入工作的"原因"。要想取得好的激励效果需要多方面的协作和努力。当培训自上而下地发生——由教官训导新手——合作的可能性便大大降低。如果培训被唯一的声音（即组织观点）支配，新手可能也会倾听，但很少会真正投入（involvement，参见第八章）。他或她可能登记（记忆）信息，但不会参与任何创造意义的联合行动。事实上，独白也能产生协调活动，只是其中不包含任何承诺。①

*

我们在第六章讨论了多种有助于建立生成性关系的积极方式。在这里，我选择重点阐述其中能够促进员工参与的重要方式：**肯定**（affirmation）。当某个人被作为意义建构过程的贡献者而得到肯定，积极参与的大门便会敞开。肯定有许多种形式，从简单的微笑、点头到充分表达对他人言行的赞赏。肯定在这里不是维护自尊的手段，而是对于进入意义构建过程的欢迎。肯定并不需要意见完全一致，而是表示承认对方说出来的话有价值。

每位新员工都是多重存在，都是多重关系的载体（第六章）。关系赋予个体多方面的技能、观点和价值，等等。因此，组织对新手的肯定同时意味着对一种关系背景的肯定。个体的关系生活由此展开，并使他们产生一种"在家"的感觉。融入组织过程的不是自恋的"我"，而是个体嵌入其中的整个关系网络。个体在受到肯定的时候，更可能分享观点、价值和逻辑。以这种方式，组织变得更加富有活力，与组织外部意义网络之间的联系也更加充分。本章后面我们会再回到这个话题。

*

我怎么就成了"文人墨客"（love of ideas）呢？又为何选择以研究为业呢？如果只算经济账，这个职业几乎不具有任何吸引力。工作时间长，薪水一般般。在研究生阶段若干年的紧张学习之后，作为一个年轻教员，还要在未来得不到任何职业保障的情况下再工作七年。为什么要选择这样

---

① 关于话语使用在组织建设中的重要性，参见：Kegan, R. & Lahey, L. (2001). *How the way we talk can change the way we work*. San Francisco: Jossey-Bass.

的职业？对于我来说，这始于我的一位小学语文老师。不是因为她在课堂上教会了我什么，而是因为她对我的课堂报告的高度称赞，我还记得那篇报告的主题是"南北战争的结果或可逆转"。后来，有一位高中老师"非常欣赏"我为校报写的一篇文章。再后来就是一位大学教授兴高采烈地针对我提交的一份课程作业开展辩论。正是这些肯定点燃了我心中的火焰，这团火熊熊燃烧，一直到现在，未曾有过片刻的熄灭。

*

肯定具有互惠的特点。如果你对我的观点有兴趣，会引发我对你的立场的同样关切。一旦人们开始互相肯定，组织便成为参与热情的存储器。每一种关系都变成了创造价值的一个潜在源泉。举个例子，汽车租赁这个职业本身并没有太多的内在价值，它可能只是"一份工作"。公司试图用"我们需要更加努力"之类的标语为组织注入活力，但这个标语本身是独白性的，并没有邀请参与者进入对话。只有当某个亲密的同事说："嘿，咱们已经干得很不错了，要是我们这个月能把那几个家伙打败，岂不更棒？"这时便播下了活力的种子。在这里，短语"把那几个家伙打败"来自组织外部某种鼓舞士气的传统。当这一短语得到其他同事的认同，便为组织注入了新的价值：此时此刻，有件事情值得我们大家共同去做。

相互肯定促进了个体与同事之间的团结。我和我的海军战友当年感受到的负性活力就是这种情况。我们在开玩笑和传播小道消息的同时分享了一种现实和价值感，即在当下的舰艇生活中什么事情值得做。我们开始将彼此视作朋友，并在有压力的时候相互依靠。这些友谊后来一直维持终身。当相互肯定变成组织自身固有的一部分，而不是仅仅作为少量隐性成分的时候，便为共同分享的叙事敞开了大门。这不再是与组织分离甚至对立的"我的生活"，而是我成为其他人的一部分，无论后者是我们两个人、我们的团队还是我们的部门，等等。我们开始像这样问问题："我们"做得怎样？"我们"在乎什么？这些对于"我们"而言变得有意义，它们很重要。我们通过情绪表达——成功时欢呼雀跃，退休时热泪盈眶——来体现它们在自己心目中的分量。一旦我们之间的盟约与组织目标统一起来，其潜能将是深远而无限的。

*

你可以借调味瓶这一隐喻来理解我所有（关于良好人际关系）的研究

第十章
组织：高难度的平衡

成果。但是里面不要装调料，而是装满所有你表示赞同的方式。你可以说："对啊，那是个好主意。""是的，这个观点很好，我怎么没想到呢。""好的，如果你认为重要，那咱们就这么做吧。"这便是良好人际关系呈现出来的状态。

——戈特曼（John M. Gottman）

谨防组织

关系的正向流动（affirming flow）是组织活力的重要来源。成员对于组织的承诺和盟约以及组织的发展目标等，都在这种流动中生成。无论是在课堂、社团、社区还是正式组织中，莫不如此。然而，为什么在工作场合总是容易让人觉得沉闷、空虚并且产生大量冲突？为什么某个团队在前一年还生龙活虎，到后一年便偃旗息鼓？为什么之前振奋人心的社区转眼变得沉闷乏味，毫无生气？为什么原本富有创造力的工作小组突然间变得停滞不前？这种发展轨迹有其必然性吗？如何长时间维持一个组织的活力？这类问题不仅复杂，而且总是层出不穷。让我们再一次从关系的视角来作一些思考。

其实，我们从一开始便陷入了一场悖论。那些共享的现实和价值在关系中一经形成，便会产生强烈的自我维持和延续的倾向。没有人愿意这些共享的现实和价值变来变去，我们希望它们能"固定下来"。于是，我们努力维持"正确的"行为方式，减少那些具有威胁性的行为。至于那些偷奸耍滑、不守规矩或对组织三心二意的成员总是会遭私下议论或组织惩戒，甚至会被开除。与此同时，正是通过稳定这类关系模式，组织工作才得以完成。只有在一个统一的系统中，我们才会清楚应该做什么。对于组织效能而言，清晰而有价值的目标、成员通晓有关工作的知识以及对各人职责的相互理解都是不可或缺的。然而，这种"维持既有秩序"的冲动又对组织的活力和潜能产生破坏作用。在此可以回顾第六章对盟约与路障的讨论。关系的稳定妨碍了创造性的联合行动，最终将导致组织丧失活力和效力。请考虑以下几个方面的损失。

对不同声音的压制

作为多重存在，我们每个人都会携带着不同的逻辑、大量的知识和强烈的激情进入组织。然而，随着我们卷入组织对真与善的建构，这些潜能便会大量遗失。在一个人参与各种仪式、传统和标准化操作的过程中,他或她原本拥有的许多潜能便遭简单化祛除。我们带着无限的可能性进入组织,而组织却只在其中挑选那些符合其自身需要的潜能,其余的要么不理,要么被视为麻烦。

*

领导,服从,不然就滚蛋。

——潘恩(Thomas Paine)

*

在大多数组织中,占主导地位的个人主义取向加速了对潜能的抑制(flattening)。个体通常受聘于某个具体的岗位,负责执行某种特定的职能,如同机器上的一个螺栓或杠杆,每个人工作的意义都在于维持整个组织"顺利而有效地运转"。因此,能够独立工作、条理分明和行为可预期的个体才是最适合聘用的人选,也只有这样的个体才能在工作中获得信任,其他的激情也罢潜能也罢都无关紧要,甚至可能被认为有反作用。然而,潜能的发挥一旦受到限制,活力必然会相应地减弱。① 组织的参与者于是沦为毫无感情的、一切按程序操作的机器人。

*

我曾经为某位公司经理做过一段时间的顾问,我和他的生活似乎不存在任何"交集"。只是在工作的时候,我们还算得上是一个高效的团队。有一天,我在他的办公室里等他,在桌上看到一张奇怪的照片,上面拍了很多刷了油漆的石头,堆成一座小山。阿恩(Arne)到了,我问他这张照片是从哪里来的。他笑着迟疑了片刻,慢慢讲起他的私人爱好。阿恩在一处偏僻的农场拥有一座小房子,他把那里当成自己心灵的休养所。每逢周末和假期,他都会去那里从事自己喜欢的休闲活动,即在野外给石头刷油漆。虽然每过一段时间,油漆会遭到风雨的侵蚀,但他从不沮丧,因为这给了他再一次拿起刷子涂抹的机会。阿恩讲完这段故事,开始自嘲那只是"毫无价值的消遣"。他的笑声富有感染力,我们越聊越投机。阿恩的坦诚不仅成了我们长期友谊的开端,而且促进了我们之后成效斐然的

---

① 有关帮助组织员工实现梦想对于激发其工作动机的意义,可参阅:Kelly, M. (2007). *Dream manager*. New York: Hyperion.

工作关系。

组织内部的纷争

任何时候，当一群人，不管是一大群还是一小群，联合起来，总会同时创造出"局外人"（outsider）的身份。为了维护"我们这支队伍"的特异性，那些局外人必然"不如局内人那么好"或者只是"二等货"。作为局外人，他们较少受到重视，较少被肯定。一旦交流减少，协调便会受损（参见第六章）。在这样的情况下，团队之间很容易相互疏远和敌对。这种疏离可能发生在公司的各职能部门之间、各层级之间或者处于不同地理区域的各分公司之间。当一部分同事变成密友的时候，疏离同样可能发生。甚至在组织内部的网友之间，也有可能发展出某些有声或无声的特殊联结，从而把他们与周围的关系割裂开来。实际上，在工会与管理部门之间总会存在疏离关系。的确，参与者能够从他们的盟友那里获取支持，汲取活力，但对于组织而言，其结果往往是负性的。

*

玛丽和我曾经为一家大型制药公司担任顾问。该公司的问题在于总部和分布于世界各地的50家子公司之间日益分裂。正如公司高管所描述的那样，许多子公司拒绝服从总部的安排，而且这些子公司的领导者似乎没有意识到统一行动的重要性，也不理解服从经济规律是事业成功所必需的。我们对子公司的走访证实了分裂现象的确存在。走访中我们发现，许多子公司内部士气高涨。他们抱怨公司总部不理解子公司的具体处境及他们的亚文化。他们为自己出众的学识感到骄傲，并取笑公司总部那些管理者的"二流才智"。这的确是一种负性活力，其结果导致子公司与公司总部关系的日渐疏离。尽管每个子公司内部都有很高的士气，其结果却造成公司整体利益遭受损害。

脱离周围的文化环境

组织经常为自己、为它们的成就和高昂士气而骄傲。这里面埋藏着另一颗悖论的种子：组织达成这些目标的效率越高，则与外部世界失联的风险越大，而后者是组织长期生存所必需的。当组织作为一个有界实体而存在的时候，对于组织的"内"与"外"有着清晰的界定。而且很显然，组织之外的东西没有优先权。组织之外的现实、价值和逻辑对于组织内部的成员而言显得并不重要。

在我自己的职业生涯中,我发现这一现象在大学与周围社区的关系中表现得尤为突出。这些关系通常都很冷淡,有时甚至明显怀有敌意。每个团体都坚持自己的现实,视自己的现实优于其他团体的现实。但是,当房地产开发商单方面决定要建造公寓,当企业宣布关闭一处工厂,当政府决定筑一道墙将国土分割成两个部分的时候,这种敌意或憎恨便会悄然发生。即使经过精心设计的城市规划能够使公民受益,单方面行动的性质对那些所谓的受益人群而言也是一种忽视,其结果难免遭到抵制。当组织成为"某个组织"的时候,围墙之内便形成了一座监狱。

*

瞧啊,多么好! 多快乐! 咱们弟兄团结一心,步调一致!

——古老的英国诗歌

*

正如我们发现,一旦关系流遭到冻结,那些原本可以给组织带来活力和效能的过程便会发挥反作用,耗尽组织的活力和潜能。因此,我们需要在有序的过程与这种秩序的伤害性后果之间、在创造与保护之间、在不断地向着目的地进发与最终实现目标之间寻求某种微妙的平衡。[①] 但是,怎样才能实现这种高难度的平衡? 如何既维持组织内部的关系活力,同时又避免丧失关系模式的稳定性? 正如我将在下面提议,保持活力需要不断变革那些被视为"常规"(the ordinary)的东西,而这些变革只能通过不断扩展对话的范围来实现。除了开发多重存在自身的潜能,跨界交流也十分重要。在接下来的讨论中,我将关注组织实践工作的四个重要方面:决策、领导、评估和公共关系。在每一个方面,我将重点讨论那些能够在岌岌可危的关系中维持高难度平衡的有效实践。

决策作为关系的协调

实际上,军队是大规模组织最早的形式之一:大批男性在要么战斗要么

[①] 混序组织(chaordic organization)的概念与此有关。该类组织处于部分有序、部分混沌的空间状态。混序组织的概念在很大程度上基于生命系统的自组织观点。例如,可参见:Jantsch, E. (1980). *The self-organizing universe: Scientific and human implications of the emerging paradigm of evolution*. New York: Pergamon. 生物学观点与我们当前观点的主要区别在于,前者倾向于把混序状态看作是自组织内在固有的过程,而我这里则强调混序状态既有可能实现,也有可能无法实现,其结果取决于合作实践。

第十章
组织：高难度的平衡

死亡的情况下被动员起来。从伯罗奔尼撒战争（Peloponnesian wars）直到现在，军事组织的主要形式一直都是（并将继续延续）金字塔结构（the pyramid）。战斗计划由这个层级结构的顶层制定，然后通过各功能单位（如作战部队、后勤补给、医疗救护等）向下发布作战命令，最后再由大批军人执行这些命令。军人如果违抗命令会受到军事法庭的制裁。计划执行的有关信息再通过这个金字塔逐级向上汇报。

今天，大多数组织仍然充斥着金字塔的隐喻。这种所谓"指挥和控制"（command and control）的观点在20世纪大部分的时间里一直支配着组织领域。不过，最近几十年，对于传统观点的不满不断增长，人们对发生在工作场合的民主和多样性越来越敏感。受此影响，当代组织内部萌发了去层级化或去中心化（flattening or decentralizing）的强烈趋势。甚至在军队内部，自上而下的命令和控制对于军事实践的效用同样饱受质疑。一旦进入战场，前线部队难免遭遇未曾预料到的突发状况，敌我双方力量胶着，局势严重混乱。在这样的情况下，作战部队必须有权临危决断，否则很可能全军覆没。

*

站在关系的立场上来看，最好将组织视为一个充满流动性的意义建构场所。理论上说，意义的流动总是持续不断的。当个体从一种关系进入另一种关系，他们总是携带着从其他会谈中获得的观念、理性和价值。而在实践中，人们往往更喜欢和其中一部分同事而不是另外一些同事聚集在一起。这种情况的产生可能是由于他们的地理位置邻近、属于相同的工作团队、组织内部长期历史的原因或者纯属个人友谊，等等。无论哪一种情况，当这些小的群组就"什么是现实"以及"什么事情值得做"等问题达成一致意见之后，意义的建构便逐渐停止流动，由此形成"我们"这一群人，与"他们"有区别并相互疏离。①

通过这样一些例子很容易看出金字塔结构的缺陷。高层决策通常是武断的。它们不是产生于创造了现实和价值的关系丛（relational clusters），在这种关系丛中日常工作得以完成，上级的决定是强加于这个过程的。例如，这样一

---

① 换句话说，这些群集代表着组织内部各种小型的权力中心。更多内容请参见：Gergen, K. J. (1995). Relational theory and the discourses of power. In D. Hosking, H. P. Dachler, & K. J. Gergen (Eds.), *Management and organization: Relational alternatives to individualism*. Aldershot, UK: Avebury.

应我的请求,荷兰蒂尔堡大学(Tilburg University)的赖斯曼教授(John Rijsman)创造了这个结构,试图利用扑克牌来说明现代组织的特点。该设计体现了在传统的金字塔结构中隐含着关系的相互依存性。[致谢:赖斯曼(Anne Marie Rijsman)]

类通告——"预算必须缩减10%""我们打算撤销这个机构"或者"一揽子福利将会减少"等,常常被强加给关系丛,不管对方愿不愿意,必须服从。然而,根据联合行动的逻辑,像这样的声明如果离开对方的回应将毫无意义。只有当对方理解了,声明才能获得意义,并且这种理解不受那些处于结构顶端的命令者掌控。对于各种关系丛而言,来自外部的命令很可能不被承认和接受;它们甚至可能被建构成"愚蠢的""盲目的""惩罚性的"或是"误导性的",最终不得不强迫群集服从,这样便为负性活力的产生创造了机会。

*

因此,对于决策而言,最大的挑战在于如何发动以有效行动为目的的合作过程。① 这意味着必须促进关系丛之间的协作,以这种方式生成新的意义和价值,激发新的动机。协商决策的回报将是丰厚的。首先,决定不是从外部生成而介入组织对话,它们蕴含着参与者的声音。在决策实施的过程中,它们代表了参与者已经投入其中的逻辑和价值。其次,作为多重存在,组织中的每一位参与者都携带着一系列独特的技能、意见、价值和信息。组织成员同时也是各种其他社团的代表。他或她拥有局外人的知识,后者能够极大地丰富决策。最后,还有组织的活力问题。通过将组织的参与者纳入积极合作的过程,肯定他们的贡献,能够激发参与者对组织投入更多。决策于是可以通过吸引成员的"投资"(buy-in)为组织带来活力。②

*

> 人们对于自己参与创造的东西总是怀有天然的热情。
> ——雷托约翰(Stephen Littlejohn)和多梅尼西(Kathy Domenici)

*

以下我想分享几种实践,它们对于合作决策作出了重要贡献。首先是强

---

① 博杰、奥斯威克和福特的评论与此有关:"(我们的)出发点是,可以将组织理解为某种合作和竞争的话语,而不是某种外在于语言、仅仅借助语言进行描述和报道的'东西'。"见:Boje, D., Oswick, C., & Ford, J. (2004). Language and organization: The doing of discourse. *Academy of Management Review*, 29, 571. 这种观点植根于有关组织文化的早期著作。而关系的观点则认为,与其把文化看作是某种固定的实体(fixed entities),不如视"教化"(culturing)为一个不断展现的过程。

② 关于组织成员的参与如何提高团体的创造力,更多内容参见:Sawyer, K. (2007). *Group genius: The creative power of collaboration*. New York: Perseus.

调多声部表达的实践,然后是基于欣赏型探究的那样一些实践。① (有关如何应对冲突的实践部分,建议读者回顾第六章。)

复调音乐:让每个声部都清晰可辨

在组织研究中,对参与的强调常常与复调组织(polyphonic organization)或多音组织(many voiced organization)的隐喻相联系。② 正如罗德里格斯(Robert Rodriguez)总结的那样,复调存在于这样的时刻:"来自不同社会实体的人们聚集在一起,他们每个人的声音都被征求,每个人都被允许讲话,每个人都被倾听,并被认为对联合创造未来具有同等的价值。"③哈森(Mary Ann Hazen)也指出,当人们学会欣赏差异的时候,组织便会拥有许多种不同的声音。她以狂欢节为例说明这一点。在节日里,来自不同阶层的人聚集在一起,跳舞、唱歌、游戏、欢笑。④ 在日常的决策层面,这一隐喻的实践意涵相当明显:吸收尽可能多的人参与对话。任何一个坐在书桌前独自拍脑袋作决策的管理者都会对组织生活造成威胁。

不幸的是,我们的个人主义传统总会对协作决策(collaborative decision-making)造成阻碍。首先,如果从有界存在的视角来看世界,每个人只追求自己的幸福,我们就会相互猜疑。他们在说话的时候企图达到什么目的? 他们需要什么回报? 对我会有什么影响? 其次,我们会陷入竞争:如果我的意见占不了上风,那么他人就会胜出。当我站在你的对立面考虑问题的时候,肯定不愿意接受你的意见。我会选择对某些话题保持沉默,或在发表意见时有所保留。如果我的意见被证明是错的(那正是我的竞争对手愿意看到的),则意

---

① 更多有关关系决策的内容,请参见: Straus, D. (2002). *How to make collaboration work*. San Francisco: Berrett-Koehler. Kaner, S. et al. (2007). *A facilitator's guide to participatory decision making* (2nd ed.). New York: Jossey-Bass. Ford, J. D. & Ford, L. W. (1995). The role of conversations in producing intentional change in organizations. *Academy of Management Review*, 20, 541-570. 尽管更多出于心理学取向,但同样提供了很多有价值的观点: Panzarasa, P., Jennings, N. R., & Norman, T. J. (2002). Formalizing collaborative decision making and practical reasoning in multi-agent systems. *Journal of Logic and Computation*, 12, 55-117.

② 更多有关复调(多音)组织的内容,请参见: Gergen, K. J. & Gergen, M. (2010). Polyvocal organizing: An exploration. In Chris Steyaert & Bart Van Looy (Eds.), *Relational Practices, Participative Organizing* (pp. 261-273). Emerald Group Publishing Limited.

③ Rodriguez, R. (2001). *The social construction of polyphony within organizations* (p. 5). Unpublished doctoral dissertation, Benedictine University.

④ Hazen, M. A. (1993). Towards polyphonic organization. *Journal of Organizational Change Management*, 6, 15-22.

第十章
组织：高难度的平衡

味着我智能低下。因此，我们面临的重要挑战在于如何克服个人主义传统对于关系实践的遏制。

※

利奥（Leo）在某大型跨国公司旗下的一家子公司任首席执行官。最近，他跟我分享了一则关系决策的实例，让我很受触动。母公司给利奥下达了一道指令，要求将他们子公司的成本缩减15%。这项指令让他震惊，当他发现这件事没有任何回旋余地的时候十分沮丧。他想到雇用一家大型咨询公司，为他提出一些如何减少成本的建议。裁员是最简单的解决办法。但是裁哪些人？什么时候实施裁员？很显然，一旦他宣布裁员的决定，便如法炮制了他从母公司那里受到的待遇，从而在子公司内部形成恐惧、愤怒和沮丧的气氛。

利奥和他的员工一起制定了另一条决策路线。原则上，公司所有成员都要参与决策的过程，对如何提高成本效益提出自己的意见。14个讨论小组建立起来，每个小组都包含了来自公司各部门和各层面的成员。这些小组收集信息，开展访谈，定期会面。外援顾问只负责对复杂的沟通过程进行协调和制定工作时间表。最终，讨论小组提交了7卷总结，其中包括他们所有的研究和建议。执行董事会最后接受了其中75%以上的团队建议。裁员规模最小化；富有独创性的改编和重组；经济目标得以实现；员工的工作热情空前高涨。公司内部所有部门的意见都受到了重视。最终出台的政策获得员工的普遍接受和肯定。①

※

在此，有必要区分两种不同的"多音"（polyphonic）。首先，是作为有界表达（bounded expression）的多音。其中，每一位组织参与者都有责任表达他或她的个人意见。这种取向常常在工作场所的民主以及管理者与普通员工之间的争论中体现出来。其中包含的假设在很大程度上出自有界存在的传统，包括我们预期每个人都拥有（或者应该拥有）独立而内在统一的声音："我的意见""我的态度"或"我的观点"。根据这种逻辑，表达多重观点的那些个体被认

---

① 在他的创新性著作中，坦普特克里斯（Theodore Taptklis）向组织内部各层级的参与者征求故事，然后把它们汇编成档案。故事中包含了很多参与者的发现，在未来可能为他人提供帮助。参见：Taptklis, T. (2005). After managerialism. *E-CO*, 7, 2-14.

为思路混乱或注意力不集中,自我怀疑意味着缺乏坚定的信念,内在不一致标志着智力低下。这种传统遏制了多重存在的丰富潜能。于是,我们得以认识另一种作为无界表达(unbounded expression)的多音具有的优势。作为多重存在,我们拥有相互对立的价值、观点、自我质疑和冲突的理性。尽管单一表达也会有所收获,但它们是有限的。让多重存在发声便邀请了多重逻辑和价值的表达,这反映了人们参与其中的多种传统。因此,我们面临的挑战就是要创造条件,让参与者能够自由而充分地表达各种不同的观点和价值,即便它们是相互矛盾的。①

对于无界表达的可行性还鲜有研究。德波诺(Edward deBono)的探索代表了这个方向的最新进展。② 他发明了一个"六帽子隐喻"(a metaphor of six hats)。决策小组的成员相互交流,每个成员在此期间需要以某种特定的态度讲话。例如,要求戴白帽子的人分享有关决策的基本信息,如最近一项民意调查的结果,等等;戴黄帽子的人则被要求分享积极乐观的信息,如他们正在考虑的决定有哪些优点,等等;然后,带黑帽子的人需要大胆说出可能存在的缺点或危险;戴红帽的人则需要深入反思,并说出相关的感觉、预感和直觉等;戴绿帽子的人被要求分享创造性,通过头脑风暴发现哪些事情可以做,以及想象其他各种不同的选择;最后,戴蓝帽子的人负责进行总结:这场谈话进行得怎么样? 取得了哪些成果? 小组下一步应该怎么办? 等等。在很多情况下,小组全体成员会在某一时间各自戴着某一颜色的帽子,过后再统一交换,戴上另外一种颜色的帽子。这种探索的优点不仅在于它为多重存在开放了舞台,更在于它极大地丰富了决策者需要广泛考虑的各种不同观点和情感。

*

特里萨·贝塔姆(Theresa Bertram)是一家成功运作的大型老年医学基金会的前任会长。她跟我们分享了一个复调(多音)参与的故事。该基金会负责一个大型社区的老年人的健康服务,包括上门为800名老人送

---

① 正如许多人所见,组织内部这种决策取向对于知识的创造同样有重要贡献。例如,可参见: Kawamura, T. (2007). Managing networks of communities of practice for organizational knowledge creation: A knowledge management imperative in the era of globalization. *Annales des Telecommunication*, 62, 734-752.

② DeBono, E. (1985). *Six thinking hats*. Boston: Little Brown.

第十章
组织：高难度的平衡

这张照片拼贴画展示了无界表达（unbounded expression）的可能性。这是由一位儿子自己创作送给他母亲的礼物。他的母亲罗伯塔（Roberta）不只会发出某种单音，而是拥有多重声音，其中包含所有家庭成员的声音。［致谢：艾弗森（John Iversen）］

餐。特里萨描述了该组织当初面临的困难景况（stagnation point）：基金会尚能维持运转，但成员普遍缺乏参与的热情。然后，她发现自己受一名顾问的意见启发，这名顾问跟她谈到应开发员工和董事会成员的潜能。于是，特里萨召集了一个会议，在会上员工和董事会成员开展了新形式的对话：不再像以往那样讨论工作，而是讲故事，分享对于未来崭新而美好的梦想。其结果，不仅组织内部的关系有了切实的发展，而且让他们意识到，他们服务的那些老年客户也可能有着同样的故事。事实上，正如特里萨所描述的,基金会提供的照料和护理恰恰扼杀了他们服务的那些老年人口的创造性参与。

于是,他们开始实施进一步的计划,即让老年人分享他们对社区生活的希望和梦想。他们的故事中充满了创新理念。基金会还出台了一项新的政策,使得老年人在类似"需要什么样的服务"这样的问题上拥有优先发言权。其结果,那些老年人的活力发生了极大的改变。参与者深度卷入发展计划当中。他们开展专项活动,指派自己的发言人,自己管理预算,为社交活动制定菜单,等等。以往社区巴士的运营时刻表由项目主管负责,现在根本不用事先安排,社区巴士总是能够把居民送到任何他们想要去的地方。市政会议(the town meeting)便是大家挑选的目的地之一。老年人在这里成为一种政治力量,表达他们自己对于社区面临的重要问题的看法。多音表达与组织活力相辅相成。①

基于欣赏型探究的决策

本书中的许多话题都可以汇聚于当前被广泛分享的**欣赏型探究**(appreciative inquiry)决策实践。这种决策高度重视参与,并将相互肯定的对话作为决策的核心。要理解这种实践的基本原理最好能与传统的强调问题解决的实践加以对照。我们经常听到这样的话:"我们在市场销售方面有问题","我们的CEO太缺乏想象力","我们的成本花费太大",等等。在人们的想象中,似乎只要所有这些问题都解决了,组织便可以投入完美运营。然而,从关系的立场来看,问题是联合行动的结果。问题本身并不是问题,只有当它们被定义为问题的时候才构成问题。因此,关键在于,"问题谈话"(problem talk)真的是组织讨论的理想方式吗?举例来说,作为焦点的"问题"常常会如雨后春笋般层出不穷。我们在谈论某个问题的时候,往往会发现与之相关的一连串其他问题。例如,解决产品开发问题先要解决销售问题;解决销售问题受制于人事问题;人事问题的解决又要基于……很快我们便陷入连环问题的泥潭,难以脱身。而且,聚焦于问题让我们关注彼此的不足,其中有否认,有防御。恐惧、抑郁和不信任会大量集聚。最后,聚焦于问题会让我们失去正面的方向

---

① 与来访者或患者的对话有助于改善卫生保健系统,相关研究可参见皮克研究所的工作。该研究所的网址:www.pickereurope.org。

感。当问题成为核心关切,真正的目标便会被挤到意识的边缘。在悲观情绪四处弥漫的时候,组织梦想便会被无限期的搁置或推延。

既然缺陷性话语(deficit discourse)会消耗组织的生命活力,那么什么样的谈话能有效地引导组织充满活力地走向未来?欣赏型探究实践正是基于以下假设:通过对参与者的优势、成功、价值、希望和梦想的深入探究,引导组织发生整体性改变。正如库珀里德(David Cooperrider)和惠特尼(Diana Whitney)所言:"说到有意识地创建美好未来,组织最值得做的一件事便是将系统中任何一粒'积极变化的种子'培育成为全体成员一致明确和普遍接受的共有财产。"① 组织关注的重点应该放在核心优势和资源方面,正是这些优势和资源不断地为组织注入活力。

欣赏型探究可用于各种不同的目的:对组织的未来进行决策,开启新的征程,解决各种冲突,激发合作意识,等等。② 欣赏型探究会议通常包含四个阶段。**发现阶段**(discovery phase):要求组织成员互相配对,彼此分享故事。例如,让他们描述工作中最让自己感到兴奋和激动的时刻,在他们看来组织最富有活力的时刻,与他人合作最令人愉悦和富有成效的时刻,等等。在组织内部发生冲突时,可以从每一个参与冲突的团队中抽取参与者,分享曾经与其他团队愉快合作的故事,感谢对方的倾听与陪伴,并相互丰富对方的故事。**梦想阶段**(dream phase):故事先是在小组内分享,然后进入更大范围的团组交流。在梦想阶段,组织成员需要在大家分享的故事中找到有望统领未来的集体愿景。大家关心的问题是:"既然这些关系曾经赋予我们活力,那么,我们可以创建什么样的组织以实现共同的理想?"**设计阶段**(design phase):参与者开始询问,具体需要通过哪些改变、哪些政策、什么样的机制来实现这些理想?他们开始一起工作,确定各

---

① 参见:Cooperrider, D. L., Sorensen, P. F., Whitney, D., & Yaeger, T. F. (2000). *Appreciative inquiry: Rethinking human organization toward a positive theory of change* (p. 5). Champaign, IL: Stipes.

② 更多解释可参阅:Cooperrider, D. L., Whitney, D., & Stavros, J. M. (2003). *Appreciative inquiry handbook*. Bedford Heights, OH: Lakeshore Communications. Whitney, D. & Trosten-Bloom, A. (2003). *The power of appreciative inquiry*. San Francisco: Berrett-Koehler. Fry, R., Barrett, F., Seiling, J., & Whitney, D. (2002). *Appreciative inquiry and organizational transformation*. Westport, CN: Quorum. Watkins, J. & Mohr, B. (2001). *Appreciative inquiry: Change at the speed of imagination*. San Francisco, CA: Jossey-Bass Pfeiffer. 简明实务指南可参见:Barrett, F. & Frye, R. (2005). *Appreciative Inquiry: A positive approach to building cooperative capacity*. Chagrin Falls, OH: Taos Institute Publications.

种具体细节。原本离散和充满敌意的组织成员这时开始合作创建未来,对于这个未来他们各自都进行了投资。对话的形式已经完全改变。最后,**行动阶段**(destiny phase):决策小组需要承担把愿望转化为行动的责任。变革的提议可能覆盖诸多方面。例如,管理实践、评估系统、客户服务、工作流程,等等。不过,最终必须通过实际行动来促进变革的实施。欣赏型探究的过程通常会点燃组织成员的热情和良好意愿。重要的是,欣赏型探究在过去的土壤中找到了发展美好未来的种子和根。参与者并不是沉溺于夸夸其谈或异想天开,而是充分利用自身的多重潜能,让对于美好未来的共同梦想逐渐变成现实。

*

欣赏型探究的实践者已经发展出一系列方法,使得欣赏型探究实践可以覆盖组织生活的方方面面。欣赏型探究峰会的规模不断扩大,[①]已经在超过1 000名参与者的大型团体中实践过。欣赏型探究项目不仅在许多企业内部实施,而且在学校、教会、各种非营利组织、医疗环境、军队及社区环境中也同样有很多应用。欣赏型探究的倡导者还发现,赏识取向可以极大地丰富日常生活中的关系。强调婚姻、家庭和友谊中的积极因素不仅有助于维持家庭和朋友圈的内部活力,而且对于帮助家人安全度过压力期同样非常重要。[②]

*

对欣赏型探究实践的热情是全球性的。甚至有人将当前世界范围内政治与文化领域的整体转变都归功于这一实践的普及和运用。[③] 例如,欣赏型探究在尼泊尔的广泛运用被认为避免了一场内战的发生。然而,正如其他实践一样,欣赏型探究的成功或失败都必须放在决定其可理解性的意义背景中去解释。例如,有些人抵制欣赏型探究,是因为他们觉得欣赏型探究没有留出足够

---

① Ludema, J. D., Whitney, D., Mohr, B. J., & Griffin, T. J. (2003). *The Appreciative inquiry summit: A practitioner's guide for leading large-group change*. San Francisco: Berrett-Koehler.

② 参见:Stavros, J. M. & Torres, C. B. (2005). *Dynamic relationships: Unleashing the power of appreciative inquiry in daily living*. Chagrin Falls, OH: Taos Institute Publications. 有关家庭生活方面,可参见:Dole, D. C., Silbert, J. H., Mann, A. J., & Whitney, D. (2008). *Positive family dynamics: Appreciative inquiry questions to bring out the best in families*. Chagrin Falls, OH: Taos Institute Publications.

③ 例如,可参见:http://appreciativeinquiry.case.edu/community/link.cfm, http://www.imaginenepal.org/organizer.htm.

的空间让他们表达痛苦。在这些人看来，如果不知道他们遭受的虐待和不公正的故事，便不可能真正地理解他们，他们的关系史也就不可能得到充分肯定。也有一些人提出，应该给少数派留出更多的空间，倾听他们的声音。当欣赏型探究由发现阶段进入设计阶段，未来的愿景通常需要简化。而在简化的过程中，很多意见和分歧很可能真的被简单化地处理。而且，如同其他任何一种实践形式一样，当欣赏型探究逐渐变得标准化并经过反复实践之后，它们的意义可能发生改变。刚开始参与欣赏型探究都会感觉兴奋和富有成效，但到第三次参与的时候，往往变成了常规性的例行公事，并且很可能多了一些人为的干预和操控。标准化的实践必然会减少联合行动的潜能。诸如此类的问题促进了对欣赏型探究的不断创新。

*

总之，关系取向的决策强调合作，不仅是为了所作出的决定能够获得足够的信息支持，更是为了在组织的创新与适当稳定之间维持平衡。协作决策通过多音参与获得成长。在理想状态下，这意味着组织要吸收尽可能多的成员参与决策，鼓励他们分享丰富的多重存在。如果参与者能够怀着赏识的心理参与，这一过程便充满活力并能激起成员最大程度的投入（buy-in）。对"决策无终止"的强调，弱化了组织内部关系丛或各部门之间的界线。正是在这里，关系取向与学习型组织运动（the learning organization movement）走向联合。正如圣吉（Peter Senge）及其同事指出："学习型组织是一种动态的、处于不断变革过程中的人类协作性组织。"[①]在学习型组织中，对于信息、观点和价值的不断汇集与交流意味着任何假设都要不断地面对挑战。对话永远保持开放。正是在这种背景下，我们进入对领导问题的讨论。

从传统型领导到关系型领导

对领导问题的讨论有着悠久的历史。事实上，已有超过20万部专著探讨这个问题。难道人们对此了解得还不够吗？还有任何需要补充的吗？从关系的立场看，一切不过才刚刚开始。之所以这么说，是因为有关领导的大量著述

---

① 具体可参见：Senge, P. (1994). *The fifth discipline: The art and practice of the learning organization* (p. 9). Sydney, Australia: Currency.

都是围绕着有界存在这个单音进行的创作或演绎。从经典的"伟人"理论到近期对于优秀领导人或成功管理者的特质研究,大多假设领导潜能隐藏于个体内部。① 这种观点不仅带来一系列不幸的后果(参见第一章),从关系的立场看,个人主义的观点根本就是错的。被我们归于优秀领导人的任何一种品质都无法独立存在。独自一人不可能"善于启发""富有远见""谦逊"或"随和"。这些品质都是联合行动过程的产物,在其中他人的肯定不可或缺。一个有魅力的领导人,只有在别人以这种方式对待他或她的时候才会有魅力。如果这些人眼中赞许的晕轮泯灭,领导人的"魅力"便随之归于尘土。"明智的决策"之所以被认为明智,是因为有那么一群意见一致,愿意接受这一决策的合作者。② 将领导者视为单独的个体谈任何问题都是领导者产生于其中的"关系汇流"的迷失。正如奥图尔(James O'Toole)和他的同事提醒我们:

> 每当我们谈起领导问题,甘地(Mohandas Gandhi)和马丁·路德·金(Martin Luther King, Jr.)等人便浮现于脑海。我们不会想到,在印度争取独立的斗争中,甘地身边有其他几十位卓越的印度领导人在辅佐和支持他,其中包括尼赫鲁(Nehru)、佩特尔(Patel)和真纳(Jinnah)。没有这些人的共同努力,甘地不会成功。我们忘了,马丁·路德·金也不是自己完成一切的,在他的追随者中拥有很多像杰克逊(Jesse Jackson)、扬(Andrew Young)、邦德(Julian Bond)、科雷塔·斯科特·金(Coretta Scott King)和艾伯纳西(Ralph Abernathy)那样卓绝不凡的优秀领导人。③

然而,仍有一点需要进一步补充:甘地和马丁·路德·金周围这些优秀的领导人又需要无数他人的协作支持。领导力存在于汇流之中。

*

"伟大的领导者"愿景在很大程度上是对传统的指挥—控制结构的继承。

---

① 与将领导力视为个体内在潜能这一观点相对,另一种观点认为,领导力是情境作用的结果。按照这一理论,重要的不是领导者的个人特质,而是在特定时间将个体推上领导位置的情境在起作用。不过,这种观点同样维持有界存在的传统,代表了对人类行为的遗传/环境二元解释中环境主义者的观点。例如,可参见:Simonton, D. K. (1987). *Why presidents succeed: A political psychology of leadership*. New Haven: Yale University Press.

② 苏联解体便是一个极好的例子。

③ O'Toole, J., Galbraith, J., & Lawler, E. E. (2002). The promise and pitfalls of shared leadership. In C. L. Pearce & J. A. Conger (Eds.), *Shared leadership* (p. 251). Thousand Oaks, CA: Sage.

第十章
组织：高难度的平衡

然而，正如许多人相信的，这种结构在当今世界已逐渐失去效用。在信息有限、目标明确、决策环境稳定的条件下，指挥和控制有可能取得成功（尽管很少是鼓舞人心的）。可是，看一看我们周围的环境：

——由于技术的发展，各种信息加速积累，复杂多变，可靠性降低，更新的速度加快。

——经济条件、政府政策和公众舆论变化的速度如此之快，大大超出人们的同化能力，长期战略计划的效用正在逐步降低。

——新的组织、产品、法律，新的问责制度及新的通信系统导致竞争与合作的形势瞬息万变。

——差异的多样化显著增加，如种族的、文化的、宗教的，同时也为差异双方的共同发展或相互冲突提供了更多机会。

——周围的舆论环境快速变化，组织必须时刻对其保持敏感的舆情范围在不断扩展。

*

我们相信独行侠（the Lone Ranger）的神话。这是一种浪漫的观念：伟大的事业通常由富有传奇色彩的个人英雄独自完成……无论是创建一个跨国公司，还是发现人类大脑的奥秘，这些任务都不可能一个人独自完成，不管他或她是怎样的天才或精力充沛。有太多的问题，一个人无法独自明确和解决；需要太多的联系，一个人无法独自建立和维持。

——本尼斯（Warren Bennis）和比德曼（Patricia Ward Biederman）

*

正是周围环境快速且常常无序的改变促进了新的领导愿景的产生。作为一个好领导所必须具备的那些数不胜数又自相矛盾的条件清单被遗弃，取而代之的是越来越多的对合作、赋权、对话、水平决策（horizontal decision-making）、共享、分配、人际网络、学习和联通性的强调。[①] 实际上，已经有一批

[①] 例如，参见：Drath, W. (2001). *The deep blue sea: Rethinking the source of leadership*. San Francisco: Jossey-Bass. Spillane, J. P. & Diamond, J. B. (2007). *Distributed leadership in practice*. New York: Columbia Teachers College Press. Raelin, J. A. (2003). *Creating leaderful organizations*. San Francisco: Berrett-Koehler Publishers. Spillane, J. P. (2006). *Distributed leadership*. San Francisco: Jossey-Bass. Schiller, M., Holland, B., & Riley, D. (2001). *Appreciative leaders*. Chagrin Falls, OH: Taos Institute Publications.

组织的研究者和实践者从各个方面表达了对关系过程的深切关注。在我看来，可以用**关系型领导**（relational leading）取代传统型领导的概念。传统型领导意味着领导才能是个人的内在特质，而关系型领导指涉在关系中积极参与并有效建构未来的能力。重要的不是哪一个单独的个体，而是充满生气的关系。如果组织即将发生重大变革，也只会发生在组织成员之间生成性的互动过程中。诚然，被指定为领导者的是个体，但领导的过程归根结底还是关系的。

*

权力从来就不是某个人的私有财产，它属于一群人，并且只在群体存在的条件下得以维持。我们说某个人"大权在握"，实际上是说，他被某些人赋权以他们的名义行事。权力所来自的群体……一朝解散，"他手中的权力"便随之消失。

——阿伦特（Hannah Arendt）

*

关系型领导对于日常实践意味着什么呢？首先，从一开始，领导就不是哪一个领导者个体的任务，相反，它产生于日常互动的微观过程（microprocesses）。作为理想状态，它理应成为内在于组织文化的一种存在方式，也就是我们一起工作和生活的日常方式。肯定无疑是一笔重要资产。不过在这里，我更想关注另外三种同样重要的实践——积极分享、注入价值和建构现实。

积极分享（positive sharing）。有关组织变革的动议产生于对愿景、价值和观点的广泛分享。营造适于表达的组织环境可以让对话的车轮滚动起来。参与对话的声音越多，就越能预见未来的各种可能性及其潜能，结果也就越理想。与此同时，对最终结果负责任的人也越多。一位高级官员可以发起某个行动，却无法阻止成员对于工作得过且过、敷衍塞责。如果有关变革的重要理念是由高位下达的，那么，在理想状态下，这些理念或决策应该在广泛分享和讨论之后再付诸实施。如果你把一个人当棋子，他就会像棋子那样行动。即使以后条件变了，原计划已明显出现问题，这些"棋子"依然会我行我素，按旧的规章办事。

米歇尔（Alexandra Michel）和沃瑟姆（Stanton Wortham）开展了一项富有

第十章
组织：高难度的平衡

启发性的研究，对两家投资银行的组织实践进行了比较。① 第一家银行采用传统方式训练他们的管理人员，强调有效执行的原则以及每个员工自己的岗位职责。这些管理人员之间可以通过个人的行为表现进行比较评估。因此，"超级明星"成为组织成员中流行的梦想。第二家银行采用以组织为中心的训练模式，训练参与者把彼此当作学习的资源，而不是潜在的竞争对手。对于制度和规则的强调被更加情境化的效果评估取代。组织内部不仅强调信息和意见的共享，而且原则上，每一个管理人员在特殊情况下都可以代替其他人员行使职能。对合作的重视取代了竞争和冲突的理念。强调在模糊情境中的学习，要求根据事件的发展随时作出机智灵活的反应，这些代替了以往以降低不确定性为宗旨的一系列组织策略。研究结果显示，在以组织为中心的组织机构内部，管理人员承受了较少的评估压力，拥有更加积极的动机，而且在工作中更富有灵活性和想象力。

*

注入价值（adding value）。组织活动并不是始于某一单独个体的提议——"我认为这是个好主意……"而是同时始于另外至少一个人对该提议的肯定。"这很有意思"，"我之前从未那样想过"，"那恰好可能是我们所需要的"，"让我们研究一下那个想法"，这些回答为另一个人的表达注入了价值，由此激发了活力。但是，肯定并不是注入价值的唯一途径。正向细化（positive elaboration）同样是一种有力的促进。"让我们想想这将意味着什么……""我理解这可能有助于……"当一种观点被进一步细化加工——详述其潜能，增补有用的信息，克服可能的障碍——一个诱人的未来便逐渐成形。相关联想（relevant associations）可以进一步注入价值："那使我想起……""X 组织的人尝试过类似的想法，而且……"② 要尽可能避免正面批评。不仅提出建议的那个人自己会受到批评的伤害，实际上，整个谈话的氛围都会遭到破坏。批评常常将一种思路导入僵局，集体的热情（collective excitement）顿时减退。通过注入价值的肯定、细化和联想，能为一个好的提议插上翅膀，让参与者的热情

---

① Michel, A. & Wortham, S. (2008). *Bullish on uncertainty: How organizational cultures transform participants.* New York: Cambridge University Press.
② 有关爵士乐即兴创作中如何通过补充价值相互激发灵感的有趣讨论，可参见：Barrett, F. J. (1998). Creativity and improvisation in jazz and organizations. *Organization Science*, 9, 605–622.

高涨。这并不意味着不允许有批评性意见,但无论如何,以提供另外一种替代性愿景的方式加以表达会比直接批评更有效。"我认为我们正在朝着好的方向发展,但是你知道,如果我们考虑 Y 的可能性,那么,既有可能实现 X 的所有好处,又可以避免 X 的某些问题。"

*

> 如果离开我在公司内外那些个人的和职业的关系,我的职业生涯中将没有什么事情能够做得成功……惠普公司本身就是对于关系力量最好的说明。它是建立在两个人之间相互的关爱和尊重基础上的。它不是休利特公司(Hewlett Company),也不是帕卡德公司(Packard Company),而是惠普公司(Hewlett-Packard Company)。公司名字的顺序不是由地位的高低或谁更有名来决定,而是通过掷硬币决定的。公司在成百上千的重要关系中成长起来。这当中不仅有水平层面的关系,还有等级结构中的上下关系……不认真倾听就不可能建立或者保持良好的关系。要在没有先入为主地准备任何评论的情况下投入地倾听。不要一边听对方说一边考虑回家路上要加油,或者想着孩子的数学考试成绩怎样。我们需要关闭永不停息的判断机器,它驱使我们不断地评估谁更聪明,谁是对的,或谁最有可能成功。我们需要凝视彼此的眼睛。当我们这样做的时候,奇迹发生了。事情的发展会远超乎我们的预期。
>
> ——惠普公司员工招聘部门经理沃(Barbara Waugh)

*

建构现实(reality building)。积极分享和注入价值是激活和管理组织的有效方法。然而,参与者的共同参与对于现实的建构同样至关重要。有两种具体的谈话方式对建构现实有显著贡献。一种是叙事(narration)。回顾第六章中对盟约的讨论,我们在叙述有关自己的故事时,从以"我"为中心到关注"我们",发生了"重要性"的迁移。组织内部存在同样的问题。在谈话过程中,越多使用"我们"(we)和"我们的"(ours)而不是"我"(I)和"我的"(mine),越有可能为组织目标买单(buy-in)。不仅如此,对于刻画有意义的未来,叙事还可以有更多贡献。组织成员容易满足于维持现状,至少现在他们知道要做什么,而且知道自己做得还不错。有什么必要非得改变?俗话说:"跟熟识的魔鬼打交道总比跟未知的魔鬼打交道好。"然而,领导包含了定向。所谓定向,即从一种状态向另一种新的、更有价值的状态的发展或提升。这就需要另一种叙事，来说明这种新的状态的重要性，并指出发展或提升的途径和方式。"这个新的计划将帮助我们更好地为客户服务，并且我们可以通过……来实施这一计划。""在现有形势下我们勉强也可以过得去，但如果我们朝着 X 的方向走，可以获得真正意义上的成功。"一个好的叙事可以为未来的目标注入极大的热情和活力。

认识到组织正在走向积极的未来只是一种叙事，还可以有很多不同的叙事。叙事也可用于为眼前的现实注入价值，从而为走向未来铺平道路。例如，广为人知的"白手起家"(from the ashes)叙事，在其中，"我们曾一无所有，但看看我们现在……"再如"复苏叙事"(the rebound story)，虽然我们身陷低谷，但我们正在慢慢变好。这两种叙事都是将过去与现在联系起来，从而为当前的现实追求注入价值。这些过去的叙事也可以与未来联系起来，从而为新的创举调动积极性。"我们从白手起家开始，一直奋斗到现在，位居世界第十……我认为我们还可以做得更好。""我们曾遭受过沉重的打击，基本上算是缓过气来了……我认为这是一个机会，不仅让我们恢复元气，而且比从前更好。"把类似这样的叙事引入日常对话，可以大大激发组织的活力。①

*

隐喻(metaphor)是建构现实的另一种有用工具。所谓隐喻，是用一件事定义或说明另一件事的修辞手段。例如，将某种侵略活动定义为一场"缉毒战役"或"反恐战争"。隐喻作为一种强有力的工具，既可以引导人们聚焦于某一事件或问题，也可以引发新的行为。② 组织的金字塔隐喻(the metaphor of the pyramid)被人们普遍接受，它引导人们向上看，采取顺从上级而疏远下级的姿态。组织的机器隐喻(smoothly functioning machine)同样广为人知，它把人们的注意力成功导向不同部门之间的相互依存。不过，这个隐喻同时也带来

---

① 更多有关组织生活中的叙事，请参见：Czarniawska, B. (1997). *Narrating the organization: Dramas of institutional identity*. Chicago: University of Chicago Press. Denning, S. (2005). *The leader's guide to storytelling*. San Francisco: Jossey-Bass. Gabriel, Y. (Ed.) (2004). *Myths, stories and organizations: Premodern narratives in our times*. New York: Oxford University Press.

② 有关隐喻在组织生活中的重要性，更多内容可参见：Morgan, G. (2006). *Images of the organization*(updated edition). Thousand Oaks, CA: Sage. Grant, D. & Oswick, C. (1996). *Metaphor and organizations*. London: Sage.

一些不幸的后果,即让参与者觉得自己是一个简单的零部件,随时可以被替换。将组织视为一个家庭的隐喻与将组织视为一个团队而精简(lean and mean)的隐喻具有不同的内涵。与此同时,重要的是人们对于将组织视为家庭这一隐喻已达成广泛的共识。如果某个组织的成员相信他们加入了一个家庭,而高层管理者("父母")却单方面决定裁员,那么,严重的争吵一定会接踵而至:你不应该抛弃你的孩子![1]

*

这幅素描启发我们将组织视为关系的流动(relational flow)。分享的协议与盟约可以发生在组织内部的任何位置,而且很有可能妨碍关系的流动。

对领导效能的三种贡献——积极分享、注入价值和建构现实——并不是预留给任何个人或职位的特权。在理想状态下,它们应该在整个组织中都受到鼓励。但这并不意味着,它们的潜能和贡献对于任何人和岗位而言都是完全相等的。在传统组织中处于高位的人,往往具有更大的优势。他们的联系更多,说出来的话更有分量。这些人需要掌握一些特定的技能技巧,以便成为更好的协调者和合作者。例如,叙事和隐喻的技巧就很有用。[2] 不过更重要的是,如何克服困难为组织内部的分享、评估、叙事和联盟创造好的条件。

*

领导者的沟通大多由独白(monologue)开始。如果沟通是成功的,独

---

[1] 由于违背主导性隐喻而造成纠纷的一个案例,可参见:Smith, R. C. & Eisenberg, E. M. (1987). Conflict at Disneyland: A root metaphor analysis. *Communication Monographs*, 54, 367 - 380.

[2] 有关管理过程中的话语技巧(discursive skills),更多内容参见:Shotter, J. & Cunliffe, A. L. (2003). The manager as practical author II: Conversations for action. In D. Holman & R. Thorpe (Eds.), *Management and language: The manager as practical author*. London: Sage.

白就会转变成为对话(dialogue),然后再发展成为会谈(conversation)。

——丹宁(Stephen Denning)

从问题诊断到价值评估

我有两个女儿,都在为大公司工作。如果说在她们的工作中有令人心神不宁的一面,那便是绩效评估(performance evaluation)。我们每个人偶尔都会体验对不能胜任的恐惧。生活在个体主义的文化中,我们都有过类似的经历。但是,绩效评估带来的恐惧却令人抓狂。我的女儿们工作非常努力,她们对工作很投入,很专注,很负责任。我跟她们说过,没有什么可怕的。但是,我的话她们根本听不进去,她们也不敢听,因为谁知道她们公司那些负责评估的人是怎么想的呢?

*

对员工的绩效评估是组织生活中毋庸置疑的一部分。例行公事的评估不仅会定期进行并在所有人的预料之中,而且通常也是有必要的。我们想要知道的是:还有没有其他方式,同样可以为员工提供反馈,纠正他们工作中的不足? 事实上很多人都一直相信,如果没有对问题的评估或诊断,人们就会失去激励,他们的工作质量就会降低。这种假设有充分的依据吗? 取消针对个体的绩效评估,人的表现一定会大打折扣,这是真的吗? 有没有另外一种可能,即评估反而降低了人们的行为效能? 想一想绩效评估对于组织内部人际关系造成的后果:

——**自扫门前雪**(Keeping my opinions to myself)。如果我分享的是一个好主意,有人可能把这主意说成他们自己的。他们将因此得到比我更高的评价。如果我分享的是一个有争议的观点,我则可能成为笑柄,反而会降低对我的评价。

——**替自己打算**(Looking out for #1)。我的主要任务是替自己着想。对我的评估命悬一线,威胁到我的工作和家庭福祉。相比之下,我宁愿牺牲同伴的利益。

——**暗中诋毁他人**(Undermining others)。如果我帮了别人,他们可能得到比我更高的评价,而在背后诋毁他们反而对我有好处。

——**不信任任何人**(Trusting no one)。你不能相信别人跟你说的事。他们全都像我一样，只为自己着想。如果他们赞美我，那是奉承；如果他们帮助我，意味着视我无能；总之，无论他们做什么，都是为了他们自己。

*

有关绩效评估是否一定能起到助长效用，并未得出一致性的结论。如果一个人迟迟未交一份重要的报告，及时提醒会非常有效。询问延误的理由并找到有效的解决办法甚至会对组织生活作出更大的贡献。[①] 可是，如果问题在两个月之后的绩效评估中被发现或提出，很可能已经没有纠正价值，剩下的只有对未来的焦虑。而且，在事发几个月之后再对一个人进行评估，结果并不令人信服。例如，作为一名教师，我就发觉自己在期末的时候很难确切地评估每一位学生对于课堂讨论的贡献。我不可能记得每一堂课、所有的发言和所有的沉默。基于回忆进行的评估并不十分可靠，带有一定程度的偶然性。评估于是沦为一场拙劣的游戏。在组织中也同样如此。

*

正如我之前说过，相互肯定的关系是组织活力的源泉。如果这种说法成立，那么，传统的评估实践实际上已经损害了组织的健康。这样的评估传统是否应该抛弃呢？别忘了，绩效评估实质上导源于有界存在的假设，之所以针对个体进行评估是因为每个人必须对自己的行为负责。可是，我们现在已经知道，人的行为产生自某种关系的背景。原则上说，一个人不可能独自行动。无论如何，评估的最终目的是确保组织能有效运转，纠正工作中的偏差，以及对员工产生最大程度的激励。现在摆在我们面前的问题是：在传统的评估实践（对于组织健康具有破坏作用）之外，是否还有别的途径可以达到同样目的？传统评估损害了组织内部的人际关系，有没有其他可以替代的方案，能够激发和促进组织内部的有效合作？

*

作为一种探索，首先，让我们用"价值评估"（valuation）的概念取代传统的问题评估（evaluation）或诊断性评估。所谓问题评估（to evaluate），是赋权给

---

① 正如赛林（Jane Seiling）指出，大部分的评估目标都可以通过在组织内部开展建设性对话来实现。参见：Seiling, J.（2005）. *Moving from individual to constructive accountability*. Unpublished doctoral dissertation. Tilburg University.

某个人对另一个人的重要性和价值作出评定——"我是法官,可以对你的能力高低作出客观判断。"相反,价值评估(to value)赋予评估对象的声音以意义,肯定他们对于关系的贡献,而组织正是在这种关系中获得生命力。与问题评估不同的是,价值评估有利于协调行动。如果价值评估鼓励合作和创造性的参与,它又是如何在实践中具体实现的呢?寻找对于传统绩效评估的替代性方案目前还处于起步阶段。不过,那些出自欣赏型取向的尝试为我们提供了有益的见解。① 以下活动尤其具有吸引力:

——要求员工分享他们个人在工作中那些做得好的和喜欢做的事情。定期安排这样的分享能够不断挖掘个体自身的价值,促使他们为组织作出更多的贡献。

——要求同事和管理者相互分享评估对象做得最好的那些方面以及他或她对于组织的贡献。然后把这些意见告知被评估者本人。知道同事如何积极地评价自己的表现会产生强大的动力作用,这一点与360度绩效评估(360 degree valuation)的原理一致。

——要求员工说出自己贡献给组织的才能和优势,以及他们在工作中是怎样利用并发挥这些才能和优势的。通过这种交流,同事之间可以彼此发现对方工作中值得鼓励和赞赏的地方。

——小组讨论如何更好地在实现目标的过程中互相支持。这样做的目的是,让员工越来越多地学会欣赏在身边与他们一起工作的人。

——要求个体描述他们从每一位同事那里获得的帮助或支持。当同事之间相互分享这些陈述的时候,便强化了组织内部积极的生成性关系。

*

D&R 国际有限公司的马乔尔(Jill Machol)为我们提供了把欣赏成分植入评价过程的成功尝试:

我们要求每位员工总结他们在过去一年中的成就——具体而言,不是简单地罗列做了哪些工作,还要包括自己为这些工作注入的价值。同时要求每一位管理者尽可能全面地列出每一个员工的成就。之后,召集

---

① Preskill, H. & Tzavaras Catsambas, T. (2006). *Reframing evaluation through appreciative inquiry*. London: Sage. Anderson, H. et al. (2008). *The appreciative organization*. Chagrin Falls. OH: Taos Institute Publishing.

管理者和员工开会,双方交换评价列表。有一些行为表现只出现于其中一个人的列表,而没有在另一个人的列表中出现;还有一些行为原本可以表现得更好。这些内容成为双方会谈关注的焦点,从而进一步引出未来的发展需求(包括教练和指导)。最后,要求管理者用两到三段话总结这次讨论,附上两个列表,由管理者和员工双方签字,以便将评估有效地转化为人力资源。整个过程耗时并不太多,它引导每一个参与者以积极的方式看待在过去一年中已经完成的那些工作。

*

批评家会说:"这样做的确不错。但是,如果只强调价值评估,人们怎么能知道自己的问题与不足呢?怎样才能获得提高呢?"问得好!但是要知道,大多数例行公事的问题诊断性评估建立在疏离和不信任的基础上。它们等于告诉被评价者,他或她并不完全被接受,因此需要被监督。相反,价值评估邀请被评价者进入一种信任和安全的关系。这种关系有助于人们探骊得珠。个体在受到尊重的前提下,对于周围一起工作的伙伴的需求和期望会更敏感;他会关心这些人。他会去了解,是什么原因让自己的工作在同事眼里不达标,然后尽力弥补自己的不足,而不是抵制或愤愤不平。最后,关于参与者如何相互支持的问题,如前文所述,需要重点指出那些有待改善的区域,而不是指责某个人的错误。在这里,针对如何纠正错误需要给予关心和指导。

*

在特蕾西(Tracy)进入我的课堂之前,我就听说过她。据说她很有天赋,却不服管教,对学习心不在焉,把谈情说爱和泡吧当成最重要的追求。特雷西提交给我的第一份作业既表现出一定的艺术水准,又透着冷漠。我选择对她的冷漠视而不见,我的评语几乎只针对她优秀的方面。在接下来的那篇论文中,特蕾西似乎是"为我"而写。她希望我了解并欣赏她的想法。我当然很愿意这样做。之后的一段时间她频繁地翘课(她的爱情遭遇了变故),我找她私下谈了一次。我告诉她,我很欣赏她的想法,那些想法很有趣。她期末的课程作业写得非常出色,是我读过的最好的论文之一。后来,我有机会看到特雷西那个学期的成绩单。和之前三个学期的糟糕表现不同(在那段时间,她受到留校察看的处罚),她的成绩等第明显进步了。

第十章
组织:高难度的平衡

*

从关系的视角看,欣赏取向的评估是一个很有价值的开端。但是,该取向令人兴奋的潜能尚未得到挖掘。到目前为止,这种实践仍然与有界存在的传统捆绑在一起。换言之,关注点仍然是个体行为者的正向能力。下一步应该将注意力从个体转向关系。例如,考虑下面这种可能性:将参与者分成两人一组,相互探讨:"我们之间的关系为何如此珍贵?""是什么赋予关系生命?""是什么帮助我们把工作做到最好?""我们理想中的关系是怎样的?""怎样才能更充分地实现这一理想?"对诸如此类问题的讨论会逐渐将个体从评估的中心移除。它们创造了关系的现实,引导和促进了成长型交谈。未来需要考虑的问题是如何进一步把关系型评估(relational valuing)纳入实践。

全球化运动中的组织

城市的街道两旁店面林立,每一家店面都宣告着自己的独立:我们是一家药店,我们是一家比萨店,我们是一家杂货店,等等。为了确保各自的独立性,中间用一堵墙把一个组织与另一个组织区隔开。各种大型组织如学校、政府机关和各类工厂等同样如此。通常每个组织驻留在一座建筑物中,外表被设计用来容纳和保护组织内部那些有价值的东西,使其免受外部未知事物的干扰和伤害。每个组织都有一块自己的专属领地——"这里",并与组织外部的"那里"形成分离。

这些老生常谈让我们再次陷入有界存在的逻辑。但这里的有界存在不是个体,而是独立的组织。我们以这种方式来建构组织,会感染与有界存在的个体相同的疾病。我们在围墙之内,他们在围墙之外。一旦这种隔离被打破,组织内部的人有三种选择性倾向来看待组织外部的人:他们是支持我们的,他们是反对我们的,或者他们与我们毫不相干。如果他们是支持我们的,他们和我们的关系就是工具性的:"他们能为我们作多少贡献?我们需要为此付出什么代价?"如果他们是反对我们的,所要解决的问题就是如何征服或消灭他们?不相干的人就让他继续不相干吧。这种相互对立的工具性取向与组织的自恋(organizational narcissism)密切相关:"我们的存在就是为了强化和发展自己。"除了组织的福利之外,其他一切都没有价值。这种自我中心型的组织(self-concerned organization)缔造了某种相互算计、猜疑、对立和冷漠的关系。

*

最糟糕的是,这里会成为类似安然公司(Enron)那样的组织。这是一个满是谎言、欺骗,为了公司利润剥夺公众利益的世界;这是一块通过"揭丑"(digs dirt)、设置障碍和打击竞争对手而强化自身的政治飞地(enclave);这是以牺牲穷人利益积累财富的富人世界;这是每一个宗教团体都在谴责其他宗教以扩大自身影响力的世界。在这里,"适者生存"(survival of the fittest)不是一种描述,而是火药味十足的战斗宣言。

*

在这样的组织与世界关系中,维持组织行为(organizing)与组织自身(organization)的平衡同样面临重要挑战。每当人们试图建立强大的组织——一个完美的运行机器——便为日后的失败埋下了伏笔。这里的主要问题在于组织与周围环境的脱离。当组织内部的现实和价值变得忘乎所以,它与外部世界的关系也就变得彻底不相干、不相容甚至相互对立起来。这在较小的范围内表现为,组织不了解市场的价值,专业演艺人员不了解观众的喜好,或者政党不了解社会舆情。所有这些都会造成损害性后果。在更大范围内,这就如同奉行马克思主义的苏联政府未能理解普通百姓的民意,实行种族隔离的南非政府不了解全球范围内对于种族隔离制度的强烈反对。在上述每一个案例中,强烈的自我寻求结构(self-seeking structures)最终都以失败告终。纳粹德国的兴衰或许是近代史上最典型的事例,能够帮助人们理解脱离现实最终会带来怎样的灾难性后果。

*

因此,最艰巨的任务是如何将组织及其周围环境导入一种彼此和谐同步的状态。如何吸收外部的声音,淡化组织边界,维持组织的活力?对于这样一些问题,传统的回答出于有界存在的逻辑,具体而言,出于上面所说的工具性取向:"我们如何影响或掌控外部意见,使所有这些对我们有利?"这是营销经理、公共关系部门主管和政治谋略专家的逻辑。基于这种逻辑,最重要的任务是收集有关"他们"的各种信息,并作出决定,即**"我们"**如何塑造**"他们的"**反应。然而,从关系的角度来看,最重要的是如何用联合行动的逻辑(the logic of co-action)代替这个因果观点。我们应该问:"我们可以怎样一起创造幸福?"

第十章
组织：高难度的平衡

*

我们这里讨论的问题与社会学对结构洞（structural holes）的研究相关。[1]理论上说，组织内部的某些人有机会进入其他群组的信息流。在组织结构中，处在这种位置上的人代表"洞"（holes）。换言之，信息通过他们流进和流出。正如许多研究证明，结构洞对于维持组织的活力意义重大。例如，有研究表明，当公司高管在公司和行业之外拥有大量重要关系时，该公司往往容易取得更好的业绩；合资企业或各种形式的联盟能为组织带来高额回报；会计公司如果与客户群保持牢固的伙伴关系可以提高公司的长期存活率；半导体公司与通信领域以外的其他公司建立联盟便有更大的可能实现创新；小型制造商若获得公司之外的资源或指导会更具竞争力；拥有结构洞越少公司成长得越慢；一个负责产品创新的团队，其成员与团队之外的联系越多，工作便越富有成效；生物技术公司如果拥有更多联盟和伙伴公司，便能获得更高的效益和更多生存的机会。[2]简而言之，跨越边界的关系对于组织生活而言是至关重要的。

*

然而，有关结构洞的研究并没有带领我们走出多远。这里的假设依然是：拥有结构洞这样的开口可以强化自己的组织。然而，关系的视角却令我们进一步扩大视野。最重要的不是个别组织的利益，而是更大范围内的关系流动。这些关系流不仅维持和振兴了文化，而且在更普遍的意义上改善了全球的生存环境。因此，摆在我们面前的任务是如何促进协作行动的过程。在这个过程中，组织内部和外部的界线逐渐模糊。最近有两个实例有力地证明了协作行动的地方性潜能：

> 维也纳有一家大型制造公司不断受到新闻媒体带有明显批判性质的调查和抨击。媒体报道这家公司牟取暴利，对产品作出不符合实际的声明，剥削自己的员工，等等。每当公司试图为自己辩解的时候，媒体总能

---

[1] Granovetter, M. S. (1985). Economic action, social structure, and embeddedness. *American Journal of Sociology*, 91, 481–510. 也可参见：Burt, R. S. (2001). Structural holes versus network closure as social capital. In N. Lin, K. S. Cook, & R. S. Burt (Eds.), *Social capital: Theory and research*. Hawthorne, NY: Aldine and Gruyter.

[2] 一个完整的文献回顾，参见：Burt, R. S. (2000). The network structure of social capital. In R. I. Sutton & B. M. Staw (Eds.), *Research in organizational behavior*. Greenwich, CT: JAI Press.

找出不信任的理由,于是对抗越来越尖锐。面对僵局,该公司不得不改变政策。他们不再害怕和回避媒体,而是决定邀请几家媒体来参加公司的决策会议。通过这种方式,媒体开始从内部了解公司的逻辑和价值观。而且由于公司决策是在媒体监督之下作出的,管理者对于公众舆论愈加敏感。其结果是,组织的逻辑和媒体对于该组织的态度两方面都发生了改变。敌对关系瓦解了,组织实践得到了改造。

某个反对活体解剖的团体成员聚集在一家生物研究公司门前示威抗议,谴责以牺牲动物的生命为代价进行的实验。从示威者的角度看,生物研究公司伤害动物的行为旨在赚取利润。然而,站在研究公司的立场上看,他们的研究是为了促进药品开发,以便拯救成千上万人的生命。双方无法在岌岌可危的伦理道德问题上达成一致。然后,该公司放弃正面对抗,邀请示威团体的部分成员和他们共同准备一个公共展览,将问题的两个方面同时呈现出来。示威者同意了。在之后的几个月中,两个团体并肩工作,为公众举办了一个有价值的展览。在此期间发生了重大改变。原本对立的双方代表开始相互倾听、相互尊重,并相互高度评价对方为举办展览所作出的贡献。组织的边界开始消解。有趣的是,研究机构后来发展了一个内部团体,以便在之后的公司会议中代表示威者的意见。"外部"的声音现在进入"内部"了。

*

我很喜欢这些故事,它们代表了在协调组织和世界关系方面的创新,通过这些创新使得关系的双方都能得益。但是,这种对于协调的关心同样需要超越单一的组织水平。那些能够找到某种方式让多个组织同步、让组织与公众世界同步的人是有远见的。例如,由安妮·E. 凯西基金会(Annie E. Casey Foundation)发起的"联通"项目(Making Connections)令人印象深刻。[①] 基金会在十几个城市开展运营,开启旨在帮助低收入家庭摆脱贫困的对话,同时为年轻人创造更有前途的未来。他们希望通过这些努力引发积极的涟漪效应(ripple effect),包括降低城市的犯罪率,减少疾病的发生。项目首先选择那些可能提供就业机会的商业组织,进入关系网络的还有健康服务机构、日托中心

---

① 参见:www.aecf.org/MajorInitiatives/MakingConnections.aspx.

和为家庭提供服务的财经顾问等。另一个特别的尝试是在社区内部建立关系，以便社区居民可以相互依靠和支持。最后，再尝试通过多个社区和机构之间的协调来带动整个城市发生改变。①

这种对于协调作出的努力可以从社区层面提升到地区或国家层面。例如，瑞典政府作出承诺，要促进国内更多地区的可持续性的发展。② 这些努力不仅聚焦于经济的发展，还包括环境福利、性别平等和对社会的整合，等等。在这一背景下，政府尝试把企业（包括大型和小型企业）和大学、文化机构、地方官员以及艺术家团结起来，共同创造区域性的重大改变。

全流通协调（full-flowing coordination）的愿景还可以进一步扩展到全球范围。类似于全球福利计划代理机构（the Business as an Agent of World Benefit program）③以及联合国全球契约组织（the United Nations Global Compact）等作出的努力都是面向未来的。④ 它们希望为项目募集更多的大型企业，在世界范围内共同为人类创造更好的生存条件。鉴于排名前300的跨国公司拥有全球25%的资产，开展这些项目的意义是深远的。与此同时，许多公司也相信，改善世界的状况本身就是一笔很好的生意。例如，通用电气对风力发电做了重大的投资；丰田汽车公司的成功正在于刺激各地的汽车制造商生产更多节能型汽车；沃尔玛公司简化商品包装创造的节能效应相当于减少了20万辆卡车的消耗。如果没有巨额利润的支撑，这些努力是否还会继续下去呢？现在下结论可能还为时过早。不过，改善世界的行动很可能成为令组织骄傲的标志。想象一下，假如有一天我们能够以全员福利的实践（practices of fully relational welfare）取代自我增益的传统（traditions of self-gain），那将会是多么激动人心的事啊！

---

① 尽管这个项目确实产生了显著的积极效果，但是进一步的研究表明，仅仅找到一份好的工作，其本身并不足以帮助家庭摆脱贫困或让年轻人接近更有希望的未来。参见：Iversen, R. R. & Armstrong, A. L. (2007). *Jobs aren't enough*. Philadelphia: Temple University Press.
② 参见：www.internat.naturvardsverket.se/documents/issues/report/pdf/8176.pdf.
③ 参见：www.bawbglobalforum.org/.
④ 参见：www.unglobalcompact.org/.

第四部分
由道德到宗教

第十一章

道德：从相对主义到关系的责任

本书最后两章针对关系性存在的道德和宗教意涵展开对话。我能迈出这一步实属不易，因为我的同事大多是社会科学领域的研究者，这个圈子对道德和宗教问题普遍讳莫如深。在这种传统中，明智的研究（sound scholarship）往往只限于对现实世界的描述、揭示和解释，对人们应该过怎样的生活则不作任何价值判断。正如通常所言，学术应该致力于研究"事实是怎样（实然）"而不是"应该怎样（应然）"。依照这一观点，我们借助各种分析工具和严谨的方法，最终可以清晰地描述这个世界"是怎样"的，"价值"问题则长期笼罩在主观性的阴影之下。

宗教问题更加令人望而却步。当前的学术传统在很大程度上是启蒙运动的产物，启蒙运动在推翻黑暗时代宗教桎梏的过程中发挥了决定性的作用。科学研究一般被视为启蒙思想的最高成就，代表着当代现世主义（secularism）最强有力的声音。例如，对于宗教或精神传统，科学所信奉的唯物论、客观主义和决定论如果不是具有敌对作用的话，则显然起到了遏制作用。[①] 科学家对于"智能设计论"（intelligent design theory）的鄙视则是新近出现的又一个典型例子。即便做宗教研究，研究者也往往只限于撰写和讲授"有关"（about）各种不同宗教传统的知识。一旦拥护某种宗教，便会威胁到研究者自身的地位，公开宣扬某种宗教信仰更有劝诱改宗之嫌。通常认为，那样做会蒙蔽学生的心灵，使学生丧失客观理性的判断力。

---

① 对宗教问题普遍采取回避的态度，这在自然科学和社会科学研究中也有例外。在坦普尔顿基金会（www.templeton.org）的倡导下，科学家与神学家双方对于如何进行合作研究已经有过不少讨论。然而遗憾的是，这些努力中的大部分都将科学知识视为神学研究立足的基础。另有一些雄心勃勃的超个人社会科学家致力于为宗教体验和信仰提供具有可理解性的解释。例如，可参阅：Wilbur, K. (2006). *Integral spirituality: A startling new role for religion in the modern and postmodern world*. Boston: Shambhala. 可惜，这些努力大多为科学人士所漠视。

*

在这样的背景下,就此结束对关系性存在的讨论是否更明智?将前几章的观点进一步推广至道德与宗教领域是否自找麻烦?在部分读者看来,或许真的就是这样。但在我看来,进一步的探索意义重大。正如第七章所述,在启蒙思想的主导下,学术世界正日益发展成为一个危险的孤岛。日常生活中,我们不可避免地要面对道德与宗教关怀问题,诸如战争、环境、移民、堕胎、死刑、最低工资、通货膨胀、色情等问题,不断陷我们于危险的道德泥潭。我们无论如何也摆脱不了"应该怎样生活"之类的问题。如果避开"应然"问题(issues of ought),像科学要求我们去做的那样,我们便免除了自己对于那个使科学成为可能的关系世界的责任。

与道德问题相似,宗教信仰在我们生活的这个世界同样具有重大意义。这种意义不仅限于人们的虔诚信奉,甚至涉及数百万人的生死。对于科学共同体而言,仅仅自恃清高地将宗教撇在一边,将宗教贬为迷信的避难所是远远不够的。学术研究若想对支撑其自身的文化有所贡献,开放性的对话必不可少。拒绝对话的后果只能是在疏离感的汪洋大海之中(an ocean of alienation)重建另一个实践的孤岛(island of practice)。

即便在理性思考的范围内,在道德的主观性与科学的客观性之间明确划界也是站不住脚的。尽管"实然"(is)与"应然"(ought)长期被视作对立面,但二者确实无从分离。就建构某种可理解的现实而言,科学共同体和宗教共同体并无区别,只不过前者使用原子、社会结构和潜意识等概念,而这些在后者那里是宗教意识、圣灵以及神的旨意。最重要的是,二者都负载着价值,科学强调可靠的预测,而宗教重视崇敬和怜悯。不幸的是,作为两个相互隔绝的领域,它们各自只关心如何扩展自己的地界,都希望以自己认同的生活方式教育全世界。然而,站在关系的立场上,我们无须争辩谁对世界的解释更合理,或者哪一方追求的是最高价值,因为它们双方各自都只能在特定的共同体内获得自身的合法性和价值。我们要问的是,这些话语会给这个世界带来怎样的后果?假若我们接受其中一方而拒绝另一方(或同时接受双方),我们的关系生活又将变成什么样?

*

在我们这个时代,宗教面对的最大和最根本的问题之一是它们与科

第十一章
道德：从相对主义到关系的责任

学的关系问题。

——西谷启治（Nishitani Keiji）

*

科学话语及其相应的实践充斥着我们生活的方方面面。多数情况下，科学在广泛的社会生活中畅行无阻，不会受到任何质疑。我们感谢科学在诸如疾病医疗、能源利用和交通改善等方面作出的巨大贡献。但也有批评者认为，科学压制了我们对价值与宗教问题的思考，导致对地球资源的过度开发以及日常生活和人类关系中的功利主义倾向，等等。[①] 综合多种视角来看，宗教话语同样兼具积极的和消极的双重影响。[②] 数以百万计的人从某种精神追求或宗教信仰中获得人生的目标和价值感，这有利于维持道德社会的良性运转。而与此同时，大量的异教徒曾经（并将继续）因为宗教的原因遭到杀戮。这显然已不仅仅是需要长期对话的问题。如果我们放弃追问"谁对世界的解释更正确？"双方（科学与宗教）共同体便可以相互向对方的理解方式敞开大门。本书至此已经探索了科学的路径。在这样的情境下，我认为有必要再进一步深入宗教领域。

*

我将宗教问题纳入本书也是出于关系的原因。我的许多同事和朋友都是虔诚的宗教信徒。漠视他们的信仰不仅会窄化我们之间的关系，更可能中断我们共同参与其中的关系流，这无异于在我们各自从属的关系共同体之间设置新的障碍。而我希望的是淡化双方的边界。

*

本章我将应对道德问题的挑战。我将质疑那种通过设置某种道德底线或基本的伦理原则来指导人类行为的做法，并以探索关系性存在的道德意涵取代这类很成问题的努力。在此，我们将首先回顾关系对于生成某种道德行为

[①] 例如，可参阅：Nelson, L. H. & Nelson, J. (Eds.) (1996). *Feminism, science, and the philosophy of science*. Dordrecht: Kluwer. Aronowitz, S. (1988). *Science as power: Discourse and ideology in modern society*. Minneapolis, MN: University of Minnesota Press. Keller, E. F. (1986). *Reflections on gender and science*. New Haven, CT: Yale University Press. Haraway, D. (1991). *Simians, cyborgs, and women: The reinvention of nature*. New York: Routledge.

[②] 例如，可参阅：Dawkins, R. (2006). *The god delusion*. New York: Bantam. Hitchens, C. (2007). *God is not great: How religion poisons everything*. New York: Twelve Books, Hachette Book Group.

的潜能。我们将这一过程称为**一阶道德**(first-order morality)。之后,我将倾力解决道德相对论的问题。我们会发现,随着人们对一阶道德的允诺(first order commitments to the good),我们同时创造了另一个不那么道德的外域(exterior domain)。疏离感(alienation)就此产生。当疏离的威胁强度足够大时,我们便会试图控制和清除"罪恶的他人"(evil other),联合行动便会戛然而止。然后,我将讨论**二阶道德**(second-order morality),即讨论对人们联合创造善的行为的可能性给予无条件支持的伦理。我们由此走向强调关系自身的责任这一立场。本章最后将简要讨论如何将关系的责任付诸实践。

对道德行为的挑战

邪恶是日常生活中常见的现象。早间新闻中充斥着对于伤害、谋杀、政治迫害、战争甚至种族灭绝等大量暴行的报道。我们几乎被各种不道德的行为淹没,却对此无能为力。对道德行为的挑战不是出现在远离我们的新闻报道里,而是就发生在我们身边,如开车违规、不守诺言、逃税骗税、浪费能源、嘲弄异族、歧视穷人,等等,甚至家庭内部同样如此。爸爸妈妈为撒谎或霸道的小孩子揪心,父母缺乏爱心直接导致孩子产生心理问题,夫妻之间因不光彩的行为而相互猜忌、勾心斗角,等等。

与道德烦恼相伴的是另一种"要是……就好了"的心态:要是人们都能遵守道德或伦理规范就好了;要是他们有善/恶意识就好了;要是他们能停止作恶就好了;要是人们能互相关爱就好了……于是,我们以道德伦理教育自己的孩子,支持宗教团体,设置管理和惩罚机构,健全法制,建立大量的监狱。在学术领域,我们不断针对各种行为准则或道德问题展开理性大讨论。从亚里士多德(Aristotle)到麦金太尔、努斯鲍姆(Martha Nussbaum)和麦克洛斯基(Deirdre McCloskey),各种哲学思潮相继涌现。[①] 然而遗憾的是,这些努力并未取得显著成效,各种不道德行为依然在我们周围不断发生。

*

---

① 例如,可参阅: MacIntyre, A. (1988). *Whose justice, which rationality*? Notre Dame: University of Notre Dame Press. McCloskey, D. N. (2007). *The bourgeois virtues: Ethics for an age of commerce*. Chicago: University of Chicago Press. Nussbaum, M. (1990). *Love's knowledge, essays on philosophy and literature*. New York: Oxford University Press.

第十一章
道德：从相对主义到关系的责任

毫无疑问，所有这些塑造、管理、引导和控制的尝试都有利于建设一个理想的道德社会。但是，考虑相反的可能性：事实上，所有建设道德社会的努力都同时强化了有界存在或独立存在的假设。至少在西方文化背景下，几乎所有的规则、惩戒和奖赏都指向某个具体的行动者。在法庭上，我们通常要求个体对自己的行为后果承担责任。在组织内部，我们会指着某个人说："他或她应该对此负责。"在日常关系中，我们同样要求个人为迟到、无礼、酗酒、贪婪、迟钝等行为负责任。在西方文化中，构成道德的基本单元是个体。以这样的方式，传统的道德价值建构了一种分离的现实：我在这儿，而你在那儿。

正如第一章所述，对一个相互完全分离的世界而言，个人的幸福是最重要的事。我必须首先关心我自己，而你的幸福是你自己的事。实际上，在一个有限道德（limited goods）的社会，你的幸福与我的福祉存在竞争。我们由此可以理解为什么西方道德法则如此推崇"善待他人"。从《旧约圣经》中"爱你的邻居如同爱你自己"的道德规训，到莱维纳斯"对他人尽义务"的观点，①都假定道德的善是通过对他人的爱、关怀、施舍和为他人的幸福而献身建立起来的。这种观点之所以有意义，是因为我们相信人"在本质上"是自私的。因此，当我们沉浸于西方文化并且按照这些规则行事时，必须同时意识到它是如何对有界存在的传统作出贡献的。伴随着每一次的呼吁——要体贴、关爱、同情，以及不断地被告知——"要为他人……"我们同时也被提醒，人和人是相互分离的，而人的本性在于自我满足。

*

想一想那些对于慷慨、仁爱和关心他人的大量呼吁。我们所有人都被这种诉求激励，许多人愿意为他人牺牲自我。这些诉求由此建构起有关道德价值的宏大叙事，我们在奉献自己的过程中获得了非凡的价值感。然而，我们必须认识到，在这个叙事中，施惠者享有特权。"我"是施主，因而值得赞美。而受惠者仅仅以物质的方式得到好处，他们不可能获得"进入天堂"的机会。为了彻底解决饥饿或疾病的困扰，忘恩负义的受惠者甚至可能大难临头。不尊重施惠者会受到所有人的鄙视。因此，"爱你的邻居"并不是关系的叙事，而是

---

① 例如，可参阅：Levinas, E. (2005). *Humanism of the other*. Evanston: University of Illinois Press.

一个以自我为中心的英雄的故事。

*

那么,有没有其他可替代的方案可以建立和强化道德规范以便引导和控制人的行为呢？让我们站在关系性存在的立场上来考虑这种可能性。

不道德并不是问题

我们通常认为,世界上的许多苦难都是因为有一些人缺乏道德感和良知造成的,一味追求个人利益,不顾忌他人感受,说白了,这些人就是"社会败类",他们的行为必须得到控制乃至被消灭。但是,考虑一下相反的假设：我们不是因为缺少道德而受苦,相反,我们的痛苦在很大程度上来源于道德的兴盛。这种观点听上去很荒谬,怎么解释呢？让我们站在关系的立场上想问题：如果生活中的一切意义都来自关系,那么,善与恶的观念同样如此。任何一种关系都存在对善与恶的最基本的理解,这些理解对维持社会的协调模式（patterns of coordination）而言非常重要。任何背离可接受模式的行为,都会对社会造成威胁。一旦我们建立了某种如何说、如何做的协调关系模式,"我们生活的方式"很容易被赋予重要价值,与此同时,一切违反、破坏或摧毁这种生活方式的行为便都有可能被视为罪恶。

*

众所周知,"伦理"(ethics)一词源于希腊语中的"民族精神"(ethos),原意是指社会习惯；而"道德"(morality)一词源自拉丁语的词根"mos"或"mores",等同于符合社会习惯的道德行为。被人们普遍接受的习俗和惯例构成某个社会的道德基础之后,[①]才有理性的判断。

*

让我们将某一关系系统内部道德形成的过程视为**一阶道德**(first-order morality)的建立。一阶道德若要在某种关系中真正起作用,该模式负载的价值就必须得到人们的普遍拥护。例如,我给一个班的学生上课,一阶道德就在发挥作用。我们选择并维持那些对我们而言是"好的行为"。在这种情形下,

---

① 更多阅读资料请参阅：Eliade, M. (1987). *The sacred and the profane: The nature of religion*. New York: Harcourt Brace Jovanovich.

没有口头命令,不存在任何道德强制,也没有针对学生或教师制定的人权法案,一切规则都是内隐的,却制约着我们的所作所为。从我的语音语调、目光举止,到课间学生们的议论,他们说话的声音以及头面部、手、脚和腿的动作姿态等,其中任何一点失当——说话的声音太大,互抛媚眼,脚步拖沓或制造噪声,嘴巴发出啧啧声等,都意味着我们当中的某个人涉嫌犯错。①

*

在只有一阶道德的条件下,人根本不可能选择不道德的行为。也就是说,假定人完全沉浸于某种关系,而且只存在这样一种关系,就不可能突破现存的协调模式而产生其他行为,因为这样做完全不可理喻。在这种情况下,"作恶"(doing evil)几乎毫无意义可言。例如,在课堂教学场合,我不可能对学生拳打脚踢,我的学生也不会在教室里翻跟头或者把椅子扔出窗外。我们不做这些事不是因为被禁止,而是我们根本不会这样去想,因为从未发生过班上的学生把椅子扔出窗外这种事。我们维持正常的课堂秩序是因为这就是我们的生活方式。事实上,在某种生活方式内部运行的一阶道德原本就"合情合理"(being sensible)。同样道理,多数人不会想到要谋杀自己的好友,并不是因为他们幼年习得的道德规范,也不是因为这种行为触犯法律,而是这种行为根本超乎想象。同样,在某个宗教仪式上大跳踢踏舞,或者将自己的头浸入就餐同伴的汤碗里,这些行为均不可理喻。大多数时候我们都在舒适的一阶道德的屋檐下安然度日。

问题出在道德

于是,我们要问:"恶行从哪里来?""为什么明显不道德的行为(wrongdoing)随处可见?"具有讽刺意味的是,答案就隐藏在一阶道德的产物之中。任何时候,只要人们开始协同行动,便会生成一阶道德。当我们努力寻求让彼此满意的相处之道,便开始建立地方性道德(local good)——"我们做事的方式",结果便形成了各种各样的道德传统。不论人们在何处成功相聚,都会形成新的可能性,其结果便是世界各大宗教派系都有他们自己的道德标准。同样,不同的政府、科学、教育、艺术、娱乐等系统也都有各自不同的道德标准。

---

① 也可参阅:Peperzak, A. (1997). *Before ethics*. New York: Prometheus Books.

在家庭、朋友圈和社区范围内同样有着无数的地方性道德传统。所有这些旨在维护道德行为的愿景，其中有宗教的，也有世俗的；有明文规定的，也有默认或心照不宣的。各种新的道德标准层出不穷并快速扩展：反对堕胎、女权主义、反全球化、反战、反对活体解剖、反对精神病学、素食主义、环境保护主义、主张同性恋者权力，等等。道德评价永无止息。

*

正是在道德的不断增殖中，我们找到了邪恶的成因。首先，多样化的道德标准为**道德邪恶**（virtuous evil）设置了舞台。这一概念意指在某种关系中备受赞扬的美德，在另一种关系中可能被视为邪恶。例如，人工流产在某些传统中是合乎道德的行为，而在反对堕胎的传统中却被视为邪恶；反对精神治疗者遭到精神病学专业的藐视；基督教基要主义者受到宗教激进主义者的诽谤，以及其他大量被跨道德谱系（spectrum of goods）评估的行为。在一个拥有多重道德标准的社会，任何一种道德行为都有可能遭到其他不同传统的鄙视或厌恶。

我们通常会在现有的关系内部依道德法则行事，避开将这种道德视作恶行的那些人。甚至家庭内部房间的分隔也被用来隐藏在某种关系（如配偶关系）中被视为合理而在另一种关系（如亲子关系）中不能被接受的行为。道德邪恶蜷伏于我们许多人的日常意识之中，之所以如此，是因为我们携带着无数种关系的痕迹，而其中每一种关系都拥有一套自己的道德体系（参见第五章）。作出任何一种选择都意味着将其他无数种竞争的残基（道德标准）降级到次要地位。因此，下班之后待在办公室完成自己的工作是应该的，而回家陪伴家人也是对的；按时赴约是对的，遵守交通限速规定也是必要的；因某人的爱而感到幸福很好，接受另外一个人的爱也没有错；捍卫自己的国家是正当的，而避免杀害其他国家的国民同样理所当然。作出任何一种选择都既是道德的，也是不道德的。相对于我身处其中的任何一种关系而言，我同时还参与了其他的关系，而在后者看来，我现在的做法很可能被视作不可理喻的邪恶。我们拥有多样化的道德标准，因此可能对于某些我们卷入其中的活动感到格格不入。在我们参与的任何一种关系，甚至是极其重要的关系内部，都有可能发现其愚蠢甚至邪恶之处。不满和反对的声音无时无刻不伴你左右。

＊

　　良心的挣扎并非因为对善或恶的行为的抉择,而在于对善恶标准的取舍。

＊

　　让我们再将目光转向那些更加邪恶的行为:抢劫、敲诈、强奸、毒品交易或谋杀。正是在这里,我们发现了隐藏在道德诉求中的一种极其危险的转换。人们对于日常生活中那些轻微的过错往往选择忽略、愿意协商甚至施恩宽恕。但是,对于那些极具危害性的行为,则常常诉诸武力,通常借助各种形式的防卫手段(监视、管制)、剥夺权利(入狱、刑罚)或更极端的灭绝方式(死刑、入侵、轰炸)来消除。正是这种铲除邪恶的冲动使我们倾向于将原本可能只是"不良的善行"(evil virtue)视为"有道的邪恶"(virtuous evil),借"除恶"之名严厉打击,而这些行为在另外一些人看来可能纯粹是"善行"。

＊

　　气愤是我们为附庸某种狭隘的是非观念付出的代价。

——卡巴特-津恩(John Kabat-Zinn)

＊

　　由此可见,主张铲除邪恶最突出、最致命的后果便是强化了不同关系丛(家庭、社区、宗教、国家、种族等)之间的壁垒。作为对"盟约、路障与超越"一章(第六章)的回应,那些致力于铲除"邪恶他者"(evil other)的人因其对异己分子的惩处而在自己人眼里获得追捧。因而,消灭异端成了给人带来陶醉感的琼浆玉液。与此同时,那些沦为铲除对象的人往往会展开集体报复。一旦遭受谴责的人意识到自己的处境危险,他们便会祭出道德的旗帜来替自己说话,借"正义"之名对打击进行报复。毫无疑问,其结果便是上演我们熟知的相互诛灭的脚本:"哈哈,那家伙被打残了,真痛快!""我消灭了你的子嗣,很庆幸!"

＊

　　一旦死亡之战上演,主要的敌人便不再是对手,而是战争这出戏一贯的脚本。

走向二阶道德

如前所述,正是道德的建立,为"不道德"或邪恶行为的产生创造了条件。

实际上,只要存在以和谐和圆满为目标的协调行动(coordinated actions),疏离和冲突便不远了。伴随着沟通技术,如电邮、手机、互联网等的快速发展,冲突的可能性正在不断加大。而每当一种新的关系出现,新的道德评价体系便即刻投入运行。人们现在已经很容易维持跨时间的和不同地域之间的联系。世界变得越来越小,却越来越支离破碎。可是,竞争的压力虽然无可避免,敌对行为、流血事件和种族灭绝却是可以避免的。伴随着各种相互冲突的道德,我们面对的挑战并不是创造一个完全没有冲突的世界,而是找到不至于相互灭绝的应对冲突的方式。那么,鉴于人类行为的协调性特点,我们如何得以继续?

*

一种颇具吸引力的可能性是,让人们共同参与制定一套为所有人共同接受的道德体系,以便我们超越相互之间的敌意。对此,我也抱有同等期望。在我生活的历史文化背景下,人们对于友爱、同情、关心、舍己为人之类的普世性的道德标准大多耳熟能详。在更世俗的层面上,我同样很支持人权运动。但与此同时,在很大程度上,我又对这些追求可能造成的后果持保留意见。即便通用的道德标准可以得到人们的普遍认可,其结果仍然是一种善恶相对的等级秩序,目的在于对某些不够善的行为(the less than good)施行控制。实际上,通用的道德标准是以消除某些行为为目的和前提的,而这些行为至少从某个角度来看可能是合理的、正当的。① 一旦某个国家或个人被指责侵犯人权,冷战便会再次发生。

*

我们一方面承诺要博爱,一方面又在不断谴责敌对者的行为。

*

抽象道德的分裂势能(divisive potential)由于某种事实而被强化,即这些道德并未告诉我们应该在什么时间、什么场合应用以及具体应该如何应用。从抽象道德或人权出发无法确定某种具体的行动。② 那些正义、平等、同情和

---

① 与此有关的还有布伦克霍斯特(Hauke Brunkhorst)的著作,他认为对人权的保障需要一个"全球性法案"。参见:Brunkhorst, H. (2005). *Solidarity: From civic friendship to a global legal community* (J. Flynn, Trans.). Cambridge, MA: MIT Press.

② 关于抽象道德原则的问题,更多讨论请参阅:Nussbaum, M. (2001). *The fragility of goodness: Luck and ethics in Greek tragedy and philosophy*. Cambridge: Cambridge University Press. Logstrup, K. E. (1997). *The ethical demand*. Notre Dame, IN: University of Notre Dame Press.

第十一章
道德：从相对主义到关系的责任

任他大声嚎叫吧
他罪有应得……
他是强盗，是凶手，是恋童癖
是披着人皮的恶魔。
他不是我们中的一员，从来都不是
没有人愿意听他说，也没人能听懂
从来没有
即便在他还是个婴孩的时候。

——沃尔特（Regine Walter），《艺术家》

自由的价值观念本身并不指向任何特定行为。于是，任何一种以抽象价值为名受到谴责的行动都可以被用来捍卫同一种价值。美国政府以自由的名义压制少数民族(如非裔美国人和美国土著民)、监禁守法公民(如第二次世界大战中的日裔美国人)、无理由地入侵别国(如伊拉克)，恐怖分子则以耶稣或穆罕默德之名在全世界发动恐怖袭击。那些打着博爱、正义、平等旗帜发动的讨伐邪恶的行动事实上却是最残忍和血腥的。①

也有不少人赞同以多重道德标准作为一种社会长期存在的现实。正如我们常说："存在很多种看待世界的方式，因此我们必须相互尊重。"然而，这一立场却因其道德相对论(moral relativism)倾向而受到强烈批评。那些坚持"任何一种道德立场都和其他立场同样好"的道德不可知论者(moral agnostics)受到轻视，因为他们根本没有立场。他们不反对任何事物，既不致力于建设未来，也不参与抵制非正义的斗争。

在我看来，这些对相对主义的批评未免有些夸张。如果将道德相对论者定义为这样一群人，他们认为所有道德都具有同等的合法性，都同样公正，那么坦白地说，这样的相对论者我一个都没有见到过。② 让我们用另一个更可信的概念代替道德相对论，那便是**道德多元主义**(moral pluralism)。道德多元主义非常愿意接受各种不同的道德传统，即便它们得不到全世界的认可。他们对于某些特殊的生活方式持开放态度，愿意领悟其中的价值。与此同时，这一倾向并不意味着消灭其他的道德传统。多元论者一向秉持**宽容**(tolerance)的心态，鼓励人们去理解其他的道德传统，并能深入契悟他们为何信其所信。佛学家一行禅师(Thich Nhat Hanh)在论及"真爱"的觉悟(an enlightened stage of omni-partiality)时对多元主义倾向有过回应。在他看来，对待践行不同道德之人的最好态度是"慈悲为怀"(compassion)。③

我被这种理想吸引，但多元论推崇的宽容与慈悲(tolerance and compassion)

---

① 正如皮尔(Jeffrey Perl)指出，对正义的诉求往往成为和平的阻碍[*Common Knowledge*, 8: 1 (2002)]。露丝提格(Cardinal Lustinger)同样认为："遗憾的是，最冠冕堂皇的宣言往往掩盖着最卑劣无耻的行径。"[*Common Knowledge*, 11: 1 (2005), p. 22.]
② 有关该问题，近期的学术研究纲要请参阅：Volume 13 of *Common Knowledge*, 2007, on A "*dictatorship of relativism?*"
③ 参阅：Ellsberg, R. (Ed.) (2001). *Thich Nhat Hanh: Essential writings*. New York: Orbis.

第十一章
道德：从相对主义到关系的责任

并不能带我们走出多远。如果一个人的"道德缺点"(moral failings)不太严重或与他人无关则相对容易得到宽恕。可惜多数情况并非如此，况且宽容之泉也很容易枯竭。当我们(生活在西方社会的人)遇到所谓的性奴役、种族偏见、性别压迫或者另一种文化中的残杀行为，一准会心态失常(disturbed)。西方人无法容忍在阿富汗塔利班统治之下的那种生活。同样可以理解的是，伊斯兰教信仰者对西方社会的性堕落也会感到惊骇。尽管西方社会强调自由，我们却不能容忍纳粹德国的扩张、南非的种族隔离以及波斯尼亚的种族灭绝，并公然为自己的行为感到骄傲。可见，道德多元主义其实是一只"打盹的老虎"(sleeping tiger)。

*

在此，回顾关系性存在的观点很有帮助。正如前文已经指出，道德价值产生于协作行动(collaborative action)。我们通过联合行动(co-action)建构令人满意的生活愿景，实现和谐、信任和共同目标，这是一阶道德产生的基础。但与此同时，我们在创建道德飞地(enclaves)的时候，也创造了一片不道德的外域(exterior)。说得尖锐一点，我们是在建构道德(good)的同时制造了邪恶(evil)。试图控制、惩罚、监禁和彻底清除这些邪恶的结果，便是那些受到威胁的人站起来反抗。实际上，一阶道德之间相互冲突的主要后果便是共同体关系的断裂。随着这一关系的断裂，联合行动的可能性被破坏了。一旦产生了要清除对方的冲动，我们便走上了相互灭绝之路，其结果便是意义的终结。

*

消灭一切与自己持不同价值的人，剩下的便只有独白……和空虚的静默。

*

正是在这里我们邀请人们进入二阶道德过程(a process of second-order morality)，即修复一阶道德造成的可能后果的合作活动。二阶道德基于关系的逻辑而不是相互分离的独立单元。站在这一立场，行为自身并不存在道德或邪恶的问题，一切行为的意义都来自关系。要求单一的个体对不良行为负责不仅反映了在处理关系方面(行为产生于其中)的无能，还会导致疏离和报复。对于二阶道德而言，**个体责任**(individual responsibility)被**关系责任**(relational responsibility)取代，后者意味着集体应该对维持协调行动的潜能负责。① 对关系负责最重要的是确保意义的共同建构。关系的责任避免了"自我关爱"(care of the self)道德诉求中隐含着的自恋,同时消除了"关爱他人"(care for the other)造成的人我分离。对关系负责使我们摆脱了个体主义传统,对关系的维护因此成了首要问题。

*

二阶道德维护了各类道德存在的可能性。

*

批评接踵而至:"在我看来,所谓二阶道德不过是新瓶装旧酒,并不能解决个体主义和普世道德面对的那些问题。在它看来,个体不是依旧要为维护协调关系的过程负责吗?如果这样的话,岂不是又建立了一种道德等级制度,在其中,行为不当的个体被视为次品而需要被改造?"这些批评并非空穴来风,需要认真给予回应。首先要回答的问题是,关系的责任是否仍然以个体作为道德评判的对象?站在关系的立场,没有人需要为此承担责任。关系的责任产生于协调行动,关系责任的实践也只能在关系的框架内才能被理解。个体的人可能首先启动珍视关系的脚本,但除非得到周围人的配合,否则这种行动没有意义。另一个问题是,二阶道德是不是另一种普世伦理(universal ethic)?如果二阶道德与它自己的前提假设一致,答案便是否定的。二阶道德的理想是作为一种非基础性的基础(a non-foundational foundation)。我们趋近于某种共同生活的基本伦理(foundational ethic),但并不声称这种伦理是绝对的、真实的或最终的基础。二阶道德并不意味着对普适性等级秩序的复原,而是对共同探索的邀请。

对关系责任的实践

正如我们发现,分裂与冲突的趋势是关系生活最常见的副产品。因而,成见(prejudice)并不是某种个体性格缺陷——如内心刻板、认知分裂或情感偏差等——的标志。相反,只要我们不断寻求在"是与否""善与恶"问题上达成

---

① 参阅:McNamee, S. & Gergen, K. J. (1999). *Relational responsibility: Resources for sustainable dialogue*. Thousand Oaks, CA: Sage Publications. 这种观点在很大程度上在博尔格姆(Vangie Bergum)和多塞特(John Dossetor)所说的"关系伦理"(relational ethics)中得到回应。但是,就坚持关心和尊重他人的伦理而言,后者依旧保留了个人主义传统。可参阅:Bergum, V. & Dossetor, J. (2005). *Relational ethics: The full meaning of respect*. Hagerstown, MD: University Publishing Group.

第十一章
道德：从相对主义到关系的责任

某种舆论共识，那些令人讨厌的人或事便会源源不断地被建构出来。哪里有朝着统一、内聚、友情、承诺、团结或共同体发展的趋势，哪里便会不断制造出疏离。我们应该原谅自己在建设无冲突社会及和谐世界方面的无能，因为这远远超出我们个人的能力范围。但问题在于，就算存在着发生冲突的强烈趋势，我们怎么才能以这样的方式共同生活——使得那些无法避免的冲突不至于发展成为侵略、压迫、种族灭绝，乃至对意义的彻底终结？

*

二阶道德旨在维护关系。那么，在行动方面这意味着什么呢？如前所述，类似二阶道德这样的抽象概念本身并不能引发任何有意义的行动，我们在此面对的是道德理论的局限。脱离实践的理论如同不名一文的收购者，不过空有动机而已。既然如此，不如放弃研究那些一成不变的、冠冕堂皇的、似乎永远不会出错的理论。让我们颠覆这一过程，从对实践的探索开始，至少从表面上看，这将有助于二阶道德的有效践行。让我们开启实践与理论的对话：对于关系责任的可能性，这些实践能告诉我们什么？在我们重新审视伦理问题的时候应该涵盖哪些新的实践？理论与行动的对话能够带领我们走进更加富有活力的关系世界吗？

*

那么，哪些具体行动体现了关系的责任呢？在本书第三部分的四章中，我们已经在一定程度上讨论了这一问题，其中每一章针对的具体实践——知识的创造、教育、治疗和组织——都促进了人与人之间的积极协作。所有这些实践都为以关系的交融取代疏离的世界作出了贡献。不过，最突出的是第六章列举的那些对话实践，那些试图跨越意义冲突的边界重建和平的对话尝试，包括公共对话项目（Public Conversations Project）、叙事调解（Narrative Mediation）、修复式司法（Restorative Justice）等。我们可以看到，这些实践在实现关系的责任方面具有显著效果。然而在本章，我想增添一个新的实践维度，重点针对那些将一个原本有可能破碎的社区联合起来的创意之举。正是在这样一波新的公共实践浪潮之中，我们清楚地看到了二阶道德的实现。

从并存到共同体

许多批评者已经注意到过去一个世纪以来所谓"社区参与"（community

participation)的不断减少。有关该问题的讨论最具代表性的是森尼特的《公共人的衰落》(*The fall of public man*)和普特南(Robert Putnam)的《独自打保龄》(*Bowling alone*)。① 这两本书的作者认为,随着社区逐渐失去活力,民主进程遭到了破坏。这与本书前面几章提出的观点高度一致。如果没有自由和开放性思考的机会,个体选民面对重大问题将无法作出利与弊的评估。② 独立于一切关系之外的思考称不上思考。③ 当前最重要的问题是,社区缺失意味着协作行动的中断。人们只有待在属于自己的狭小壁龛里才会感到安全,壁龛之外都是陌生人,不是与自己无关,便是对自己构成威胁。在这样的情境中,重建社区参与的努力体现了二阶道德的作用。通过将原本互不关心和相互疏离的人召集在一起,探讨共同关心的问题,联合行动的车轮可以再次启动。随着人们开始分享经验和价值,反思相互之间的差异,隔绝彼此的边界会逐渐模糊,由一阶道德制造的紧张开始松动。

*

我并不打算全面回顾近几年发生的有关社区重建的很多迷人创举,④只选择性地介绍几个有代表性的组织及其工作。"统一美国"(Reuniting America)(www.reunitingAmerica.org)是一个致力于在全国范围内提升集体意识的组织。它将各种不同甚至相互冲突的传统——宗教、政党和种族的领袖人物召集在一起,开展跨党派的(transpartisan)协作研究,共同寻求制定更加和谐的新政策。"明尼苏达公民行动协会"(The Minnesota Active Citizenship Initiative)(www.activecitizen.org)将那些有能力开展合作实践的市民领袖组织起来,在更大的社区环境中开展工作。该组织工作的重点是促进各类社会机构(如商业、宗教、非营利性组织等)之间的合作,以便为更多市民提供服务。

---

① Sennett, R. (1992). *The fall of public man*. New York: Knopf. Putnam, R. D. (2000). *Bowling alone: The collapse and revival of American community*. New York: Simon and Schuster.
② 关于建设公民社会的需要,更深入的反思请参阅:O'Connell, B. (1999). *Civil society: The underpinnings of American democracy*. Lebanon, NH: University Press of New England.
③ 可参阅:Sandel, M. J. (1988). *Liberalism and the limits of justice*. Cambridge: Cambridge University Press.
④ 有价值的评述请参阅:Sirianni, C. & Friedland, L. A. (2005). *The civic renewal movement: Community-building and democracy in the United States*. Dayton, OH: Kettering Foundation Press. 也可参阅:Davis, A. & Lynn, E. (2005). *The civically engaged reader*. Chicago, IL: Great Books Foundation. (www.greatbooks.org). Putnam, R. & Feldstein, L. (2003). *Better together: Restoring the American community*. New York: Simon and Schuster.

第十一章
道德：从相对主义到关系的责任

"芝加哥印象工程"（The Imagine Chicago project）（http://imaginechicago.org）将居住在市中心贫困社区的市民集中起来，共同探索与大城区范围内各种机构合作共创积极未来的可能性，他们创立的"芝加哥模型"现在已经举世闻名。"阿灵顿论坛"（The Arlington Forum）（www.arlingtonforum.org）尝试在弗吉尼亚州阿灵顿市成立了一个公民协会，同时为各种社区的公民活动提供用具和资源。例如，在阿灵顿，他们围绕房地产业的发展、少数民族学生的学业成绩以及学校文化等诸多问题组织了大量社区范围内的讨论。"世界咖啡"（The World Café）（www.theworldcafecommunity.net）是一个全球化的网络组织，其成员致力于针对人们普遍关心的全球化和地方性问题广泛开展对话，其中很多富有成效的对话都是世界级的。"国际对话维持会"（The International Institute for Sustained Dialogue）（www.sustaineddialogue.org）致力于将来自世界不同地区的分散着的各种集团组织起来，他们的工作中包含一个针对阿拉伯、美国、欧洲各国和地区的关系协调项目。所有这些组织和项目都要求参与者超越他们自己熟知的道德标准，承认其他道德传统的可理解性。[①] 在肯定对方的那一刻，我们便为一阶道德播下了新生的种子。

*

那是阿姆斯特丹的一个寒冷冬夜。我在返回旅馆的途中路过莱茨广场（Leidseplein），看到一大群人聚集在一起。我有些好奇，便凑了过去。原来这是一个小型的冰球场，一场男子冰球赛正在举行。啦啦队喧闹的助威声中掺杂着一阵阵的哄笑。我问站在旁边的一个人："他们为什么笑?"他笑眯眯地回答说："因为这是警察与强盗之间的比赛。"他看我疑惑不解便向我解释：这场比赛的两支球队都是本市冰球联盟的成员。其中一个球队由市区警察局的警察组成，另一个球队则由刑满释放犯组成。我愈加好奇了。他接着解释：在阿姆斯特丹，那些有轻微

[①] 有关开展社区对话的更多资料，请参阅：Schoen, D. & Hurtado, S. (Eds.) (2001). *Intergroup dialogue, Deliberative democracy in school, college, community, and work-place*. Ann Arbor: University of Michigan Press. 此外还有"协同智能组织"（Co-Intelligence Institute）（www.co-intelligence.org）、"民主对话"（Democratic Dialogue）（www.democraticdialoguenetwork.org）、"公民发展"（Civic Evolution）（www.civicevolution.org）和"变革先锋"（Pioneers of Change）（http://pioneersofchange.net）等组织的工作。另有一项将青少年人群纳入社区变革过程的尝试，这样做消除了代际沟通的障碍。具体可参阅：Flores, K. S. (2008). *Youth participatory evaluation: Strategies for engaging young people*. San Francisco: Wiley.

违法犯罪行为的人需要协助警察阻止严重的犯罪,如毒品交易、黑帮暴乱,等等。反过来,警察对这些轻犯也持相对容忍的态度。他们共同为城市的治安服务。

*

社区建设面临的最大困难是本地区的宗教问题。"宗教"(religion)这个术语源自拉丁语"religare",意思是重新束缚和捆绑在一起。然而带有讽刺意味的是,由于每种宗教都想为自己的信仰披上绝对真理的外衣,使得一场又一场的宗教运动就像社会的扬场机一样:能够留下来的便是正义的麦子,遭抛弃的便是麦糠。减少质疑和维护信仰需要承受巨大的压力。由于教会分立而产生的新的宗教派系一直不断增加。究其初衷而言,宗教似乎并不谋求消除人们之间的隔阂以及强化长期稳定的社区感。

*

有人曾经告诉我,在纳什维尔(Nashville)的某条街道上有三个教堂:"基督教堂"(Church of God)、"唯一基督教堂"(Church of the One God)和"唯一真正基督教堂"(Church of the One True God)。

*

普世教会运动(the ecumenical movement)曾经邀请各种不同宗教的信众共同商议信仰问题。然而在我看来,这场运动最终让位于在基督教这面唯一旗帜下的联合。这种联合试图减少疏离,但其代价却是强化了另一种更加危险的教会分裂的可能性。因此,从关系的视角看,我们需要重视诸如下列组织的工作,例如,"非洲促进和平宗教联合运动组织"(Inter-Faith Action for Peace in Africa)试图将非洲的传统宗教与佛教、印度教、伊斯兰教、犹太教和基督教联合起来,共同为促进和平而努力;威尔斯利的"宗教社区行动"(Interfaith Community for Action in Wellesley,ICAW)将来自基督教、伊斯兰教、犹太教和印度教社区的志愿者召集起来,联合当地政府共同为青少年创建安全、无毒品的社区环境;纽约罗切斯特的"宗教联合行动协会"(Interfaith Action initiative in Rochester,N.Y.)(www.buildingfaith.com)将各种宗教团体和种族部落的代表联合起来开展协作行动,减少城市暴力行为;伊利诺伊州埃文斯顿的"宗教联合行动社团"(Interfaith Action group in Evanston,IL)(www.interfaithactionofevanston.org)联合各种不同信仰的团体为饥饿者提供食物,为无家可归者提供帮助。①

*

宗教多元论不仅致力于不同宗教传统的并存……而且进一步谋求跨宗教的合作。

——伍斯诺(Robert Wuthnow)

超越问题的起点

人们正在试着不断跨越导致疏远和敌意的藩篱,以上只是从这一系列行动中挑选出的几个例子。事实上,对话无处不在,且大都拥有令这一满是冲突的世界康复的潜能。从关系的视角来看,这些对话对于实现二阶道德具有重要意义,而这正是我们恢复合作以及道德行为产生的前提条件。但是我认为,在许多方面我们才刚刚起步。这样说,部分是因为人类才刚刚开始意识到现实和价值的关系基础。历史为我们提供了许多方法来宣告和捍卫某种"事实"。科学的语言、宗教、个人体验、神的启示、理性,等等,都旨在捍卫、维护和发展某一特定传统,"真理""事实""道德"之类的话语都有可能导致人与人之间产生隔阂。在这样的历史条件下,我们努力去接受那些"既正确又错误""既真实又虚假""既道德又不道德"的立场。众所周知,当战争被理性的纷争取代,人类文明已经向前迈出了一大步。然而,争论同样是相互对立的双方寻求自身利益最大化的途径,因此往往被视为另一种形式的战争。我们现在的任务就是要开展对话实践,以取代战争和争论作为解决分歧和冲突的主要方法。我们已经做了不少勇敢的尝试,但它们能够得到蓬勃发展吗?

*

有时候我很悲观。那些大型的权力机构都非常习惯于在自己的周围划界,政府、宗教和企业深陷于有界存在的逻辑。无可置疑,他们每次站出来都只是"为了自己",为了他们的利益和他们未来的福祉。数千万草根民众付出的超越个人利益而开展对话的努力随着工厂的倒闭、火箭的发射、罗马教皇的强烈言辞以及政府的武力威胁而化为泡影。因此,关键问题是要发展更多的方法,以便将大型的社会机构纳入更大范围内的人类共同体之间的对话关系

---

① 关于宗教联合行动的更多信息,可登录哈佛大学"多元主义项目"网站:www.pluralism.org.

中来。

*

有时候我又很乐观。作为多重存在,我们携带着大量的关系潜能——各种不同的道德标准、理性、情感表达、动机、体验和记忆等。其结果是,我们每个人身上都隐含着与我们相对立的那些人的一部分。争论的传统迫使我们因为某些分歧而开战,从而拒绝了成为朋友的极大潜能。即使听到的只是陌生人之间的争论,我们也会获得复制它们(争论)的能力。这些争论会进入我们自己的语汇,成为它的一部分。好在跨越边界的路径较之将我们隔绝开来的路径要多得多。我们拥有相互抵制和终结意义流动的陈旧传统,但我们同样拥有大量的合作潜能,期待着适宜的表达环境。我们的任务便是发现和发展各种方法,让这些潜能得到释放。

第十二章

走向神圣

在本书一开始，我就提出自我与他人之间的区隔是人为的，仅仅是理解世界的一种方式。尽管西方文化从对个体自我的假设中获益颇多，我们还是发现这种传统在潜能上存在很多缺陷，并屡屡造成伤害性后果。各种形式的集体主义（communalism）长期被当作个体主义（individualism）的理想替代品，但同样有足够的理由被拒绝。共同体的实在（the entity of the community）并不比个体自我较少受限。作为关系性存在，我们可以超越上述两种传统。

站在关系性存在的立场上，我们同样必须应对一系列刨根问底的追问。正如之前所言，不仅自我和共同体的概念根源于关系，而且一切可理解的行动都存在于关系之中。或者换句话说，没有什么东西能够真正或从根本上存在于我们沉浸其中的关系过程之外。关系优先于一切。然而，一旦开始对"一切产生于关系"展开追问，你便发现，新的重大挑战又出现了：既然关系具有如此重要而又深远的意义，我们如何理解它的运行（its workings），把握它的本质，或掌控其潜能呢？这绝对是一个严峻挑战。我们赖以生存的这个星球的未来命运将取决于我们共同滋养和维护关系的能力，这样说对吗？

*

之前各章已经在应对这一挑战。我们已经在理论和实践两大层面探索了关系的过程。然而，挑剔的读者会在这些分析中嗅出某种反讽的意味：无论描述或说明关系，还是使之理论化，我已经在沿用一套有关独立实体的话语（a discourse of independent entities）。在每一页的描述和解释中都充斥着"他""她"和"它"，就好像这些都是分离的实体（separable entities）。我的确在努力袪除这一传统的假设——"关系是由个体实在（individual entities）构成的"，我坚持认为关系先在于实体（entities）。可是，语言在不断地嘲讽着我的努力。我描述和解释关系使用的语言总是将世界区隔为独立的实体（independent entities)。尽管我尽一切可能超越这种划分，但这些代词和名词的表达却一再陷我于窘迫。

*

我所使用的语言的边界限制了我的世界。

——维特根斯坦(Ludwig Wittgenstein)

*

我们现在到了认知的关键时刻：在尝试理解关系的过程中，我们只能通过关系自身的呈现来领会其意，却无法道破其本质，因为我们的探索不可能摆脱特定的理解传统。我们无法突破语词的阻隔而直达事物本身。我们能够感觉到，在意义产生过程的背后存在某种"负有责任的"东西，却无法直接把握这种东西。正是在这一接合点上，我们依稀看到了关系性存在可能具有的神性向度(a sacred dimension to relational being)。如果一切被我们视为真的、好的以及有滋养意义的(nourishing)事物都产生于称名(articulation)之外的某个过程，我们便趋近了被许多人奉为灵性意识(spiritual consciousness)的东西。本章中的其余部分将试着探讨这种可能(potential)。我将从外围切入主题，即先讨论将关系视为理解之先导的一簇隐喻(a family of metaphors)，而不是直接探讨灵性问题(issues of the sacred)。这样就在实践、道德和心理的潜能(practical, moral, and spiritual potentials)之外，对关系的理解增添了新的重要维度。理解这些隐喻，我们便做好了更充分的准备去探索神性的汇流意识(a converging consciousness of the sacred)。在本章末尾，我将思考所有这些对于我们当下行动的意涵。

*

关系的隐喻

先别着急问"什么是关系？""关系是由什么构成的？"或"关系是如何起作用的？"让我们先避开追根溯源的诱惑。"我们知道……"是会话的终结，而会话一旦中止，意义的生成便宣告结束。如果没有对关系的"终极理解"(final understanding)，我们便可以欢迎所有能阐明其特点的尝试。不要老是想着将那些不正确的或误导性的理解剔除掉(正如探求真理所习惯做的那样)，应该欣赏多样性。每一种新的解释都会开启新的可能性，使我们的注意变得敏锐，

第十二章
走向神圣

提高我们行动的潜能。从新的路径进入有关善与恶、正义和未来等问题的对话,我们将获益匪浅。这些收益包括维持对话、保持既谦虚又灵活兼具创造性的泰然自若。

*

前面几章我已经讨论了联合行动(co-action)的概念以及真与善的协作构成(the collaborative constitution of the real and the good)。事实上,正是通过揭示这些概念的含义,我们看到了解释的局限性。然而,这种对于关系性存在的说明仅仅是打破分离边界、阐明关系性存在潜能的一种途径。我希望能通过七个重要隐喻来分享这种领悟,正是这些隐喻点燃了我多年的热情。① 其中每一个隐喻都为赏识开辟了空间,它们共同成就了理解和行动的潜能。这一简要讨论将为随后进一步走向神圣提供更多助力。

*

我想要强调的事实是,一件艺术品能够影射某种存在的事物或状态,却不曾以任何方式直接表征它们。

——普里尔(Martin Puryear)

生殖行为

对许多人而言,对于关系性存在最深刻的理解来自对生殖行为的认识。在此,事实是很清楚的:人的生命来自两个存在——生物学意义上的精子与卵子的携带者——的结合。其中蕴含着最原始的联合行动(co-action)。许多作家(包括古代的和现代的)将性行为体验描述为终极形式的结合。有人感觉这种体验能引导他们进入某种天人合一(cosmic oneness)的境界。② 对生殖的生物学研究还告诉我们,没有一个自足的个体。所有生物体都携带着在先关系的印记。进一步推衍开来,生殖关系携带着四个生物体的直接印记(immediate imprint),而

---

① 以下文献有助于对关系隐喻的思考:Rosenblatt, P. C. (1994). *Metaphors of family systems theory*. New York: Guilford. Olds, L. E. (1992). *Metaphors of interrelatedness: Toward a systems theory of psychology*. Albany: State University of New York Press.

② 道格拉斯(Nik Douglas)和斯林格(Penny Slinger)的著作《性的秘密:入定之术》(*Sexual secrets: The alchemy of ecstasy*. The twentieth anniversary edition)(Destiny Books, 1999),探讨了坦陀罗传统(Tantric tradition)中由性的交合带来的一种与万物融合的意识。正如他们指出,"密教经典"(tantra)意味着"相互交融"(interwoven)。沉湎于持续的性行为,由此进入一种冥想的状态。另请参阅:Anand, M. (2003). *The new art of sexual ecstasy: Following the path of sacred sexuality*. London: HarperCollins.

它们又是所有相关的前辈生物体的一部分。因此,将我们的身体视为有界奇点(bounded singularities)是错误的,事实是其中包含着许许多多的人。

*

> 所谓康复便是使之完整,即所谓"健全"。使之重新成为一个整体,无论统一还是复合。这是厄洛斯(Eros,即爱神)在行动。爱神是使之结合或再结合的本能。
>
> ——布朗(Norman O. Brown)

*

在当下的日常生活中,生殖隐喻对于营造强烈的"合一感"(sense of "oneness")具有特别重要的意义。在西方这也是一个非常富有启发性的隐喻,因为它赋予这种合一感以灵性向度(spiritual dimension)。性的结合不仅仅是肉体与心灵的结合,而且是整个人性的结合,隐藏着令人敬畏的神秘感。这一隐喻也为抵制时下流行的性行为的功利化和商业化提供了资源。[①] 尽管如此,我还是反对将关系性存在的巨大潜能衰减为某种单一的活动形式,那样会对许多人造成妨碍。理解的范围会被窄化,行动的意义恐遭曲解。正如之前各章已经阐明,引人入胜的关系性存在的观点需要覆盖一切人类活动。

系统理论

科学长期致力于研究各种独立实体之间的因果关系,比如降雨量对植物生长的影响,石油价格对股票市场的影响,父母关心对孩子自尊的影响,等等。在多数科学领域,这种模式已被扩展到对多重因果关系的描述。有关该取向的重要进展反映在通常所说的系统理论中。一旦人们意识到一切结果同时也是其他结果的原因,便产生了系统思维。如此,降雨量可能影响植物生长,植物生长影响野生动物,野生动物反过来又影响对植物的消耗。人们的注意从以往的单向因果关系转向更大范围内的互为因果模式。系统分析家拉帕波特(Anatol Rapaport)将系统定义为"一个凭借各部分之间的相互依存而发挥作用的整体"。[②]

---

① 例如,可参阅:Marcuse, H. (1962). *Eros and civilization*. New York: Vintage.
② 参见 Buckley, W. (Ed.) (1968). *Modern systems research for the behavioral scientist: A sourcebook* (p. xvii). Chicago: Aldine. Ludwig von Bertalanffy's 1968 volume, *General systems theory: Foundations, development, applications*. New York: George Brazill.

第十二章
走向神圣

系统取向得到多方面传播。雕塑家斯内尔森的作品《鹊桥居》证明，原本相互独立的铝质和不锈钢的单片，一旦被置于某种特殊的关系中，便足以挑战地球引力。〔致谢：斯内尔森（Kenneth Snelson）〕

20世纪50年代，一场旨在探索一切系统中共同存在的某些属性或规律的跨学科运动得以发展。这场运动具有萃取性（abstract character），为不同学科或领域的研究者提供了空间，其结果并未形成某种单一理论。然而，系统思维催生了一系列概念，分别从不同学科内部衍生出来。例如，**反馈环**（feedback loop）的概念便成为许多理论的焦点。这一概念是指某个效应回路（effect loops）反过来成为一种原因输入。在人际关系情境中，丈夫的愤怒可能导致妻子的退缩，妻子的退缩反过来会加剧丈夫的愤怒，导致妻子更进一步的退缩。以此种方式，系统得以自我维持（maintains itself）。也有理论强调开放系统与封闭系统之间的区别，前者易于受到外界信息的影响，而后者则倾向于抵制外部信息。家庭在这种意义上通常是开放性的，而许多机器则不是。控制论（cybernetics）这一术语主要用于工程学和生物学中描述系统功能反馈的方式，系统借助它们实现特定目标。

此后，**二阶控制**（second order cybernetics）成为许多治疗师使用的核心概念。① 关注的重点在此转向了观察者如何构建控制系统的模型，最重要的是治疗师如何理解一个家庭系统。该取向的结果发人深省。治疗师在接触来访者的过程中不可能是完全客观的，借着与来访者之间的沟通及观察，治疗师变成了家庭系统的一部分。近些时候，**自组织系统**（the self-organizing system）的概念成为科学界的流行隐喻，用以理解许多单元被组织纳入更大整体中的趋势。② 与系统自组织观点同时存在的还有另外一种同样被广泛共享的观念，即随着系统在组织过程中的复杂性增强，它的适应能力也会越来越强。③

系统理论的隐喻为关系取向作出了重要贡献。它同时具有实践意义。后者不仅存在于工程学中，更存在于它对各种看似独立的实体之间存在联系的暗示。比如，在心理健康领域，系统取向的治疗师不是将某一被指认的个体视为精神病患者，而是开拓新的途径，在其中"被指认的患者"（designated patient）的问题同他或她与其他家庭成员之间的关系密切相关。正是这种观念引发了对**失能家庭**（dysfunctional family）这一概念的广泛认同，与其相对应的是失调个体（dysfunctional individual）。然而，尽管具有丰富的实践意义，仍应指出，大多数系统思维认为，系统内的单元从根本上是有边界的，他们之间非因即果。比如，在失能家庭中，父母的行为影响孩子，孩子的行为反作用于父母。该取向的治疗师大多采用与协作治疗相反的策略来促成改变。治疗师会问："我怎么才能引起系统的改变呢？"

大多数系统理论聚焦于世俗（secular）生活，但也有例外。在贝特森（Gregory Bateson）和他的女儿玛丽·凯瑟琳（Mary Catherine）合著的《天使的恐惧：迈向神圣的认识论》一书中提到了系统观点的神性潜能（a sacred

---

① Von Foerster, H. (2003). *Understanding understanding: Essays on cybernetics and cognition*. New York: Springer-Verlag.

② 例如，可参阅：Luhmann, N. (1999). *Social systems*. Stanford, CA: Stanford University Press. Holland, J. (1998). *Emergence: From chaos to order*. New York: Perseus Books. Sole, R. V. & Bascompte, J. (2006). *Self-organization in complex ecosystems*. Princeton: Princeton University Press.

③ 关于复杂性理论及其关系性意涵的讨论，可参见：Stacey, R. (2003). *Complexity and group processes: A radically social understanding of individuals*. London: Brunner-Routledge.

potential of systems ideas)。① 他们构想了一个完整系统,其中包含着一切令人敬畏的相互关系。对整体的赏识是对渗透于日常生活中的二元取向(如自我与他者,精神与物质,有生命的与无生命的)的重要矫正。

*

是否有这么一条线或者一个口袋,以至于我可以说,在这条线或者这个口袋的"里边"是"我",而"外边"是环境或其他什么人?我们根据什么作出这种划分呢?

——贝特森(Gregory Bateson)

行动者网络

循着系统理论的踪迹又发展出两个重要的创新,其中之一源自社会学对于社会网络的长期兴趣。在这里,最重要的不是个体,而是人与人之间的关系模式。社会关系测量学(sociometry)、图论(graph theory)以及路径分析(path analysis)这几个概念在网络分析中扮演了重要角色。② 与我们当前的讨论有关,网络理论最有趣的部分是在社会科学研究中提出了**行动者网络理论**(actor network theory)。③ 在其中,研究者试图去理解各种技术植根于更广泛的事件网络中的方式。这种努力导致了对传统系统理论的两个重要背离。首先,许多系统分析家只关注某一类实体内部的因果关系——比如一部机器的内部各个部分之间,一个组织的参与者之间,或是一个家庭的成员之间等。行动者网络理论的不同之处在于,它寻找跨类别的相关元素,比如人的行为、话语、工业制造物(technical objects)、气候,等等。以这种方式,行动者网络理论看到了人类与非人类之间的密切关系,它们都是系统内部相互作用的参与者。其次,与许多系统分析家将因果看成是简单的线性关系(A 导致 B 导致 C)不同,行动者网络理论主张系统内部的任何元素都有能力参与其他元素的功能发挥。我们可以使用一部机器完成一项既定的任务,而这部机器同样"使用我们"实

---

① Catherine, M. (1987). *Angels fear: Toward an epistemology of the sacred*. New York: Macmillan.
② 对早期工作的总结,可参阅:Wasserman, S. & Faust, K. (1994). *Social network analysis: Methods and applications*. Cambridge: Cambridge University Press.
③ 例如,可参阅:Law, J. & Hassard, J. (Eds.) (1999). *Actor network theory and after*. Oxford: Oxford University Press. Latour, B. (2005). *Reassembling the social: An introduction to actor-network-theory*. Oxford: Oxford University Press.

现它自己的使命。构成网络的这些元素被称为行动元(actants)。正如理论家们指出,无生命物体和人类拥有同样的作用力。

行动者网络理论隐喻的衍生力很大。例如,我们通常把地球引力的概念归功于牛顿,这种对历史的解释扩展了个人主义的传统和伟人的作用。而从行动者网络理论视角看到的事实是,牛顿不可能独自发现地球引力,他需要前人收集的天文学数据、欧几里得几何学、开普勒天文学、伽利略力学以及一个实验室、住所、食物,甚至还得有一棵苹果树。[①] 事实上,与本书第二章中出现的汇流(confluence)观念非常近似,我们必须将牛顿的地球引力概念归因于一个多因素相互关联的网络。万有引力概念仅仅是其中的一个部分。这种网络视角极大地拓展了我们对于关系矩阵(relational matrix)的构想。

分布式认知

与行动者网络理论相似,认知理论的新近发展同样强调人与对象的关系。心理学中的认知运动是西方个体主义王冠上的一颗宝石。该运动吸收了笛卡儿的反映论传统,视理性为人类行为的源泉。到了现代社会,大多数认知心理学家所持的心理隐喻是某种形式的计算机或信息处理系统。成千上万的书籍和文章揭示了在这一隐喻背后起支撑作用的文化背景的力量。

关系转向始于一小部分具有创新意识的科学家将注意力从头脑中的计算机扩展到人与外部计算机之间的关系。新的见识引发新的问题:计算机让你变得更聪明吗?你很快便明白这句话的意思。例如,你可能觉得电脑有时会让你觉得自己很愚蠢:"我不了解这种文件格式","我不知道怎么处理好"。更重要的是,计算机为你的能力提升所作的积极贡献。如果你跟我一样,你会感谢计算机对于拼写的锻炼,还有许多程序能帮你训练语法,而且计算机可以在很短的时间内帮我完成数学作业。更不用说那些大量来往的电子邮件了,尽管它们可以被反复阅读,却大多只在意识中留下微弱的痕迹。说到智力,我的电脑与我是一体的,二者不可分离。

对智力的认识由个体内部向人与物之间关系的转向产生了**分布式认知**

---

① 请参阅:White, M. (1998). *Isaac Newton: The last sorcerer*. London: Fourth Estate.

第十二章
走向神圣

(distributed cognition)这一概念。① 从这一视角看,理性活动并不是寄居于个体的头脑内部,而是分布于一系列人与对象之间。这种观点具有很强的实践效用。例如,你开始意识到,一个孩子在学校的学习不是一个简单的内部过程,而是这个孩子与老师、同学、课本、电子游戏、灯光、温度等之间关系的产物。不是"我在学习",学习发生在团组内部(the entire agglomeration)。从这一点出发,存在很多方式去重新考虑怎样发展教育。② 我们强调的重点从个体学生转向了学习发生的较大情境。更加戏剧性的例子来自空中交通管理系统。以往几乎有70%的飞机坠毁事故被归咎于飞行员的失误(而不是机器故障之类)。然而,从认知分布的立场看,飞行员并不是独立的操作者。人们现在开始将"智能飞行"视为在飞行员、副驾驶、仪表操纵板、全体乘务员、空中交通指挥人员发出的信息、信息在各部门的流动等之间的分布,由此开发了新的飞行管理实践,后者是基于对系统内所有起作用的元素及其相互关系的分析。③

*

分布式行动(distributed action)理论给予关系隐喻一族极大的助力,主要因为该理论超越了人际互动的范围,从而大大拓展了关系的视域。受传统的有界存在观念支持,只关注个体行为是目光短浅的,而且此观点正在被一种认为人与对象之间完全相互依存的观点替代。这种转变具有重要的现实意义。然而与系统理论一样,这种发展仍旧支持世界是由相互分离的实体(discrete entities)构成这一观点。这些实体(人、技术、信息等)是最重要的,网络或系统仅仅是这些实体的排列组合。接下去的观点是,在许多情况下某些人较之其他人对于系统会有更大的贡献,而有些人实际上不发挥作用。在这种情况下,功能失调的单元需要被重组或取缔,个体单元仍旧是需要关注的重点。

---

① 例如,可参见:Salomon, S. (Ed.) (1993). *Distributed cognitions: Psychological and educational considerations*. New York: Cambridge University Press. Middleton, D. & Engestrom, Y. (Eds.) (1996). *Cognition and communication at work: Distributed cognition in the workplace*. Cambridge: Cambridge University Press.
② 有关这一取向的经典研究来自:Lave, J. (1988). *Cognition in practice: Mind, mathematics and culture in everyday life*. New York: Cambridge University Press. 也可参阅本书第八章。
③ 例如,可参阅 Hutchins, E. & Klausen, T. (1996). Distributed cognition in an airline cockpit. In Y. Engstrom & D. Middleton (Eds.), *Cognition and communication at work*. New York: Cambridge University Press.

生物的相互依存

系统隐喻和分布式隐喻将我们的视野延展至人与物之间的关系。然而,生物学和生态哲学将注意力聚焦于人类与其他生命体的关系。在生物学方面,进化论的研究是一个重大的突破。达尔文的理论被广泛接受,其核心观点是:物竞天择,适者生存,不适者灭亡。在这一传统中,我们利用其他生物维护人类物种的生存。从社会达尔文主义到纳粹主义再到如今,这种思维方式同样渗透于我们对于人类关系的认识。我们将世界划分成不同的种族,然后问我们自己,他们在智慧方面有哪些相对的优势或劣势。我们担心移民会削弱或消灭我们自己的种族,担心其他人会威胁我们的生存。我们不断提醒自己,生活在一个相互划分的世界,我们必须优先考虑自己的福祉。

20 世纪 80 年代,进化生物学家开始质疑达尔文有关物种之间关系的假设。凭借对细节的关注,另一种观点出现了。关系不是一种竞争,而是协同进化(co-evolution)。也就是说,各种物种的存活可能与其他物种的存活密切相关,存在某种共生关系。例如,蜂鸟主要依靠花蜜生存,而花需要依靠蜂鸟传播花粉才能繁殖。正如生物学家所言,为什么我们不能将相互依存同样视为各物种流传的一种方式?蜂鸟和花不都要依赖其他的动物群和植物群吗?这样的问题催生了扩展协同进化的概念,这一概念强调生命体之间广泛存在的相互依存模式。[①] 当然,人类同样被包含在这种日益发展着的相互依存的图谱之中。其重要意义在于,我们不是相互对立的竞争对手;相反,生命之间存在广泛的相互依存。

*

一切生命同宗同源(akin)。

——毕达哥拉斯(Pythagoras)

*

从强调生命体到关注生态学,尤其是对生命有机体与其生存环境之间相互依存模式的关注,其间只是一小步,但我们由此在生物学视角中增加了相互

[①] 参见:Durham, W. H. (1992). *Coevolution: Genes, culture and human diversity*. Palo Alto: Stanford University Press.

第十二章
走向神圣

依存的环境因素(如降雨量、温度、土壤质量、水的供应等)。生态学研究对各种生命形式(如动物族群、森林、湖泊、鱼类、冰川冰等)的维护计划已产生重要影响。正如生态学运动已清楚显示的,我们存在于与自然界微妙的平衡之中。这一观点被盖亚假说(Gaia hypothesis)放大,就是说,我们不应该仅仅关注地球上各个不同的地区,也要关注作为一个整体的地球。事实上,整个地球也是一种生命形式,其中包括温度、氧气等的重要平衡,这种平衡由人类和植物的活动维持或中断。① 全球变暖就是一个典型的例子。

对深度生态学家(deep ecologists)而言,这种关系意识要求对我们的文化价值和体制进行全面反思,放弃自我获得价值,代之以将生态环境作为一个整体予以维持。在深度生态学家看来,一切生物体都有权利生存和繁衍。② 这些想法和理想引发了全球性的可持续发展运动,包括绿色政党政治、绿色和平运动、自然保护组织、生态女权主义,等等。

*

我们发现自己是精致复杂的生活锦缎中相互交织的经纬线,这便是深度生态学。

——梅西(Joanna Macy)

*

对于关系的生物学建构是理解关系隐喻的一个重要突破口。它以令人信服的方式将人类与其生存的自然环境联系起来。这也是我们生存的地球未来所依赖的一种建构。与系统取向不同,生态学运动具有强烈的道德意涵(moral implications)。人们以各种方式强调地球首位、动物的权利和自然的固有价值。③ 对很多人而言,生态学隐喻隐含着重要的宗教意义。④ 有人提出,自然界具有某种灵性(a spiritual presence),即某种神的存在。

---

① Lovelock, J. E. (1979). *Gaia: A new look at life on earth*. Oxford: Oxford University Press.
② 参见:Drengson, A. & Inoue, Y. (1995). *The deep ecology movement: An introductory anthology* (Io; No. 50). Berkeley: North Atlantic Books.
③ 例如,可参阅:Singer, P. (Ed.) (2005). *In defense of animals: The second wave*. (1975) Oxford: Blackwell. Bari, J. (1994). *Timber wars*. Monroe, ME: Common Courage Press.
④ 例如,可参阅:Wilbur, K. (2001). *Sex, ecology, spirituality: The spirit of evolution* (2nd ed.). Boston: Shambala. Wallace, M. (2005). *Finding god in the singing river: Christianity, spirit, nature*. Minneapolis: Augsburg Fortress Publishers.

> *
>
> 我相信地球和天空、人类及其他生命等一切貌似遵照自己的时间和本性生存和成长的事物都随着一种绿色的生命力量在脉动。这种力量神圣而永恒,那便是上帝。
>
> ——华莱士(Mark Wallace)
>
> *

很显然,生物学隐喻在指导实践(practical implications)、唤醒道德与精神两方面都具有重要意义。人们希望借着这场运动能够减少公义的对抗。在"你破坏了环境""你的贪婪致使地球变暖"之类的言语中包含着谴责他人的强烈倾向。我们需要引入二阶道德(processes of second-order morality),以便在谴责者与被谴责者之间建立关系。批判性攻击很少会导致建设性的协作。

过程哲学

正如先前提到,书面语言和口头语言的特点使我们很难摆脱这样一种观点,即世界是由相互分离的实体构成的。语言本身就像一个"脱粒机"(a threshing device),把原本可以视为整体的东西加以分离。过程哲学代表了一种重要的尝试,即重申对整体的重视,并尤其关注跨时间的改变。想一想:与系统理论一样,生物学隐喻也倾向于把世界看成是由离散的实体、对象或跨时间的组合构造而成的。正是这种长期存在的实体分离让我们可以谈论因果。作为对照,我们看看古希腊哲学家赫拉克利特(Heraclitus)的观点:

> 宇宙的法则正如白天让位于黑夜、季节交替、战争让位于和平、充裕演变成饥荒一样。火苗穿过一堆没药树块(the lump of myrrh)燃烧,直至燃烧殆尽,却在烟熏之香里复生。

我们在此发现一种连续、不间断地流动的观点。许多哲学家对赫拉克利特的观点进行了补充,黑格尔关于人类历史借助对立统一的动态过程向前发展的观点便是其中之一。受量子力学发展的影响,怀特海(Alfred North Whitehead)的著作《过程与实在:一篇宇宙学的论文》延续了对该主题的关注。[1] 对于我们这本书,过程哲学有两大贡献值得一提。正如怀特海所

---

[1] Whitehead, A. N. (1929). *Process and reality: An essay in cosmology*. New York: Macmillan.

第十二章
走向神圣

言,最基本的事实是连续不断的变化。在任何时候被我们视作永恒的现实,都是"一些偶然际遇"(occasions of experience)在某一时刻的聚合。每一新的时刻聚合体(unity)都会改变,因此现实处于不断地变化之中。与第二章中提到的汇流(confluence)概念相似,怀特海视每一时刻为一种会合(concrescence)。怀特海对不断变化的强调为我们理解关系性存在增添了重要维度。

*

> 多生一,一生多。
>
> ——怀特海(Alfred North Whitehead)

*

过程取向要求我们重新审视传统的知识概念。正如第九章阐明的,有界和不变单元的视角(bounded and enduring units)引导了一种知识观,在其中真理是终极目标。然而,在确定什么是正确的、客观的或真实的同时我们也终结(curtail)了讨论。联合行动的过程被终止。相反,借由过程哲学的透镜,我们得以看到真理寻求的局限性。如果宇宙在本质上是一个盛大的变革过程,那么,没有什么东西可以作为绝对可靠的知识被把握。一切存在的事物都处在不断的运动之中。因此,有关存在的对话也将永无休止。

*

> 运动永恒,
> 变化不止!
> 这是唯一留下的见识。
> 啊,十年求索——万事皆空。
>
> ——寇·恩(Ko Un)

*

过程哲学同样为关系的解释增添了重要维度,特别有助于挑战以独立实体来理解世界的观点。它引导了一种关系的理解方式,物体或实在并不是构成某些更大整体的建筑砖块(building blocks)。与联合行动(co-action)的观念类似,过程先在于有界单元。在这种意义上,边界(boundaries)可以被理解为对关系流的人为切断。尽管存在争议,许多人继承了怀特海对过程哲学的神学意涵的兴趣。他们认为,在我们所经验的世界里上帝无所不在,同时又超越宇宙。① 但到目前为止,过程哲学的行动意涵(action implications)尚未得到研究。

佛法:互为存在

对关系隐喻家族的最后一个贡献有着古老的起源,但在日益纷繁复杂的世界里愈发值得关注。在释迦牟尼佛陀(Gautama Buddha,公元前5世纪)的教义中,四圣谛(the four noble truths)占重要地位。圣谛一承认人类痛苦的普遍性。圣谛二将痛苦的原因归结于人类的欲望。如果我们无欲无求,就可以少受痛苦。接下来的圣谛三是说,如果一个人能够逃脱欲望(包括自我的概念)的奴役,痛苦便得以缓解。圣谛四指导人们开展一系列的实践(八正道),其目的不仅仅是对痛苦的终结,更是达到生命的和谐。几乎成为佛教代名词的一种实践方式是禅修(meditation)。意念的高度专注或集中(如调息、静心),不仅帮我们从欲望和需求中解放出来,也使痛苦得到缓解。②

*

与联合行动的观点相呼应,佛教徒认为,一旦我们从世俗的烦恼中超脱出来,便会认识到我们所关心的事/物都是基于人为的区分或范畴。事实上,语词划分应该对我们的希望和失望负责。我们视概念化的财富、爱、地位或子孙为希望,形成失望或悲伤的基础。进而我们看到,对自我和异己(self and non-self)的区分不仅是误导,而且助长了我们的痛苦。(联想痛苦普遍来源于个人失败的感觉。)

历经时间推移,一个人终能感悟菩提(Bhodi):世上原本没有独立的物体或事件,这些都是人类的建构。一旦我们搁置这些建构,比如在禅修中,我们会进入某种整体或统一(the whole or a unity)的意识。更确切地说,你会进入佛教所谓的万物一体的原点(codependent origination),体悟无相之清静。而当我们作为分离的实体独立于其他事物时则什么也觉察不到。正如一行禅师(Thich Nhat Hanh)所言,我们开始理解互为存在(inter-being),即"每件东西

---

① 例如,可参阅:Cobb, J. B. & Griffin, D. R. (1976). *Process theology: An introductory exposition*. Philadelphia: Westminster Press. Pittenger, N. (1968). *Process-thought and Christian faith*. New York: Macmillan.

② 更多资料可参阅:Kwee, M. G. T., Gergen, K. J., & Koshikawa, F. (Eds.) (2006). *Horizons in Buddhist psychology*. Chagrin Falls, OH: Taos Institute Publishing. Bodian, S. (2008). *Wake up now: A guide to the journey of spiritual awakening*. New York: McGraw Hill.

第十二章
走向神圣

都存在于其他东西之中"。我们可以想象一下海浪。在我们的视觉中,当波涛翻滚到海岸边时,我们能够将海浪区分开,每一波海浪看起来都有它自己的特征。然而,在它们短暂存在的过程中,并不能与相邻的乃至更远的那些波浪分离。将这一观点进一步推衍,每一波海浪最终都存在于其他的海浪里。这让我们明白了划分的武断性以及搁置这些划分的可能性,并催生出一种无所不包的恻隐之心。如果我中有你,你中有我,那么相互关爱应该代替敌意。

互为存在的状态作为一种视觉隐喻在古代印度教的因陀罗网(Indra's net)中被发现。这种网悬于因陀罗圣殿。因陀罗乃养育一切生命的自然之神。因陀罗网向四处延伸,网中的每一结点都有一颗宝石,从中映射出其他所有宝石的形象。每一颗宝石的美丽中都包含并表达了其他所有宝石的美丽。上图援引自网络世界中的因陀罗网。

387 　　这种佛教见识深深吸引着我。身在其中会体验到强烈的崇高感(spiritual sense),而不会想着建立一种有界或遥远而绝对的现实。联系之前对联合行动的阐述,我同样被强调意义是人类的创造并对人产生限制这一观点吸引。①

388 　　然而我又觉得当前流行的各种禅修实践仍然是有局限的,它们倾向于关注个体的变化,期待个体的改变能有助于关系世界的形成。据说个体的修持可以诱发对他人的同情。这些实践肯定会对搁置那些恶化的关系(叫"暂停")产生效果。然而,关系生活的需求巨大而复杂。若想意义的生成过程(productive flow)得以持续,需要一系列的谋略,共建理想未来需要主动参与的技巧。在我看来,最大的挑战在于生成可以包容万物的审慎、用心的实践。

关系性存在的神性潜能

　　由于从语词中无法获知关系的本质,于是叩响了理解关系性存在的多重隐喻的大门。多重隐喻中的每一种理解方式——生殖、系统理论、行动者网络、分布式存在、生物学理论、过程哲学和佛教——都提供了某种重要的方式或手段,使我们可以超越独立实体的世界而转向对关系的整体考虑。在每一种取向中,我们都发现了有助于我们理解和行动的不同潜能。生殖隐喻提供了关系的具体形式(relational concrete);系统和分布式取向具有重要的科学和实践意义;生物学取向刺激了对环境保护的研究和规划;过程哲学促成了科学家与神学家之间的对话;佛教则为有益的生活提供了理论和实践。除了上述这些,还有更多隐喻可以加入。例如,非洲文化为我们提供了乌班图(ubuntu)的概念,强调对一切事物的关心和同情。作为对本书前面章节的呼应,乌班图精神蕴含在下面这句话中:"我是我所是,因为我们共同之所是。"(I am who I am because of who we all are)另一个概念"Ba"同样与此相关。"Ba"是日本哲学家西田几多郎(Nishida Kitaro)发展出来的一个概念,大约是指一种纯关系状态(a condition of pure relationship),即所有参与者通过对主体间

---

① 关于佛教与现实的建构性之间的关系,更多资料可参阅: Gergen, K. J. & Hosking, D. M. (2006). If you meet social construction along the road, a dialogue with Buddhism. In M. Kwee, K. J. Gergen, & F. Koshikawa (Eds.), *Horizons in Buddhist psychology* (pp. 299-314). Chagrin Falls, OH: Taos Institute Press.

性的分享与综合而团结起来。① 这种群体高度团结的时刻便是对"Ba"最好的诠释。还有一种"嘉年华"(the carnival)的隐喻,其中节日狂欢成为通向原始结合的路径。② 对于一切生命的关系本源没有"最佳"或"唯一的"理解方式,我们只能借助这些隐喻来体悟(avenues of implication)。

*

那种超出认知的和谐似乎比已知的还要深沉。

——赫拉克利特(Heraclitus)

*

这并不是对高深莫测的始因的第一次探讨,几个世纪以来,它一直不断被提及。这种认识通常伴随着一种深刻的敬畏、谦卑和神秘感。对于19世纪的浪漫主义者如华兹华斯(William Wordsworth)、柯勒律治(Samuel Taylor Coleridge)、席勒(Friedrich Schiller)等人而言,大自然为有创造力的艺术家提供了灵感。阿尔卑斯山的高耸壮丽,瀑布的湍急,日落的多彩,这些体验难以描摹,只能间接地通过艺术或诗歌来传达。浪漫主义者使用"鬼斧神工"(sublime)之类的词语来形容它,意为超乎寻常,或异常卓越。最近,研究者们在对异乎寻常的物理现象的描述③以及由通信技术带来的连通性(connectivity)的无限扩张中④找到了这种崇敬感的根源(sources of the sublime)。

一种对深刻存在(profound presence)的意识超越了称名(articulation),充满神圣感。对许多人而言,面对莫名始因的神秘感和敬畏感不亚于对神灵(divine)的意识。这种观点在犹太教、基督教和穆斯林传统中都是很重要的一部分。我们在《罗马书》(11:33)里读到:"他的判断何其难测,他的踪迹何其难寻!"类似的描写在第5世纪否定神学(negative theology)的发展中也能见到。在那里,神学家们断言,没有任何语词能够描述或作为对神(the Divine)

---

① Nishida, K. (1990). *An inquiry into the good*. (Trans. By M. Abe & C. Ives). Orig. published, 1921. New Haven: Yale University Press.
② 参阅:Bakhtin, M. (1993). *Rabelais and his world*. (Trans. H. Iswolsky). Bloomington: Indiana University Press.
③ Cannato, J. (2006). *Radical amazement: Contemplative lessons from black holes, supernovas, and other wonders of the universe*. Notre Dame: Sorrin Books.
④ Gergen, K. J. (1996). *Technology and the self: From the essential to the sublime*. Thousand Oaks, CA: Sage. In D. Grodin & T. R. Lindlof (Eds.) (1995). *Constructing the self in a mediated world*. Thousand Oaks, CA: Sage.

的表征。事实上,任何描述或影像都注定是一种误导或扭曲。一个人可以证明"什么不是神(通过否定)",却无法描述"什么是神"。① 同样,在犹太教的卡巴拉传统(Kabbalistic tradition)中,造物主被认为是不可知的。在伊斯兰教的苏非传统(Sufi tradition)中,人们努力进入一种"湮没"(annihilation)状态,在其中没有差别荣辱,人们融入难以名状的"统一体"(unity of One)。②

关于神的在场(divine presence)意识——无以言表,这一点在今天的后现代神学中同样得到回应。在此,语词对于独立世界具有的反映或镜射能力遭到质疑,而认为,语词从与其他语词的关系中获得意义。如果话语不能像地图或镜子那样起作用的话,神学著作不能揭示神的本质便成为合理的推断。③ 在宗教文本中找不到神,搜索圣经著作查找"上帝的含义"(God's meaning)只能得到某些似是而非的(specious)结论。正如一些后现代神学家指出,我们应该转而注意这类文本中那些缺席或者非逻辑的部分。正是我们无法**确定**意义(fix the meaning)这一事实带我们走向神圣(the sacred)。正如华莱士指出,如果我们不再将这些文本视为对历史事实的记录,则神的意义可能存在于圣经的解释或叙事中。这些解释或描述传达出一种智慧,开启了不断对话和重新诠释的大门。④

在希伯来传统中也有类似的观点。他们认为,上帝既然是一切存在的创造者,那么神就应该是独立于和超越时空的。因为神的不可感知性,没有对神的直接描述也是可以理解的。印度教传统同样触及神的不可言说性。在奥义书(Upanishads)的教义中,追溯到公元前8世纪,最高的宇宙精神被认为是人的理解能力所不可及的。因此,出现了圣歌"neti-neti",意为至高无上的存在

---

① 这种观点同样出现在12世纪犹太学者摩西·迈蒙尼提斯的著作中。他在《指点迷津》一书中指出,对神的许多属性和特点的描述采用了拟人论的写作手法。Maimonides, M. (1904). *The Guide for the perplexed*. London: Routledge & Kegan Paul Ltd.
② Yazdi, M. H. (1992). *The principles of epistemology in Islamic philosophy, knowledge by presence*. Albany: State University of New York Press.
③ 例如,可参阅:Taylor, M. (1982). *Deconstructing theology*. New York: Crossroad Pub Co. Winquist, C. (1999). *Epiphanies of darkness: Deconstruction and theology*. Aurora: Davies Group Publisher. Coward, H. & Foshay, T. (Eds.) (1992). *Derrida and negative theology*. Albany: State University of New York Press. 也可参阅:Marion, J. (1991). *God without being*. Chicago: University of Chicago Press.
④ 参见:Wallace, M. (2002). *Fragments of the spirit: Nature, violence and the renewal of creation*. Harrisburg, PA: Trinity Press. Owen, H. P. (1971). *Concepts of deity*. London: Macmillan.

"不是这,也不是那"。对于神,我们找不到恰如其分的描述。

*

终极意义寓于沉默,此所谓缄默真理。

——何曼思(Chris Hermans)

*

我们发现,长期以来,神的存在感(sense of a divine presence)超越了定义。眼前最重要的是,理解这种神圣感等同于关系的统一。这一结论在之前对生态学、过程哲学、佛教的讨论中已有所提及。不同情况下,支持者将关系整体的观点与某种精神的存在相联系。神并非栖居于某一独立或有界的实体——只是比其他人享有"更多赞美",并且存在于一种终极的关系状态。这些观点具有古老的起源,公元前3世纪道家的《道德经》中就曾写道:

视而不见,名曰夷;

听之不闻,名曰希;

搏之不得,名曰微。

此三者不可致诘,故混而为一。

在基督教传统里,这种根本的关系感与互寓相摄(perichoresis)概念(或圣父、圣子、圣灵三一论)密切相关。他们之间相互分享,而不是被视为彼此独立的实体。上帝在本质上是三位一体、三体合一的(three in one, one in three)。有些泛神论著作也很著名,从早期的赫拉克利特(Heraclitus)、普罗提诺(Plotinus),经斯宾诺沙(Spinoza)到爱默生(Ralph Waldo Emerson)。简言之,对于泛神论者而言,不存在"上帝"这一独立实体或有界存在(有神论传统)。万物有灵,神寓万物(all is God and God is all)。[①]

伊斯兰教的苏非派(Sufism)也有类似的教义。安拉被视为没有任何特定的形式或属性,却又与所有现象无法分离。近期发生的生态神学(eco-theology)运动揭示了自然的整体性,正是这种整体性让人们体验到神圣。[②]

---

① 参见:Levine, M. P. (1994). *Pantheism: A non-theistic concept of deity.* London: Routledge.

② 参见:Hallman, D. G. (Ed.) (1994). *Ecotheology: Voices from South and North.* Maryknoll, NY: Orbis Books. Edwards, D. (2006). *Ecology at the heart of faith.* Maryknoll, NY: Orbis.

用惠特利(Margaret Wheatley)的话说:"生命真正的本质在于完整……而在某个神圣的时刻,我体验到了这种完整(the wholeness)。"①

*

万物彼此联系,这种归一即为神圣。

——奥里利乌斯(Marcus Aurelius)

走向神圣的实践

把握关系过程的本质如此困难,以致我们产生敬畏和谦卑感。它对于我们珍视的一切如此重要,却无法被我们拥有、洞悉和清楚表达。在关系意识中,我们找到了神性的潜能,最重要的是它对我们日常生活具有实践的意义。伊利亚德(Merciade Eliade)(1959)无可辩驳地论述了神圣体验(sacred experience)在人类历史上的重要意义。②伊利亚德认为,神圣化的过程为我们的行为注入价值。当行为充满神圣感(the sense of the sacred),人便获得一种至关重要的道义上的责任。世俗生活中更常见的对于某种事实的宣告往往缺少这种潜能。正如伯曼(Morris Berman)所言,现代主义的世界观——在科学对于预测和控制的强调中表现得最充分——掠夺了人性中最重要的价值资源。③依伯曼所见,科学透镜疏远了人类和大自然的关系。我们观察自然,仿佛它们是独立于我们之外的。作为结果,我们为了自己的目标而研究和利用大自然。其后果无论是对地球还是对人类关系而言都将是灾难性的。依我所见,关系过程蕴含着某种神圣向度(sacred dimension),那些有助于关系过程增长和扩展的事物因此令人崇敬。

*

将信仰拒之门外并不难,可是一旦有一天我们这样做了,生命便会索然无味,完全失去色彩。

——荣格(Carl Jung)

---

① Wheatley, M. (2002). *Turning to one another: Simple conversations to restore hope to the future* (p.130). San Francisco: Berrett-Kohler.
② Eliade, M. (1968). *The sacred and the profane: The nature of religion*. San Diego, CA: Harvest Books.
③ Berman, M. (1984). *The reenchantment of the world*. New York: Bantam.

第十二章
走向神圣

*

与此同时,长期以来,许多宗教存在将神置于特定的时空距离之外的倾向。对于某些宗教来说,这是与过去之间的距离,上帝被定义为我们当前存在的始因。神也可以被移位于未来,带着我们对天堂生活的期待。对许多宗教来说,神都在高位,天上的神远离世间凡尘。然而,这些给予神的不同定位导致了一种分离,即人们在当下遇到挑战,而受崇拜的神却在遥远的别处。由此产生的问题在于,提供的与需要的可能完全不相干。

关系立场或许可以帮助我们跨越神与社会生活之间的鸿沟。我们认识到有界和独立存在的人为建构性,从而对这些概念从中获得意义的关系过程充满敬畏。我们知道,正是在不断发展着的关系过程中,我们创造了遥远的上帝概念——一个可识别的、有时是性别化的存在(gendered being),充满爱、愤怒、宽容、万能、智慧的力量以及由世界各种文化赋予的其他不同特征。我们被引导着将神视为一个过程,我们存在于其中而无法与其分离。被我们崇敬的神既不卓越,也不遥远,而是内在于一切人类事物之中。①

*

> 一个朋友说:"如果有人问我在哪里做礼拜,我会回答:在身体内部和外部的关系中(through my relationships),内部的瑜伽、冥想、运动以及外部的大自然。对于拥有一双慧眼的人而言,这里无时无刻不在演绎超凡脱俗的美。"

*

这种神的存在的观念与日常生活紧密相关。特别是我们被引导着将自己的行为视为神性潜能的表达或实现。关系性存在的论点,正如前述所言,赋予联合行动的过程以及意义的联合创造以特殊意义。尤其当我们的行动促进了意义的不断生成——为协调而不是疏离——我们便参与了神圣的实践。通过积极协调,我们参与了这样一个过程,在其中产生了意义、价值以及对于神圣

---

① 这里的讨论是由哲学与神学的内在性(immanence)概念发展出来的。这个概念认为,神并不是超越存在而高高在上,而是存在于现实之中。这种内在性的观点被许多宗教共享,其中包括基督教、犹太教、印度教和佛教等。在许多人看来,赋予生命活力的神的力量内在于生活之中。与该主题相关但却较为世俗化的讨论出现在这一著作中: Deleuze, G. , Guattari, F. , & Massumi, B. (1987). *A Thousand plateaus: Capitalism and schizophrenia*. Minneapolis: University of Minnesota Press. 书中发展了一种本体论,在其中既没有结构,也没有因果,只有连续不断的运动、形成和尚未形成。

持续不断的滋养。神圣(holiness)既不是天堂的极乐状态,也不是内在的心灵状态,却很有可能于我们在一起的下一个时刻被体验到。

这里强调的不仅仅是人类关系。正如前文不断提到,这一点在本章表达得最清楚,即人类与非人类之间的界限同样是人为的。人与人之间的关系不能同人与自然的关系分开。当我们在说意义在联合行动中产生时,必须把大自然整体容纳进来。正如布伯所言:"与上帝的关系……包含和覆盖了与所有异己之间可能的关系。"①

*

关系性存在对我们日常行为的更具体的意义是什么呢?在最简单的水平上,这可能意味着更多地欣赏那些给我们带来哪怕片刻欢愉和满足的事物。例如,在品尝美味的过程中,我们可能思考,这些美味是如何被制作出来的?这种制作方式又是如何跨越几代人的关系历史被传递下来的?我们感谢那些通过劳动生产、运输、检验、储存以及组织销售这些食材的人,同样感谢我们的星球为这些食材的生长提供了土壤,也为我们在这一刻的欢愉提供了条件。在感谢的同时,我们还应该考虑妨碍关系同步性(relational synchrony)的那些因素。我们的欢愉以何种方式阻碍了关系的流动(relational flow)?例如,为我们带来充裕食物的农民的生存条件怎样?食品运输过程中产生多少碳排放?这种广泛而具欣赏性的批判意识实际就是一种崇拜(worship)状态。

让我们由这种崇拜进一步走向共同行动。正如本书用大量篇幅指出的,当我们以行动参与并维持了意义的生成过程,我们便为存在的神圣状态作出了贡献。例如,用心倾听、承认他人,以及对我们身处其中的多重关系的表达等,这样一些简单的行为都在向外释放神圣的礼花。同样,帮助来访者恢复其生成性关系的治疗师、为社会边缘人群代言的研究者、促进课堂对话的学校教师、扩大了决策参与范围的管理者等,都有资格共参那份神圣。

*

如果人类能让所有造物享受亲戚般的对待,世界便将于一夜之间被治愈。

——麦克尔罗伊(Susan McElroy)

---

① Buber, M. (1947). *Between man and man* (p. 65). London: Kegan Paul.

第十二章
走向神圣

*

正如前面各章强调过的,意义在关系中的创造和维护面临的长期风险是新的边界的产生:里面的对,外面的错。因此,我们特别尊崇这样一种行为,它能跨越各种有关真和善的(the good)传统之间相互冲突的障碍。群体间的关系——宗教的、政治的、部落的、种族的——已经给人类文明史带来了无尽的痛苦,未来仍旧悬而未决。从分离到异化,再到相互解构,这是一条让所有意义毁灭的路。恢复生成意义的对话实践极其重要。同样受到尊崇的还有这样一些实践,它们把人类及其所处的环境联结成一个彼此维护的世界。所有这些行动都是二阶道德的实现,某种关系中的关系的复活。它们无不蕴藏着神圣的潜能。

后记
关系意识的来临

> 我们现在不得不面对的一个事实是,要么所有人一起死,要么学会共同生活——而若选择后者,我们就得交谈。
>
> ——罗斯福(Eleanor Roosevelt)

将人类视为独立或有界单元——无论是个体自我、共同体、政党、国家还是宗教——威胁着我们未来的命运。将我们生活的这个世界理解为由各自独立的物种、形状、类别或实体构成——将威胁地球未来的福祉。这便是这本书写作的主要意涵。正如我已经指出,对于这些分离的实体而言,关系性存在是最佳的替代品。我们眼中一切独立的存在都是在关系的过程中产生的。将人和自然视为有界单元,这种理解方式本身也是一个更基础的协调过程的产物。我们赋予自我或他人何种价值,以及对未来寄予何种希望,取决于关系的福利。正如布伯曾经写道:"一切始于关系。"[①]缺乏对关系的考虑,我们将面临终结。

为了阐明这些观点,我将批评的焦点集中于独立自我的启蒙意识。我关注的重点是能动自我的假设——拥有内在的理性、动机和热情——以各种方式带来的无尽痛苦和伤害,其中包括疏离、孤独、冲突、自我怀疑、自私以及用心经营的关系。这些分析为将关系作为替代物铺平了道路。协调行动(coordinated action)或联合行动(co-action)是关键概念。正如前面已经指出,意义产生于协调行动,而非个人头脑内部。正是在协调行动中,我们找到了所有我们视其为真实、理性或善的那些东西的根源。然而,正如我说过,这并不意味着我们要放弃在历史上经过许多代人继承下来的大量关于心理的语汇。

---

① Buber, M. (1937). *I and thou*. New York: Free Press.

我们的任务在于重构对这些词汇的理解。通过深入研究我们发现，传统上被归因于个体内部世界的所有能力——理性、情感、动机、记忆、经验，等等——实际上都是关系中的表演。由此得出的结论是，我们的一切言语和行为无不彰显着关系的存在。从这一立场出发，我们会放弃这种观点，即我们的行为是由周围人引起的。周围人不是我们行动的原因，我们也不是他们的结果。相反，无论我们思考、记忆、创造或感受到什么，我们都是在**参与**（participate）某种关系。

或许是由于日常生活的动荡不安，"内在统一的心灵"（coherent mind）这一启蒙运动理想（Enlightenment ideal）从未让我觉得满意。在我看来，如果我们嵌入多种关系之中，内在统一便成为变通性的敌人。我们携带着无数关系的印记，过去的和现在的，真实的或想象的。这些印记从本质上赋予我们多种且常常是相互矛盾的行动潜能。对内在统一的推崇来自我们参与其中的某种特殊关系。地方性关系生成属于它自己的真实、理性和善。也正是在这样的关系范围内各种盟约——友谊、婚姻、社区、俱乐部、球队、宗教、军事集团、政党等得到发展。在这些关系中，我们重视那些值得信赖和可靠的人，尽管这一切听起来合情合理，却颇具讽刺意味。虽然这些盟约关系对于我们的幸福至关重要，这些关系建立的过程却令我们彼此分离。也正是这些障碍使我们的合作行为受阻。最不幸的是，这些人为的分离常常带有敌意，最终将人类推入相互灭绝的深渊。

正是在这一接合点上，我将注意力转向了不同形式的实践。在我看来，如果关系性存在这一观点是有意义的话，它必须与我们的生活方式紧密结合。实践成了我们在随后几章关注的焦点。这些实践不仅引导了对意义的联合创造，更重要的是，它打破了相互嫌恶的壁垒，将注意力集中在如练习如何在充满暗礁的关系大海中航行，如何建立共同体，以及如何以协调取代冲突，等等。学术研究、教育、治疗以及组织领域的关系建立被给予更多关注。然而，在完成了这样的探索之后，我依然为关注范围的狭窄感到不安。是的，我们已经从多方面讨论了协调行动，但是，在意识的边缘仍然存在着众多未曾论及的领域，关系性存在的观念已经在太多领域获得了长足的发展，怎么可以忽视它们呢？

关系意识的加速扩展

进一步的思考开始了。研究发现，数以百计的治疗师正在探索、丰富和发展关系过程的实践。当我审视这些尚未被论及的领域中人们的努力,有一点变得越来越清晰,即我低估了关系意识的力量。这场运动的影响范围远超乎我当初的想象。的确如此,一些争取社区发展①和民主参与②的运动已经广为人知并已得到良好的发展。计算机领域的开放源码运动(the open source movement)同样给我留下了深刻的印象,这项运动通过技术分散为所有人提供资源。③ 尽管这些运动仍内嵌于个人主义的传统,但它们都表明了一种对广泛参与的支持。此外,从地方到全球同样有证据证明,一种更大范围的、更加清晰的关系中心意识正在加速扩展。举例而言,以下发展足以令人惊讶:

国民对话与协商同盟

国民对话与协商同盟(the National Coalition for Dialogue and Deliberation)这个新近出现的团体致力于支持组织和个人参与对话以造福社会。他们预想了这样一种社会的发展:"其系统和结构为建设性的对话和协商提供强有力的支持和促进。"④ 全国慢性病疾控中心(National Center for Chronic Disease Control,简称 NCCD)可作为该类组织的代表。这些组织创造了多种对话形式,被广泛运用于社区、学校、企业、宗教团体等,以支持对于未来的联合创造。参与这些活动的团体,例如,民智共享研究所(the Co-Intelligence Institute)、民主对话与协商研究所(the Institute for Democratic Dialogue and Deliberation)、邻近供配网络(the Neighborhood Assemblies Network)、21 世纪对话(21st Century Dialogue)、关怀聆听项目(the Compassionate Listening Project)等,都在积极促进互动及市民思虑的共享。

专家合作国际学会

专家合作国际学会(the International Academy of Collaborative Professionals)是从无数基层团体的工作中发展起来的,致力于以合作实践的

---

① 例如,可参阅:Etzioni, A. (1993). *The spirit of community: Rights, responsibilities and the communitarian agenda.* New York: Crown. Bell, D. (1993). *Communitarianism and its critics.* New York: Oxford University Press.
② 例如,可参阅: the World Movement for Democracy, www.wmd.org, the Democratic Dialogue Network, www.democrativedialoguenetwork.org., and *the International Journal of Public Participation.*
③ 例如,可参阅:Weber, S. (2005). *The success of open source.* Cambridge: Harvard University Press.
④ 可见:www.thataway.org.

方式取代诉讼和其他有争议的问题解决方法。这个团体的成员主要由来自法律、精神健康和金融等领域的专业人士构成。他们以国际化的方式开展工作，为教育和网络提供资源。对他们而言，"人际关系永远是工作的首要价值"。由该学会提供的最典型的工作案例是合作法（collaborative law）。该法尤其适用于解决离婚和监护权问题。律师试图以所有重大利益相关者都来参与的市民讨论取代破坏性的诉讼实践。在玩忽职守类的医疗案例中，合作法试图通过对话来达成共识，减少医患之间越来越多的不信任，修补裂痕。[1]

民间冲突应对团体

在第六章，我简要讨论了几种通过合作减少或处理冲突的实践。这些都是全球化运动的典型，该运动旨在为非理性的冲突应对方式寻找替代品。由于大规模组织——包括政府、宗教、政党、部落，等等——在超越自我获益的意识形态方面表现无能，这些群体便尝试在自己力所能及的范围内发展和宣传以协作方式解决冲突。在数以百计的该类组织——民间冲突应对团体（Grassroots Conflict Reduction）中，以下组织特别值得一提：和平建设联盟（the Alliance for Peacebuilding/www.allianceforpeacebuilding.org），该联盟将世界各地的和平建设组织联合起来，分享信息和创见；共同立场探求组织（the Search for Common Ground/www.sfcg.org），该机构在全球17个国家内开展项目合作；全球和平工作组织（the Global PeaceWorks organization/www.center2000.org），该组织召集不同宗教流派的志愿者共同为当地社区服务；和平×和平组织（www.peace×peace.org），该组织联合全球的女性，共同致力于和平建设。[2]

区域性合作

人们早已认识到，传统的地理划分单位——公国（或封邑，principality）、县、州和国家——都只能实现有限的成就。伴随着人们对问题解决需要相互依赖的敏感性日益增强——以经济和环境为核心——区域合作运动已加速展开。比如，五大湖区域合作组织的建立就是缘于五大湖资源耗尽的警钟不断

---

[1] 参阅：Clark, K. (2007). The use of collaborative law in medical error situations. *The Health Lawyer*, June issue, 19-23.

[2] 有关共同体合作的政治意涵，可进一步参阅：Saunders, H. H. (2005). *Politics is about relationship*. New York: Palgrave Macmillan.

敲响。该组织策划会议,将国家政府的代表、州长、当地的市长、部落首领等召集起来,联合其他相关人士,使得湖区的恢复和维持计划得以实施。像这一类的区域性组织在北欧国家最为常见。瑞典学者古斯塔森(Bjorn Gustavsen)研究了这种转变,即如何由自上而下的区域性规划转变为在更大范围的网络中开展工作。①

社交网络

社交网络(social networks)是社会科学中长期使用的概念,通常用于分析和阐释在个体或群体之间的联结模式。然而,伴随着电子互联网的发展,社交网络已经从图书馆书架上的概念一跃而下成为人们日常生活的一个重要部分。在此情况下,一个典型的社交网站由这样一群人构成,这些人分享着某种特殊的兴趣或具有同一社会位属,他们公开身份,在网络中参与和他人的沟通。在美国,这类网络中最著名的包括在线社交网站"我的空间"(MySpace),该网站拥有超过 1 亿名会员;"脸书"(Facebook)拥有 1.5 亿用户;"推特"(Twitter)有 1 500 万爱好者。在社交网络中,笛卡儿的箴言"我思故我在"被"我联故我是"取代。人们上这类网站并不完全是为了娱乐。比如,由演员凯文·培根(Kevin Bacon)发起的"六度"(SixDegrees. org),便联合了许多慈善网站,为上百万次的慈善活动募集了资金和联系了支持者。

关系启蒙的全球化

这些运动和倡议不仅基于对人类相互联系的赏识,也是基于联合行动的实践在全世界范围内的迅速增长。在我看来,上述几个小小的范例为我们展示了一场具有重大意义的全球化运动的上升势能。这场全球化运动受到以下三种力量的驱动,其中每一种动力都将关系的意识置于前沿,并指向健康关系对于未来世界的必要性。

通信技术

促进关系意识扩散最重要的刺激毫无疑问来自低成本、高效率地与世界不同地区的人们相互学习和交流的便利性。其中最重要的便是互联网,一个

---

① Gustavsen, B. (1996). Action research, democratic dialogue, and the idea of "critical mass" in change. *Qualitative Inquiry*, 2, 90-103.

可以向任何电脑终端发送电子邮件、网站、博客、游戏、音乐、艺术、生活对话和其他资源的可公开访问的全球性网络。全世界现今有超过十亿的互联网用户,其中大多数借由电子邮件进行沟通。在美国,有超过70%的人口接受网络服务。互联网提供了进入万维网的接口,后者是更大规模的便捷性文件传输系统,包括文本、图片、视频、声音等在内的任何"文件"都可以被传递。据估计,目前有超过1亿个网站,每年累积的信息量相当于全世界人均拥有9米左右厚的图书。现阶段在美国,互联网用户平均每个月的上网时间大约为100个小时。

关系性存在的影响激动人心。对任何一个人而言,每一个新的链接或网站都拓展了多重存在的潜能。通过半岛电视台网站(Aljazeera),我吸收了阿拉伯世界的某些逻辑和价值;从保守党前哨网站(Conservative Outpost),我了解了一点右翼共和主义;在美国公民自由联盟网(ACLU),我看到了最近对言论自由的保护;通过"油管"(YouTube)视频网,我能观赏世界各地的滑稽节目,等等。以同样方式,一封来自俄罗斯的电子邮件将带我进某种特定的关系模式,不同于我和日本、阿根廷、中国或印度同事之间的关系。我说话和做事的潜能每一天都在增长,包括我在各种关系环境中灵活的协调能力。在我变成信息通道的同时,数以百万计的其他人也和我一样。有效的联合行动的潜能因此成指数地扩大,其结果不仅是连通性(connectivity)的超级增长,全世界的人们也都在变得越来越有能力进行有效的合作。

全球化组织

高速化的通信技术与高水平的协调技巧相结合,搭建了组织过程被无限加速的平台。从寻求与他人分享某种独特兴趣的个体到大型企业或政府,高速通信技术大大方便了对现实情况、各自观点及日程安排的协调。小型企业可以扩张,中等规模的公司可以开拓海外市场,大型企业通过全球化可以获得更大的发展。当前有超过30万个网站负责处理工作场所之间的沟通,这并不令人惊讶。各种不同范围的组织——社区、州、地区、国家乃至全球——不断增长。警察网络的全球化与世界范围内的有组织犯罪和恐怖主义的规模同步增长。当前有1 300多个宗教网站在世界范围内寻求链接。为了更好地了解国际化组织的增长速度,我们可以回溯20世纪50年代,当时在美国,拥有洲际合作项目的政府和民间组织大约是1 000个,而目前这样的组织已经超过6

万个。(颇具讽刺意味的是,在全球化组织不断扩张的同时,反对全球化的组织也在扩张。)显而易见,维持或强化各类不同组织的福利需要有效协作。"网络化"正在成为时下流行的生活方式,而自治和独立的价值观很快将会成为历史。

环境威胁

关系意识增长的第三个动力不是来自效率的提升,而是来自效率提升对环境造成的威胁。1962年卡逊(Rachel Carson)出版了《寂静的春天》(*Silent Spring*)一书,[1]引发读者广泛关注动物栖息地周围环境的系统开发造成的破坏性后果。由于世界人口的不断增长——管理技术越发重要,对工业品的需求不断增加——我们目睹了空气和水的污染,土地被侵蚀,林木被大面积砍伐,动植物物种的灭绝,鱼类种群的减少,等等。在许多人看来,发展、扩张和利润等概念已然改变了味道,可持续发展成为必要的选择。然而,随着最近全

---

① Carson, R. (1962). *Silent Spring*. New York: Houghton Mifflin.

球变暖的警报不断拉响，可持续发展的目标似乎已经不够，我们现在不得不在生产性合作与避免重大灾难之间作出抉择。孤立的个人、社区、州或国家的努力是有限的，没有哪一块大陆可以幸免于环境威胁（environmental threat）。事实上，人类未来的希望将取决于全世界人民相互协作的能力。

我是怀揣着超越人类启蒙观点的希望来写作这本书的。视自我为核心，其他人围绕自我运转，这种观念与将地球视为宇宙的中心一样，甚至具有更大的误导性。我们由此走向新的启蒙（New Enlightenment），在其中自我中心被珍视关系取代。这不只是针对西方文化的启蒙。我们有理由希望和预期，一场全球化的意识变革已经拉开大幕。让我们放弃霍布斯"以所有人为敌"（all against all）的反面乌托邦，转而"与所有人结盟"（all with all）。当健康的关系成为所有人的核心关切时，我们便接近了更有希望的未来。

索 引

阿尔托/Artaud, Anton, 232
阿灵顿论坛/Arlinton Forum, 367
阿伦森/Aaronson, J., 9
阿伦特/Arendt, Hannah, 334
阿姆斯特朗/Armstrong, Louis, 136
阿希/Asch, Solomon, 19
埃尔金德/Elkind, David, 175
埃里克森/Erickson, Milton, 291
埃普斯顿/Epston, David, 299
埃齐奥尼/Etzioni, Amitai, xxiv
艾弗森/Iverson, John, 326
艾略特/Eliot, Thomas Stearns, 93
爱/love, 11, 12, 14, 21-22, 80-81, 96, 101, 102, 111, 123
安德森/Andersen, Tom, 291
安德森/Anderson, Harlene, 287, 301
安蒙斯/Ammons, Archie Randolph, 46, 305
安妮·E. 凯西/Annie E. Casey, 346
奥尔斯顿/Alston, John, 266
奥康奈尔/O'Connell, B., 366
奥里利乌斯/Aurelius, Marcus, 391
奥斯汀/Austin, Deborah, 231
奥图尔/O'Toole, James, 332, 332
巴尔特/Barthes, Roland, 181
巴赫金/Bakhtin, Mikhail, xxiv, 39, 141, 251
巴龙/Barron, Frank, 91
巴特利特/Bartlett, Frederick, 87
榜样/models, 135-136, 253
鲍迈斯特/Baumeister, R., 11, 12
贝尔/Bell, Daniel, 219
贝克尔/Becker, G. S., 21
贝克尔/Becker, Howard, 94, 122
贝拉/Bellah, Robert, xxiii, 8, 23-24, 25
贝兰基/Belenky, Mary Field, 269
贝里/Berry, J. D., 7
贝特森/Bateson, Gregory, 378
本尼斯/Bennis, Warren, 333
本特利/Bentley, Arthur, xxii
比德曼/Biederman, Patricia Ward, 333
比利格/Billig, Michael, 79, 142
毕达哥拉斯/Pythagoras, 382
毕加索/Picasso, Pablo, 93, 97
边界/boundaries, xxiv, 4, 5, 183-189, 367
边沁/Bentham, Jeremy, 121
贬损/derogation, 13
变革性对话/transformative dialogue(s), 191-198
标签/labels, 184-185
标签理论/labeling theory, 184-185

---

* 本索引中附的数字均为英文版页码,现为中文版的边码。——译者注

表达/expression, 14, 87-88, 325, 326-327

波洛克/Pollock, Jackson, 92

玻姆/Bohm, David, 193

伯顿/Burton, R., 101

伯格/Berger, Peter, 287

伯曼/Berman, Morris, 179, 392

博尔/Boal, Augusto, 233

博基特/Burkitt, I., xvii

博耶/Boyer, R., 7

不道德/immorality, 356-358

不可预知/unpredictability, 160

不信任/distrust, 13, 14, 15

布伯/Buber, Martin, xxiii, 221

布拉德伯里/Bradbury, Malcolm, 18, 27

布拉德利/Bradley, Benjamin, 151-152

布拉希尔斯/Brashears, M., 6

布朗/Brown, J. S., 251

布朗/Brown, Norman O., 375

布卢菲/Bruffee, Kenneth, 255

布鲁默/Blumer, Herbert, 32

布鲁纳/Bruner, Jerome, xviii

布洛/Blau, P., 22

参与/participation, 245-247, 306, 327-328

关系圈/circles of participation, 245-246, 269

承诺/commitment, 17

冲突/conflict, 161, 191-198, 274, 276-277, 398

传统/traditions, xvi, xxii, xxv, 27-28, 49-50, 175

创造/creation, 31-36

创造力/creativity, 91-95

促进/教练模型/facilitation/coaching model, 252

存在/being(s), 61-63

达克/Dark, Kimberly, 230

达姆罗施/Damrosch, David, 208, 256

丹宁/Denning, Stephen, 338

道德/morality(ies), xxi, xxv, 53

道德多元论/moral pluralism, 363

道德相对主义/moral relativism, 351, 363

道德邪恶/virtuous evil, 358

德波诺/DeBono, Edward, 326-327

德行/virtue, 359

德里达/Derrida, Jacques, xxvi, 224

德纳维奇/Dernavich, Drew, 143

迪安/Dean, James, 8

敌意/hostility, 190

笛卡儿/Descartes, René, xxi, 64, 97, 98, 202

笛卡儿的《方法论》/Discourse on Method (Descartes), 64

蒂鲍特/Thibaut, John, xvii-xviii

蒂普顿/Tipton, S. M., xxiii

点画派/pointillism, 55

定位/positioning, 38

独白/monologues, 24

独立/independent, 29

杜威/Dewey, John, xxii, 242, 262-263

对话/dialogue(s), 141-142, 257-259, 301

对话过程/process of dialogue, 301

对话教学法/dialogue(s) pedagogy, 249-251

对话课堂/dialogic classroom, 249-251

对话会议/dialogic meeting, 300

对话与协商国民同盟/National Coalition for Dialogue and Deliberation (NCCD), 398-399

多梅尼西/Domenici, Kathy, 323

多样性/multiplicity, 138-139

多音/polyphony, 323-325

多重存在/multi-being(s), xxviii, 134-150, 227, 292, 298, 370-371

多重叙事/multiple narrative, 304

恶行/evil actions, 140, 358-359

二阶道德/second-order morality, 360-365, 362

二元论/dualism, xxi, xxiii-xxiv, 205

法兰克福学派/Frankfurt School, 217

法勒斯/Phares, J. E., 22

反馈环/feedback loop, 377

反向逻辑/counter-logics, 160-163

防御/defense, 140

仿效/modeling, 136

费斯廷格/Festinger, L., 15

分布式认知/distributed cognition, 379-380

分离/separation, xiii-xiv, 30, 355, 367

分享的叙事/shared narrative, 316

愤怒/anger, 108-109, 112

冯内古特/Vonnegut, Kurt, 254

佛教/Buddhism, 308-309, 385-388

否定的声音/negative voice, 294

弗恩/Fern, R. K., 4

弗莱克/Fleck, Ludwig, 86

弗兰德森/Frandsen, K. J., 7

弗兰克/Frank, Arthur, 129

弗兰克的《伤者自述》/The Wounded Storyteller(Frank), 129

弗兰克尔/Frankl, V., 7

弗里丹/Friedan, Betty, 219

弗里曼/Freeman, W. H., 14

弗罗姆/Fromm, Erich, xix, 144

弗洛伊德/Freud, Sigmund, 14-15, 138, 307

符号互动/symbolic interaction, xix

福柯/Foucault, Michel, 20

负性活力/negative vitality, 314

赋权/empowerment, 252-253

戈登/Gordon, Chad, xix, xviii

戈夫曼/Goffman, Erving, xviii

戈特曼/Gottman, John M., 316

格尔茨/Geertz, Clifford, xiv

格尔皮/Gelpi, D. L., 4

格根,玛丽/Gergen, Mary, xix, 145-146

格根,肯尼思/Gergen, Kenneth J., 48, 185, 293

格拉泽斯菲尔德/von Glasersfeld, Ernst, 196-197

个人的主体性/individual subjectivity, xxiii

个体存在/individual beings, 3, 23

个体理性/individual reason, xxvi-xxvii

个体评估/individual evaluation, xiv

个体心灵/individual minds, 32

个体主义/individualism, 12, 183, 322, 334, 372, 379

个体主义的传统/individualist tradition, 4

公共道德/public morality, 24-27

公共对话项目/Public Conversations Project, 193-195

《公共人的衰落》/The Fall of Public Man(森尼特/Sennett), 366

公共知识分子/public intellectual, 219-221

共同进化/co-evolution, 382

共同体/community, xxiv, 263-264, 267, 366-369, 372

沟通/communication, 34-35, 174-175, 191, 244, 286, 318, 401-402

孤独/loneliness, 6-8, 94

古德温/Goodwin, Robert, 26

关系/relationship(s), xiv, xxi, xxvi, xxviii, 17-20, 24, 34, 38-39, 41, 46-47, 70-75, 76-79, 86, 95, 98, 133, 136, 156, 158, 164, 175-179, 184-

185，186－187，201，221－224，224－233，233－235，243，245－247，255－262，270－271，293－294，315，317，340，372，365－366，373，397

关系（的）流（动）/relational flow，46－47，48，303，306，316－317，338

关系成就/relational achievement，133

关系的表演/relational performance，73－76

关系恶化/relational deterioration，160－163

关系附魔/enchantment of relationships，179－181

关系汇流/relational confluence，xvi，31，304，332

关系脚本/relational scenarios，106－131

关系路径/relational pathways，58

关系评估/relational valuing，343

关系启蒙/relational Enlightenment，xvff，400－401

关系行动/relational action，165，372

关系型领导/relational leading，331－339

关系责任/relational responsibility，364，365－366

惯习/convention, social，77－78

过程哲学/process philosophy，384－385

哈丁/Hardin, Garrett，25

哈芬/Hafen, B. Q.，7

哈佛大学社会关系学系/Harvard University, Department of Social Relations，215－216

哈拉里/Harari, J. V.，20

哈雷/Harré, Rom，xviii，31，38

哈奇森/Hutcheon, Linda，224

哈特福德/Hartford, Margot，273

哈特利/Hartley, David，98

海德格尔/Heidegger, Martin，xxii，35

汉普登-特纳/Hampden-Turner, Charles，91

汉森/Hanson, Norwood Russell，51，84

行动/action(s)，43，74－75，79－82，91－92，140，146，306－309，358－359

行动研究/action research，238－239

行动者网络理论/actor network theory (ANT)，378－379

行为/behavior，14，53－54，160

行为评估/evaluation of performance，339－340

合作/cooperation，162

合作学习/cooperative learning，264－265

何曼思/Hermans, Chris，390

赫拉克利特/Heraclitus，53，384，389

赫勒/Heller, T. C.，4

黑费林/Haefeli, William，13

后设/post-figuring，41

胡伯君/Hu, Bojun，184

互惠/reciprocation，315

互为存在/inter-being，385－388，387

互相依赖/interdependence，381－384

互寓相摄/perichoresis，391

华莱士/Wallace, Mark，383，390

话语/discourse，60－61，70－74，80，189

怀利/Wylie, R.，10

怀斯曼/Wiseman, Fred，230

怀特/White, Michael，299，379

怀特海/Whitehead, Alfred North，384

汇流/confluence，19，49－59，55，57，58，59

惠勒/Wheeler, L.，15

惠特利/Wheatley, Margaret，391

霍布斯/Hobbes, Thomas，25

霍尔兹曼/Holzman, Lois，257

霍坎松/Hakansson, Carina，302

霍克利/Hawkley, L. C.，7

413

霍曼斯/Homans, G. C., 22
霍妮/Horney, Karen, xix, 144
霍奇森/Hodgson, Jonathan, 266
积极分享/positive sharing, 334
基础 Foundation, 346
吉莱斯皮/Gillespie, Dizzy, 136
吉利根/Gilligan, Carol, xix
计算/calculation, 20-24
计算机/computers, 257-258, 380
记忆/memory(ies), 83-90, 242
加尔布雷斯/Galbraith, John Kenneth, 219
加芬克尔/Garfinkel, Harold, xviii, 43
加缪/Camus, Albert, 8
家庭关系/family relationship, 246-247
贾尼思/Janis, Irving, 19
价值/value(s), xiv, 4, 23, 335-336
渐进拒绝/progressive rejection, 284-286
焦点解决治疗/solution focused therapy, 298-299
脚本/scenarios, 153, 154, 295-296
教师/teachers, 240-241, 247-248, 249, 253-254
教育/education, 201, 241-245
教育学/pedagogy, 249-251, 247
解放/赋权的观点/liberation/empowerment vision, 251-252
解放性教育学/liberation pedagogy, 251-252
解释/explanation, 50-53
解释学/Hermeneutics, 67, 69, 211
金奇洛/Kincheloe, Joe L., 211
金斯伯格/Ginsberg, Alan, 8
经济学理论/economic theory, 21
精神药理学/psychopharmacology, 279
竞争/competition, xiv, 162
沮丧/depression, xiv
剧场/theater, 232

决策/decision-making, 320-331
决定论/determinism, xvi, 52-53
卡巴特-津恩/Kabat-Zinn, John, 359
卡普斯/Capps, D., 4
卡乔波/Cacioppo, J. T., 7
卡森/Carson, Rachel, 403
凯/Kay, Alan, 58
凯恩/Kane, John, 180
凯利/Kelley, Harold, xviii
凯利/Kelly, George, 134
凯鲁亚克/Kerouac, Jack, 8
凯奇/Cage, John, 92
康德/Kant, Immanuel, 202
科恩/Cohen, Esther, 126
科尔/Cole, Michael, xviii
科尔伯格/Kohlberg, Laurence, xiv
科技/technology, 174-175, 244, 267-268, 286, 401-402
科朗格兰斯科/Kruglanski, A. W., 15
科林斯/Collins, A., 251
科辛斯基/Kosinski, Jerzy, 77
克拉斯科/Krasko, G., 7
克雷格/Craig, R. T., 40
克罗克/Crocker, J., 12
克罗伦/Cronen, Vernon, 117
客观道德/objective morality, 352-353
客观性/objectivity, 352-353
客体关系学派/object relations theory, 144
课程中心/curriculum-centered, 247-248
肯定/affirmation, 167-168, 283-288, 312-316
库尔特/Coulter, J., xviii
库勒姆/Cullum, Leo, 75
库利/Cooley, Charles Horton, xvii, 135n
快乐/pleasure(s), 121, 124, 125
快乐原则/pleasure principle, 14
拉比诺/Rabinow, P., xv

拉希/Lasch, Christopher, 1, 4
莱基/Lecky, Prescott, 135
莱克斯/Lykes, Brinton, 239
莱维纳斯/Levinas, Emmanuel, xxiii
莱辛/Lessing, Doris, 220
莱因/Laing, R. D., 174
赖斯曼/Rijsman, Anne Marie, 57
朗费罗/Longfellow, Henry Wadsworth, 6
勒邦/LeBon, Gustav, 19
勒夫考特/Lefcourt, H. M., 22
雷托约翰/Littlejohn, Stephen, 323
里克拉克/Rychlak, J. F., 52
里斯曼/Riesman, David, 215, 219
理查森/Richardson, Laurel, 226
理解/understanding, 164-167
理智/reason, 181
理性/rationality, 162-163, 242
理性的力量/power of reason, xiv
理性的起源/origin of reason, 241
利他林/Ritalin, 37, 276, 280
利文斯顿/Livingston, Jennie, 230
联合创造/co-creation, 36-49, 201-239, 306
联合行动/co-action, xxvii, 31-32, 34, 36-37, 39, 40-42, 45, 74-75, 88, 92, 99, 106, 121-125, 136-137, 204, 385, 397
量子力学/quantum mechanics, 384
灵魂/soul, 79-80, 134
灵性/spirituality, xxix, 351-352, 373
领导者（力）/leadership, 332, 333, 338, 331-339
卢茨/Lutz, Catherine, 99
卢克曼/Luckmann, Thomas, 287
卢梭/Rousseau, Jean-Jacques, 25
鲁腾贝克/Ruitenbeek, H. M., 61
路障/barricaded, 221

伦理/ethics, 25, 27, 357, 364
罗德里格斯/Rodriguez, Robert, 323
罗尔斯/Rawls, John, 25
罗杰斯/Rogers, Carl, 10, 287
罗曼史/romance, 23-24
罗奈/Ronai, Carol, 237-238
罗萨多/Rosaldo, Michelle, 100
罗斯福/Roosevelt, Eleanor, 396
罗素/Russell, Bertrand, 25
罗素/Russell, Glenda, 232
洛夫/Love, Catherine Maarie Amohia, 228-229
洛克/Locke, John, 202
马德森/Madsen, R., xxiii
马尔凯/Mulkay, Michael, 228
马拉哈泽/Mullhauser, P., 31
马瑟勒斯/Mayseless, O., 15
马森/Mason, Edwin, 255-256
马西/Masi, C., 7
迈克尔/Michael, J., 221
麦金太尔/MacIntyre, Alasdair, xxiv
麦卡锡马里/McCarthy, Mary, 219
麦克尔罗伊/McElroy, Susan, 394
麦克弗森/McPherson, M., 6
麦克默里/MacMurray, John, xxii-xxiii
麦克亚当斯/McAdams, Dan, 236-237
芒福德/Mumford, Lewis, 219
梅洛-庞蒂/Merleau-Ponty, Maurice, xxi
梅西/Macy, Joanna, 383
盟约/bonding, 172-173, 183-189, 397
盟约/bonds, 173-182, 186-187
米德/Mead, George Herbert, xvii, 33
米尔格拉姆/Milgram, Stanley, 19, 146
米尔斯/Mills, C. Wright, 219
米勒/Miller, Jean Baker, xix
米切尔/Mitchell, Stephen, 136
米歇尔/Michel, Alexandra, 334-335

模仿/imitation, 135
莫里斯/Morris, David, 126
莫斯科维茨/Moskowitz, Eva, 11
墨菲/Murphy, K. M., 230
目标/goals, 21, 314
穆勒/Mill, John Stuart, 24
穆鲁克/Mruk, C., 10
纳粹主义/fascism, 19
脑/brain, 87, 115, 118 - 119, 120 - 121, 124, 203
内部对话/inner dialogue, 141 - 142
内心世界/inner world, 14, 61
能动(性)/agency, 49, 52 - 53, 79 - 82
尼采/Nietzsche, Friedrich, 227
尼克松/Nixon, Richard, 189
牛顿/Newton, Isaac, 50
纽曼/Newman, S. E., 251
帕克/Park, L. W., 12
帕森/Parson, Talcott, 215
排斥/rejection, 283 - 288
潘恩/Paine, Thomas, 317
佩恩/Penn, Peggy, 295
批判/critique, 5, 147 - 149, 216
皮尔斯/Pearce, Barnett, 111, 289
评估/valuation, 339 - 343
普里尔/Puryear, Martin, 374
普里斯特/Priester, Gary W., 85
普特南/Putnam, Robert, 366
乔伊斯/Joyce, James, 93
情感(情绪)/emotions, 96, 137
情感脚本/emotional scenarios, 107 - 111
权力(力量)/powers, xxiv, xxviii, 282 - 302
全球化/globalization, 402
缺陷性话语/deficit discourse, 328
确认仪式 definitional ceremonies, 300
人的观念/humans, conceptions about, xiii

人格/personality, xvi, 38, 155 - 156
人格量表/personality scale, 22
人类行为规律/laws, of human behavior, 160
人权运动/human rights movement, 360 - 361
认知不协调/dissonance, cognitive, 135
认知学徒/cognitive apprenticeship, 251
荣格/Jung, Carl, 139, 307, 392
萨里/Surrey, J. L., xix
萨特/Sartre, Jean-Paul, 19
塞尔/Searle, John, 170
塞库拉/Seikkula, Jaakko, 300
塞利格曼/Seligman, Martin, 22
塞纳金/Sinaikin, Phillip, 280
桑德尔/Sandel, Michael, xxiv, 78, 366
桑塔格/Sontag, Susan, 219
色情文学/pornography, 24
森尼特/Sennett, Richard, 366
沙利文/Sullivan, Harry Stack, xx, 144
沙利文/Sullivan, Patricia A., 259
善/good(s), 24 - 25, 355 - 356, 361
上行比较/upward comparison, 15 - 16
社会比较/social comparison, 15 - 17
社会过程/social process, 87
社会交互作用/social interaction, 51
社会契约/social contract, 25
社会网络/social networks, 400
社会心理学/social psychology, 146
社会影像/social ghosts, 145
社会自我/social self, xvii
摄影/photography, 89, 230
身份/identity, 305
身体/body, 63, 65, 87, 97 - 98, 306 - 309, 393
深度生态学/deep ecology, 382
深度心理学/depth psychology, 138 - 144

生成过程/generative processes, xv, 47, 49

生成性关系过程/generative relational process, 47, 49

生活幸福/well-being, xx, 21, 145

生殖/procreation, 375 - 376

圣吉/Senge, Peter, 331

师生关系/teacher relationship, 248 - 250, 254 - 255

施特勒/Stehle, Bernard F., 231

施瓦茨/Schwartz, Barry, 24

施瓦茨/Schwartz, Richard, 136

史威德/Shweder, Richard, xviii

世界咖啡/World Café, 368

叔本华/Schopenhauer, Arthur, 91

说服/persuasion, 42

斯蒂尔/Steele, C., 9

斯蒂弗/Stiver, I., xix

斯金纳/Skinner, Burrhus Frederic, 21 - 22, 52, 82

斯莱夫/Slife, Brent, xxi, 55

斯内尔森/Snelson, Kenneth, 376

斯泰恩/Steyne, M., 27

斯特夫恩斯齐/Stravynski, A., 7

斯威德勒/Swidler, A., xxiii

苏尔斯/Suls, J., 15

苏美多/Sumedho, Ajahn, 7

索斯纳/Sosna, M., 4

泰勒/Taylor, Charles, xv, 27, 45, 51

谈判/bargaining, xviii, 192

汤姆/Tomm, Karl, 135

汤姆金斯/Tomkins, Sylvan, 98

唐纳德/Donald, Merlin, 77

特雷瓦尔坦/Trevarthan, Colin, 151

特蕾西/Tracy, K., 40

特里林/Trilling, Lionel, 219

疼痛/pain, 28, 125 - 130, 125, 126 -127, 130, 129 - 130

疼痛的文化/The Culture of Pain（莫里斯/Morris）, 126

调解/meditation, 192

同步敏感性/synchronic sensitivity, 165 - 166

同学关系/relationships of relationship, 255 - 262

图尔明/Toulmin, Stephen, 134

图沃-玛沙奇/Tuval-Mashicach, R., 236

退行性关系过程/degenerative relational process, 47, 49

退行性交换/degenerative exchange, 47

托多洛夫/Todorov, Tzvetan, 79

托克维尔/de Tocqueville, Alexis, 12

陀思妥耶夫斯基/Dostoyevsky, Fyodor, 141

瓦尔西纳/Valsiner, Jaan, xviii

威尔伯/Wilbur, K., 352, 383

威尔逊/Wilson, Edward Osborne, 219

威胁/threats, 10, 403

韦尔博瑞/Wellbery, D. E., 4

韦斯特曼/Westerman, Michael A., 33, 74

维果茨基/Vygotsky, Lev, xviii, 78

维纳-戴维斯/Weiner-Davis, M., 298

维特根斯坦/Wittgenstein, Ludwig, xxiv, 117, 164, 174, 304, 373

文化/culture, 20 - 27, 98 - 102, 126 - 127, 279 - 280, 319 - 320

沃/Waugh, Barbara, 336

沃尔特/Walter, Regine, 18, 48, 185, 293, 362

沃尔沃克/Wallwork, A., 37

沃勒克/Wallach, Lisa, 17

沃勒克/Wallach, Michael, 17, 390

沃瑟姆/Wortham, Stanton, 334 - 335

沃特金斯/Watkins, Mary, 145

乌班图/ubuntu, 388

无助感/helplessness, 22
伍斯诺/Wuthnow, Robert, 369
西格尔/Seigel, Jerrold, xv, 64
西谷启治/Nishitani Keiji, 353
西西弗斯/Sisyphus, 8
席宾格/Schiebinger, Linda, 205
系统理论/systems theory, 376-378
现实/reality(ies), 113, 288-296, 297-302, 303-306, 336-338
相互依赖的起源/co-dependent origination, 386
肖/Shaw, Patricia, 313
肖特/Shotter, John, xviii, 32, 90, 224
消极的宗教观念/negative theology, 389
协商/negotiation, xvi, 192
协调/coordination, 33, 34, 36-37, 42-43, 40, 137, 150-152, 163-170, 159, 346-347, 360, 396, 398
协作/collaboration, xxviii-xxix, 167-168, 255-262, 259-262, 400
协作学习/collaborative learning, 259-262
协作行动/coordinated action, xxviii, 31, 33
写作/writing, xxv-xxvii, 221-229, 259-262
心灵(理)/mind, 60-61, 70-74, 76-95, 398-399, 202-204
心理健康/mental health, 135
心理治疗/therapy, 270-271, 275-281, 282-309, 291, 296-299, 308-309
辛克莱/Sinclair, S., 144
欣赏型探究/appreciative inquiry (AI), 328-331
欣赏型探索/appreciative exploration, 168-170
信任/trust, 152-153
性行为/sexual acts, 15, 24

性驱力/erotic, 14-15
休伊特/Hewitt, J. P., 4, 10
修复式司法/restorative justice, 197-198
叙事/narrative, 129, 175-179, 226-238, 337
叙事调解/narrative mediation, 195-197
叙事治疗/narrative therapy, 283, 299-300
学习/learning, 257-258, 265-266
压抑/repression, 64, 141
压制/suppression, 141-143, 189-190
雅各布/Jacoby, Russell, 219
亚当·斯密/Adam Smith, 21
亚里士多德/Aristotle, 50, 79, 98, 286
研究方法/methods of research, 234-235
药物治疗/medication, 280-281
一阶道德/first-order morality, 354, 357-358, 364, 367-369
一致性/coherence, 147-149
伊利亚德/Eliade, M., 392
伊扎德/Izard, Walter, 98
依恋模型/patterns of attachment, xx
遗传性/heredity, 311
意识/consciousness, xxi-xxii, 63, 83-85, 373, 390, 401
意向/intentions, 79-82
意志论/voluntarism, 52-53
因果关系/causality, xvi, 49-59, 55, 57
因果决定/causal determination, 50
因果效力/causal force, 50
因陀罗网/Indra's net, 387
隐喻/metaphors, 337-338, 374-387
优越感/superiority, 12, 15, 16
忧郁/melancholy, 100-101
有界存在/bounded being, xiii-xiv, xv, xvi, xxi, 3, 5, 12, 15, 20-27, 37-38, 49, 61, 137, 164, 201-202, 311-312, 343

迂回设问/circular questioning, 290-291
语言/language(s), 30-31, 76, 203, 242
欲望/desire, 4
元改变/meta-move, 113-114
约翰-斯坦纳/John-Steiner, Vera, 93
赞美他者/Celebrating the other(辛普森/Sampson), 13
詹姆斯/James, William, xvii, 65, 116, 134
真爱/omni-partiality, 363
真理/truth, xvi, 188-189
真实性(可靠性)/authenticity, 41, 106, 138
争论/argumentation, 192
《正义论》(约翰·罗尔斯)/*The Theory of Justice* (John Rawls), 25
芝加哥印象/Imagine Chicago, 367
知识与理性/knowledge and reason, 243
止观疗法/Shikanho therapy, 296
制约/constraint, 40-42
智能设计/intelligent design, 352
轴心舞蹈团/Axis Dance Company, 273, 273
主观道德/subjective morality, 352-353
注意/attention, 83-85
注意缺陷障碍/attention deficit disorder, 36-37

专家合作国际学会/International Academy of Collaborative Professionals, 399
专业人士的判断/professionals, 66-67, 145-146
自传式民族志/autoethnography, 237
自发行为/spontaneity, 109, 111
自负/self-worth, 12, 14-15
自我/self, xvi, xxvi, xvii, 4, 5-12, 17, 20-21, 25, 37-38, 44, 63-65, 175-179, 225-229, 372
自我表扬/self-celebratory, 13
自我满足/self-gratification, 14-15, 21
自我评估/self-evaluation, 9
自由/freedom, 19-20, 161-162
自由意志/free will, 79, 82
自知之明/self-knowledge, 63-65, 68
自治/autonomy, 5, 7, 17, 20, 27, 216
自尊/self-esteem, xiv, 10-13
自尊/self-regard, 10-11
宗教的(神性的)/sacred, 389, 391-395
宗教的原教旨主义/religious fundamentalism, 358
组织/organization(s), 32, 312-313, 318-319, 321, 322, 343-345
组织过程/process of organization, 313
组织诊断(评估)/evaluation of organization, 310

译者后记

《关系性存在：超越自我与共同体》（以下简称《关系性存在》）是"社会建构论译丛"出版的第一本也是最核心的一部著作。关于这本书所抵达的哲学深度及其社会应用的广泛性，相信每一位读者都能从中读出自己的理解和感悟。至于是否关注，读或不读，以"关系的汇流"解释，则是关系的结果，是水到渠才成的事。

《关系性存在》是格根1994年出版的著名的《现实与关系》一书的"升级版"，也是社会建构论当前最新和最权威的著作。正如格根先生在中文版前言中所说，《关系性存在》这本书"读起来似乎容易，但真正读懂却很难"。它基于对个体主义和集体主义传统的批评，阐释和发展了一种颇具解释力和应用价值的关系主义的思想与实践。以往对于关系的构建都或多或少保留了某些个体主义的痕迹，《关系性存在》则创造了一个新的理解空间，在其中，以关系的过程取代了自足个体的概念，并由此进一步发展了一种对人类生活与社会实践的彻底的关系主义的理解。

全书分四部分，共十二章。其中，第一章至第四章介绍关系的理念，第五章和第六章谈日常生活中的关系实践，从第七章至第十章分别介绍学术研究、学校教育、心理治疗和组织管理领域的专业实践，第十一章和第十二章则是作者将关系的理论和实践进一步上升到道德与宗教层面所作的思考。从全书的结构来看，前四章偏重理论，后八章偏重实践。这样说当然只是相对而言，因为理论和实践原本就是一体两面，更不用说在"最理论"与"最实践"的两极之间还存在各种不同水平的结合面。尽管如此，毕竟不是所有人都对哲学和理论感兴趣，况且在这样一个信息过剩、汗牛充栋的时代，留给人们读一本书的时间原本也极有限，因此，建议读者可以选择性地阅读。如果您是从事学术研究、学校教育、心理治疗或组织管理的专业人士，可以选择从与自己专业最相关的那一章开始读起。如果时间多一点，或读得有兴趣，再回头去读本书的第二部分"日常生活中的关系性存在",接下去再读第一部分和第四部分。这样的阅读顺序相信有助于读者由浅入深地理解这本书。以本书的影响力,如果能够系统地读完全书,相信读者会发生很多改变,从对人与社会的理解、与周围关系的和谐、对日常和专业事物的处理,一直到在关系的汇流中体会内心更多的平安和喜悦。

感谢格根先生对我的信任。2011年8月我到美国斯沃斯莫尔学院拜访先生,他把《关系性存在》英文版亲手交给我,嘱我好好读一读。他当时特别提到书中对于集体主义的超越部分。也就在那时,我们商量决定把这本书纳入"社会建构论译丛",作为其中最核心的一部著作。在过去三年多的时间里,我和先生一直保持书信往来,翻译过程中,每每遇到费解的问题便向他请教,他总是耐心解答。其间,格根先生曾于2012年9月和2014年9月两次来中国访问。对于书中传达的关系性存在的理念,我深信没有比格根先生本人更好的实践者。每一次见到他,听他的讲座,陪同他到各级政府部门、社区和学校参观,与各种不同地位和身份的人交流,都加深了我对人作为一种关系性存在的理解。作为一名社会建构论的研究者和实践者,我对本书原著的阅读、理解和翻译经历了很长的过程,如今这本译著终于出版,也算是对格根先生有了一个交代,因此而稍感安慰。

本书的翻译和出版得到了很多人的帮助。博士生陈尹、程永佳、刘甜芳和张秀敏通读了全部译稿,对其中有些句子的译法提出过修改意见,其中不乏真知灼见,对于本书的定稿有一定帮助。本书的人名索引由甘凌之同学翻译,陈尹则帮助我对全书的脚注和书后的索引作了细致的修订,在此一并表示感谢!出版社方面,首先是牛津大学出版社慧眼识珠,才有了原著这样一部兼具深刻性和实用性的杰出著作。其次,感谢上海教育出版社的领导给予这本译著出版的机会,感谢责任编辑谢冬华先生为本书出版作出的艰苦努力。感谢对本书出版作出了贡献的所有人员。最后,我要把感谢留给自己的家人。在翻译和出版本书的期间,我遭受母亲突然去世的重大打击,是兄嫂和弟妹不遗余力地照顾父亲,也是父亲的积极适应和乐观,我才得以挨过那段阴暗的日子,继续自己的工作。每每想起这些,更能体会在所有语汇中最温暖的那个词的含义,这个词便是——"家人"。

杨莉萍

2015年12月于南京随园

图书在版编目（CIP）数据

关系性存在：超越自我与共同体 /（美）肯尼思•J.格根著；杨莉萍译.— 上海：上海教育出版社，2017.9(2024.5重印)
（社会建构论译丛）
ISBN 978-7-5444-7387-3

Ⅰ．①关… Ⅱ．①肯… ②杨… Ⅲ．①社会学—研究 Ⅳ．①C91

中国版本图书馆CIP数据核字(2017)第227877号

责任编辑　谢冬华　王佳悦
书籍设计　陆　弦

Kenneth J. Gergen
Relational Being: Beyond Self and Community, First Edition
ISBN: 9780195305388
Copyright©2009 by Oxford University Press, Inc.

"RELATIONAL BEING: BEYOND SELF AND COMMUNITY, FIRST EDITION" was originally published in English in 2009. This translation is published by arrangement with Oxford University Press. This translation is published by arrangement with Oxford University Press. All right reserved.

本书中文简体字翻译版由Oxford University Press授权上海教育出版社独家出版发行，仅限在中国大陆销售。未经许可，不得复制或传播。

上海市版权局著作权合同登记号图字09-2012-661号

社会建构论译丛
杨莉萍　（美）肯尼思•J.格根　　主编
关系性存在
——超越自我与共同体
（美）肯尼思•J.格根　著
杨莉萍　译

出版发行	上海教育出版社有限公司
官　　网	www.seph.com.cn
地　　址	上海市闵行区号景路159弄C座
邮　　编	201101
印　　刷	上海中华印刷有限公司
开　　本	700×1000　1/16　印张 27.5　插页 6
版　　次	2017年9月第1版
印　　次	2024年5月第6次印刷
印　　数	11,001-13,000 本
书　　号	ISBN 978-7-5444-7387-3/B•0127
定　　价	88.00 元

如发现质量问题，读者可向本社调换　电话：021-64373213